DSM-5 진단기준 기반

상담 및 심리치료
사례개념화

Lynn Zubernis · Matthew Snyder 공저 | 이동훈 역

CASE CONCEPTUALIZATION AND
EFFECTIVE INTERVENTIONS

학지사

역자 서문

　상담자에게 요구되는 핵심역량은 무엇일까? 상담자에게 훈련되어야 할 역량 중 하나는 단연코 사례개념화이다. 그 이유는 무엇일까? 사례개념화는 매우 추상적인 개념일 수 있지만, 상담자가 지향점을 두고 상담의 방향을 세울 수 있는 좌표와 같은 것이며, 이를 통해 내담자에게 효과적이고 효율적인 접근이 가능하며 실질적인 도움을 줄 수 있기 때문이다. 따라서 상담자의 사례개념화 역량은 훈련되어야 할 매우 중요한 역량이다.

　지난 2019년 『상담 및 심리치료 사례개념화: 이론 기반의 사례개념화 훈련』과 2021년 『가족상담 및 심리치료 사례개념화: 이론 및 임상사례 기반의 실제적 접근』에 이어 올해 『DSM-5 진단기준 기반 상담 및 심리치료 사례개념화』를 발간하게 되었다. 『상담 및 심리치료 사례개념화: 이론 기반의 사례개념화 훈련』이 개인상담이론에 기반을 둔 사례개념화이고, 『가족상담 및 심리치료 사례개념화: 이론 및 임상사례 기반의 실제적 접근』이 가족상담이론에 기반을 둔 사례개념화라면, 이번 책은 우울, 불안, 강박, 양극성, 트라우마와 스트레스, 섭식, 약물과 중독, 성격장애, 아동기 장애 등과 같이 DSM-5 증상과 진단기준에 기반을 둔 사례개념화이다.

　이 책의 원서로 성균관대학교의 많은 대학원생과 함께 공부를 해 왔다. 일반대학원과 교육대학원의 교육과정에 '사례개념화'라는 강좌를 개설하여 이 교재로 수업을 진행하였다. 함께 공부한 많은 대학원생에게 깊은 감사를 전하며, 이 책이 출간되는 과정에서 눈에 보이는 그리고 보이지 않는 도움과 지원을 해 준 대학원생들에게도 감사를 전한다. 박사학위를 마치고 한국에 들어와서 여러 상담자 교육 및 훈련장면에서 사례개념화의 중요성을 이야기한 지 벌써 18년이 되었다. 이 과정에서 좋은 책을 소개받아 번역서로 발간하게 되어 개인적으로 무척 기쁘다.

상담자 훈련과정에서 많은 상담자가 사례개념화를 매우 어려워하고 손에 잘 잡히지 않는 개념이라고 이야기한다. 이 책을 통해 개인상담 및 가족상담 이론 기반의 사례개념화 훈련뿐만 아니라 DSM-5 기반의 사례개념화 훈련을 해 볼 수 있을 거라고 생각한다. 이 책은 다양한 DSM 증상 및 진단의 관점에서 사례개념화를 훈련할 수 있는 지침서가 될 수 있다.

이 책이 출간될 수 있도록 전폭적인 도움과 지지를 주신 (주)센게이지 러닝코리아 사장님과 권오영 차장님, 학지사의 김진환 사장님 그리고 교정을 보며 꼼꼼하게 피드백을 주신 차형근 님께 깊은 감사를 전한다.

와룡공원이 보이는 연구실에서
이동훈

저자 서문

상담 직종이 계속해서 성장함에 따라, 상담자들은 지역사회 정신건강 센터에서 학교와 병원까지 넓은 범위의 환경에서 서비스를 제공한다. 정신건강 상담자로서, 당신은 다양한 집단의 내담자들과 작업하며 그들이 광범위하고 다양한 문제를 해결하도록 돕는다. 이를 효과적으로 수행하기 위해서 사례개념화의 과정을 이해하는 것은 매우 중요하다. 당신의 내담자를 돕기 위해서 당신은 내담자의 최적의 성장을 가로막는 것이 무엇인지 밝히고, 그들이 그 최적의 성장을 어떻게 달성할 것인지에 대한 목표를 설정하도록 도우며, 그들이 거기에 도달할 수 있게 하는 강점과 지원요소를 밝힐 수 있어야만 한다.

이 책은 효과적인 상담자가 되고자 하는 목표에 도달하기 위한 도구를 제공한다. 우리는 시간/맥락(T/C) 모델이라 불리는 사례개념화의 혁신적인 새 모델을 소개하는데, 이 모델은 당신이 내담자와 상호작용하고 그들을 이해함에 있어서 통합적이고, 실용적이면서, 쉽게 적용할 수 있는 틀을 제공한다. 당신은 사례를 통해 매우 다양한 내담자에 대한 정보를 수집하고 가설을 설정하는 데 T/C 모델을 사용하는 법을 배울 것이다. 또한 우리는 정신질환의 진단 및 통계 편람(DSM)에서 볼 수 있는 정신적·정서적·행동적 질환들에 대한 최근 정보도 간략히 포함했다. DSM 진단기준 전부를 일일이 반복하는 것은 이 책의 범위를 넘어서며, 과하고 불필요할 것이다. 대신 상담 장면에서 많이 나타나는 문제들에 초점을 둔 뒤, 그 정보를 다가가기 쉽고 이해하기 쉬운 형식으로 요약할 것이다.

추가적으로, 우리는 상담 및 관련 교육프로그램 인증위원회의 최신 규준에서 다문화 사회에서의 유능한 상담 실무에 필수적이라고 인정한 역량에 대해 다룬다(CACREP, 2009). 현재의 규준은 상담의 실용적 측면, 특히 증거에 기반을 둔 측면을 더욱 강조하고 있다. 이 책을 읽어 나가다 보면 실제 경험 속 요소에 기반을 둔 사례와 최근의 이론 및 연구가 조화를 이루면서 상담 경험을 실생활로 가져올 것이다.

제1부에서는 상담 과정을 상담자라는 직업의 역사적 맥락과 상담자의 독특한 전문가적 정체성 내에서 설명한다. 상담은 복잡한 과정이다. 우리가 내담자를 효과적으로 도울 수 있기 전에, 상담자로서 우리가 누구인지 이해해야 한다. 상담자로서 우리는 어떤 역사를 갖고 있으며, 우리의 목적은 무엇이고, 우리의 정체성은 무엇인가? 이를 통해 우리는 기법, 자질 그리고 이론적 지향을 포함한 상담의 효과성에 관한 문헌들을 개관한다. 이러한 개념들은 대부분의 상담 프로그램 도입과정에서 다루어지지만, 사례개념화의 과정에서 이 개념들의 쓰임새를 보여 주기 위해 그것들을 적용하려 한다. 이 책은 다양한 이론적 접근을 모두 다루기보다는 상담자들에 의해 가장 많이 사용되는 이론을 간단히 논의하면서 사례개념화와 치료 계획에서의 적용을 강조한다.

전문가적 정체성, 역사, 기법과 이론에 대한 이해는 우리가 내담자를 마주하는 관점과 우리가 내담자의 문제와 강점을 이해하는 데 사용할 본보기를 제공한다. 이와 함께 T/C 모델을 적용하는 것을 배우고 연습할 것인데, 이는 내담자를 이해하고 돕기 위한 틀을 제공한다. T/C 모델은 스스로 계속해서 상담 과정을 평가하는 성찰적 상담자가 되도록, 내담자들을 돕는 데 도움을 주는 도구와 질문을 사용하는 합목적적 상담자가 되도록 도와줄 것이다.

제2부에서는 상담 장면에서 가장 흔히 나타나는 문제들에 대한 내용을 다루고, 이러한 문제들을 해결하는 경험적으로 입증되고 문화적 및 상황적으로 민감한 개입들도 포함한다. 이 책은 가장 최근의 증거 기반 연구에 기초하여 정신적·정서적·행동적 질환들의 치료를 위한 통로를 마련하면서, 동시에 진단과 치료가 인간의 다양성과 개별성을 포용하는 역동적이고 발전하는 분야의 일부임을 인지한다. 따라서 이 책은 평가, 예방과 개입을 위한 엄격한 공식을 제시하기 위해서가 아니라, 상담자들이 그들의 내담자에게 도움이 되게끔 현명하고 윤리적이며 효과적인 의사결정을 하도록 돕기 위해 설계되었다. 미국상담학회의 윤리강령은 성공 가능성이 가장 높은 개입을 해야 한다고 강조한다. 그러므로 이 책은 해당 질환에 대해

가장 많이 사용되는 연구 기반 치료 전략에 초점을 둔다.

특정 개입에 대한 면밀한 논의는 이 책의 범위를 넘어선다. 그보다는 가장 흔하게 사용되는 경험적으로 입증된 치료가 기술되었는데, 이는 각 장의 '더 나아가기'에서 제공되는 더 폭넓은 훈련 자료들과 연결된다. 이에 더해, 이 책은 보편적인 상담 기술을 가르치는 데 목적을 두지 않았다. 우리는 상담자들이 이미 내담자와 효과적으로 작업하기 위한 기초적인 지식과 기술을 갖고 있다고 가정한다. 이 책은 여기에서 나타나는 사례개념화 모델의 적용과 함께 이러한 기술을 어떻게 더 효과적으로 사용할 것인지에 대해 보여 준다.

제3부에서는 발전하는 전문가적 정체성 내에서 상담에 대한 정보, 원칙, 실무를 통합하는 것의 중요성을 강조한다. 당신이 앞으로 나아감에 따라서, 이 책의 T/C 모델은 사례개념화가 맥락 속에서 수행되며 그 과정이 합목적적임을 확실히 함으로써 상담의 질을 높일 것이다.

Katy의 사례

Katy는 23세의 한국계 미국 여성이다. 그녀는 가족과 대인관계 문제들 때문에 상담실을 찾아왔다. 그녀는 대학에서 3.92의 학점으로 영문학 학사학위를 가지고 5월에 졸업했지만, 아직 직장을 구하지 못했고, 어머니, 의붓아버지 그리고 2명의 이복형제와 살고 있다. 그녀는 그녀 스스로 찾아왔다고 진술했다. 하지만 만났다 헤어지는 것을 반복하는 남자친구가 다시 만나기 위한 조건으로 상담을 받으라고 해서 왔다고도 말했다. 이 상담을 찾아오기 전에 Katy는 대학교 상담 센터에서 몇 회기의 상담을 받았는데, 그때 그녀의 주 호소 문제는 그녀의 어머니와 의붓아버지의 잦은 다툼에서 중간에 끼어 있는 느낌이 드는 것이었다.

Katy는 높은 수준의 우울과 불안을 보고했다. 그녀는 '생각이 도무지 멈추지 않기 때문에' 잠들기가 어려웠다. 그녀가 잠에 들더라도, 보통 새벽 4시나 5시에 깨어서 다시 잠들지 못했다. 그녀는 자주 메스꺼움을 느꼈고, 긴 시간 동안 "배가 전혀 고프지 않다."라고 말했다. Katy는 의사를 만나 본 적은 없지만, 바지 사이즈가 조금 줄었으며 자신이 약간 저체중이라는 것을 인정했다.

상담자와의 첫 번째 회기에서, Katy는 긴장된 모습이었다. 그녀는 그저 무슨 말이든 하고 싶은 것처럼 매우 빠르게 말했다. 그녀의 눈맞춤은 산발적이었다. 가끔 상담자의 반응을 살피기 위해 상담자를 응시했지만, 또 빨리 시선을 피했다. 때로 그녀는 무릎 위에서 쥐었다 폈다 하는 자신의 손을 내려다보기도 했다. Katy는 종종 의자에서 자세를 바꾸는 등 전반적으로 불편해 보였다.

Katy는 자신의 상황을 '가망이 없다'고 설명하며, 자신이 '절대 직장을 구하지 못하게 될 실패자'라고 말했다. 남자친구와의 불안정한 관계 또한 그녀로 하여금 자신에 대한 회의감을 품게 했고, 평생 혼자가 될까 봐 두려워했다. 그녀는 졸업을 했기 때문에 인생에서 다음 단계가 무엇이 되어야 할지 혼란스러웠고, '방황하는' 느낌을 받았다. 그녀는 직장을 구하지 못해서 3개월 전에 그녀의 어머니와 의붓아버지네 집으로 다시 들어갔다. 그들은 그러한 결정을 수용하긴 했지만, 당분간 머무른다고 생각했고 Katy가 직장을 구할 거라고 기대하는 것이 분명했다. Katy는 몇 번의 면접을 보았지만, 모두 그녀의 분야와 다른 것이었고, 일자리 제의를 받지 못했다. 그녀는 직장을 구할 가망이 없다고 느끼기 시작했고, 직장을 구하여 독립하여 살고 있는 그녀의 가장 친한 친구 2명을 보면서 부러워했다. Katy는 그녀의 친부모와 의붓 부모가 그녀를 못마땅하게 여기고 있으며 그녀를 실패자로 생각한다고 확신했다.

Katy는 고등학교나 대학교에서 한 번도 문제를 일으킨 적은 없었지만, 졸업한 이후로 위험한 성 행동(하룻밤의 성관계, 피임을 하지 않은 성관계, 상대를 가리지 않는 성관계)을 했던 몇 번의 사례를 언급했고, 그녀의 친구들이 자신더러 "미쳤다." "통제가 안 된다."라고 했다고 말했다. 그녀는 또 자신이 버스 안에서 정신을 잃어버린 최근의 사건에 대해 설명했다. 그녀는 숨을 쉴 수 없을 것 같았고, 심장이 뛰어서 가슴이 터질 것 같다고 느꼈으며, 어지러움을 느끼기 시작했다. 상태가 너무 심각해져서 그녀는 다음 정거장에 도착하기 전 버스 운전사에게 중간에 황급히 내려 달라 했다. 그 후, 그녀는 대중교통을 피하기 시작했다. 불행하게도, 그녀는 차가 없어서 어머니와 의붓아버지가 일하러 가 있는 낮 시간 동안 종종 집에 '갇혀 있다'고 느꼈다. 그 외에도 Katy는 익숙하지 않은 장소에 있을 때 동일한 느낌을 몇 번 경험했고, 결국 그 자리를 떠나게 되었다. 그녀가 피하고 싶은 장소는 점점 늘어났고, 그러한 회피는 그녀의 일상생활에 지장을 주었으며, 특히 그녀가 버스를 타고 가야 하는 면접이 잡혀 있을 때가 문제였다.

Katy의 친부모는 그녀가 6세 때 이혼했다. 이후 그녀의 어머니와 아버지 둘 다 각자 재혼을 했다. Katy의 아버지는 몇 개의 동네 식료품점을 소유하고 있다. 그녀의 아버지는 한국에서 자라서 젊었을 때 미국으로 이민을 왔다. 그는 첫 번째 상점을 20세 때 열었고, 지금은 매우 잘되는 네 곳의 상점을 가지고 있다. 그는 예전이나 지금이나 늘 요구가 많으며 Katy가 왜 아직도 직장을 구하지 못했는지를 이해하지 못한다. Katy가 어렸을 때는 주말마다 아버지를 만나곤 했지만, 최근에는 잔소리가 예상되기 때문에 아버지를 보러 가는 것을 피하고 있다.

Katy의 어머니와 의붓아버지는 현재 헤어졌지만, '아이들 때문에' 아직까지 같이 살고 있다. 세무사인 Katy의 의붓아버지는 그녀와 가장 많이 이야기하며 그녀가 무조건적인 사랑을 받았다고 느낀 사람이다. 그녀가 어렸을 때, Katy와 의붓아버지는 꽤 가까웠다. 하지만 의붓아버지가 이전보다 집에 있는 시간이 점차 줄어들다 보니, Katy는 그에게 아마 다른 여자친구가 생겼을 것이라고 믿었다. Katy는 그들이 함께 보낸 시간을 그리워하지만, 불화를 일으키길 원치 않고 그가 완전히 떠나는 위험을 감수하고 싶지도 않다.

Katy는 그녀가 부모 중 누구와 함께 있느냐에 따라서 다른 '역할'을 한다고 보고 했다. Katy의 어머니는 금융 전문가이다. 그녀는 항상 그녀의 딸에게 A를 기대했으며, 학교와 사회생활에 대해 Katy에게 엄격한 잣대를 가졌다. Katy는 어머니를 '혹시 나쁜 일이 일어날까' 하는 노파심에 외박하거나 놀이동산에 가지 못하게 하는 '걱정이 많은 사람'이라고 설명했다. 그녀의 어머니는 매일 밤 저녁 식사 후에 '자신을 안정시키기 위해' 몇 잔의 술을 마시는 경향이 있었다. Katy는 어렸을 때 그녀의 어머니가 자주 집을 나갔던 것으로 기억하고, 의붓아버지가 '어머니가 바람을 피는 것'과 '돈을 다 써 버리는 것'에 대해 비난하며 싸우는 소리를 들었다. Katy는 "무엇이 어머니를 폭발시키고 소리를 지르게 하고 물건을 던지게 하는지 전혀 알 수 없었고, 어머니는 제정신이 아니었으며, 그 당시 너무 끔찍했기 때문에 어머니를 피했었다."라고 말했다. Katy는 어머니가 던진 물건에 맞았고, 그녀의 남동생들도 맞은 적이 있다고 말했다. 평소에 그녀의 어머니는 내성적이고 잘 웃지 않았다. 또한 그녀의 어머니는 전혀 다정하지 않았고, Katy는 가끔 어머니의 관심을 받기 위해서 나쁜 행동을 해야 할 필요가 있다고 느꼈다고 했다.

Katy도 자신의 삶 전체, 특히 학점에 대해 '걱정이 많은 사람'이라고 보고되었지만, Katy는 평소 꽤 사교적이고 대학에 가서는 사람들과 어울리는 새로운 자유를 즐겼다. 그녀는 학부생 때 동아리의 구성원이었으며, 친구들과 나가서 노는 것을 좋아했다. 대학에서 그녀는 술을 마셨지만, 지나치게 마시지는 않았다. 그렇지만 최근 들어 외출할 때 그녀는 빈번하게 필름이 끊기도록 술을 마신다. 그녀의 친구들은 그녀에 대해 걱정하며, Katy는 그들이 모임에 자신을 초대하지 않을까 봐 걱정한다.

차례

제1부
상담전문가로서 생각하고 행동하기

제1장 상담 분야로의 여행   21

제2장 상담을 효과적이게 하는 것은 무엇인가   53

제3장 　효과적인 사례개념화　　　　　　　　　　　　85

제2부
DSM-5 진단에 대한 사례개념화와 증거 기반 치료

제4장 　우울장애　　　　　　　　　　　　　　　　　123

양극성 장애

제5장

불안장애

제6장

제7장 강박 및 관련 장애　　　　　　　　　223

제8장 외상 및 스트레스 관련 장애　　　　　　　　　245

급식 및 섭식장애　　　　　　　　　　**271**

물질 관련 및 중독장애　　　　　　　**299**

제3부
사례개념화와 상담 및 심리치료의 실제

제 **1** 부

상담전문가로서
생각하고 행동하기

상담 분야로의 여행

도입

상담자들은 보통 '실천가'인 경향이 있다. 현장에 들어가는 대부분의 상담자는 사람들이 더욱 충실하고 생산적인 삶을 살 수 있도록 도우려 한다(저자 서문에 나와 있는 Katy의 사례 참고). 그러나 상담자로서 누군가를 돕는다는 것은 어떤 의미인가? 의사, 변호사, 사회복지사, 심리학자, 간호사, 자원봉사자, 성직자와 같이 사람들의 삶에서 변화를 만들어 내는 것을 중요시 여기는 사람들과 비교해 볼 때, 상담자가 누군가를 돕는 과정은 어떻게 다른가? 이 직업의 본질은 무엇이며, 상담전문가로서 우리의 역할은 무엇인가?

전문적인 상담 분야에서 효과적이기 위해서, 우리는 내담자사 마주하는 문제뿐만 아니라 변화를 촉진하는 과정을 뒷받침하는 이론과 연구를 이해할 필요가 있다. 또한 우리는 이러한 변화의 요인을 알고, 더 넓은 상담 분야의 맥락에서 이를 효과적으로 실행하는 방법을 이해할 필요가 있다. 따라서 우리는 기초를 닦음으로써 본문을 시작하고자 한다. 우리가 단순히 누군가를 돕고 싶어 하는 사람 이상으로 전문적인 상담자가 되고 싶다면, 남을 돕는 직업들 사이에서도 상담을 고유하게 만드는 것은 무엇인지 이해하고 직업 내에서 자신의 역할을 만들어 내는 것이 매우 중요하다.

우리는 상담의 역사를 되돌아보는 여행을 떠남으로써 이번 장을, 그리고 사례개념화의 과정에 대한 첫경험을 시작한다. 상담자로서 우리의 기원을 이해하고 그 직업이 어떻게 발달했는지에 대해 이해함으로써 자신만의 전문가적 정체성을 발달시킬 수 있다. 상담자로서 당신의 역할에 대해 분명하게 이해해야 당신이 내담자를 이해하는 과정을 시작할 수 있다. 이 장의 첫 부분에서는 Katy의 사례를 다시 살펴보고 그녀의 성장과 변화를 돕기 위한 사례개념화와 목표 설정을 위해 각 장에서 배운 정보를 적용해 볼 것이다.

상담에 대한 간략한 역사

미국상담학회(ACA)에서는 상담을 '다양한 개인, 가족 그리고 집단에게 그들의 정신건강, 안녕, 교육 및 직업적 목표를 성취할 수 있도록 힘을 실어 주는 전문적인 관계'라고 정의한다(ACA, 2010). 전문적인 상담은 정신과 의사, 심리학자, 사회 복지사, 결혼 및 가족 치료사, 목회 상담자를 포함한 광범위한 정신건강과 복지서비스 직종의 일부이다. 상담은 시초부터 이러한 관련 분야들과 연결되어 있으면서도 구별되는 학제 간 분야이며, 심리학과 교육학 모두의 영향을 받았다. 상담 분야의 역사적 기반에 대한 인식은 현재의 규범, 전통, 철학 그리고 오늘날 전문 상담에 대한 도전들을 더욱 깊게 이해하도록 한다. 이 장에서, 우리는 정신건강 직종들의 공통적인 효과와 각 직업의 차별점에 대해서 알아볼 것이다. 직업의 역사와 발전에 대한 이해가 없이는 상담자로서 전문가적 정체성을 발달시킬 수도, 내담자를 효과적으로 이해하고 도움을 줄 수 있는 실천 방법을 개발할 수도 없다. 상담자는 다른 정신건강 전문가들로부터 구별되는 방식으로 사례를 개념화하고 개입하며, 동료 종사자와는 차별화되는 정체성과 윤리적 의무를 지닌다.

자신과 같은 처지에 있는 사람을 도우려는 동기를 가진 사람들은 항상 있었지만, 직업으로서 누군가를 돕는 것은 19세기에 처음 시작되었다고 볼 수 있다.

◎ 1800년대 말

정신의학 직업이 시작된 것은 1800년대 중반에 정신질환이 있는 사람의 치료에 대한 인도주의적인 개혁을 추구하기 위해 전문의료진이 조직되면서 시작되었다고 할 수 있다. 미국의사협회(American Medical Association: AMA)가 세워지기도 전에, 이 전문의료진은 1844년에 미국 정신질환자 보호시설 의료관리자협회(Association of Medical Superintendents of American Institutions for the Insane: AMSAII)를 설립했다 (Fancher, 1995). 이 기간 동안, 매독 치료를 포함하여 대부분의 심각한 형태의 정신 질환에 대한 생물학적 원인이 발견되었는데, 이는 오늘날에도 정신과 치료의 근거가 되고 있는 정신질환 치료에 대한 '의료 모델'을 고취시켰다. 의료 모델은 심리적 문제에 과학적 근거와 생물학적 근원이 있다고 보는 관점에 기초를 두고 있다. 이후 이 모델은 남을 돕는 모든 직업에 영향을 주었고, 오늘날에도 계속해서 정신건강 분야를 형성하고 있다. 상담은 어떤 면에서는 의료 모델과 구별되지만, 상담자는 인간의 정서 및 정신건강에 영향을 미치는 생물학적 요인도 인식하고 고려한다. 1800년대 후반에는 신경학에 대한 의학 전문 분야가 생겨났다. 이러한 전문분야는 인도주의적인 교화보다는 과학적인 조사에 좀 더 초점을 두고 있었지만, 신경학자 Sigmund Freud는 신경증으로부터 고통을 받고 있는 자신의 내담자에게 '대화 치료'를 사용하기 시작했고, 오스트리아의 수도 빈에 정신분석연구소를 설립하면서 정신의학의 출현을 이끌었다.

심리학 분야 또한 계속해서 발달하고 있었다. 심리학은 철학에 근본을 두고 있으며 마음과 인간 행동을 이해함에 있어 과학적 원리의 적용을 강조하며 발달했다. 생리학자이자 철학자인 Wilhelm Wundt는 1879년에 최초로 심리 연구실을 설립했으며, 심리학을 즉각적인 경험에 대한 연구로 정의했다(Resnick, 1997). 1892년, 미국심리학회가 세워져 철학으로부터 분리되었다. 심리학이라는 새로운 분야는 자체적으로 전문가 조직을 설립하고, 정신물리학, 행동, 평가에 초점을 두었다. 아동의 신체적, 정신적 문제를 치료하기 위한 최초의 심리 클리닉이 1896년 필라델피아에 설립되었다.(Witmer, 1896).

같은 시기에 전문적 사회복지에 대한 규율이 인보관운동과 자선조직협회(COS)에서 개발되었는데, 이는 내담자 스스로 자신을 도울 수 있도록 힘을 실어 주고자 했다. 사회복지사는 그들이 '우애 방문'이라 칭한 활동을 통해 권리를 박탈당하고 혜택을 받지 못하는 가족을 돕는 것에 초점을 두었다(Haynes & White, 1999).

서로 관련된 정신의학, 심리학, 사회복지 등 세 가지 분야 모두 사람들이 보다 나은 삶을 살고 더욱 기능적인 삶을 살도록 돕기 위해 노력했다. 그러나 각 분야는 개인에게 영향을 미치는 내적 및 외적인 힘에 있어 서로 다른 측면에 초점을 두어 사람들을 돕는 방법에 대한 견해도 서로 달랐다. 예를 들어, 의료 모델을 가지고 일하는 정신과 의사는 Katy의 수면 장애, 특정한 상황에서 빨라지는 심장박동과 어지러움, 식욕의 변화와 같은 생리적 증상에 대해 초점을 두거나 그녀의 어머니의 감정 기복, 충동적인 행동, 알코올 섭취에 대해 더 많은 정보를 수집하려 할 것이다. 심리학자의 경우, Katy의 절망감과 본인이 실패자라고 느끼는 신념에 대해 더욱 알고 싶어 할 것이다. 사회복지사는 그녀의 어머니, 의붓아버지와 함께 Katy의 가정에서 나타나는 가족의 역동성과 그러한 역동성이 Katy와 그녀의 두 남동생, 또는 아버지와의 관계에 어떠한 영향을 주고 있는지에 중점을 둘 것이다.

다음 장들에서 살펴볼 것처럼, 상담 분야는 세 가지 관련 전문 분야의 측면들이 함께 쓰이고 있다. 이 책에 제시된 사례개념화 및 치료 계획의 모델은 내담자를 연구하고 이해하기 위해 포괄적인 관점을 사용하여 정신의학, 심리학, 사회복지학에서 강조되는 요인들을 통합하고 있다.

⚙ 1900년대

상담은 1900년대 초반에 전문적인 분야로 도입되었는데, 이 시기의 상담은 다른 세 분야와 분리하여 상담 자체의 길을 개척했으며 사람들의 문제를 사례개념화하고 그들을 돕는 독특한 방법을 발견했다. 이 시기에 미국은 빠른 도시화로 인해 청년 실업률이 높아졌다. 최초의 상담자들은 산업혁명의 역효과에 따른 고통을 염려했던 사회개혁가이기도 했다. 개혁가들은 사람들이 지침 또는 방향을 가지고 있을 때 더욱 충분히 발달할 수 있다고 느꼈다. 이러한 신념은 Frank Parsons가 1908년 보스턴에서 직업지도국을 설립하도록 자극하는 계기가 되었으며, 이는 최초로 상담에 공식적으로 접근하는 길을 마련했다. 그는 사람들이 보람을 가질 수 있는 직업을 선택하는 데 있어서 지도가 도움이 된다고 믿었고, 개인의 기술과 능력을 적절한 직업 환경과 서로 상응시키기 위해 노력했다. Parsons의 접근법은 새로운 분야를 정의할 수 있는 몇 가지 핵심 신념을 담고 있다. 그는 스트레스가 가득한 과도기 과정에서 정상적인 발달에 초점을 두었고, 위험한 환경에 있는 사람들을 대상으로 예방과 초기 개입의 중요성을 강조했으며, 다양한 자원으로부터 정보를 수집하여 상황에 맞는 접근 방식을 사용했다(Smith, 2012). 이와 동시에, Jesse B. Davis는 공립학교에서 체계화된 지도 프로그램을 마련하여 아동이 삶의 과도기에 대처하는 방법을 가르치는 것과 예방에 유사한 초점을 두었는데, 이것은 새로운 상담 분야에도 영향을 미쳤다(Aubrey, 1977).

이 시기에 발생한 몇 가지 중요한 발전은 모든 정신건강 관련 직종에 영향을 주었다. Clifford W. Beers는 정신질환자 보호시설의 입원환자로서 경험했던 자신의 이야기를 『A Mind That Found Itself』라는 제목의 자서전으로 출판했다(Beers, 1908). 그의 이야기는 정신건강 운동과 미국정신건강협회 설립을 이끌어 냈으며, 보다 인도적인 정신건강 관리를 요구하는 대중의 격렬한 항의를 불러일으키기도 했다. 이 기간 동안, Freud의 정신분석이론은 정신질환을 가진 사람이 어떻게 치료받아야 하며 어떤 종류의 치료가 가장 효과적인지에 대한 견해에도 큰 영향력을 발휘했다.

제3장에서 사례개념화 과정을 자세히 탐색하며, 행동, 가족과 사회적 관계망, 정상적 발달 과정, 변화에 대한 대처 그리고 예방에 대한 이러한 초기의 주안점의 영향이 명확해진다. Beers가 주장하는 인도주의적 개혁은 상담분야의 젊은 종사자들의 생각과 일치했다. 이러한 신념은 오늘날 상담자가 병리학 대신 안녕을 강조하는 것, 상담자가 '아픔'과 '건강' 사이의 엄격한 경계 대신에 연속체의 개념으로서 정신건강을 바라보는 관점에서 나타난다.

⚙ 1910년대

정신의학, 심리학, 사회복지가 전문적인 협회를 결성하여 전문직으로 자리매김한 것처럼, 상담 분야도 곧 이를 뒤따랐다. 상담 분야에 대한 최초의 국립전문협회인 미국의 국립직업지도협회는 1913년에 세워졌다(Hershenson, Power, & Waldo, 1996). 2차 세계대전 동안 미국 군인에 대한 선별검사의 필요성 때문에 효과적인 검사 개발에 관심이 있었고, 직업지도 분야는 심리 측정 검사를 민간인에게도 사용하기 시작했다. 협회에서는 회보를 발행했는데, 이는 오늘날까지 출판되고 있는 「Journal of counseling and Development」가 되었다.

⚙ 1920년대

이 10년 동안, 상담 분야에 대한 관심은 확장되기 시작했다. 뉴욕 시에서 Abraham과 Hannah Stone에 의해 최초의 결혼 및 가정 상담 센터가 설립되었는데, 이는 직업 관련 문제로부터 상담 분야를 넓힌 것이었다. 1927년에 개발된 스트롱 직업흥미검사(Strong, 1943)를 포함하여, 1920년대에는 몇 가지 새로운 심리 측정평가가 만들어졌는데, 이는 상담자에게 사람들의 진로 결정을 도울 수 있는 도구를 제공했다.

1920년대와 1930년대에도 사람들을 돕는 직종 전반에 걸쳐 아동의 정신건강에 대한 관심이 높아져 아동치료 진료소가 설립되었다. 이러한 진료소들은 대표 역할을 하는 정신과 의사, 평가와 치료를 제공하는 심리학자 그리고 사례관리 및 지역사회와의 연계를 담당하는 사회복지사와 함께 팀 접근법(Team approach)을 사용했다(Nichols, 2010).

같은 시기에 고등교육 전문가들은 전국의 학교 내에서 정신건강 문제에 대한 관심이 커지고 있음을 인식하고 있었다. 1920년 미국학생건강연합회의에서 '정신위생'이라는 개념은 많은 대학생에게 커다란 장애물로 인식되었다. 이것은 대학에서 제공하는 도움의 일부로, 학생들에게 어떠한 정신건강 자원을 이용 가능하도록 해야 하는가에 대한 논의를 이끌었다(Kraft, 2011).

1920년대 말에는, 아동과 대학생뿐만 아니라 성인에 대한 관심도 높아졌으며, 개인과 더불어 가정과 결혼의 건강한 기능에 관심을 가지면서 남을 돕는 직종들이 잠재적 내담자의 범위를 확장하게 되었다.

⚙ 1930년대

미국의 대공황은 직업 상담에 대한 높은 수요를 불러일으켰는데, 이것은 대부분 상담자의 역할이었다. 이는 최초로 형성된 상담 이론의 발전으로 이어졌다. 미네소타 관점으로도 불리는 Williamson의 상담 이론(특성요인)은 상담자가 가르치고, 조언하며, 영향을 주는 기술을 강조했으며, 문제 해결에 대해 실증적이고 경험적인 접근법을 취했다(Williamson & Biggs, 1979). Williamson의 접근법은 Parsons의 이론을 확대한 것을 기반으로 한 지시적 상담으로 알려지게 되었다. Williamson에 따르면, 상담의 목표는 내담자가 비생산적인 방식으로 생각하거나 행동하는 것을 멈추게 하고 더욱 효과적인 결정을 할 수 있도록 돕는 것이다 (Lynch & Maki, 1981). 상담의 목적에 관한 논리정연한 이론의 발달은 남을 돕는 다른 분야들과 차별화하여 상담 분야가 성장하는 데 도움을 주었다.

이 시기에 직업재활 상담에 대한 필요성도 증가했다. 이러한 필요성에 부응하여, 1935년에 장애인을 위한 교육 및 상담 자원을 제공하는 사회보장법이 통과되었다. 재정적 지원의 유입은 상담 분야가 성장할 수 있도록 도왔다.

⚙ 1940년대

1940년대가 되자, 상담의 범위는 직업 관련 관심사로부터 더욱더 확장되기 시작했다. 아동 지도 진료소에서 실시된 치료 유형에 대해 환멸을 느낀 Carl Rogers는 1942년에 『상담 및 심리치료』를 출판했다(Rogers, 1942). 이 책에서 Rogers는 Freud의 정신분석뿐만 아니라 Parsons와 Williamson의 특성 요인 이론 접근에 도전했고, 그보다는 스스로 인생의 선택을 할 수 있는 개인의 능력과 건강 및 안녕을 향한 내재적 동기부여에 초점을 두었다. Rogers는 검사와 직업 관련 문제들보다 상담자-내담자 간 관계를 강조했다(Rogers, 1961). 상담자가 비지시적이고 수용적인 접근을 통해 내담자를 도울 수 있다는 그의 신념은 상담과 심리학 분야에 영향을 미쳤다. 안녕을 강조했던 Rogers의 주장은 상담 분야에 계속해서 반영되었다.

정신건강 분야가 확대되면서 이 분야에 대한 전문가 조직이 설립되었다. 미국 부부 및 가족상담자협회(AAMFC: 훗날 미국 부부 및 가족치료협회 또는 AAMFT로 명칭이 변경됨)가 1942년에 설립되었고, 부부상담 프로그램에 대한 훈련 표준을 수립했다. 지도감독자 및 상담자 훈련가 국가협회(NAGSCT)가 1940년에 설립되었고, 이곳은 훈련교육 및 연구에 초점을 두었다(현재 상담자교육 및 지도협회 또는 ACES로 알려져 있다).

제2차 세계대전이 일어나면서 직업 전망에 영향을 미쳤다. 여성들이 일터로 향하면서 가족은 역할 변화에 도움을 받기 위해 상담을 찾게 되어 전통적인 직업적 성역할이 확장되었다. 또한, 상담자는 트라우마와 정신적 쇠약으로 고통받는 현역 군인을 대상으로 일했는데, 이때 필요한 역량을 갖추도록 상담자와 심리학자를 훈련시킬 자금을 지원하도록 재향군인관리국을 설득했다(Smith, 2012). 이것은 상담과 심리학 두 분야 모두의 성장에 다시 한번 기여했다.

◎ 1950년대

전문가 협회들은 각자의 정신건강 분야를 정의하는 데 있어서 중요한 역할을 해 왔다. 1950년대 이전에, 상담자와 심리학자는 정신건강과 안녕 및 치료 목표에 대해 여러모로 공통된 견해를 가졌다. 1949년, 미국심리학회는 임상심리학자를 심리학 또는 심리학과 밀접한 관련 분야에서 박사 과정 훈련을 받은 과학자-실무자로 명시하면서 '심리학자'에 대해 재정의했다(Cummings, 1990). 이에 따라 상담심리학자를 포함하여 심리학자와 상담자 사이에 분명한 경계선이 형성됐다. 석사학위를 가진 상담자는 더 이상 미국심리학회(APA)의 구성원이 될 수 없었다. 재향군인관리국은 박사학위를 가진 인턴에게만 자금을 지원하여 석사학위를 가진 상담자는 지원받을 자격이 되지 않았다. 1950년, 심리학은 정신의학을 제외하고는 정신건강 직종에서 최초로 주(州) 면허법을 제정했고, 이로 인해 심리학은 상담 분야에서 더욱더 분리되었다.

1952년, 상담심리학자가 직업지도와의 공통된 역사적 뿌리로부터 그들의 초점을 넓히면서 미국심리학회 제17분과는 상담 및 지도 분과에서 상담심리학 분과로 개칭되었다(Dawis, 1992). 제17분과는 정신질환보다 정신건강에 초점을 두어 구성되었는데, 이것은 일부 심리학자들이 임상심리학자가 흔히 도왔던 사람들보다는 더 '일반적인' 사람들을 돕기를 원했기 때문이다. 제17분과에 소속된 심리학자가 하는 일과 상담자가 하는 일은 구분이 모호하다.

미국심리학회(APA)의 변화에 응하여, 1952년에 상담자를 위한 전문기관을 제공하기 위해 전미 인사 가이던스협회(APGA)가 설립되었다(Kaplan, 2002). 전미 인사

가이던스협회(APGA)의 목표는 정신과 의사나 임상심리사처럼 정신 병리학에 초점을 두지 않고 일반적이고, 발달적 문제를 가진 내담자를 상담하는 것이다. 역사적으로, 상담자는 다문화적 역량과 보다 긍정적인 예방접근법에 초점을 맞추었으며 이 분야는 지속적으로 이러한 중요한 영역들을 강조하고 있다.

전미 인사 가이던스협회(APGA)는 국립직업지도협회(NVGA), 전미 대학 관계자 협회(ACPA), 그리고 교사 교육을 위한 학생 관계자 협회(SPATE)를 하나의 전문기관으로 통합했다. 이러한 변화가 생긴 직후, 전미 인사 가이던스협회(현재의 미국상담학회)의 제5분과가 1953년에 설립되었다. 현재 미국학교상담학회로 알려진 이 분과는 학교 상담 직종과 학교 시스템 내 학교 상담전문가의 역할에 영향을 미치고 있다.

재활 상담 프로그램에 대한 연방정부의 기금이 이용 가능해지면서, 재활 상담 분야는 공중보건, 간호, 사회복지, 학교 상담 등의 관련 분야에서 벗어나 1950년대에 진가를 발휘하게 되었다. 이전에 재활 상담자는 주로 장애가 있는 성인을 대상으로 상담을 진행했지만, 오늘날에는 모든 연령대의 장애인을 위해 재활 상담 서비스가 필요하다. 따라서 재활 상담자는 주(州) 재활 프로그램의 직업 상담자, 전문학교 및 대학교에 소속된 장애 관련 상담자 그리고 사회복지기관의 다양한 행정직에 있는 관리자를 포함하며 다양한 영역의 개인의료기관과 공공복지사업기관에서 일한다.

재활 상담 프로그램은 문화적 그리고 민족적으로 다양한 사람에게 지역 봉사활동의 중요성을 역설하며, 장애가 있는 사람들의 건강과 복지에 부정적인 영향을 미치는 제도적 장벽과 해로운 사회적 태도를 강조한다. 재활 상담자가 제공하는 도움은 직장 문제를 넘어서 확장되고 있는데, 이는 그들이 종종 내담자를 옹호하는 역할을 하고 지역사회 활동가로서 일하기 때문이다.

몇몇 주(州)에서는 이러한 상담자들이 공인된 재활 상담자 면허를 받은 반면, 다른 주에서는 재활 상담자가 공인된 전문 상담자(LPCs) 자격을 받았다. 미국재활상담자협회는 교육요건을 충족하고, 공인된 재활 상담자가 되기 위한 역량 및 기술을 소지했음을 나타내는 시험에 통과한 상담자에게 자격증을 부여한다.

또한, 당시의 국내외 사건들은 1950년대 상담 분야를 성장시키는 데에 영향을 미쳤다. 우주개발경쟁과 스푸트니크호의 발사라는 사건이 동기가 되어, 1958년 국가방위교육법(NDEA)은 학교에 더 많은 상담자를 배치하여 학생들이 수학과 과학 분야로 진학하게끔 유도해 주기를 바라는 희망을 갖고 학교 상담자 훈련에 대한 보조금을 제공했다. NDEA의 직접적인 결과로 학교 상담자 수가 상당히 증가했다 (Gladding & Newsome, 2010). 또한, 이 시기에 직업 상담자들은 신체적, 정신적 장애를 가진 내담자에게 더 많은 지원이 필요함을 인식했다.

관련 정신건강 직종의 발전은 상담 분야에도 지속적으로 영향을 주었다. 미국정신의학회에서는 1952년에 최초로 정신질환의 진단 및 통계 편람(DSM)을 출판했는데, 이 진단 분류 체계는 오늘날에도 여전히 사용되고 있다. 이 책의 제2부에서 기술되어 있듯이, 미국에서는 최신 버전의 DSM이 정신건강 치료를 위한 진단기준으로 계속 사용되고 있다.

⚙ 1960년대

1960년대는 미국 사회에 중대한 변화가 일어난 시기다. 효과적인 항정신병 치료제와 사회개혁을 위한 노력의 영향으로 인해, 환자들은 병원에서 퇴원하여 지역사회에서 치료를 받고자 했다. 약학적 치료는 입원 환경 밖에서 적용될 수 있는 상담 이론과 기법의 발달을 촉진시켰고, 지역사회 기반 치료에 대한 발상이 급격히 인기를 얻었다. 1963년 「지역사회정신보건센터법」은 예방을 위한 정신보건지원과 상담, 지역사회에서의 봉사활동 같은 지원에 후원했고(Guindon, 2011), 석사와 박사학위를 가진 상담자은 외래환자 센터와 약물남용 치료기관에 대거 채용되었다.

이 시기에 Joseph Wolpe(1958)의 행동 이론, Albert Ellis(1961)의 합리적 정서 이론, Aaron Beck(1967)의 인지 이론을 포함하여 심리학 관련 분야에서 몇몇 영향력 있는 새로운 이론이 출현했다. 사상 처음으로, 정신건강질환에 대한 상담과 치료의 효과성이 실증에 기반을 둔 연구 결과에서 증명되었다. 상담자와 심리학자는 외래환자시설과 지역사회 정신건강센터에서 정신과 의사와 함께 일했으며 상담자교육 프로그램은 상담자가 지역사회 환경에서 일할 수 있도록 대비시키는 방향으로 초점을 넓히기 시작했다. 동시에, 상담 분야는 인본주의적 운동의 성장과 집단에서 사람들을 돕는 힘에 대한 높아진 인식에 반응했다(Gladding, 2008). 이 기간 동안 임상사회복지사들은 심리학협회들을 따랐으며 주(州) 허가법에 성공적으로 영향력을 행사했다.

⚙ 1970년대

1970년대에는 심리학과 상담 사이의 구분이 더욱 분명해졌다. 1974년, 버지니아 주 심리학자 검사관 위원회 대 Weldon 사례는 상담이 심리학으로부터 구별된 직종이라는 사실을 입증했다. 2년 후인 1976년에 상담자는 공인된 전문 상담자(LPCs) 로서 버지니아에서 처음으로 실습 허가를 받았는데, 이는 심리학 검사관 주 위원회 의 일부가 교육학과의 상담 프로그램 졸업생을 심리자격시험 응시에서 제외했기 때문이다(Gladding, 1997; Ohlsen, 1983).

동시에 지역사회 센터에서 정신건강 상담자가 필요해지면서 상담자의 초점은 학교에서 지역사회로 옮겨 갔으며, 상담자는 정신의학, 심리학, 사회복지의 정신건강 전문직들과 유사한 다양한 지원을 제공하기 시작했다. 상담자는 직업과 교육에 관한 지원뿐만 아니라 내담자에게 개인 상담을 제공하는 전문가로서 점점 더 인정받게 되었다. 학교 대신 지역사회와 기관에서 일했던 상담자들은 APGA 내에서 대표성이 부족하다고 느껴서 1976년에 미국정신건강상담자협회(AMCHA)가 APGA의 분과로 형성되었다. AMCHA는 APGA와 종종 논쟁을 갖는 관계를 가지면서, 곧 가장 큰 분과가 되었다(Colangelo, 2009).

1970년대에는 1973년에 제정된 재활법도 장애를 가진 내담자를 돕는 재활 상담자의 기회를 넓혔다. 같은 해 상담자 교육 및 지도협회(ACES)는 상담 분야에서 석사 및 박사 학위에 대한 기준을 개발했다(Stripling, 1978). 상담 분야는 Egan(1970, 1975), Carkhuff와 Anthony(1979), Ivey(1971)와 같은 연구자들과 함께 자체적인 훈련 기준을 개발하기 시작했으며, 이는 오늘날에 배우는 기본적인 상담기법과도 연결된다.

⚙ 1980년대

1980년대에는 상담에 대한 전문가적 정체성을 확립하는 데 도움을 주는 훈련 기준 및 자격증에 대한 추가적인 움직임이 나타났다. 1981년 APGA에 의해 합법적으로 설립된 독립적 인증기관으로 상담 및 관련 교육 프로그램 인증 위원회(CACREP) 가 생겼으며, 상담자교육 프로그램을 인증하고 훈련 기준을 만드는 일을 담당했다

(Colangelo, 2009). CACREP는 대학생을 위한 인사 지원과 학교, 지역사회/사설기관, 정신건강, 부부 및 가족 상담 관련 프로그램을 승인하기 시작했다.

또한, 1982년에 국가 차원에서 상담자에게 자격을 부여하기 위해 국가 상담자 자격 위원회(NBCC)가 만들어졌다. 상담자는 국가공인상담자(NCC)가 되기 위해서 표준화된 검사에 통과하고 자격 요건을 충족시켜야만 했다(Herr, 1985). 국제명예상담협회인 Chi Sigma Iota는 1985년에 설립되었다.

상담은 하나의 분야로서 계속해서 진화했다. 1983년, APGA는 '인사'와 '지도'가 더 이상 많은 상담자의 업무 범위를 설명하지 못한다는 사실을 깨닫고 미국 상담 및 발달협회(AACD)라는 이름으로 개칭했다(Herr, 1985). 또한, 상담자들은 성별, 민족성, 문화, 성적 지향을 포함한 개인차에 대해 작업하는 것에 대한 어려움을 강조하기 시작했다(Gladding & Newsome, 2010). 길리간(Gilligan, 1982)의 연구는 페미니스트 이론을 상담 분야로 스며들게 했다. 다양한 인종과 문화적 집단의 작업에 대한 어려움을 포함한 다문화적 상담 주제들 역시 강조되었다. 그 외에도 Erik Erikson의 연구로부터 영감을 받아 전 생애에 걸친 인간 발달에 대한 강조도 증가했다(Hamacheck, 1988).

당시 상담 분야는 세분화하기 시작했던 수많은 전문 분야를 포괄할 만큼 충분히 크게 성장했다. 이제 학교 상담자 또는 직업 상담자가 아닌, 다양한 지역사회와 사설기관에서 근무하는 상담자도 많았다. 1988년, CACREP는 정신건강 상담을 전문분야로 인정했지만, 지역사회 상담자와 정신건강 상담자의 차이에 대해서는 수십 년간 논쟁이 지속되었다. 지역사회 상담자는 지역사회 환경이 개인에게 미치는 영향을 고려하고 지지를 통해 내담자에게 힘을 실어 주는 것에 초점을 맞춤으로써, 역사적으로 그들의 전문성이 다른 유형의 상담과 차별화된다고 보았다. 지역사회 상담자는 그들이 일하는 환경에 의해 정의되기보다는, 자신들이 다양한 환경에 있는 폭넓고 다양한 내담자에게 예방 및 재활 서비스를 제공하고 있다고 주장했다(Hershenson & Berger, 2001). 정신건강상담자 또한 그들의 전문성이 지역사회 상담자, 직업 상담자, 학교 상담자와 구분된다고 여겼다.

⚙ 1990년대

1990년대에는 관리 의료의 출현으로 정신건강 기금이 전면적으로 감소하게 되었고, 상담자들은 서비스에 대한 공평한 지원을 받기 위해 다투기 시작했다. 그러나 역사가 짧은 상담 분야의 발전은 계속되었다. 국립정신보건연구원에서 처음으로 발표된 통계 자료는 상담자를 포함하여 상담을 정신의학, 심리학, 사회복지와 동등한 직업으로 게재했다(Gladding & Newsome, 2010).

1992년도에, AACD는 미국상담학회(ACA)가 되었다. 상담 분야는 전문 영역을 지속적으로 세분화하며 초점을 계속해서 넓혔다. 현재 분과는 미국 대학 상담협회, 성 소수자를 위한 상담협회, 사회정의를 위한 상담자를 포함하고 있다. 상담자를 위한 다문화적 역량은 1992년에 발표되었다(Sue, Arredondo, & McDavis, 1992). 전미 대학 관계자협회(ACPA)가 자체적인 하나의 독립체로 세워졌을 때, ACA는 새로운 분과로 미국대학상담협회를 설립했다(Spurgeon, 2012).

⚙ 2000년대

세분화가 계속되고 있지만 오늘날, 다양한 환경에 있는 상담자의 실무에서는 중복되는 영역이 더욱더 많아지고 있다. 정신건강 상담자는 학교 상담교사가 시스템 내의 다른 임무로 인해 다룰 수 없는 임상적 문제를 다루면서 지역학교 시스템에서 일할 수 있다. 반대로 학교 상담자는 학교에서 자격을 인정받은 실무자만이 할 수 있는 심각한 임상적 정신건강 문제를 가진 학생을 상담하는 일을 할 수도 있다. CACREP는 훈련생이 상담의 한 전문 영역을 준비할 것을 요구하지만, 현실의 많은 실무 환경은 더욱 폭넓은 훈련 기반을 요구하고 있다.

분야 내에서의 통합을 위한 진보적인 움직임도 있다. 상담에 대한 공통적인 정의는 2010년 ACA의 '20/20 발의: 상담의 미래에 대한 비전 대회'에 도달하게 되었다. CACREP는 상담자 교육프로그램에 대한 승인기관으로 공인되었고, 7년마다 기준에 대한 검열 및 개정을 한다(American Counseling Association, 2010). 2009년 기준은 지역사회 상담 프로그램과 정신건강 상담의 전문 영역을 임상 정신건강 상담이라는 하나의 새로운 프로그램으로 통합시켰고, 그 결과 직종의 통일성이 높아졌다.

재활 상담과 장애를 가진 내담자와의 상담도 상담 실무에서 중요한 영역이다. 재활 상담자는 어떤 유형의 장애를 가졌든 장애를 안고 살아가는 모든 사람의 정신건강, 복지, 발달 및 보살핌에 중점을 둔다. 재활교육협의회(CORE)는 재활 상담자에 대한 승인기관이다. CORE의 승인 과정은 장애를 가진 개인에게 재활 서비스를 효과적으로 전달하도록 촉진한다. 2013년 7월에는 CACREP와 CORE가 상담 분야를 더욱 통합시키는 역사적인 협약을 맺었다. CACREP는 임상 재활 프로그램의 승인기관이 되었으며, CACREP와 CORE가 공동으로 검토 과정을 수행한다.

또한, 다양한 정신건강 전문 분야들이 지속적으로 서로에게 영향을 미치고 있다. 긍정심리학에 대한 Martin Seligman(2002, 2011)의 연구는 상담과 심리학 두 분야에 모두 영향을 미쳤으며, 정신건강과 정신질환을 서로 구별하면서도 두 분야 모두를 아우르는 강점 기반 접근을 옹호했다.

전문가적 정체성

당신은 상담 분야에 대한 역사와 발전에 대해 배웠다. 다음으로 고려해 봐야 할 중요한 질문은 다음과 같다. 우리가 누구이며, 우리는 어떻게 내담자를 최선으로 도울 수 있는가? 우리가 지금 논의할 개념을 전문가적 정체성이라고 한다.

◎ 전문가적 정체성은 왜 중요한가

Parsons와 Zhang(2014)은 상담전문가와 어떤 식으로든 누군가를 돕는 사람들의 주요한 차이점은 상담전문가가 자신들을 고유한 직업을 가진 구성원으로 보며, 전문가로서의 정체성을 수용하는 것이라고 언급했다. 전문가적 정체성은 하나의 직업을 특정짓는 철학, 훈련 모델 및 실무의 범위로 정의된다(MacCluskie & Ingersoll, 2001). 다양한 정신건강 직종의 종종 뒤얽힌 역사를 통해 분명히 알 수 있듯이, 고유한 직업 정체성을 발달시키는 것은 쉽지 않을 수 있다. 그러나 강한 전문가적 정체성은 개인 실무자뿐만 아니라, 직업의 지속적인 성장과 건강에 매우 중요하다는 의견에 연구자들은 동의한다. ACA는 공유하고 있는 전문가적 정체성을 찾는 것이 그 직종의 미래에 중요하다고 인정했다(American Counseling Association, 2009).

　따라서 전문가적 정체성은 모든 직종에서 중요한 개념이지만, 전문가적 정체성을 수용하는 것은 상담자 개인에게도 매우 중요하다. 상담자가 누구이며 상담자가 하는 일이 무엇인지에 대한 분명하고 명확한 모델 없이 내담자를 도와줄 수 있는 방법에 대한 지침을 개발하는 것은 불가능하다. 자신의 전문가적 정체성을 이해하는 것은 우리가 논의했던 '실천가'가 되기 위한 출발점을 제공한다. 행동에 대한 기준, 실무를 위한 가치, 개입을 위한 윤리, 직업에 대한 자부심은 정체성으로부터 생겨나는 것이다. 결국 이것은 사례개념화부터 개입에 이르기까지 타인의 변화를 돕는 것에 있어서 필수적이다. 이제 전문가적 정체성의 개념과 상담자에게 있어 그 개념의 중요성에 대해 더욱 구체적으로 알아보자.

◎ 전문가적 정체성이란 무엇인가

　Remley와 Herlihy(2005)는 상담자의 전문가적 정체성을 다른 정신건강 직종에게 적용되지 않는 서비스 제공, 필요한 훈련, 철학적 기반을 포함한 직업의 과정을 기술하는 능력으로 설명한다. 이와 동시에, 상담자는 그들의 직종과 유사 직종 간의 구별되는 점과 공통점에 대해 모두 설명할 수 있어야 한다. '전문가로서의 자기'에 대한 상담자의 관점이 전문가로서의 유능감과 결합될 때, 개인적 세계관과 전문적 견해가 일치하게 된다(Reisetter et al., 2004). 확고한 전문가적 정체성은 내적으로나 외적으로 유익함을 갖고 있다. 자신의 직업에 대한 자부심 및 안전감은 정체성과 관련이 있으며(Myers, Sweeney, & White, 2002), 상담자가 자신의 역할을 분명하게 정의하고 그에 맞춰 결정을 내리도록 도울 수 있다(Brott & Myers, 1999). 하나의 직업이 고유한 것으로 개념화될 때 가치, 신념, 가정을 공유하는 집단 정체성이 발달되어 자부심과 안전감을 얻는 데 기여한다(Daniels, 2002).

　전문가적 정체성은 면허 교부법과 같은 합법적인 승인과 자격증 모두에 의해 촉진된다. 특정한 주(州)에서 전문적인 직종으로 일하기 위해서는 면허가 있어야 하며 그 직업의 명칭을 사용하기 위해서는 반드시 자격증을 받아야 한다. 또한, 전문기관에서의 회원 자격과 윤리강령에서 정의된 행동 규범도 전문가적 정체성에 영향을 미친다.

일관된 전문가적 정체성은 상담 직종에서 문제로 남아 있다. 상담 분야의 다학제적 특성과 내담자의 유형 및 제공되는 서비스가 다른 정신건강 전문가와 상당히 겹친다는 사실은 이 직종 종사자와 대중이 겪는 정체성 혼란의 원인이다. 실질적인 관점에서 볼 때, 이러한 정체성 혼란은 중요하다. 내담자를 위한 사례개념화를 개발하기 위해서 상담자는 인간의 정서, 행동, 정신건강의 어떤 측면이 자신의 영역에 해당하는지 분명히 알아야 한다. 상담자가 도울 수 있는 문제는 무엇이고, 남을 돕는 다른 직업의 전문가가 더 잘 해결하는 문제는 무엇인가? 내담자의 삶에서 어떤 측면들이 상담자가 효과적으로 내담자를 돕기 위해 탐색 및 이해하고 있는 것과 관련이 있는가? 상담자는 어떤 영역의 영향력이 인간 발달과 기능에 필수적이라고 생각하는가? 상담자가 가치 있게 여기는 것은 무엇이며, 우리가 지켜야 하는 윤리적 규범은 무엇인가? 이러한 중요한 질문들에 대한 대답은 상담 직업에서 기본이 되는 토대라고 할 수 있다. 내담자를 돕는 것은 철저하고 정확한 사례개념화에 달려 있다. 사례개념화 자체는 상담자가 내담자를 돕는 과정에서 자신의 역할을 분명하게 이해하는 것에 달려 있다. 따라서 상담자는 남을 돕는 다른 직업들과의 공통점과 차이점을 모두 이해하며 상담자로서의 역할과 가치관에 대해 분명하게 표현해야 한다.

하나의 직업으로서 스스로를 구별하기 위해서 상담은 일반적인 정의, 일반적인 훈련 교육과정, 국가 및 지역 전문가협회, 연방 지역에서의 승인이 필요하다. ACA는 상담에 대한 일반적인 정의를 '다양한 개인, 가족, 집단에게 그들의 정신건강, 안녕, 교육 그리고 직업적 목표를 성취할 수 있도록 힘을 실어 주는 전문적인 관계'라고 설명했다(American Counseling Association, 2010). CACREP 기준은 현재 일반적인 훈련교육과정을 규정하고 있다. 국가 및 지역 전문가 협회들이 존재하며(〈표1-3〉 참고), 연방에서의 승인은 전문적 실무에 대한 규제의 가장 강력한 형식인 전문가 면허 교부 형식으로 부여되었다(Remley & Herlihy, 2010; Spurgeon, 2012). 재향군인 관리국은 2010년에 공인 상담전문가(LPCs)를 지정서비스제공자로 인정했다.

또한, 상담 전문 분야는 확립된 윤리강령을 가지고 있다(American Counseling Association, 2014). 최근에 개정된 강령에는 2005년도 버전에서 일부 중요한 변화가 있었는데, 이는 지속적으로 발전하는 상담 직종과 지속적으로 변하고 있는 상담자와 내담자의 세계를 나타낸 것이다. 새로운 강령의 가장 중요한 변화 중 몇 가지는 상담 분야가 추구하는 가치에 대한 설명으로, 인간 발달의 향상, 사회정의 촉진, 다양성과 다문화주의의 존중, 치료적 관계에서의 진실성, 유능한 실무 등이 서문에서 분명하게 명시되어 있다(Kaplan, 2014).

2014년도 강령은 내담자 의뢰가 언제 적절하고 윤리적이며, 언제 그렇지 않은지와 관련한 혼란에 대해 구체적으로 설명하고 있다. 2005년도 강령은 상담자의 개인적인 가치관으로 인한 이유, 즉 본질적으로 그들의 가치관을 내담자에게 부여하기 위해 내담자를 의뢰하는 것은 모든 사람의 가치와 존엄성을 인정하는 것을 주요한 가치로 삼는 전문가에게 비윤리적임을 분명히 하지 않았었다. 내담자 의뢰는 가치관의 갈등 때문이 아닌 기술과 역량의 부족으로 인해 이루어져야 한다. 내담자의 가치관과 신념을 이해하는 것은 T/C 모델을 사용하는 사례개념화에 있어 필수적인 부분이며, 그들의 가치관과 신념을 존중하는 것도 마찬가지로 중요하다.

2014년 강령의 또 다른 주요 변화는 소셜미디어를 우리 일상의 일부로 인정하고 원격 상담을 보편적이고 실용적인 서비스 방식으로 인정한 것이다. 강령은 상담자가 내담자가 거주하는 주(州)뿐만 아니라 실무를 수행하는 주(州)의 규칙과 규정 또한 따라야 한다는 것을 상기시킨다. 이와 함께 정보보안 [예를 들면, Skype는 건강보험의 이전 및 책임에 관한 법률(HIPAA)을 준수하지 않는다], 암호화, 사전 동의, 정보 공개와 같은 문제도 새로운 강령에서 다뤄진다. 원격 상담자는 시스템이 제대로 작동하지 않을 경우를 대비하여 위기 계획을 세워야 하고, 필요시 내담자가 지역사회 자원을 사용할 수 있다는 것을 확실히 해야만 한다. 소셜 미디어에서 전문적인 인상을 유지하는 것 또한 포함된다. 예를 들어, 내담자의 동의 없이 페이스북 게시물을 읽지 않고, 개인 계정과 전문적인 계정을 따로 관리하며, 온라인상에서 내담자와 '친구 맺기'를 하지 않음으로써 내담자의 사생활을 보호하는 것이다. 한편, 상담자가 소셜 미디어를 완벽하게 이해하는 것은 매우 중요하다. 특히 학교 상담자와 대학 상담자에게는 사이버 폭력을 경험한 내담자가 많이 찾아오므로 사이버 폭력이 발생하는 방식과 청년에게 미치는 영향에 대해 이해해야 한다.

또한, 2014년 윤리강령은 사회적 정의 관점을 더 많이 내포하고 있는데, 사회적 정의에 부합하는 무료 사업이 추구하는 가치에 대해 명확히 설명하고 그 가치를 인정하는 한편, 모든 상담자가 무료로 상담을 제공해 주는 것이 재정적으로 가능하지 않다는 사실도 시인한다. 개정된 강령은 공개 연설 참여와 재난 발생 시 자원봉사를 포함하여 상담자가 기여할 수 있는 다른 방식을 허용한다.

상담에 대한 일반적인 정의, 공인된 훈련 기준, 전문적인 윤리강령이 존재하므로, 20/20 발의(Kaplan & Gladding, 2011)는 명확한 전문가적 정체성의 발달을 상담자의 우선순위로 발표했으며, 자매 직종인 정신건강 치료제공자들과의 협력 또한 지지했다. 전문가적 정체성을 강화하기 위해 20/20 발의는 직업에 대한 핵심 공통성, 모든 상담자에 의해 공유된 지식과 기술의 핵심 체계 그리고 전문 분야의 훈련을 갖춘 상담자로 구성된 하나의 직업으로서 상담의 관점을 구별할 수 있도록 권장한다.

지금 우리는 누구인가

⚙ 상담과 관련 직종

밀접하게 관련이 있는 분야들로부터 상담을 구별하는 능력은 전문가적 정체성의 발달에 중요한 역할을 한다(Pistole & Roberts, 2002). 다양한 유형의 정신건강 전문가들 간에 이루어지는 협업은 각 전문가가 강한 전문가적 정체성을 가지고 서로 전문가적 정체성에 대해 이해함으로써 촉진된다. 다른 관련 직종과 구별되는 상담의 측면을 이해하는 것이 중요하지만, 전문가 각자의 강점과 전문 기술을 토대로 협력이 이루어질 수 있도록 공통점을 인식하는 것 또한 중요하다. 많은 시설, 병원, 학교에서 상담자는 정신건강 전문가들로 이루어진 다학제적 팀의 일원이 되어 각자의 고유한 기법과 관점으로 내담자에게 최고의 서비스를 제공한다.

일부 전문가들은 내담자 문제의 심각도를 기반으로 정신건강 직종을 구별하려고 시도했지만, 이러한 구별성은 문제가 많다. 우리가 살펴보았듯이, 상담전문가는 전통적으로 발달 모델을 사용하여 예방과 안녕에 초점을 두고 있지만, 많은 상담자가 더욱 심각한 정신건강 문제를 겪는 내담자를 상담하고 있다. 또한, 다른 정신건강 전문가들은 발달적 접근과 강점 기반 접근의 가치를 점점 더 인식하고 있다. 따라서 철학 및 훈련 요건에서의 공통점과 차이점에 기초한 구분이 더욱 유용할 것이다.

◆ 정신의학

정신의학은 치료의 의료 모델에 근거를 두고 있으며, 실무자는 의학학위를 가지고 있다(MacCluskie & Ingersoll, 2001). 최근까지, 정신건강 제공자 중 유일하게 정신과 의사만 약물치료를 처방할 수 있다[몇몇 주(州)에서는 현재 심리학자에게 처방을 할수 있는 제한된 특권을 허락한다]. 병리학에 초점을 두고 있지만, 정신질환의 진단 및통계 편람의 가장 최근 버전(DSM-5)은 진단과 치료에 있어 보다 맥락적이며 생물 생태학적 접근법을 취한다(American Psychiatric Association, 2013). 예를 들어, 정신과 의사는 Katy의 우울증 또는 불안 증상에 대한 약물 처방을 고려할 수 있다.

◆ 사회복지

사회복지의 임무는 개인의 삶의 질을 향상시키고, 사회적 가치를 증진하며, 자기 옹호와 자아실현을 촉진하는 것이다(Gilbert, 1977). 실무자는 일반적으로 사회복지 분야의 석사학위(MSW)를 취득한다. 이 직업의 고유한 강조점은 사회복지를 중시한다는 점이며, 이는 사회복지사의 전문가적 정체성을 정의하는 데 도움을 준다(LaFleur, 2007). 예를 들어, 사회복지사는 함께 살고 있는 Katy의 남동생들 때문에 가족체계의 안정성에 대해 염려할 수 있다. 또한, 사회복지의 관점은 전통적인 한국의 직업, 성별 그리고 가족 규범을 고려하면서 문화적 요인에 대한 고려사항까지 아우를 수도 있다. 그러나 다른 정신건강 전문가들도 내담자에게 미치는 사회 및 문화적 영향을 인식한다.

◆ 심리학

심리학은 고유한 특성으로 검사와 평가에 대한 심리학자의 전문지식뿐만 아니라 해당 분야에 대한 과학자–실무자 기반을 강조한다. 그들의 전문가적 정체성의 구분되는 특징으로서, 임상심리학자는 다루는 문제와 도움을 받는 대상의 범위, 개인차에 대한 초점을 인지한다(American Psychological Association, 2013). 심리학자는 Katy의 정확한 발달 역사를 알기 위해 유년시절 교육적, 관계적, 정서적 기능에 대해 검사하거나 표준화된 평가 도구를 활용하기를 원할 수 있다. 그러나 상담자와 심리학자 모두 발달 문제와 건강한 기능, 훈련과 지도 그리고 다문화적 관심사에 초점을 두고 있다(Goodyear, 2000).

◈ 상담

상담은 여러 방면에서 다른 정신건강 전문 직종과 다르다. 첫째, 안녕에 초점을 두어 내담자의 강점과 자원을 기반으로 최상의 행복 수준에 도달할 수 있도록 돕는다(Witmer & Granello, 2005). 둘째, 병리적 주제를 다루는 것을 넘어서 예방을 강조한다. 셋째, 광범위한 내담자의 문제에 대해 인간 발달 원리를 적용하고 전체론적 틀을 갖고 있다. 모든 전문 분야의 상담자는 심각한 정서적 및 정신적 질환을 가지고 있는 내담자뿐만 아니라, 일반적인 발달 전환 과정에 있는 내담자를 상담할 때에도 전체론적 틀을 유지한다.

상담자는 또한 정신질환에 대한 의료 모델과는 반대되는 생물심리사회적 관점을 가지고 그들의 직무에 임하는데, 이것은 인간 발달에 다양한 맥락적 영향인 생물학적, 사회적, 정서적, 심리적 요소를 고려한 것이다. Urie Bronfenbrenner(1979)의 생태학적 체계 모델은 T/C 모델에 포함된 상담 및 사례개념화에 대한 이론적 기초를 제공한다. 사회복지의 체계적 관점과 비슷하게, 상담자는 내담자의 환경, 즉 가까운 수준과 먼 수준 모두에 존재하는 상호 관계들을 고려한다. 이러한 전통적인 강조점은 상담 분야를 다문화적 역량의 중심에 서게 했고, 상담자가 복잡한 체계 내에서 효과적으로 직무를 수행할 수 있도록 했다.

이와 동시에, 인본주의적 가치에 대한 핵심 신념뿐만 아니라 내담자-상담자 관계의 중요성과 내담자 기능에 대해 이해하기 위한 발달적 원리의 사용에 대해서도 강조하고 있다(LaFleur, 2007). 상담자는 내담자를 상담할 때 발달적 관점을 이용하여 내담자의 문제를 과도기에 대한 자연스러운 반응이자 정상적 발달의 일부라고 해석한다. 인본주의적 철학은 사람을 완전체로 보는 관점과 치료적 관계를 변화의 결정적인 요소로 보는 관점을 통해 상담 분야의 토대를 마련했다(Hansen, 2000). 그럼에도 불구하고, 여러 장면에 있는 상담자는 DSM의 의료 모델을 사용하여 진단을 내리고 개입할 것으로 예상되며, 이로 인해 때때로 대립되는 이론들의 복잡한 통합이 이뤄지기도 한다.

따라서 상담자는 Katy와 상담을 시작하면서 그녀가 최근에 겪고 있는 어려움뿐만 아니라 그녀의 강점에 대해 평가할 것이다. 예를 들어, Katy는 매우 현명하며, 대학에서의 변화를 감당할 수 있고 그곳에서 학업적으로나 사회적으로나 성공한 사람이 될 수 있다. 생물심리사회적 접근을 취하는 것은 Katy의 부모와 의붓부모의 어려움 같은 맥락적인 영향력뿐만 아니라, Katy의 생리적 증상과 우울 및 불안에 대한 가족력의 가능성에 대해 고려하는 것을 포함한다. 문화적 고려사항으로는 Katy의 한국적 배경과 그녀의 가족으로부터 배운 규범과 가치의 영향, 그녀의 부모님이 경험했을 문화적 적응 과정에서의 어려움 그리고 미국과 한국의 신념들에 대한 Katy 자신만의 절충안 등을 포함하고 있다. 발달적 관점에서 볼 때, Katy는 대학에서의 요구에 어떻게 적응했고, 대학에서의 변화가 그녀에게 어떠한 영향을 미쳤는가? 직업적 포부에 초점을 맞추는 전통적 상담은 Katy가 나중에 무엇을 하고 싶은지와 자신의 흥미와 부모의 기대를 어떻게 통합할지를 결정하려고 애쓰는 것과 관련된다. 생물심리사회적 접근법을 가지고 일하는 상담자로서, Katy에게 영향을 주는 다양한 외적, 내적 요인을 이해하는 것은 Katy가 자신의 인생에서 긍정적인 변화를 만들도록 지원할 수 있는 내담자–상담자 관계를 발달시키는 출발점이된다. T/C 모델은 상담자에게 종합적인 평가를 실시하고 상담자와 내담자 모두에게 이해되는 방식으로 정보를 구성할 수 있게 한다.

〈표 1-1〉은 사회복지사, 정신과 의사, 심리학자, 상담자를 포함한 다양한 정신건강 직종에 대한 훈련, 면허, 철학의 차이점을 요약한 것이다. 〈표 1-2〉는 다양한 상담 전문 분야에 대해 요약한 것이다.

표 1-1	정신건강 관련 직업			
직종	학위	전문협회 & 자격	강조 & 전문지식	작업 환경
사회복지	사회복지 석사학위 (MSW) 인턴과정	국립사회복지학회 (NASW) 50개 주 모두에서 인정됨	사회기능의 강화, 사회변화에 대한 지지, 체계와 맥락에 초점	학교, 공공 보건 기관, 지역사회시설, 약물남용 치료 시설
정신의학	의학학위 (MD, DO) 레지던트 과정	미국정신의학회 50개 주 모두에서 인정됨	생체 의학적 모델 또는 생물심리사회 모델 정신 질환의 진단, 치료, 예방의 전문 분야 약물 처방	개업, 건강시설, 외래환자 치료 센터, 병원
심리학	박사학위 (PhD, EdD, PsyD) 인턴과정	미국심리학회 (APA) 50개 주 모두에서 인정됨	정신적, 정서적 고통을 평가, 진단 및 치료 검사와 평가를 전문으로 할 수 있음	개업, 병원, 건강 시설, 교육시설, 약물남용 치료 시설

상담	석사학위 또는 박사학위 인턴과정	미국상담학회 (ACA) 50개 주 모두에서 인정됨	안녕 모델, 예방에 대한 초점, 발달적 초점, 생물심리사회적 관점	개업, 병원, 건강시설, 교육기관, 약물남용 치료시설
부부 및 가족 치료사	석사학위 또는 박사학위 인턴과정	미국 부부 및 가족치료학회 (AAMFT)	부모-자녀, 부부 및 개인의 문제에 대해 체계 초점을 가지고 진단 및 치료	개업 또는 사설기관

표 1-2 상담의 전문 분야

전문 분야	전통 철학, 전문지식, 업무 장면
지역사회 상담자 또는 보다 최근의 임상정신건강 상담자	• 개인에 대한 지역사회 환경의 영향력 • 지지자로서 개인의 역량 강화 • 예방 및 재활 서비스 • 생태학적 체계 모델(Bronfenbrenner) • 기관 장면
정신건강 상담자 또는 보다 최근의 임상정신건강 상담자	• 정신질환의 예방, 개입, 상담, 진단, 치료 • 기관, 입원환자, 외래환자, 약물남용시설 • 근로자 지원 프로그램
(각 주에서 공인된) 전문 상담교사	• 예방, 개입, 상담 • 위험군과 특별한 도움을 필요로 하는 대상 • 지지 • 발달적 관점 • 초등, 중등, 고등학교
중독 상담자	• 약물남용과 중독(도박, 인터넷, 섭식장애)에 대한 진단과 치료 • 약물남용 프로그램 • 근로자 지원 프로그램
진로 상담자	• 진로 결정에 영향을 미치는 개인적 문제의 진단과 치료 • 학교 • 고등교육 환경
대학 상담자	• 상담, 조언, 프로그램 개발 • 전문 또는 종합 대학 환경
노인 대상 상담자	• 노인에게 안녕감을 증진시키고 역량 강화 • 약물남용, 사별, 지지 • 지역사회시설, 양로원

부부 및 가족 상담자	• 가족 체계 평가와 개입 • 발달적 관점, 삶의 과도기를 다룸 • 개업, 지역사회시설
재활 상담자	• 장애를 가진 내담자에 대한 지원과 역량 강화 • 체계 초점 • 옹호 재활 센터, 근로자 지원 프로그램, 병원

지금 우리는 어디에 있는가

오늘날 전문 상담은 질환을 치료하는 것에 초점을 두기보다는 발달, 예방, 내담자-환경 상호작용, 역량 강화 등에 초점을 두고 있다. 상담자는 정신건강을 연속체로 보며, 개인이 안녕을 향해 나아가도록 돕고, 그들이 더 좋은 대처 기법과 통찰을 발달시킴으로써 자신의 문제를 스스로 해결하도록 돕는 목표를 가지고 있다. 상담자는 정신 및 정서적 문제가 발달적 관점을 통해 이해될 수 있다고 여기며 위험에 처해 있는 사람들을 위한 예방과 초기 개입을 강조한다(Remley & Herlihy, 2010).

상담자는 안녕을 촉진하기 위한 고유한 기법과 지식을 소유하고 있으며, 정신건강 문제의 치료와 평가를 안녕의 관점에서 바라본다. 이와 동시에, 상담자는 정신건강을 촉진하는 것이 정신질환을 치료하는 것과 밀접히 연관되어 있음을 이해하고 있다(Guerney, 1977; Van Hesteren & Ivey, 1990). 밀접한 관련이 있는 정신건강 분야의 다른 전문가처럼, 상담자는 정신질환의 진단과 치료에 있어서 기본적인 지식과 기법을 필요로 하는 동시에, 상담 분야를 특징짓는 예방적, 발달적, 다학제적 접근을 유지한다. 상담자는 정상적인 발달과 예방에 대한 전문지식 외에도 DSM 진단, 사례개념화, 정신병리학, 약물남용 등을 포함한 정신건강 문제를 진단하고 치료하는 데 능숙해야 한다(Smith, 2012).

모든 정신건강 전문가는 각자 직업의 고유한 강점뿐만 아니라 공통점에 대해 점점 더 인식하고 있다. 『위대한 심리치료 논쟁: 모델, 방법과 결과』에서 Wampold(2001)는 결과 연구에 대한 메타분석을 실시하여 상담의 '공통 요인'이 특정한 치료 모델의 구체적인 구성 요소가 아니라, 변화의 구성 요소라고 결론지었다. 다음에 소개될 장에서, 우리는 변화의 요인에 대한 연구를 더 깊게 배우게 될 것이다. 그러나 계속해서 예방과 발달적 관점을 사용한 전문지식을 얻는 것에 초점을 맞추는 동시에, 상담자가 정신건강과 질병의 전체적인 영역을 학습하도록 요구하는 것의 실현가능성에 대한 문제는 여전히 남아 있다. 이 책과 마찬가지로 많은 연구자는 DSM과 진단에 대한 더욱 철저한 이해가 상담전문가의 정체성을 강화시켜 줄 것이라고 믿는다(Eriksen & Kress, 2006; Hansen, 2003; Spurgeon, 2012). 상담자는 단기 개입으로 해결할 수 있는 문제를 가지고 있는 내담자뿐만 아니라 더 심각한 문제들을 가진 내담자도 돕는데, 이는 증거 기반 치료 계획에 대한 이해를 필요로 한다. 병리학을 효과적으로 다룬다고 해서 상담 분야에서 잘 알려진 발달적 관점을 배제하지 않는다. 사실 정상적인 발달과 삶의 과도기의 영향에 대한 이해는 많은 장애치료의 효과성을 향상시킬 수 있다. 상담자는 병리학과 정신질환에 대해 이해하기 위해 훈련받아야 하지만 발달적 관점과 안녕에 대한 관점을 통합한 치료 전략을 사용해야 한다.

오늘날 상담자는 진로 문제, 대인관계 문제, 스트레스, 외상, 중독, 비애와 상실, 정신건강 질환 등을 포함하여 넓은 범위의 발달 및 정신건강 문제를 가지고 있는 내담자를 돕는다. 따라서 주 호소 문제와 치료가 시행되는 장면 모두를 고려하여 각각의 개인 내담자와 상담자에게 가장 적합한 상담 기법이 무엇인지 결정하기 위해 증거 기반 치료법을 선택할 필요가 있다. 상담자는 현재 다른 정신건강 전문가에 의해 개발된 개입들을 사용하고 있으며, 다른 전문 분야들은 정상적인 발달, 예방, 안녕에 대한 상담 분야의 초점을 통합했다.

우리는 어디로 가고 있는가

◎ 미래 전망

건강 관리에 대한 오늘날의 상황을 살펴볼 때, 상담자는 다양한 환경에서 일하며 다양한 정서 및 행동 문제를 치료한다. 미국 노동부에서 정의된 정신건강상담자는 개인, 가정, 부부, 집단에게 서비스를 제공하는 다양한 집단의 전문가이다(Bureau of Labor Statistics, 2013). 상당수가 노인, 대학생, 아동과 같은 특정 집단과 작업하거나 마약 및 알코올 재활, 입원시설, 지역사회 기관과 같은 특수 환경에서 일한다. 정신건강 상담자는 불안, 우울, 비애, 낮은 자존감, 스트레스, 약물남용과 같은 다양한 임상적 문제를 치료한다. 더불어, 그들은 정신적, 정서적 건강 문제 및 대인관계 문제에 대해서도 도움을 준다. 상담자는 또한 근로자 지원 프로그램(EAP)에도 참여하고 있는데, 이는 일부 고용주가 근로자의 개인적인 문제 또는 정신건강 문제를 다루는 것을 돕기 위해 제공하는 프로그램이다. 자격증이 있는 상담전문가는 사설기관에서도 일할 수 있으며, 제3자에게서 급여를 받을 수 있다(Bureau of Labor Statistics, 2013). 정신건강 상담자는 2010년에 약 12만 개의 일자리를 창출했으며, 향후 10년 동안 이 수치는 모든 직종의 평균보다 훨씬 빠른 37%까지 성장할 것으로 예상된다(Bureau of Labor, 2013).

보험 회사들은 점점 더 정신과 의사와 심리학자보다 비용이 덜 드는 대안으로 상담자와 부부 및 가족 치료사에게 보장을 제공하고 있다. 정신건강 치료를 찾는 사람들은 다른 제공자보다 정신건강 상담자나 부부 및 가족 치료사를 찾는 경향이 있다. 또한, 정신건강기관을 찾는 사람의 수가 계속해서 늘어날 것으로 예상된다. 이러한 동향은 다양한 환경에서 전문적으로 훈련받고 자격증을 보유한 상담자에 대한 수요를 증가시킬 것이다(Bureau of Labor Statistics, 2013).

직업의 역사에 대해 탐색하는 것을 통해, 우리는 상담전문가의 역할이 계속해서 발전하고 성장할 것이라고 예상할 수 있다. 우리가 미래로 향하면서, 상담자는 다른 정신건강 전문가들과 함께 협력하는 것이 필요하며 기존에 자리를 잡은 정신건강 전문가들 사이에서 직업에 대한 구별을 분명히 하기 위해 투쟁했던 과거의 부자연스러운 관계를 바로잡는 것 역시 필요하다. 지금까지는 누가 검사와 진단 서비스를 제공하고, 보험을 보장받을 자격이 있는지 없는지에 대한 논쟁이 발생해 왔다. 이 논쟁과 관련하여 대부분의 주에서 상담자는 이러한 영역에서 역량을 확고히 하는 데 성공했지만, 모든 곳에 약간의 악감정을 남겼다. 내담자를 효과적으로 돕기 위해서는 통합된 서비스 제공 모델이 가장 적합하다. 상담자는 관련 정신건강 전문가들의 전문지식을 활용할 수 있으며, 치료 팀은 발달, 예방, 안녕 및 개인적 성장에 대한 상담자의 지식을 활용할 수 있다.

상담자가 강점 기반 접근과 인간 발달에 관한 전문지식을 이용하여 지역 사회 내에서 작업하는 독특한 방식은 점점 상호간 연결이 긴밀해지는 우리의 세상에서 더욱 중요해지고 있다. 관리 의료의 영향과 기술의 출현, 기후의 변화, 자연재해, 인간이 만들어 낸 폭력과 갈등의 증가, 학교에서의 총격부터 테러리스트 공격에 이르기까지 이 모든 것은 정신건강 서비스의 필요성을 불러일으켰다. 또한, 노인인구, 참전 용사 및 가족의 증가로 정신건강 서비스의 필요성이 늘어났다. 상담전문가는 변화하는 사회의 요구를 충족하고 계속되는 변화에 대한 건강한 대응을 할 수 있도록 돕기에 유리한 위치에 있다.

표 1-3 전문기관과 웹사이트

미국상담학회	www.counseling.org/
미국심리학회	www.apa.org/
미국정신의학회	www.psych.org/
미국학교상담자협회	www.schoolcounselor.org/
미국정신건강상담자협회	www.amhca.org/
국립사회복지학회	www.socialworkers.org/
미국 부부 및 가족치료협회	www.aamft.org/
미국대학상담협회	www.collegecounseling.org/
미국재활상담학회	www.arcaweb.org/

표 1-4 미국노동부의 『직업 전망 안내서』(2013)에 제시된 정신건강 상담자의 전형적인 직무

- 불안과 우울 등의 정신 및 정서 질환에 대한 진단과 치료
- 내담자가 자신의 감정과 경험에 대해 이야기할 수 있도록 격려하기
- 이혼 또는 일시해고와 같은 내담자의 일상에서 일어나는 변화에 대응과 적응 돕기
- 내담자에게 미래에 대한 결정을 내리는 과정을 안내하기
- 내담자가 그들의 행동을 변화시키거나 어려운 상황에 대처하기 위한 전략 및 기술을 발달시키도록 돕기
- 정신과 의사, 사회복지사와 같은 다른 직종의 전문가들과 함께 협동 치료하기
- 지지 집단 또는 입원 치료시설과 같은 지역사회의 다른 자원 또는 서비스에 내담자를 의뢰하기

표 1-5	2010년도 정신건강 상담자 비율이 가장 높은 업종	
개인과 가족 서비스		18%
외래환자 정신건강과 약물남용 센터		16%
병원: 주, 지역, 시설		12%
교육과 병원을 제외한 주 정부 및 지방 정부		11%
정신건강과 약물남용 거주시설		10%

상담의 핵심

- 전문 상담은 정신과 의사, 심리학자, 사회복지사, 부부 및 가족 치료사, 목회 상담자를 포함하는 광범위한 정신건강 및 복지 서비스 중의 일부이다.
- 많은 사람이 '조력자'로서 일하고 있지만, 상담전문가는 자신을 하나의 고유한 직종의 구성원으로 간주하며 전문가로서의 정체성을 수용함으로써 구별된다.
- 전문가적 정체성은 전문기관의 구성원으로서의 자격, 훈련 프로그램의 인증, 윤리적 기준 고수 그리고 직업의 공통된 정의 등을 포함하고 있다.
- 상담은 안녕에 초점을 맞추고, 예방을 강조하며, 전체론적 틀을 가지고, 다양한 내담자 문제에 대해 인간 발달 원리를 적용한다는 면에서 다른 정신건강 전문가들과 다르다.
- 전문 상담은 오늘날 질환 치료보다는 역량 강화에 초점을 유지하여, 각 개인의 안녕을 지향하고 더 나은 대처 기술과 통찰력을 발달시켜 문제를 해결할 수 있도록 돕는 것을 목표로 한다.
- 미래에 대해 고려해 볼 때, 상담자는 안정적으로 자리를 잡은 다른 정신건강 전문가들과 깊은 관계를 형성하여 이들과 협동할 필요가 있다.

실습

실습 1-1 **문제는 어디서부터 시작되는가**

정신건강 전문가는 모두 내담자 문제에 대한 근거와 해결의 책임이 누구에게 있는가에 관한 신념을 가지고 있다. 상담자가 이 직권을 어떤 관점으로 보는지에 따라 우리는 그들이 가지고 있는 전문적인 신념에 대한 통찰을 얻는다. Brickman과 그의 동료들은 해결에 대한 책임의 직권뿐만 아니라 문제에 대한 책임의 직권도 설명하는 도움과 대처에 대한 이론을 제시했다(Brickman et al., 1982).

- **도덕적 모델**: 내담자는 문제의 해결뿐만 아니라 문제에도 책임이 있다.
- **보상적 모델**: 내담자는 그들이 가지고 있는 문제에 대해서 책임을 지지 않고, 해결책을 찾고 실행할 책임이 있다.
- **의료적 모델**: 내담자들은 그들의 문제의 근원이나 해결책을 찾을 책임이 없다.
- **교화 모델**: 내담자는 그들이 가지고 있는 문제에 대해서 책임을 지지 않지만, 그들에게는 해결책을 찾고 실행하는 것에 대한 궁극적인 책임이 있다.

> ✎ **수업시간 실습**: 개별적으로 질문에 답한 후 대규모 집단 토론을 하시오.
>
> - **질문 1**: 앞의 모델 중 어떤 양식이 당신의 신념에 가장 잘 맞는가? 그 이유는 무엇인가?
> - **질문 2**: 다음에는 서술문이 나열되어 있다. 서술문에 대해 개인적으로 어떻게 느끼는지 판단하라. 그다음 서술문이 앞에 있는 모델 양식 중 어떤 것을 가장 근접하게 반영하는지를 판단하라.

- 사람들은 자신의 문제에 대한 책임이 있다.
- 내담자는 자신의 삶에 있어서 전문가이다.
- 많은 곤경은 우리의 통제에서 벗어나 있다.

- 대부분의 사람이 가지고 있는 문제의 원인은 사실상 외적 요인에 있다.
- "의사는 스스로 고친다."라는 말을 믿는다.
- 모든 사람은 그들이 꺼낼 수 있는 내적 기량과 강점을 가지고 있다.
- 바람의 방향을 지휘할 수 없지만, 돛은 조정할 수 있다.
- 바보는 자신의 생각이 옳다고 생각하지만, 지혜로운 사람은 다른 사람의 조언을 듣는다.
- 성공에는 시간이 걸린다. 성공에는 욕망이 필요하다. 성공은 행동을 취한다. 성공에는 헌신이 필요하다.

실습 1-2 상담을 돋보이게 만드는 것은 무엇인가

다음에는 상담 철학문이 나열되어 있다.

- 전체론적 접근법을 취한다.
- 정신, 육체, 영혼을 통합하는 것에 관심이 있다.
- 발달적 접근으로부터 비롯된다.
- 내담자 역량 강화에 대해 신뢰한다.
- 내담자를 지지하는 것에 토대를 둔다.
- 내담자가 자신의 치료에 적극적이어야 한다고 믿는다.
- 문제뿐만 아니라 강점에도 초점을 둔다.

> ✎ **수업시간 실습**: 소규모 집단을 이루어 각 철학문에 대해서 토론하고 상담자의 관점이 심리학자, 정신과 의사, 사회복지사의 관점과 어떻게 다른지에 대해 토론하시오. Katy의 사례의 경우 다른 세 가지 직업과 비교해 볼 때, 상담자가 Katy에게 도움을 주기 위해 강조하는 것과 집중하는 것이 어떻게 다른지 알아보시오.

실습 1-3 우리는 다른 정신건강 전문가들을 어떻게 비교할 수 있는가

다음은 주요 전문가 기관 중 일부에 의해 개발된 상담, 임상심리학, 임상사회복지에 대한 정의이다.

◆ 상담의 정의

ACA는 2010년 연례 회의에서 상담에 대한 통합된 정의에 동의했다. "상담은 다양한 개인, 가족, 집단에게 그들의 정신건강, 안녕, 교육 그리고 직업적 목표를 성취할 수 있도록 힘을 실어 주는 전문적인 관계이다."라고 표명했다. 대표자들은 그 정의가 기본적인 틀이며, 각 참가 기관 또는 분과는 구체적인 전문성이나 중점 영역을 더 구체화한 진술을 얼마든지 추가할 수 있다는 사실을 분명히 했다(ACA, 2010).

◆ 임상심리학의 정의

임상심리학은 전문심리학에서 일반 진료와 건강 서비스 제공자의 성격을 둘 다 가지고 있다. 임상심리학자는 전 생애에 걸친 각 개인의 심리적, 정서적, 심리생리학적, 행동적 장애에 대한 진단, 검사, 평가, 치료, 예방과 관련된 전문적인 서비스를 제공한다. 이러한 서비스는 다른 종류의 불편함뿐만 아니라 지적, 정서적, 신체적, 심리적, 사회적, 행동적 부적응 및 정신질환을 이해하고 예측하며 완화하기 위한 절차를 포함한다. 또한, 이것은 이러한 모든 영역에서의 기능 강화를 위한 서비스를 포함한다(American Psychological Association, 2013).

◆ 사회복지의 정의

미국에서 학사, 석사, 또는 박사학위를 소지한 사회복지대학의 졸업생은 내담자(개인, 가족, 집단, 지역사회, 기관 또는 전반적인 사회가 될 수 있음)에게 사회 서비스를 제공하기 위해 그들의 지식과 기법을 사용한다. 사회복지사는 사람들이 문제를 해결하고 대처하기 위한 능력을 증가시키도록 도우며, 필요한 자원을 얻고, 개인 간 및 사람과 환경 간 상호작용을 촉진하고, 사람들에 대해 책임이 있는 기관을 만들며, 사회 정책에 영향을 준다. 사회복지사는 개인, 가정 그리고 지역사회 문제를 다루며 내담자와 직접적으로 마주하거나, 규정과 정책 개발에 관한 시스템에서 지위를 갖고 일하거나, 대규모 사회복지 시스템의 관리자와 계획자로서 일할 수 있다(Barker, 2003).

> ✎ **수업시간 실습**: 대규모 집단 토론을 하시오.
>
> - **질문 1**: 직업 간 차이점은 어떤 것이 있는가? 공통점에는 어떤 것이 있는가?
> - **질문 2**: 당신이 전문가로서 활동하고자 하는 방식에 가장 잘 맞다고 생각되는 정의
>   는 어떤 것인가?

실습 1-4   당신은 무엇을 선택하겠는가

〈표 1-3〉은 남을 돕는 직업 분야에서 가장 큰 전문기관 중 일부에 해당하는 웹
사이트를 보여 준다.

> ✎ **수업시간 실습**: 학생들은 몇 분 동안 각 웹사이트를 탐색해 보시오. 그 이후에 소규모
> 토론을 하시오.
>
> - **질문**: 각 기관에서는 무엇을 중요하게 여기는가?

실습 1-5   Katy의 사례 다시 보기

상담전문가로서 활동하는 것은 남을 돕는 다른 직종의 전문가들이 내담자를 도
우려는 방식과 비슷하기도 하지만 다르기도 하다. 우리는 공통의 뿌리뿐만 아니라
시간이 흐르면서 다양한 직업이 갈라지게 된 방식에 대해서도 분명히 이해하고 있
으므로 Katy의 사례로 돌아가 보자. 다음에 나올 장들에서, Katy의 사례개념화를
발전시키기 위해 T/C 모델을 적용한다. 우선, 어디서부터 시작하고 싶은지 생각해
보자.

> ✎ **수업시간 실습**: 소규모 집단 토론을 진행한 후 대규모 집단 토론을 하시오.
>
> - **질문 1**: 상담자로서 Katy를 돕기 위해 어디서부터 시작하고 싶은가?
> - **질문 2**: 당신은 그녀의 역사와 현재 문제의 어떤 측면에 초점을 맞출 것인가?

더 나아가기

Diagnostic and Statistical Mannual of Mental Disorders(5th ed.) by American Psychiatric Association (2013) American Psychiatric

ACA Code of Ethics at counseling.org/ethics

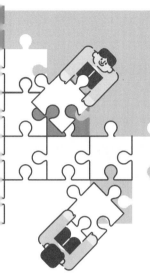

상담을 효과적이게
하는 것은 무엇인가

도입

제1장에서 우리는 상담의 역사와 오늘날 상담전문가의 지위를 살펴보았다. 지난 수십 년 동안 상담은 하나의 전문 분야로 발달해 왔으며, 고유한 전문가적 정체성을 구축해 왔다. 상담자로서, 우리는 상담자를 특별하게 만드는 특성뿐만 아니라 남을 돕는 다른 전문 분야들과의 공통적인 근원을 이해한다. 상담자는 건강한 발달을 촉진하고 정신적 또는 정서적 건강 문제가 있는 사람들을 돕는다는 목표를 관련 전문가들과 공유한다.

이번 장에서 우리는 이 분야에 관련된 연구를 강조하면서 상담자가 유능하고 효과적인 조력자가 되는 데 기여하는 몇 가지 특성을 검토하고자 한다. 이러한 몇 가지 기법과 특성은 상담 기초 과정을 통해 익숙해져야 한다. 각 특성은 상담관계를 통해 수행되는 치료 결정 과정뿐만 아니라 사례개념화의 과정에서 필수적이기 때문에 우리는 효과적인 상담자의 특성을 검토하고자 한다. 이러한 기법과 특성을 목적에 적합하게 적용할 때 효과적인 상담과 변화의 촉진이 가능해진다.

상담은 예술과 기술 두 가지로 불리며, 이 둘을 통합시켜 왔다. 연구자들 사이에서 유능한 상담자는 관계 형성 능력, 효율적인 대인 간 의사소통, 자기 인식 능력 등의 특정한 기술을 보유하고 있어야 된다는 데 의견이 일치한다. 그러한 기술은 학습과 연습이 가능하지만, 궁극적으로 상담자의 효율성을 결정짓는 것은(Inskipp, 2006) 상담자의 자기 인식, 합목적성 그리고 내담자를 이해하기 위한 헌신이다. 이 장에서 우리는 효과적인 상담의 요소를 분석한다. 우리는 효과적인 상담자의 개인적 특성, 건강한 조력 관계의 구성 요소, 상담 과정에 영향을 주는 내담자 변인을 탐색할 것이다. 당신 자신의 강점과 개선할 영역을 탐색하도록 돕고자, 당신의 자기 인식과 성공적인 상담자가 되도록 돕는 특성을 개발시키는 능력을 향상시켜 줄 실습이 제공될 것이다.

지난 40년 동안 내담자를 위한 긍정적인 결과에 기여할 수 있는 특정 요인을 확인하려는 노력의 일환으로 많은 연구가 진행되어 왔다. 지난 20년간 어떠한 개입이 특정한 정신건강 문제에 가장 효과적인지 확인하려는 시도로 '경험적으로 입증된 치료'에 대한 많은 연구가 진행되어 왔다. 그러나 특정한 양상, 치료, 내담자 집단과는 상관없이, 내담자 성과와 관련된 상담 과정의 보편적인 측면이 있다는 일관된 연구 결과가 있다. 상담자의 특정한 특성, 태도, 기술은 중요한 역할을 한다. 예를 들면, 효과적인 상담자는 내담자에 대한 긍정적이고 수용적인 관점을 가지고(Young, 2005), 그들 자신의 성장, 발달, 자기 인식을 위해 전념한다. 그와 동시에, 상담 이론에 대한 지식과 기본적인 상담 전략의 능숙도 또한 성공적인 결과에 기여한다. 상담자는 지식과 전문적 핵심 역량을 다음 문단에서 논의되는 특정한 개인적 특성과 목적성 있고, 윤리적으로 통합할 때 가장 효과적이다.

다양한 치료적 접근법이 우울(Wampold, Minami, Baskin, & Tierne, 2002, 2008), 외상 후 스트레스장애 또는 PTSD(Powers, Halpern, Ferenschak, Gillihan, & Foa, 2010), 물질남용(Imel, Wampold, Miller, & Fleming, 2008)을 포함한 수많은 장애에 대부분 동등하게 효과적이라는 증거가 있다. 한편, 몇몇 연구에서는 어떤 치료적 접근이 다른 접근보다 더욱 효과적이라고 제안하면서 그 증거를 다르게 해석하고 있는 것에 주목해야 한다(Clark, Fairburn, & Wessely, 2007; Ehlers et al., 2010). 하지만 다수의 연구자는 차이가 있다고 할지라도, 이러한 차이는 미미하다고 여긴다(Wampold, 2010).

가장 철저하고 세밀한 연구 결과 중 하나는 치료적 관계 자체의 중요성이다(Lutz,

Leon, Martinovich, Lyons, & Stiles, 2007; Wampold, 2006). 사실 연구에서는 경험적으로 타당화된 치료법이 건강한 조력 관계 속에서 수행되지 않는다면 효과적이지 않을 수 있다고 암시한다. 사실상 모든 치료 접근법은 따뜻함, 공감, 진실성, 긍정적인 존중과 같은 치료자 변인이 내담자의 성장과 변화에 필수적이라고 주장한다(Lambert & Ogles, 2004).

많은 전문 직종과 달리, 한 개인으로서 상담자는 성공적인 치료 결과를 결정짓는 중요한 변수이다. 이는 특히 초심 상담자에게 기회이자 강력한 압박이 된다(당신이 바로 그 상황에서의 필수적인 부분이다).

효과적인 상담자의 개인적 특성

연구에 의하면, 상담자의 어떠한 개인적 특성은 긍정적인 상담 결과에 영향을 미치는 중요한 요소로 확인되어 왔다(Duncan, Miller, Hubble, & Wampold, 2010; McAuliffe & Lovell, 2006; Norcross, 2011; Wampold, 2007). 이는 호기심과 탐구심 그리고 어느 정도의 정서적 친밀감이 있는 편안함을 포함한다. 자발성에 대한 수용력과 타이밍 감각 또한 도움이 되며(Wilcox-Matthew, Ottens, & Minor, 1997), 유머 감각은 큰 효과가 있다.

효과적인 상담자는 경청하는 능력과 공감 능력을 보유하고 있는데, 이러한 특성은 내담자가 이해받는다고 느끼게 하며 상담자가 그들에게 도움이 될 것이라는 믿음을 갖게 한다. 치료적 동맹은 변화하려는 내담자의 능력에 중요한 부분이며, 신뢰감 형성과 상담 목표에 대한 협력적인 합의 모두를 필요로 한다. 상담자의 목적성, 안정성 그리고 지속성은 내담자와 상담자 사이의 유대감을 촉진한다(Patterson & Welfel, 2005).

고통을 겪고 있는 내담자는 고통의 이유를 찾고자 하기 때문에, 내담자가 듣고 받아들일 수 있는 이유를 제공하는 상담자의 능력 또한 중요하다(Wampold, 2007). 상담자가 대인관계와 기술적 능력의 균형을 이룰 때(자신의 경험에 대한 개방성, 정서적 통찰 능력, 지적인 능력을 포함), 상담자는 내담자가 더 나은 결과를 얻도록 도울 수 있다(Cormier & Cormier, 1998).

협력적으로 작업하면서, 효과적인 상담자는 권력에 편안함을 느끼며(Gladding, 2009), 내담자가 유익한 변화를 실현하도록 촉진하는 설득력을 가진다. 이와 동시에, 상담자는 내담자의 변화에 대한 준비성, 저항, 변화에 대한 외부 장애물 등을 고려하여 상담의 목표와 과정을 조정하는 유연한 능력을 가지고 있어야 한다. '잘못된 것'에 대해 과도하게 염려하지 않으며, 이에 기꺼이 가설과 전략에 대해 다시 생각하려 하는 상담자는 내담자를 돕는 데 있어 더욱 효과적인 경향이 있다. 효과적인 상담자는 자신의 기술을 향상시키기 위한 방법을 지속적으로 찾고, 내담자의 피드백을 받는 것을 어려워하지 않는다.

상담자 자신의 노력을 통해 통찰력을 얻으려는 의지와 능력(즉, 성찰적인 상담자가 되는 것) 그리고 내담자를 이해할 때 이러한 통찰을 적용하는 것 또한 상담의 효과성과 관련이 있다. 예를 들어, 부모님으로부터 독립하고자 스스로 애썼던 경험이 있고, 그 경험을 통해 배움을 얻은 상담자는 그 깨달음을 Katy의 상황에 적용하여 더 큰 공감과 통찰을 가질 수 있을 것이다.

각 내담자와 효과적으로 작업하는 것은 다른 상담자 특성들을 이끌어낸다. 예를 들어, Katy와의 첫 회기에서 그녀는 불안해 보이고 빨리 말을 하며 자주 화제를 바꿨다. 그녀는 자신의 상황에 희망이 없다고 주장하며, 말할 때 자신의 손을 꼭 움켜쥐고 있어 질문을 던지거나 안심시킬 시간을 거의 주지 않았다. 이러한 유형의 첫 회기에서, 경청하는 능력을 가진 상담자는 내담자의 말을 방해하거나 중단시키는 상담자보다 더욱 효과적이다. 이와 유사하게, 만일 상담자가 자신의 욕구를 잠시 고려하지 않고(아마 회기를 통제하려고 하거나 내담자를 구하고 응원하려는 강한 욕구) 대신 Katy의 욕구를 들으려고 집중한다면, 치료적 관계는 더 좋게 시작될 것이다.

상담자의 자질에 대한 이러한 광범위한 목록은 쉽지 않아 보일 수 있지만, 어떠한 개인도 모든 특성을 가지고 있지는 않다. 반면에, 연구 데이터는 상담교육과 훈련 프로그램의 목표에 대한 기반을 제시하며, 개별 상담자에게 포부에 대한 초점을 제공한다. 자기 인식은 모든 공인된 훈련 프로그램에서 다뤄지는 요소이며, 상담자는 지속적인 교육, 상담, 동료 슈퍼비전을 통해 상담 경력 내내 더 나은 자기 인식을 위해 노력한다. 이러한 특성과 관련해서 자신의 강점과 약점을 평가하는 것은 이 시점의 훈련에 도움이 될 것이다.

치료적 동맹

한 개인으로서 상담자가 누구인가는 상담 과정을 성공으로 이끄는 중요한 부분인데, 상담자는 치료적 관계의 한 부분이며 조력 관계의 질은 효과적인 상담 실무의 기초를 이루기 때문이다. 다양한 치료 방식을 통틀어서, 조력 관계의 힘은 내담자 결과에 가장 강력하고 일관된 예측 변인으로 확인되어 왔다(Castonguay, Constantino, McAleavey, & Goldfried, 2010; Friedlander, Escudero, Heatherington, & Diamond, 2011; Horvath & Bedi, 2002; Horvarth, Del Re, Fluckiger, & Symonds, 2011; Orlinsky, Rønnestad, & Willutzki, 2004). 아동과 성인을 대상으로 진행된 경험적 연구의 메타분석에서는 치료적 동맹과 내담자 결과 간의 일관된 관계를 보여 주었다(Martin, Garske, & Davis, 2000; Shirk & Karver, 2003). 연구는 또한 다양한 치료 방식에 걸쳐서 나타나는 치료적 동맹의 영향이 일관됨을 보여 주고 있다(Krupnick et al., 1996). 사실 상담자 효과성의 차이는 주로 내담자와의 강한 치료적 동맹을 형성하는 능력 때문일지도 모른다(Crits-Christoph et al., 2009; Elvins & Green, 2008).

관계 그 자체의 힘은 치유에 대한 잠재력에 있을 수도 있다. 사실상 모든 문화에서는 개인이 온전한 상태를 되찾도록 돕는 '치유자'를 찾는다(Comas-Diaz, 2006). 내담자는 상담자와 상호작용함으로써 전체성과 통합을 향해 나아가며 관계를 통한 치유를 경험한다. 상담자가 온화함과 진솔성을 가지고 내담자와 상호작용하고 내담자의 관점을 통해 내담자의 삶의 의미를 이해하려고 할 때, 관계는 변화를 위한 조건을 형성하게 된다(Yalom, 1980).

조력 관계의 중요성에 기여한 상당한 양의 연구가 있다. 미국심리학회 제29분과 경험적으로 입증된 치료 관계에 관한 전문 위원회에서 수행한 대규모 연구는 어떤 관계 변수가 증거 기반인지를 조사했다(Norcross, 2002a, 2011). 전문 위원회의 두 가지 목적은 치료적 관계에서 무엇이 효과적인지 그리고 무엇이 특정 내담자와 문제에 효과적인지를 확인하는 것이었다. 이 대규모 연구는 경험적으로 입증된 치료법들을 확인한 1999년의 전문 위원회에 대한 타당한 후속 조치였다. 전문 위원회는 상담자의 공감이 내담자의 결과에 결정적이라는 사실을 발견했다. 긍정적 존중, 일관성, 작업 동맹의 질, 목표 합의 및 협력, 치료 결렬 및 역전이를 다루는 상담자의 능력 또한 경험적으로 지지되었다(Norcross & Lambert, 2011a). 아동과 청소년 상담에서 치료적 관계의 중요성에 대한 메타분석 연구에서도 상담 결과의 최고 예측 변인은 내담자의 대인관계 기술과 상담자가 직접 영향을 미치는 기법을 포함한 관계 기반 변인임을 발견했다(Karver, Handelsman, Fields, & Bickman, 2006). 아동과 청소년은 스스로 치료받으러 오는 경우가 더 적기 때문에, 이 연령대의 내담자와 작업할 때 강한 조력 관계는 저항을 다루는 데 있어서 매우 중요할 수 있다(Shirk & Karver, 2003). 치료에 참여하려는 아동과 부모의 의지와 같은 치료 외적인 변수들 또한 상담 결과와 관련된다. 변화에 대한 아동과 부모의 동기가 이상적이지만, 불가피하게 모든 상담자는 저항을 경험하게 될 것이다. 건강한 작업 관계를 형성하기 위해서 강력한 대인관계 기술을 키우는 것은 상담자에 대한 내담자의 신뢰와 과정에 대한 관여를 높일 수 있다.

건강한 작업 동맹은 협력적인 관계이다. 내담자와 상담자 간에는 정서적 유대가 형성되는데, 이는 상호 동의된 목표를 달성하기 위해 노력하는 것에 관한 합의로 특징지어진다(Martin et al., 2000). 상담의 모든 이론과 양식은 훈련법, 개입의 유형, 진단과는 상관없이 상담의 효과에 있어 작업 동맹의 중요성을 인지하고 있다. 효과적인 작업 동맹은 상담자의 온화함, 협동심, 판단하지 않음을 통해 치료 초기에 형성된다(Horvath & Bedi, 2002).

Katy와 건강한 작업 동맹을 형성하기 위해서, 상담자는 그녀의 이야기를 듣는 데 어느 정도 시간을 보내야 한다. Katy는 삶에서 그녀의 이야기를 듣고자 하는 사람이 많지 않았기 때문에(그녀 자신의 관점에서) 그녀의 이야기를 듣길 원한다는 메시지를 전달하는 상담자는 그들의 관계에 강력한 기반이 될 수 있다. Katy를 경청하고 반영하며 격려하는 기본적인 기술은 도움이 되는 정보를 얻거나 Katy가 자신의 관점이 중요하다고 볼 수 있도록 돕는 방법이 될 수 있다.

예를 들어, Katy의 상담자는 방해하지 않고 그녀의 이야기를 경청하며, 이야기를 잘 따라가고 있다는 것을 보여 주기 위해 고개를 끄덕이거나, 그녀가 계속해서 이야기를 이어 갈 수 있도록 때때로 간단한 조언이나 질문을 할 수 있다. 상담자의 반영은 다음과 같을 것이다. "당신은 꽤 어렸을 적부터 삶에서 어려운 변화를 헤쳐 나가야만 했던 것 같군요. 당신이 그것들을 어떻게 이겨 내고 어떻게 대학에서 성공할 수 있었는지 좀 더 이야기해 주세요." 이 두 문장만으로 이 상담자는 온화함과,

판단하지 않음, Katy의 회복력과 힘에 대한 이해를 전달한다.

조력 관계에 대한 내담자의 관점이 상담 결과에 중요한 예측 변인이라는 것에 주목하는 것이 중요하다(Harmon, Hawkins, Lambert, Slade, & Whipple, 2005). 따라서 치료 과정 내내 내담자에게 관계와 전반적인 과정에 대한 조언을 구하는 것이 중요하다. 여러 연구는 상담 과정 내내 주기적으로 작업 동맹을 평가하는 것의 중요성을 강조한다. 강력한 작업 동맹은 내담자가 이해받았다고 느끼고, 인정받고, 변화에 대해 낙관하며, 상담자를 믿을 때 형성된다. 상담이 진행됨에 따라서 동맹은 힘과 강도 면에서 변화한다. 내담자가 통찰하는 데 저항을 경험하기도 하고, 상담자가 내담자를 이해하는 데 실패할 때도 있을 것이며, 이 상황들 모두 동맹에 영향을 미친다. 상담자가 내담자로부터 주기적인 피드백을 얻을 때, 상담 결과는 유의미하게 더 나아지는 경향이 있다(Miller, Duncan, Sorrell, & Brown, 2005).

조력 관계를 지지하는 촉진 조건

치료적 유대는 강력하고 효과적인 조력 관계를 가능하게 하는 확인된 촉진 조건에 의해 지지된다. 수십 년간의 연구는 조력 관계의 몇 가지 요소가 긍정적인 내담자 결과와 일관되게 관련됨을 확인하고 있다. Rogers(1957, 1995)의 획기적인 연구에서 치료적 변화를 위한 조건을 확인했고, Stiles(2006)는 그 조건이, 첫째, 자연스럽게 행동하고, 둘째, 내담자를 신뢰하며, 셋째, 경청하는 것이라고 설명했다. 상담자는 내담자가 변화를 향해 지지받는다고 느낄 수 있도록 신뢰할 수 있는 환경을 조성하기 위해 내담자와 상담자 자신의 경험에 개방적일 필요가 있다.

상담자가 공감, 진솔성, 긍정적 존중과 같은 자질을 보여 주고 이러한 자질에 대해 내담자와 소통할 수 있을 때, 상담은 더욱 효과적이다. Rogers는 이러한 조건이 존재하는 것으로는 충분하지 않으며, 그 조건이 내담자에게 전달되고 내담자에 의해 인식될 필요가 있다고 강조했다(Rogers, 1951, 1957). Paulson, Truscott와 Stuart(1999)에 따르면, 내담자들은 이러한 촉진 조건이 상담에 가장 도움이 되는 요소라고 보고했다.

⚙ 공감

공감은 가장 많이 연구되어 온 촉진 조건으로서 자신의 관점보다는 다른 사람의 관점에서 그들의 견해를 이해하는, 즉 다른 사람의 입장을 생각하는 능력으로 정의된다. Rogers(1957)는 공감을 '마치 ~인 것처럼'이라는 입장을 잃지 않으면서 내담자의 개인적인 세계를 마치 자신의 것처럼 느낄 수 있는 것이라고 기술했다. 조력 관계에 대한 효과적인 요소로서 공감에 대한 경험적 증거가 있다(Elliott, Bohart, Watson, & Greenberg, 2011; Norcross, 2002b, 2011).

공감 능력은 아동기부터 시작하며, 다른 사람의 정서와 생리적 반응을 비춰 볼 수 있도록 하는 뇌 속 거울신경의 존재를 포함한 신경학적 기반에 의해 촉진된다(Siegel, 2006). 우리는 다른 사람의 신체적 감각과 정서적 반응을 경험하는데, 그 덕분에 그들의 삶의 경험이 우리의 마음에 와닿을 수 있다. 이는 상담 관계에서 상담자가 '알아듣거나' 내담자가 어디에서 왔는지 이해하도록 한다. 결과적으로 내담자는 이해받고 인정받는다고 느껴, 이는 변화의 기초가 된다. 다양한 이론적 모델은 공감에 대해 다소 다른 정의를 내리고 있다. Rogers는 공감을 내담자가 삶의 경험에 의해 손상되고 억눌린 진짜 자기를 실현하고 표현하도록 하는 토대로 보았다. 이와 대조적으로 Kohut의 자기 심리학에서는 공감을 내담자가 일관된 자아를 형성시키는 과정, 즉 몇몇 내담자의 경우 트라우마로 인해 중단되었던 발달 과정을 시작할 수 있도록 하는 교정적 정서 경험의 기반으로 보고 있다(Kohut, 1971). 양육자가 아동의 인정 및 반영에 대한 욕구를 충족시키지 못할 때, 아동은 일관성, 진실된 자아감 없이 성장하게 된다. 대신에 그 아동은 양육자를 기쁘게 하기 위해 거짓된 자아를 형성하며, 사람들이 타인과 진술한 방식으로 관계를 맺을 수 있게 해 주는 진짜 자아와 진술한 감정을 분리시킨다(Teyber, 2006). 이러한 내담자와 작업할 때, 상담자가 내담자의 진정한 감정과 진짜 자아에 대한 표현을 인정하는 가운데, 적절한 경계선과 한계를 가진 '보듬어 주는' 환경(Winnicott, 1958)을 형성하면서 내담자가 느낀 정서적 경험을 진심으로 이해하고 수용하고 있다는 것을 전달한다. 이는 내담자가 안전한 환경에서 스스로의 감정 경험하기를 시작할 수 있게 한다.

⚙ 진솔성

일치성이라고도 불리우며, 진솔성의 촉진 조건은 상담자 자신의 진짜 자기를 표현하는 또는 '진실되려는' 상담자의 능력을 의미한다. 상담자는 어느 정도 투명하며, 역할 놀이를 하거나 대면을 피하려 하지 않고 내담자와 상호작용한다. 상담자가 직감으로 경험하는 것(예를 들어, 상담자가 의식적으로 자각하는 것)과 상담자가 내담자에게 전달하는 것 사이에는 아슬아슬한 대응이 있다. 자신의 가치와 신념을 탐색하는 데 시간을 보내는 상담자는 더욱이 말과 행동에 일관성을 보이며, 내담자에게 자신의 신념을 덜 강요할 것이다. 또한 일치성은 효과적인 조력 관계의 중요한 요소로 확인되어 왔다(Kolden, Klein, Wang, & Austin, 2011).

한편, 상담자가 진솔성을 느끼는 것만으로는 충분하지 않으며, 그 진솔성은 내담자에게도 전달되어야 한다. 효과적인 상담자는 눈 맞춤, 내담자 쪽으로 몸 기울이기 또는 내담자의 신체적 자세와 표현을 그대로 보여 주는 것과 같은 비언어적 행동의 일치성을 표현한다. 진솔하다는 것은 자기 스스로 편안함을 느끼는 것을 포함하는데, 이는 상담자가 상담에 내재하는 위계적 관계를 부각시키는 것을 피하도록 한다. 권위적 인물로서의 상담자에 대한 내담자의 반응은 문화적으로 차이가 있지만, 일반적으로 상담자의 직권에 대한 지나친 강조는 내담자를 위협할 수 있다. 진솔한 것은 감정과 행동이 불일치할 때를 인지하고 이러한 불일치를 인정하고 탐색하는 자기 인식을 필요로 한다. 또한, 진솔성은 자발적이고 즉흥적인 표현에 대한 수용력을 포함하며, 상담자가 생각하거나 느끼는 모든 것을 내담자와 소통해야 하는 것은 아님을 주의해야 한다.

진솔성은 상담자의 언어적 또는 비언어적 격려로 전달될 수 있다. 예를 들면, Katy를 상담한 상담자가 그녀의 삶에서 방향을 찾으려 했던 어려운 과도기에 대해 언급하고 어떻게 그녀가 그것을 다뤘는지에 대해 질문했던 때를 기억하는가? 이러한 표현은 상담자가 Katy의 회복력에 대한 확신이 있을 경우에만 효과적일 것이다. 그렇지 않을 경우, 그 단어는 무의미해지고 내담자가 그 말의 본질을 쉽게 알아차릴 것이다.

⚙ 긍정적 존중

내담자를 가치 있고 존엄한 개인으로 여기고 존중하는 능력을 긍정적 존중이라고 한다(Rogers, 1957). 최근 연구에 따르면, 긍정적 존중을 가지고 내담자를 수용하는 것은 조력 관계를 형성하고 유지시키는 또 다른 촉진 요인이다(Farber & Doolin, 2011; Farber & Lane, 2002). Rogers는 긍정적 존중을 내담자를 '소중히 여기는 것', 즉 내담자에게 혼란, 분개, 두려움, 사랑, 분노, 자부심과 같은 어떠한 감정이 일어나든 간에 그 감정을 느끼게 하고 그 순간에 그 감정과 함께 있도록 하는 것으로 지칭했다(Rogers, 1957). Egan(2007)에 따르면, 상담자는 책임감(비밀보장, 약속을 지키는 것, 내담자만을 위한 시간을 가지는 것)과 자신의 능력을 확보하는 것(슈퍼비전, 상담, 지속적인 교육)을 포함한 다양한 정서적이고 행동적인 방법을 통해 그들의 내담자를 향한 존중을 보여 준다. 내담자는 상담자가 적절한 질문을 하고 자신이 이해한 것을 전달하면서 그들을 이해하기 위해 노력했을 때 존중받는다고 느낀다.

긍정적 존중은 내담자에게 판단적인 태도를 가진 상담자에 의해 손상될 수 있다. 반대로, 언어적 긍정, 눈 맞춤, 반기는 행동이나 손짓, 부드러운 톤의 목소리로 따뜻함을 표현하면 내담자가 존중받는다고 느끼고 상담자와 상호적으로 연결될 수 있다(Johnson, 2006). 상담자는 경험적으로 가장 지지된 치료 방법을 사용하더라도 따뜻함과 긍정적 존중이 없다면 성공적인 결과를 내지 못할 수 있다(Goldstein & Higginbotham, 1991).

예를 들면, Katy와 작업한 다른 상담자는 Katy가 몇 마디 말한 후, 그녀의 말에 끼어들며 초기 회기를 시작했다. "저에게 그것에 대해 얘기하기 전에, 당신의 증상에 대해 물어볼게요. 두통이 있나요?" Katy가 공유하고자 했던 것을 중단시키고 이를 인정하지 않는 태도는 온화함이나 긍정적 존중을 전달하지 못한다. 이와 유사하게, 내담자가 고통스러운 부분을 털어 놓은 후에 눈썹을 치켜뜨거나 의심 섞인 표현을 하는 것은 또한 말없이 판단적인 태도를 전달한다.

내담자가 사례개념화 과정을 거칠 때, 공감, 진솔성, 긍정적 존중이 내재되어 있는 표현은 신뢰를 촉진시키며 내담자를 이해하고 조력하는 데 중요한 부분인 작업 동맹을 형성하게 한다.

⚙ 신뢰

신뢰 또한 효과적인 조력 관계에서 '핵심적 특성'으로 여겨진다(Levitt, Butler, & Hill, 2006). 신뢰를 형성하는 과정은 내담자에게는 시간이, 상담자에게는 노력이 든다. 내담자는 존중되고 비판단적인 상호작용을 통해 상담자를 신뢰하기 시작한다. 내담자가 위험을 감수하고 이전에 분리되거나 억압된 것을 털어놓고 상담자가 수용과 인정으로 반응할 때마다, 내담자는 조금 더 상담자를 믿게 된다. 신뢰를 형성하는 데 시간이 걸리지만, 불행하게도 상담자가 자신의 의제를 내담자에게 강요하거나, 비판적이거나, 내담자의 세계관을 이해하는 데 실패할 경우, 이러한 신뢰는 훨씬 더 빨리 깨질 수 있다. 트라우마를 경험했던 내담자는 당연히 상담자를 신뢰하는 데 시간이 오래 걸리며, 그들이 부당하게 이용되지 않으면서 상담 내에서 취약해져도 되고 자기 노출을 해도 괜찮다는 증거가 필요하다(Johnson, 2006). 내담자는 종종 상담자가 신뢰할 만한 사람인지를 '테스트'한다. 이러한 테스트를 통과하는 것은 강력한 협력관계를 촉진할 수도 있고, 신뢰를 발전시키는 데 방해가 될 수도 있다.

Katy의 상담자로서, 그녀의 이야기를 수용하면서 듣는 것은 신뢰를 촉진시킬 수 있다. 반면 Katy의 문화적 배경과 가족 기대의 영향을 고려하지 않고 물어보지 못한다면 신뢰 관계를 위태롭게 할 수 있다. 만약 Katy가 자신을 이해할 정도로 상담자가 충분히 관심을 가지지 않고, 자신을 '이해하지' 못한다고 생각한다면 자신의 문제를 해결하는 데 도움을 줄 거라는 신뢰가 줄어들 것이다.

전이와 역전이

치료 과정 동안 상담자와 내담자 모두 정서적 강도와 객관적 실재성에 대한 도전을 경험하게 되는데, 이는 종종 과거에 중요한 대상과의 미해결된 문제와 관련된다. 상담을 위한 촉진 조건과 강한 작업 동맹을 형성하는 것 외에도, 이러한 도전을 유능하게 뚫고 나가는 것은 긍정적인 내담자 결과와 연관이 된다(Horvath & Bedi, 2002). 전이와 역전이는 정신분석 이론에서 유래되었지만, 대부분의 이론적 모델은 과거의 관계가 현재에 미치는 영향을 인지하고 있다. 관계적 모델은 이 개념을 '역기능적 관계 도식'이라고 설명한다(Ornstein & Ganzer, 2005).

전이는 내담자의 과거 관계가 내담자의 현재 정서, 환상, 반응에 미치는 영향을 의미한다. Ornstein과 Ganzer(2005)는 이를 '전이를 유발하고 형성하는 역할을 하는 치료자와 함께 하는 지금, 여기의 내담자의 경험'이라고 기술한다(p. 567). 내담자는 무의식적으로 마치 부모, 양육자, 형제자매, 친구 또는 그 자신에게 중요한 영향을 미쳤던 사람과 같은 과거의 중요한 사람에게 반응하는 것처럼 상담자에게 반응한다. 다시 말해서, 내담자는 상담자와의 관계를 통해서 과거의 관계를 재연한다. 충족되지 않은 욕구, 오래 지속된 소망, 오래된 상처가 상담자에게 투사된다(Kohut, 1984). 내담자가 관계를 맺는 패턴과 과거 관계의 영향에 대한 통찰력을 가지도록 돕고 내담자의 소망이나 욕구를 받아들임으로써(그것들을 반드시 충족시키지는 않고), 상담자는 전이를 이용할 수 있다.

역전이는 내담자를 향한 상담자의 무의식적인 반응을 의미하며, 이는 현실적인 것일 수도 있고 상담자의 과거와 관련된 것일 수도 있으며 상담에 유용할 수도 있고 피해를 줄 수도 있다(Kahn, 1991). 만일 상담자가 자신의 역전이 반응을 인식한다면, 그 정보는 내담자를 더욱 이해하는 데 도움이 될 수 있다. 하지만 만일 상담자가 자각하지 못한다면 상담자 자신의 감정과 문제가 내담자에게 초점을 맞추는 데 방해가 될 수 있으며, 상담자의 욕구를 우선으로 두게 하거나, 상담자 대신 내담자가 투영된 역할을 하도록 할 수 있다. 상담자가 내담자에게 실망감이나 짜증을 느끼는 것과 같은 부정적인 역전이 반응은 내담자의 상황이 악화되는 것과 연관된다(Mohr, 1995).

Gelso와 Hayes(2002)는 상담자에게 예기치 못하거나 내담자가 공개한 것에 비해 지나치게 나타나는 그들의 정서적 반응에 집중하도록 권한다. 상담자는 상담 회기 동안 지금 여기에서 발생하는 것에 지속적으로 초점을 맞춰야 한다. 적절한 경계선을 설정하는 것은 상담자가 자신의 감정에 압도되지 않고 내담자에게 공감하여 반응할 수 있도록 한다.

다음은 Katy 사례의 예이다. 함께 작업한 지 4주가 되었을 때, Katy는 45세 여성 상담자와의 회기를 마치고 돌아가려고 문을 열다 말고 멈췄다. "오, 말하려고 한 것을 깜박했어요. 저는 그 파티에서 만난 한 남자와 잤어요. 그의 이름은 기억나지 않아요. 제가 술을 조금 마셨었거든요. 글쎄, 조금보다는 좀 더 마신 것 같아요." 한 걸음 물러서서 이러한 예상치 못한 말에 대한 자신의 반응에 대해 생각할 수 있는 상담자는 이것이 전이의 한 예일 수 있다고 가정했다. Katy는 그녀의 어머니와 같은 연령대인 상담자에게 그녀가 어머니에게 관심을 끌기 위해 했던 습관적인 방식으로 행동한 것일 수도 있다. 이러한 통찰력은 내담자를 더욱 이해하는 데 도움이 될 수 있으며, 결과적으로 Katy의 통찰력을 개발하도록 도와줄 것이다.

후에 함께 작업하면서, 상담자는 자신 스스로 Katy가 양아버지의 회사로 취업하는 것 대신 졸업 프로그램에 등록하도록 강요하고 있는 자신을 발견했다. 하지만 상담자는 그녀의 반응이 예상치 못하게 강한 것을 인지했다. 그 상담자는 결과적으로 그녀가 Katy를 마치 자신의 딸(싫어하는 직장에서 일하면서 우울해 하는)처럼 여겨 그렇게 반응했다는 것을 깨달았다. 이를 역전이로 인지하면서, 상담자는 다시 한 발짝 물러나 Katy가 자신의 선택을 할 수 있도록 도울 수 있다.

관계 불화

효과적인 조력 관계를 형성하는 것이 중요하긴 하지만, 불가피하게 관계가 깨지는 일이 발생한다. 목표 설정에 대한 의견 충돌, 문화에 대한 잘못된 이해, 전이 및 역전이 주제들의 실행은 관계가 깨지는 데 영향을 미칠 수 있다(Safran & Muran, 2006; Safran, Muran, Wallner Samstag & Stevens, 2002). 상담자가 자신의 취약성을 인지하지 못하면 내담자의 전이 주제에 말려들 수 있는데, 이는 관계가 깨지는 결과를 낳을 수 있다. 상담자가 내담자를 이해하는 데 어려움을 느끼거나, 실수하거나, 또는 내담자가 통찰에 대한 저항을 경험할 때, 이전에 가려진 부정적인 정서가 치료 과정에서 나타났을 때 작업 동맹의 힘은 흔들릴 수 있다(Stiles, 2006). 상담자에 의한 미묘하거나 명시적인 거절은 더욱이 조력 관계를 망칠 수 있다(Safran, Muran, Samstang & Winston, 2005).

상담자가 자각하고 상담자와 내담자 측 모두를 더 잘 이해할 때, 그 관계는 회복될 수 있다. Safran과 Muran(2006)은 상담자가 관계가 깨지는 데 자신이 한 역할을 인정하는 것은 회복의 경험을 치유의 경험으로 만드는 데 많은 도움이 된다고 강조한다.

상담자 자기 인식

지금까지 우리의 논의에서 자기 인식이 상담자에게 중요한 기술이라는 것은 분명히 밝혀졌다. 자기 인식은 상담자 자신의 감정, 태도, 가치 그리고 이것들이 내담자에게 미치는 영향에 대한 상담자의 개방성을 나타낸다. 상담의 효과성은 상담자가 내담자에게 이해한 것을 전달할 수 있는지뿐만 아니라 상담자가 자신의 내적 역동에 대해서 얼마나 알고 있는지, 내담자의 내적 역동에 대해 어떻게 상상하는지 그리고 자신의 내적 과정을 반영할 수 있는지에 달려 있다. 그러한 '내적 기술'은 종종 따로 배울 수 있는 것은 아니지만, 상담 결과에서 중요하다(Inskipp, 2006). Rogers(1957)는 내담자와 '심리적 관계'를 형성하는 것의 중요성을 강조했는데, 이는 내담자와 상호작용을 하면서 상담자 자신의 감정, 감각, 인식에 대한 자각하는 것을 필요로 한다.

상담자는 자신에게 상처가 되는 인간적 취약점과 그 결과로 나타나는 방어기제를 포함하여 자기 이해의 과정에 지속적으로 관여해야만 자기 자신을 변화의 수단으로 사용할 수 있다. 자기 인식은 상담자가 지속적으로 상담 과정 동안 자신의 반응에 대해 질문함으로써 자신의 욕구와 감정을 내담자의 것과 분리해서 볼 수 있도록 한다. "왜 나는 이렇게 느끼고 있는 것일까?" 또는 "여기서 어떤 일이 일어나고 있는 것일까?"와 같은 질문은 상담자가 과도한 동일시나 자신의 감정과 인식을 내담자에게 투사하는 것을 막도록 도울 수 있다.

상담자는 효과적이기 위해서 현재 발생하고 있는 것과 과거에 발생했던 것의 영향을 인식하면서 자기 자신의 정서에 계속해서 적절히 대응하고, 자기 스스로에게 진실해야 한다. 그러한 조율은 상담자가 자신의 해결되지 않은 감정, 두려움, 부적절함을 내담자에게 투사하는 것을 피할 수 있게 해 준다. 자기 인식은 또한 상담자가 마음을 열게 하고 호기심과 유연성을 가지고 내담자의 삶뿐만 아니라 그들 자신의 삶에 접근하는 능력에 기여한다.

다문화적 역량

  자기 인식의 중요한 요소 중 하나는 상담자 자신의 문화적 가치, 인식과 신념 그리고 그것들이 내담자의 문화에 대한 가치, 인식, 신념과 어떻게 다른가를 이해하는 것이다. 다문화 상담은 상담자가 자신의 가정, 가치, 편견에 대해 인식하는 것과 문화적으로 연관된 사례개념화와 치료 계획을 개발해야 할 필요성을 강조한다. 성별, 인종, 성적 취향, 계층, 민족성 그리고 능력에 대한 차이를 인식하는 것은 내담자를 이해할 때 중요하다. 스스로 자신의 가치와 신념을 검토하는 상담자는 다른 신념을 가진 내담자를 더 편안하게 느껴 다양한 배경을 가진 내담자를 더 잘 도와줄 수 있다.

  Sue와 그의 동료들은 1982년에 상담자를 위한 다문화적 역량 체계를 개발했다(Sue, Bernier, Durran, Feinberg, Pedersen, Smith, & Vasquez-Nuttall, 1982). 그 때 이후로, 상담 분야에서는 내담자가 다양한 환경적 구조와 문화적 영향에 의해 계속해서 영향을 받으며 살아간다는 사실을 인식하기 시작했다. 다문화적 역량이 효과적인 상담의 핵심이라는 증거가 있다. Coleman(1998)은 문화적으로 중립적인 상담은 존재하지 않으며, 모든 효과적인 상담의 핵심은 바로 상담자가 치료적 관계에서 미묘한 문화적 차이에 반응하는 능력이라고 했으며, 내담자의 문제가 발현된 맥락을 이해하는 것이 효과적인 상담의 중요한 요소라고 결론지었다.

  더 나아가, 상담자는 내담자가 자신의 전반적인 경험이 인정받고 있다고 느끼게 하기 위해 반드시 이러한 이해와 인식에 대해 설명해 줘야 한다. 사회정치적 요소, 문화적 억압, 인종, 성별, 성적 지향, 장애 등을 둘러싼 사회적 정의와 관련된 이슈들은 우리 모두에게 영향을 주고, 각 내담자는 저마다 독특한 방식으로 영향을 받는다. 내담자 삶의 맥락에 대한 이해의 중요성을 인식하는 것은 다문화적인 초점을 가진 상담의 근본적인 기반이다.

  어떤 면에서는, 사실상 모든 상담 관계는 '여러 문화가 섞여' 있고 효과적인 상담에 기여하는 것은 문화마다 다양하다. 동양권 문화의 내담자들은 아마도 권위적인 성격을 가진 상담자로부터 더 많은 도움을 얻고, 서양권의 내담자들이 기대하는 비지시적인 접근에서는 도움을 덜 받을 수 있다. 집단주의적 사회의 내담자는 비언어적 의사소통과 미묘한 맥락적 단서에 능숙하고, 직접적이고 명시적인 상담 방식으로는 도움을 덜 받을 수도 있다(Comas-Diaz, 2006). 전통적인 서양의 상담 모델들은 내담자의 자기 실현과 현재 행동을 수정하는 것에 초점이 맞춰져 있고, 최근의 다문화 상담 모델들은 내담자가 사회정치적인 영향에 대해 인식하는 것을 강조하고 내담자의 역량 강화와 '심리적 해방'의 촉진을 목표로 삼는다(Duran, Firehammer, & Gonzalez, 2008). Sue와 동료들의 연구에 따르면, 상담자는 종종 인종, 성적 지향, 장애, 또는 성별의 차이에 기반하는 미묘한 언어적, 비언어적 비판과 무례를 범할 수 있다. 상담자가 인종 차별이나 편견을 드러냈다는 것을 인식하지 못할 경우 이러한 미묘한 처벌은 조력 관계에 손상을 입힐 수 있다. 몇몇의 미묘한 차별은 상담자가 문화 간 언어, 스타일, 관례와 가치의 수많은 미묘하거나 확연한 차이를 잘못 이해하는 데서 비롯된다. 예를 들어, 일부 문화권에서는 눈 맞춤이 따뜻함과 연결성의 증거로 보이기보다 무례하게 여겨질 수 있다(Sue & Sue, 2003).

상담자는 다양한 문화에 관해서 많이 알고, 자기 자신의 문화적 관례에 대해 알아야 하며, 다양성을 중시하는 능력을 길러야 한다. 상담자가 내담자의 삶의 모든 사건을 경험하는 것은 불가능하지만, 내담자의 세계를 존중하고 이해할 수 있는 능력은 필수적이다. 전통적인 상담 이론들이 백인, 남성, 중산층, 유럽인 중심의 가치와 관점에 기반하여 개발되어 유용성이 제한되고 있다는 인식이 상담 분야 내에서 증가하고 있다. 내담자의 특정 문화 내에서 무엇이 적절한지 아는 것이 중요하다. 많은 종류의 가족 구조와 자녀 양육 방식이 있으며, 상담자는 그중 무엇이 문화적 관습이고, 무엇이 문제 삼을 일인지 구분하기 위해 주의해야 하는데, 특히 상담자가 유럽계 미국인 출신일 때 특히 더 주의해야 한다(Helms & Cook, 1999).

상담자가 이러한 차이를 이해하고자 할 때조차도, 때로 그들의 이해는 인지적 수준으로 제한되어 효과적인 공감에 부정적인 영향을 미칠 수 있다(Ridley & Lingle, 1996). 다른 문화적 배경에 있는 내담자와 작업할 때, 상담자는 내담자의 삶의 경험에 영향을 미치는 매우 현실적인 사회적, 정치적 요인을 인지하고 인정해야 한다(Comas-Diaz, 2006). 비지배적인 집단은 지배 문화에 있는 상담자와 상당히 다른 삶의 경험을 가질 수 있다.

또한, 효과적인 상담은 억압, 차별, 낙인, 사회적 소외 및 그 외 불평등의 영향에 대한 이해를 필요로 한다(Arredondo & Perez, 2003). 상담자교육 프로그램은 도움을 찾는 내담자에게 영향을 미치는 외부 요인에 대한 더욱 폭넓은 관점을 개발하도록 도울 필요가 있다는 것을 점점 더 인지하고 있다. T/C 모델(제3장에서 자세히 논의될 주제)은 학생들이 내담자 문제에 대해 정신 내적 및 관계적인 원인뿐만 아니라 사회문화적 요인까지 평가하도록 함으로써 광범위한 관점을 촉진한다.

예측하건데, 내담자는 자신의 경험을 인정하지 않거나 미묘하게 모욕감을 주거나 혹은 단순히 그들의 문화를 잘못 이해하고 있는 상담자를 신뢰하는 데 어려움을 겪는다. Sue와 동료들은 인종과 같은 차이를 논의하려는 상담자의 의지가 강한 작업 동맹을 형성하는 데 중요하다고 믿는다. Ivey, Gluckstern과 Ivey(1993)는 공감의 개념을 '문화적 공감'으로 확장했다. 상담자는 내담자의 개인적 세계관을 이해해야 할 뿐만 아니라, 문화적 세계관 또한 이해해야 한다. 내담자의 사회정치적, 문화적, 인종적 배경은 그들이 세상을 보는 방식을 알려준다. 억압, 편견, 차별의 역사를 가진 내담자는 상담자가 그들을 이해할 거라고 기대하지 않는다. 그렇기 때문에 공감과 인정은 특히 이러한 내담자와 작업할 때 중요하다(Teyber, 2006).

비지배적인 인종적 배경에서 온 일부 내담자는 지배적인 문화에서 온 상담자에게 과도하게 긍정적인 반응을 하는 것으로 밝혀졌는데, 이는 단순히 내담자가 상담 전에 어떠한 긍정적인 인종 간 상호작용도 경험한 적이 없기 때문이다(Helms & Cook, 1999). 반대로, 소수 집단에서 온 내담자는 불신의 관점으로 시작할 수 있는데, 왜냐하면 그들은 과거에 이러한 불신이 생길 만한 삶의 경험이 많았기 때문이다. 상담자는 위험부담, 노출, 인정에 대한 대안적인 경험을 제공함으로써 계속해서 내담자의 신뢰를 얻어야 한다. Helms와 Cook(1999)이 언급했듯이, 전이 또한 오로지 내담자의 과거 관계에서만 오는 것이 아니라 그들의 인종적, 문화적 역사와 연관될 수 있다. 인종-문화적 전이는 내담자가 과거에 상담자의 인종 집단 구성원에게 반응했던 것처럼 상담자에게 반응할 때 발생한다. 상담자 또한 역전이 문제에 대해 인식하면서, 그들 자신의 반응을 검토해야 한다.

사회적 소외 집단에 있는 내담자와 작업할 때는 역량 강화와 평등한 의사결정을 강조하는 것이 중요하다. 내담자가 무능하거나 억압된 집단에서 온 경우, 내담자와의 관계에서 일방적인 결정을 하는 상담자는 특히 내담자의 신뢰 능력을 해칠 수 있다. 다양한 배경을 가진 내담자는 자기 보호적이고 신뢰에 대해 말을 아낄 수 있으며, 본질적으로 불평등한 관계에서 안전감을 느끼기 위해 신뢰에 관해 더 많은 테스트를 할 수도 있다. 상담자가 내담자의 사회정치적 맥락과 억압된 역사에 중점을 두지 않을 때, 신뢰는 형성되기 어렵다. 예를 들면, 한국 문화에 친숙하지 않은 Katy의 상담자는 한국계 미국인이라는 사실이 의미하는 바에 대해서 긍정적이든 부정적이든 고정관념을 가지고 있을지도 모른다. 상담자 자신의 문화적 배경과 자신이 지닌 문화적 관점의 한계를 인식하고, 내담자의 문화에 대해 호기심을 가지고 있는 상담자는 문화적 영향을 고려하는 사례개념화를 하는 데 더욱 성공적일 수 있다. 모든 내담자와 내담자의 가족은 고유하기 때문에, 유사성 또는 차이점을 가정하는 것은 문제가 될 수 있다.

다문화적 상담과 레즈비언, 게이, 양성애자(LGB) 상담은 나란히 발전했지만, 최근에 LGB와 다문화적 문제의 접점에 대한 인식 속에서 두 분야가 상호보완적이라고 여겨지고 있다. 상담자는 인종 및 민족적 소수자와 성적 소수자가 차별, 고정관념, 억압의 경험뿐만 아니라 정체성 발달의 독특한 과정을 공유하고 있다는 것을 인식해야 한다(Cass, 1979; Zubernis, Snyder, & McCoy, 2011). 게다가, 자신의 편견과 고정관념을 점검하는 것의 중요성은 LGB 개인과 함께 작업할 때 똑같이 중요하다.

연구는 성적 소수자 내담자와 효과적으로 작업하기 위한 몇 가지 부가적인 능력과 지식을 제시한다. 예를 들면, LGB 내담자와 작업하는 상담자는 지역사회의 지지 자원에 대한 더 많은 지식을 가지고 있어야 하는데, 왜냐하면 이러한 내담자는 (인종 소수자 내담자와는 달리) 주로 그들의 성적 소수자 신분을 공유하는 가족들 사이에서 자라지 않기 때문이다(Garnets, Hancock, Cochran, Goodchilds, & Peplau, 1991). 또한 연구자들은 상담자가 성별과 성적 지향에 대한 개념의 유동성과 다양한 차원을 이해하기 위해서 성별과 성적 지향성에 대한 이분법적 사고에 저항하도록 장려한다(Dworkin, 2000; Fox, 2000). 소수 집단의 내담자와 작업할 때, 상담자는 검사 도구의 편향과 관련해서 조금도 방심하면 안 되는데, 이성애주의의 언어가 많은 평가 도구에 포함되어 있어 이러한 편향이 성적 소수자 내담자에게 꽤 예민할 수 있기 때문이다. 성적 소수자는 '겉으로 드러나지 않는 소수자'이기 때문에, 상담자는 사무실에 있는 책이나 자료에 있는 내용에 주의를 기울여야 할뿐만 아니라 이성애주의의 편향을 피하기 위해 자신의 언어에 주의를 기울여야 한다(Buhrke & Douce, 1991).

다문화적 상담 관점은 장애의 영향에 대한 이해도 포함하고 있는데, 이는 수십 년간 재활 상담자들의 초점이 되어 왔다. 신체적, 정신적, 발달적, 정서적 그리고 인지적 장애는 내담자의 직업, 관계, 정체성 발달에 영향을 미친다. 인종적, 민족적, 문화적, 성적 소수자인 내담자가 차별, 낙인, 편견, 억압의 문제에 직면하는 것처럼, 장애를 가진 내담자 또한 이러한 것들과 그 외 다른 심리적 및 사회정치적 힘으로부터 영향을 받는다. 역량 강화는 장애를 가진 내담자와 작업할 때 중요한 요소인데, 치료의 의학적 모델과 기동성 문제가 내담자의 기능과 독립에 제한이 될 수 있기 때문이다. 상담자는 일부 장애들이 '겉으로 드러나지' 않으며, 자신의 장애 상태에 대해 노출하는 것과 관련해 상당한 수치심이 있을 수 있다는 것을 명심해야 한다. 상담자의 자기 인식은 장애를 가진 내담자에 대해서 오직 장애를 보지 않고, 개인으로서 바라 볼 필요성을 포함한다(Shallcross, 2011).

마지막으로, 유능한 상담자는 '정상'이 사회적, 문화적 맥락에 의해 정의된다는 사실을 잊지 않는다. 서로 다른 문화들은 서로 다른 증상을 문제시할 수 있으며, 우리가 사는 사회 밖에서는 특정한 장애가 상당히 다르게 보일 수도 있다(또는 존재하지 않을 수도 있다). 동일한 증상은 성별과 문화적 기대에 따라 다르게 인식될 수도 있다. 장애의 발달 또는 장애에 대한 우리의 인식에 영향을 미칠수 있는 사회적, 문화적 요인에 대해 비판적으로 생각하는 것은 문화적 역량의 중요한 요소이다.

책임

앞에서 언급한 것처럼, 자기 인식은 지속적인 과정이다. 상담자가 다른 태도, 신념, 가치 그리고 경험에 직면할 때, 그들 자신의 신념에 대한 더 나은 이해를 갖게 된다. 자기 평가의 과정은 상담자의 책임 중 중요한 요소이다. 상담자는 스스로에게 "여기서 무엇이 정말 진행되고 있는가? 왜 나는 이렇게 느끼고 있는가? 나는 내담자가 말하고 있는 것을 얼마나 잘 듣고 있는가?"와 같은 질문을 던질 수 있다(Okun & Cantrowitz, 2008). 자기 인식을 함으로써, 상담자는 자기 자신의 효과성을 검토할 수 있다. 상담자는 특정 내담자 혹은 특정 상황을 불편해 하는지 스스로에게 물어보고, 왜 그런지에 대해 검토할 필요가 있다. 사람들에게 호감을 얻어야 하는가? 완벽해져야 하는가? 통제력을 가져야 하는가? 내담자가 '더 나아지도록' 만들어야 하는가? 상담자는 자신의 회피 전략과 내담자와의 관계에 방해되는 두려움을 인식해야 한다.

상담의 효과성을 개선하는 최고의 방법 중 하나는 내담자의 피드백을 얻는 것이다(Duncan, Miller, & Sparks, 2004; Hubble, Duncan, Miller, & Wampold, 2010). 결과가 알려지는 치료는 내담자가 치료에 공동작업자가 되게 하고, 치료자가 내담자 피드백을 기반으로 상담을 개별 내담자의 요구에 맞게 조절할 수 있게 한다. 상담자는 결과 평가하는 당시에는 부족함을 지적당할 것이라는 두려움을 가지겠지만, 결과 연구는 상담 개입의 효과성을 확인하고, 내담자를 진단하고 치료를 제공하는 상담자의 능력을 개선시킬 수 있다(Erford, 2011). 연구에 따르면, 내담자가 더 나빠질 때를 상담자가 종종 인지하지 못할 수 있다. 따라서 그들은 부정적인 변화를 간과하고 내담자 개선에 대한 부정확한 예측을 하는데, 이는 지속적인 악화를 야기할 수 있다(Lambert, 2013).

의료보장 환경에서 책임감은 모든 정신 건강 제공자에게 필수적이다. 증거 기반 치료에서 상담자는 자신이 제공하는 상담의 효과를 입증할 수 있어야 한다. 이는 현장에서 일하는 상담자들이 결과에 대한 연구와 경험적으로 입증된 치료들을 모니터링하고, 그들 자신의 효과성을 검토하기 위해 스스로 결과 평가를 수행할 것을 요구한다. 상담의 공통 요인 및 핵심 조건과 관련된 결과를 탐색하는 연구들을 이해하는 것은 치료 규율과 기법에 대한 연구 데이터를 검토하는 연구들을 이해하는 것만큼이나 중요하다(Erford, 2011).

상담자는 내담자가 표준화된 평가 척도를 완성하도록 할 수 있는데(주기적으로 또는 매 회기 전), 이는 그들의 현재 기능을 평가하며 상담자가 내담자 진전을 검토하고 가능한 빨리 치료가 실패하는 것을 막을 수 있도록 한다(Lambert, 2013).

이론적 지향

우리가 여기에서 언급한 연구에서는 상담 및 특정 기법에 관한 이론적 접근과 치료적 관계를 구분한다. 하지만 현실에서는 이론, 개입, 관계가 밀접하게 관련되어 있으며 지속적으로 서로에게 영향을 미친다(Lambert, 2013). 증거 기반 방법의 효과성은 맥락에 의존하는데, 이는 조력 관계를 포함한다(Lambert, 2011). 더 나아가, 이세 가지(이론, 개입, 관계)는 내담자와 작업할 때 상담자가 개념화, 라포 형성, 치료계획, 개입 수행, 평가에 이르기까지 모든 순간의 의사결정에 영향을 미친다. 이제부터 우리는 이론의 기여로 돌아가서 전문가적 정체성의 일부분이 되고 개념화, 관계 형성, 실무에 영향을 주는 주요 이론적 지향을 모든 상담자가 어떻게 발달시키는지에 대해 논의할 것이다.

상담자의 핵심적인 전문 역량 중 하나는 다양한 상담 이론 접근간의 유사성 및차이점 그리고 서로 다른 내담자에게 다양한 접근을 사용하는 것의 가치를 포함한 다양한 이론적 접근에 대한 지식이다. 접근들은 전략 및 개입의 초점 및 강조 그리고 사례개념화에 대한 접근에서 차이가 있다. 개입이 이론에서 유래된 것이라면제공된 치료의 유형은 대체로 별 문제가 되지 않는다는 일관된 연구 결과가 있다(Lambert, 2013). 다양한 치료 접근이 많은 공통 요인을 공유하며, 이는 특정 개입 전략보다 결과에 더 많이 기여한다(Cuijpers et al., 2012).

구체적인 부분은 다음 장에서 더 다루겠지만, 서로 다른 이론들은 각기 다른 영향력을 강조하며 제각각의 치료적 접근을 제공한다. 정신역동 이론은 현재뿐만 아니라 과거에도 초점을 두면서 의식과 무의식 과정의 통합과 해석 및 통찰의 가치를강조한다. 인지 행동 이론과 현실 기반 치료는 현재에 초점을 두고 더 지시적이고심리교육적 맥락을 가지며, 내담자의 자기파괴적 행동을 변화시키고 왜곡된 인지를 바로잡도록 도움을 주는 데 목적이 있다. 게슈탈트 이론은 시각적 형상화와 신체 활동과 같은 전략에 기여하는 반면, 내담자 중심 이론은 조력 관계, 따뜻한 분위기 형성, 긍정적 존중을 강조하고 비지시적인 태도를 취한다. Uri Bronfenbrenner에 의해 개발된 생물생태학적 모델은 내담자의 환경 내에 존재하고 발달에 영향을미치는 상호적 관계를 강조한다(Bronfenbrenner, 1979). 포스트모던 접근은 다문화적 상담과 내담자 역량 강화, 우리 모두에게 영향을 미치는 사회정치적 힘의 중요성을 강조한다.

상담자가 다양한 이론적 접근에 대해 잘 알고 있어야 하지만, 현실적으로 많은상담자는 단일한 이론적 지향을 채택하지 않는다. 상담 분야는 수년간 어떤 이론적접근이 가장 효과적인지에 관한 논쟁의 늪에 빠져 있었지만, 최근에는 실무자들이이론적 접근 간의 공통성을 찾기 시작했다(Norcross & Beutler, 2011). 절충적인 상담자들은 문제, 내담자, 맥락에 적합한 전략을 선택할 때 다양한 이론의 기법과 전략을 사용한다. 하지만 비판가들은 상담의 절충적 접근이 타당한 이론적 근거도 없이 무계획적으로 선택된 전략들로 이루어져 있으며, 이는 혼란을 일으키고 효과성을 감소시킬 것이라고 주장한다.

상담의 절충적 접근은 특정한 이론적 지향을 지지할 필요 없이 치료 기법들을 기술적으로 통합하는 것을 포함한다. 대조적으로, 이론적 통합은 두 가지 혹은 그 이상의 이론적 접근의 관점을 섞은 중요한 개념적 틀을 구성하면서 다른 이론적 접근들의 개념을 통합하기 위한 시도를 한다. 특정 전략들뿐만 아니라, 근본적인 이론들이 통합된 것이다. 상담의 통합적 관점은 효과적인 치료를 이끄는 완전한 이론적 모델을 설명하기 위해 서로 다른 양식의 최고의 요소를 결합하는 데 목표를 둔다(Goldfried, Pachankis, & Bell, 2005).

상담자는 인간의 성장, 발달, 변화에 대해 공유된 이해를 형성하고, 이러한 이해와 잘 맞는 이론들로부터 도출된 통합적 접근을 따른다. 이론적 통합이 많은 이론을 통합하려고 시도하지만 현실에서 몇 개의 이론만 통합에 성공하고 있고, 결과적으로 특정 질환에만 초점을 맞추게 되면서 적용에 한계가 있다는 비판이 있다. 비평가들은 다양한 이론의 몇 가지 측면만 양립할 수 있으며, 더 나아가 이론적 통합의 유용성을 제한할 수 있다고 지적한다(Messer, 2007).

전망을 가진 또 다른 통합적 상담 접근은 1992년 Messer에 의해 소개된 동화적 통합 접근(assimilative integration approach)이다. 동화적 통합은 이론적 통합과 기술적 절충주의 간의 다리 역할을 하는 일종의 이론적 절충주의로 개념화된다. 상담자는 대부분 특정한 이론적 방식으로 실무에 임하지만 선별적으로 다른 호환 가능한 접근들의 전략과 기술을 통합한다. 어떤 단일 이론적 접근도 광범위한 인간의 행동이나 다양한 유형의 내담자 집단 및 현재 문제를 모두 설명할 수는 없다는 인식이 증가하고 있다. 많은 연구자는 각각의 고유한 내담자와 상황의 욕구에 맞춘 유연하고 통합적인 실무의 필요성을 강조한다(Norcross & Wampold, 2011). 제3장에서 상담의 특정한 이론적 접근에 대해 더 구체적으로 다룰 것이다.

내담자는 어떠한가

우리가 제안한 것처럼, 치료 결과와 관련된 많은 변수가 상담자나 기법보다는 내담자에 의해 결정된다. 사실 상담 결과에 미치는 내담자의 기여는 특정한 치료양식이나 조력 관계의 힘보다 더 크다. 오늘날 상담 분야에서는 상담이 상담 관계와 과정에 대한 개인의 독특한 지각에 영향을 받아 한 개인에 의해 수행된다는 인식이 있다.

다른 사람에게 공감하기 위해서, 우리는 그들을 이해해야만 한다. T/C 모델의 사례개념화의 강점 중 하나는 문화, 민족성, 영적 신념, 나이, 성별, 지지 체계, 성생활, 사회경제적 지위, 가족 역동, 다른 맥락적 범위의 과잉을 포함한 내담자 특성과 맥락을 고려하는 것의 중요성을 상담자에게 상기시킨다는 점이다. 내담자와 작업할 때 희망을 만들고 지속시키는 상담자의 능력은 내담자의 지지 체계와 강점에 대한 인식 그리고 이를 동원할 수 있는 상담자 능력에 달려있다.

많은 내담자 요인은 상담 결과에 영향을 미친다. 증상의 수, 동기 수준, 상담자와 작업 동맹을 형성하는 내담자의 능력을 포함한 내담자 문제의 강도는 상담 결과와 관련된다(Lambert & Anderson, 1996). 최근 결과 연구들에서 치료받은 내담자의 약 3분의 2가 개선되거나 회복된 것을 보여 주었다(Lambert, 2013). 불행하게도, 일부 내담자는 상담 과정이 진행되는 동안 더 나빠진다. 심각한 병리와 같은 내담자 변수는 치료에서의 내담자 악화와 관련이 있는데, 특히 기존의 대처 전략을 허물어뜨리는 개입과 관련이 있다(Lambert & Cattani-Thompson, 1996). 그러므로 효과적인 개입을 만들고 시행하기 위해서 내담자 변수의 영향을 이해하고 정확히 평가하는 것이 중요하다. 상담의 효과성의 요인은 제3장에서 더 자세히 언급되며, 이 책의 제2부에서 더 구체적으로 다루면서 특정한 진단과 치료에 초점을 맞출 것이다.

종합하기

심리치료의 효과성을 증명하는 대규모 연구들이 있지만(Prochaska & Norcross,

2010), 데이터들은 다양한 치료 접근법이 유사한 수준의 성공적인 결과를 얻는다는 것 보여 주고 있다. 서로 다른 여러 상담 방법 간 결과의 유사성은 모든 상담 방식의 일부분인 '공통 요인'에 의해 설명될 수 있을 것이다. 상담 효과는 각기 다른 상담 방식의 특정한 기법보다는 이러한 범이론적 요인에 의해 더 많이 영향을 받는다. 연구 결과, 치료 결과의 변량 중 30%를 공통 요인이 설명했으며, 특정 치료 방식이 15% 이상 설명했다(Lambert & Barley, 2002).

이 장에서 논의된 촉진 조건은 이러한 중요한 공통 요인을 구성한다. 연구 결과에서 공감, 지지, 온화함, 작업 동맹, 카타르시스의 기회, 희망, 갈등을 통한 작업, 자기 반영, 그리고 새로운 행동의 실천이 긍정적인 내담자 결과와 관련이 있는 것으로 나타났다(Lambert, 2011; Norcross & Beutler, 2011; Prochaska & Norcross, 2010). 조력 관계는 그 자체로 아동과 성인 모두에서 내담자 결과의 가장 강력한 예측 변인 중 하나이다(Horvath & Bedi, 2002; Shirk & Karver, 2003). 이러한 공통 요인이 있을 때, 더 협력적인 작업 관계가 형성된다. 내담자는 성장과 변화를 가능하게 하는 신뢰와 안전한 환경을 경험한다(Lambert & Cattani-Thompson, 1996).

Hubble, Duncan, Miller과 Wampold(2010)는 조사 연구들을 요약하여, 내담자 변화가 치료 외적인 내담자 요인(40%), 치료적 동맹(30%), 희망과 기대 요인(15%), 이론적 모델과 기법(15%)에 의해 나타날 수 있다는 사실을 발견했다. 이러한 백분율은 1992년에 수행한 획기적인 결과 조사 연구에서 Lambert가 처음으로 기술한 데이터를 반영하고 있다. 특정 이론적 접근 또는 기법의 효과성에 대한 증거는 거의 없다(Lambert & Cattani-Thompson, 1996). 변화에 대한 설명량의 많은 부분이 내담자로부터 나오므로 다양한 접근은 동등하게 효과적이다. 다시 말해, 치료의 어떠한 방식도 다른 것보다 효과적이지 않다(Luborsky, Singer & Luborsky, 1975). 치료적 관계는 모든 접근법에서 강조되었다.

모든 이론적 접근에서 이러한 일반적인 공통 변인들은 상담의 통합적 접근의 기반을 형성할 수 있다(Lambert, 2011). 대부분의 치료 방식은 상담의 효과성과 내담자 변화에 중요한 요인으로서 치료적 관계의 중요성을 받아들이고 있다(Lambert, 2011). 조력에 대한 이론적 모델은 Rogers의 개념과 상담자가 촉진 조건을 형성하고, 보듬어 주는 환경을 유지하며 특정한 개입을 수행하려는 경험적으로 입증된 개입을 통합해 왔다(Tursi & Cochran, 2006). 조력 관계와 특정한 기법 및 전략은 서로에게 영향을 미치고 서로를 촉진시키면서 조화롭게 사용된다(Norcross, 2002a).

다음 세대에서 상담 분야를 조성할 새로운 치료 방식들이 개발되고 있다. 이는 얼굴을 대면한 전통적인 모델 외에도 원격 상담을 포함한다. 전화 상담은 Samaritans가 런던에서 자살 예방 상담 전화를 도입한 1950년대 이래로 존재해 왔으며(Centore & Milacci, 2008), 상담, 평가, 위기 개입, 슈퍼비전을 위해 지속되고 있다. 최근에 문자, 이메일, 또는 Skype, Face Time 등의 온라인 사이트를 이용한 화상 회의를 통한 회기를 포함하여 웹 기반 상담이 더욱 흔해지고 있다. 몇몇 연구에서 원격 상담이 효과적인 것으로 밝혀진 반면(Reese, Conoley, & Brossart, 2002), 다른 연구에서는 대면 상담보다 비효과적이라는 결과를 제시하고 있다(Hian, Chuan, Trevor, & Detenber, 2004).

원격 상담의 몇 가지 이점이 확인되었는데, 이는 개방성을 장려할 수 있는 내담자의 안정감과 익명성(Worona, 2003), 상담전문가에 의한 서비스가 충분하지 못한 지역이나 내담자가 신체 또는 정신 건강의 이유로 집을 떠나기 어려울 때의 접근성 향상 등을 포함한다. 하지만 비밀보장 문제, 위기에 처한 내담자와의 작업에 대한 염려를 포함한 원격 상담의 윤리적인 문제가 남아 있다(Kraus, 2004). 2008년 Centore와 Milacci가 임상가들을 대상으로 진행한 연구에서 참여자들의 '윤리적 의무를 충족시킬 능력'에 대한 인식이 원격 상담일수록 줄어드는 것을 밝혀냈다. 이러한 대안적 형태의 서비스 전달의 효과성을 결정짓는 더 많은 연구가 필요하지만, 오늘날 온라인 의사소통의 편리함과 친숙함으로 원격 상담은 미래에 더욱 흔해질 것이다.

당신이 상담자로서 훈련을 해 나가고 치료적 지향점을 채택하면서, 이 장에서 논의된 기술과 촉진 조건을 개발함으로써 상담자로서 당신의 효과성의 기반을 형성할 것이다. T/C 모델은 당신이 채택한 이론적 지향이 뭐든지 간에 사례개념화의 기반으로 사용될 수 있다. 내담자 개개인의 필요에 따라 당신이 사용할 이론적 틀과 특정한 기법은 달라지겠지만, T/C 모델은 당신의 작업에 대한 일관된 구성틀을 계속해서 제공할 것이다.

상담의 핵심

- 유능한 상담자는 관계를 형성하는 능력, 효과적인 대인간 의사소통, 자기 인식 능력을 포함한 특정 기술을 보유할 필요가 있다는 것이 연구자들 사이에서 합의되었다.

- 연구 결과들은 내담자 개선과 변화에 있어서 치료적 관계 그 자체가 갖는 중요성을 강조한다.

- 효과적인 상담자의 개인적 특성은 호기심, 경청 기술, 정서적 통찰력, 자기 성찰 능력, 유머감각, 대화를 즐겁게 만드는 것, 정서적으로 친밀한 편안함을 포함한다.

- 목적성, 안정성, 자발성, 타이밍 감각, 스스로의 분투를 통해 통찰력을 얻고 내담자를 이해하는 데 그 통찰력을 적용하는 능력은 효과적인 상담자의 유익한 자질이다.

- 공감은 가장 많이 연구된 촉진 조건으로서, 자신의 관점 대신에 다른 사람의 입장이 되어 다른 사람의 관점에서 그 사람을 이해하는 능력으로 정의된다.

- 일치성으로도 불리는 진솔성이라는 촉진 조건은 상담자가 자신의 진짜 자기를 표현하거나 또는 '진실되려는' 능력을 의미한다.

- 내담자 변화를 위한 또 다른 촉진 조건은 내담자를 가치 있고 존엄한 사람으로 평가하며 내담자를 존중하는 상담자의 능력으로, 긍정적 존중이라고 불린다.

- 내담자는 존중받고 비판단적인 상호작용을 통해서 상담자를 신뢰하기 시작한다. 내담자가 위험을 감수하고 과거의 분열되거나 억압된 것들을 털어놓을 때 상담자가 수용과 인정으로 반응할 때마다 내담자의 신뢰는 증가한다.

- 전이(내담자의 과거 관계가 현재의 내담자 정서, 환상, 반응에 미치는 영향)와 역전이(상담자가 보이는 내담자에 대한 무의식적 반응으로서 현실적이거나 상담자의 과거와 관련된 것)는 상담 과정에서 유용할 수도 있지만 피해가 될 수도 있다.

- 상담의 효과성은 상담자가 내담자에게 이해한 것을 전달하는 능력뿐만 아니라 상담자 자신의 역동, 상담자가 상상한 내담자의 역동 그리고 그러한 역동들이 그들 자신의 내적 과정에 반영되는지를 얼마나 인식하는지에 달려 있다.

- 자기 인식의 중요한 요소는 상담자가 자신의 문화적 가치, 인식, 신념을 알고, 이것들이 내담자의 것과 어떻게 다른지를 이해하는 것이다.
- 상담자의 핵심적인 전문적 역량 중 하나는 다양한 상담 이론 접근을 숙지하고 서로 다른 내담자에게 다양한 접근을 사용하는 가치에 대해 아는 것이다.
- 내담자 문제의 심각성, 동기 수준, 상담자와 작업 동맹을 형성하려는 내담자의 능력과 같은 내담자 변인은 결과와 강하게 관련되며, 특정한 방식이나 조력 관계의 힘보다 상담 결과에 대한 기여도가 높다.

실습

실습 2-1   당신은 얼마나 부합하는가

이번 장에서 우리는 긍정적인 상담 결과의 중요한 요소로 연구에서 확인된 개인적 특성들을 논의했다. 다음에는 이번 장에서 논의된 특성의 목록과 함께 평가척도가 제시되어 있다. 우선, 각 항목에 대해 스스로 점수를 매겨 보고 다음 질문에 답하시오.

특성	점수 1: 형편없는, 2: 그저 그런 3: 평균, 4: 평균 이상, 5: 뛰어난
정서적으로 친밀한 편안함 형성	
유머 감각	
다른 사람의 욕구에 집중하기 위해 개인적 욕구를 잠시 보류하는 능력	
자기 성찰 능력	
정서적 통찰력	
공감 능력	
호기심과 탐구심	
경청 능력	

스스로의 분투를 통해 통찰을 얻는 능력	
권위자의 입장에 있는 것에 대한 편안함	
에너지와 지지 능력	
자발성과 타이밍 감각	
개방성과 덜 방어적임	
대인관계 능력	
대화에 대한 편안함과 즐거움	

> ✎ **실습**: 학생들은 개별적으로 질문을 완성해 보고 파트너와 논의해 보시오.
>
> - **질문 1**: 당신은 가장 중요한 요소가 무엇이라고 생각하는가?
> - **질문 2**: 개선하기 가장 어려운 요소는 무엇인가?
> - **질문 3**: 당신의 낮은 점수 중 하나를 고르시오. 이 영역에서 당신의 능력을 개선하기 위해 할 수 있는 것은 무엇인가?

실습 2-2   관계의 힘은 무엇인가

아동과 성인을 대상으로 한 경험적 연구들은 치료적 동맹과 내담자 결과 사이의 일관된 관련성을 보여 준다. 많은 전문가는 관계의 힘 그 자체로 상담 관계의 치유 잠재력에 핵심이 될 수 있다고 믿는다.

> ✎ **실습**: 학생들은 개별적으로 질문에 답한 뒤, 대규모 집단 토론을 하시오.
>
> - **질문 1**: 당신은 어느 정도까지 사실이라고 믿을 수 있는가?
> - **질문 2**: [실습 2-1]에서 기술된 특성들이 상담자가 효과적인 상담자/내담자 관계를 형성하는 데 어떻게 도움이 될 수 있는가?
> - **질문 3**: 어떤 요소들이 긍정적인 치료적 관계 형성을 방해할 수 있는가?

실습 2-3　공감에 대해 당신이 내리는 정의는 무엇인가

이 책은 서로 다른 이론적 지향이 공감을 정의하는 다양한 방식을 설명한다.

> ✎ 실습: 소규모 집단에서 학생들이 내린 공감에 대한 정의를 비교해 보시오. 주목할 만한 차이점이나 유사점이 있는가? 공통된 주제는 있는가? 진솔성과 긍정적 존중에 대한 특성과 관련해서 같은 실습을 해 보시오.
>
> ● 질문 1: 시간을 가지고 공감에 대한 당신의 개인적인 정의를 써 보시오.
> ● 질문 2: 어떤 이론 또는 이론가의 정의가 당신의 정의와 가장 일치하는가?

실습 2-4　실현하기

상담은 상담자가 공감, 진솔성, 긍정적 존중을 보여 주고 이를 내담자에게 전달할 수 있을 때 더욱 효과적이다.

> ✎ 실습: 대규모 집단 토론 후에, 학생들은 소규모 집단으로 나누어서 공감, 진솔성, 긍정적 존중을 보여 주는 상담자-내담자 상호작용에 대한 역할극을 해 보시오.
>
> ● 질문 1: 당신은 내담자가 이러한 자질들을 인식하고 있다는 것을 어떻게 알 수 있는가?(예: 언어적, 비언어적 단서를 고려할 것)
> ● 질문 2: 이 능력들은 선천적인 성격 특성인가 아니면 학습될 수 있는 것인가? 만약 그렇다면 어떻게 가능한가?

실습 2-5　신뢰는 어떤가

신뢰는 효과적인 치료적 관계에서 중요한 요소이다. 문헌에서는 신뢰에 대한 여러 정의가 있다.

> ✎ **실습:** 집단 토론을 하시오.
>
> - **질문 1:** 신뢰에 대한 다음의 정의에 대해 토론해 보시오.
>   신뢰는 미래에 발생할 것에 대해 예측하는 능력으로 정의된다.
> - **질문 2:** 신뢰는 항상 긍정적인가, 아니면 단지 과거의 경험을 통해서 미래에 발생할 것을 예측하는 능력(부정적인 예측이라 할지라도)인가?
> - **질문 3:** 상담자는 어떻게 조력 관계의 긍정적인 부분으로서 내담자와 신뢰를 형성할 수 있는가?

실습 2-6   당신은 무엇이라고 생각하는가

상담자는 객관성, 열린 마음 그리고 많은 내담자와의 분리를 위해 노력한다. 아래에 내담자와 상담자 모두에게 강한 감정을 유발할 수 있는 문제와 주제가 제시되어 있다. 시간을 가지고 각 주제와 관련된 당신의 신념과 태도를 되돌아보시오.

> ✎ **실습:** 학생들은 개인적으로 문제들에 대해 되돌아보시오. 이후 다음의 메시지에 초점을 맞춘 대규모 집단 토론을 하시오. 이러한 문제들과 관련해서 내담자와 어떻게 효과적으로 작업할 수 있는가?
>
> | | |
> |---|---|
> | 종교 | 낙태 |
> | 문화적 다양성 | 불륜 |
> | 정치적 관점 | 아동 학대 |
> | 편견 | 범죄 활동 |
> | 인종차별 | 포르노물 |
> | 동성애 혐오 | 약물과 알코올 |
> | 여성 혐오 | 대립하는 가치 |

실습 2-7   내담자의 의식속으로 들어가기

내담자는 상담이 무엇이고 상담자는 어떨 것 같은지에 대해 이미 결정된 관점을 가지고 상담 첫 회기에 온다.

> ✎ 실습: 학생들은 짝을 지어 토론하고, 대규모 집단 토론을 하시오. 다음의 메시지를 사용한 대규모 집단 토론을 이어가시오. 상담자는 내담자의 두려움과 오해에 어떻게 반응할 수 있는가?
>
> • 질문 1: 내담자가 상담 관계와 관련해서 가지는 몇 가지 공통된 오해는 무엇인가?
> • 질문 2: 그들이 이 생각을 어디서 갖게 됐다고 생각하는가?
> • 질문 3: 인기 있는 영화나 TV 프로그램에서 상담자 또는 치료자를 어떻게 묘사하고 있는지 생각해 보라. 그것은 정확하게 묘사하고 있나? 실제 상담자보다 더 돋보이게 묘사하고 있는가? 모욕적으로 묘사하고 있는가? 오해의 소지가 있는가?

더 나아가기

Becoming a therapist: On the Path to Mastery by Thomas M. Skovholt(2012) Wiley

On Being a Therapist by Jeffrey A. Kottler (2010) Jossey-Bass

On becoming a Person: A Therapist's View of Psychotherapy by Carl Rogers(1995) Mariner Books

Introduction to Prefessional Counseling (Counseling and Professional Identity) by Varunee F. Sangganjanavanich and Cynthia A. Reynolds(2014) SAGE

효과적인 사례개념화

제3장

도입

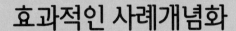

　이전의 장에서 분명히 했듯이, 상담은 전문가적 정체성과 역사, 이론과 연구에 대한 지식 그리고 특정한 기술과 자질을 요구하는 복잡한 과정이다. 결국 이러한 이해는 우리가 내담자를 마주했을 때 사용할 수 있는 관점을 제공하며, 내담자의 어려움과 강점을 개념화할 때 사용할 수 있는 모형을 제공한다. 또한, 상담은 상담자가 내담자를 성장과 변화를 향해 나아가도록 돕는다는 점에서 의도적이고 목적이 있는 과정이다. 치료 계획을 개발하기 전, 상담 과정을 안내하기 위해서 상담자는 내담자의 인생과 역사에 대해 아는 모든 정보를 모으고 함께 엮음으로써 내담자에 대한 더 깊은 이해에 도달해야 한다.

　사례개념화는 상담자가 내담자의 증상, 생각, 감정, 행동 그리고 성격 구조를 파악하고 내담자의 현재 문제를 이해하기 위해 사용하는 과정이다. 효과적인 사례개념화는 통합적으로 생각하고, 가설을 개발하여 검증하며, 그러한 가설들에 기반을 둔 치료를 계획하는 것을 수반한다. 이 책에서 보여 주는 모델(사례개념화의 시각/맥락 모델, 또는 T/C 모델)은 비이론적이며, 학생들이 다양한 이론적인 패러다임의 구성개념들을 사례개념화로 통합할 수 있게 해 준다. 이 모델은 상담자에게 관찰의 초점이 될 틀 또는 의미에 대한 추론을 하는 견본을 제공한다.

우리는 이번 장에서 상담 과정의 세 가지 요소와 이 요소들이 어떻게 통합되는지 살펴볼 것이다. 상담자가 내담자의 주호소 문제와 요구를 확인하고 설명하는 진단, 상담자가 내담자의 요구와 상황에 대한 이해에 다다르는 사례개념화 그리고 상담자가 내담자를 변화시키기 위해 내담자의 요구를 다루고 더 나아가기 위한 전략과 개입을 개발하는 치료 계획이 있다. 우리는 종종 진단과 사례개념화가 치료 계획에 선행되는 것이라고 생각하지만, 사실은 상담자가 내담자의 이야기를 듣고 내담자의 문제에 대한 더 깊은 이해를 얻으면서 이 세 요소는 동시에 이루어질 수 있다. 사정과 평가 또한 상담 과정 내내 일어날 수 있으며 효과적인 상담자는 지속적으로 가설을 세우고 추가적인 정보에 기반하여 자신의 이해를 수정한다.

진단과 문제 확인

상담자가 내담자를 돕기 위해서는 내담자를 방해하는 문제를 함께 알아내야 한다. 일부 내담자는 그들의 문제에 대해 알고 상담을 하러 오지만, 그렇지 않은 경우도 있다. 내담자들은 그 문제가 의미하는 것에 대해 확실하게 이해하지 못하고 기분이 가라앉거나 '뭔가 잘못됐다'는 모호한 느낌을 가질 수 있다. 이러한 문제를 정의하는 과정을 의료 및 정신의학 전문가들은 '진단'이라고 한다. 근무 환경에 따라서 상담자는 이 과정을 진단 또는 문제 확인이라고 부른다. **정신질환의 진단 및 통계편람**(DSM-5)에 기반하여 문제를 확인하기 때문에 우리는 그 용어들을 구별 없이 사용할 것이다. 상담자가 공식적인 진단을 필요로 하는 환경에서 일하고 있지 않더라도, DSM 코드에 대한 이해는 남을 돕는 다른 전문가들과 협력적으로 일하며 최선의 치료를 제공하기 위해 필수적이다.

진단 과정은 내담자의 관점에서 내담자가 상담에 의뢰된 혹은 상담을 찾아온 이유, 즉 내담자의 주 호소 문제에 기반을 둔다. 문제 확인은 "내담자가 그들의 문제에 대해 어떻게 묘사하는가?"라는 기본적인 질문을 다룬다. 내담자와의 초기 회기에서는 문제에 대한 간단한 이력과 시도했던 해결책 및 그 결과에 대한 묘사를 포함한다. 때로는 이와 같은 정보를 모으기 위해 서면 또는 컴퓨터로 입력하는 접수 양식이 사용되거나, 내담자 또는 상담자가 증상 체크리스트를 작성한다. 그 후, 내담자 면접은 내담자가 특정한 문제를 확인하고, 증상의 시작, 심한 정도, 빈도를 탐색하도록 하며, 내담자가 이전에도 비슷한 증상을 경험했는지도 탐색하도록 돕는다.

미국의 정신건강 전문가들에게 진단은 주로 『정신질환의 진단 및 통계 편람(DSM-5)』을 사용하여 증상을 확인하는 것을 의미한다(American Psychiatric Association, 2013). DSM은 증상 패턴에 기반하여 분류된 다양한 정신 및 정서 장애의 기준을 확인하는 데 관찰 가능한 특징을 사용한다. 세계 보건 기구의 국제질병적 분류(ICD10)도 흔히 쓰이지만, DSM-5는 가장 널리 받아들여지는 진단기준이다. DSM-5와 ICD10은 실제 현장에서 자주 함께 사용된다. 본문에서 우리는 내담자의 문제를 분류하기 위해 DSM-5 체계에 집중할 것이다.

진단의 공식화는 상담자가 내담자에게 가장 적합한 서비스를 전달하는 방법을 확인하도록 해 준다. 위기 상황에 있는 내담자 또는 자살 충동을 느끼는 내담자는 입원할 필요가 있다. 약물남용 문제를 가진 내담자는 약물과 알코올 치료 시설로부터 도움을 얻을 수 있다. 다른 내담자에게는 통원 치료가 가장 적절할 수 있다.

증상을 근본적인 생리적 혹은 생물학적 문제와 연결 짓는 의료 모델에 기반하여, DSM은 정신건강 문제를 이해하고 치료하기 위해 범주적 접근을 하는데, 이것은 상담자가 종종 내담자 문제를 이해하는 데 사용하는 다차원적 접근 방식에 반대된다. 건강과 병리학 사이의 이분법을 생성하는 범주적 접근법을 사용하는 것에 대한 논란이 아직 남아있다. 상담 분야의 역사와 가치를 깊이 생각하는 많은 상담자는, 안녕을 경직된 범주에 맞춰지지 않는 내담자의 문제와 연계된 연속체로 본다. 2013년에 발표된 DSM의 가장 최신 버전은 진단적 범주에 약간의 유연성을 담으려고 노력하면서 더 다차원적인 방향으로 가고 있다.

범주적 접근의 제한점을 인정하지만, 그럼에도 불구하고 진단은 다른 정신건강 전문가들과 효과적으로 의사소통하고 객관적으로 내담자의 현재 문제를 묘사하는 방법을 제공하기 위해 매우 중요하다. 또한, 범주적 그리고 차원적 접근법을 통합하는 것은 다음 과제인 사례개념화에서 볼 수 있듯이 내담자의 문제가 전개되고 유지되는 맥락뿐만 아니라 내담자의 문제의 본질을 상담자가 완전히 이해하는 데 도움이 될 수 있다.

내담자들은 치료를 받으러 올 때 이미 진단을 받았을 수 있다. 하지만 내담자에게 영향을 주는 다른 문제들이 있을 수 있고 치료자마다 적절한 진단에 대해 의견이 다를 수 있다. 뒤에 나오는 장들에서 우리는 상담자가 가장 자주 직면하는 몇 가지 문제에 대한 진단기준을 더 깊이 다뤄 볼 것이다.

사례개념화

상담자가 내담자와 협력하여 탐색작업을 하고 진단을 확인하면서, 상담자는 문제의 원인을 설명하기 위한 틀을 만들기 시작한다. 어떻게 문제가 시작됐으며 그 문제의 발달에 어떤 상황적 맥락이 영향을 주었는가? 무엇이 문제를 지속하게 하는가? 반대로, 내담자가 희망을 만들고, 변화를 이끌어 낼 수 있도록 하는 강점과 자원은 무엇인가? 사례를 개념화하기 위한 다양한 관점이 있고, 상담자마다 내담자의 삶과 역사의 서로 다른 측면들을 강조하는 다양한 관점을 사용할 것이다. 따라서 사례개념화는 확실한 과학도 아니고, 사례를 개념화하는 한 가지의 방법만 있는 것도 아니다. 결국 상담은 상담자와 내담자 모두가 그들의 고유한 강점과 특성을 제시하면서 계속 진행되고 지속적으로 전개되는 관계이다. 효과적인 상담자는 계속 자신의 효과성을 평가하며 사례개념화와 개입에 대한 연구를 정기적으로 살펴본다.

Seligman(2004)은 사례개념화 과정을 상담자가 내담자의 욕구와 상황을 더욱 잘 이해하게 해 주고 어떻게 상호작용하고 듣고 도움을 줄지에 대한 '청사진'을 제공하는 과정이라고 설명한다. 사례개념화 모델은 효율적이고, 비용 효과가 높으며, 증거에 기반한 치료를 가치 있게 보는 오늘날의 건강 관리 환경에서 특히 중요하다(Wampold, 2001). 사례개념화는 질이 좋고 효과적인 상담을 위해 필수적인 것으로 확인되었으며(Sperry, 2010), 상담자에게 핵심적인 능력으로 여겨진다(Betan & Binder, 2010). 우리가 살펴본 것처럼, 내담자와 치료적 동맹을 만드는 것은 매우 중요한 기술이다. 이 동맹은 사례개념화 과정에 영향을 미치며 한 부분이 된다. 내담자와 상담자 사이의 신뢰와 라포 형성은 내담자가 중요한 정보를 공유하도록 마음을 열게 한다. 그 후, 상담자는 우리가 제1장과 제2장의 Katy의 사례로 설명한 것처럼 이 정보를 기초로 하여 사례개념화를 한다.

상담자가 사례를 개념화하는 방법은 어떠한 질문을 할 것이며, 대답을 어떻게 해석할 것이고, 어떠한 가설을 개발하고, 그것을 어떻게 검증할 것인지와 같은 상담의 모든 과정에 영향을 준다. 사례개념화는 상담자에게 내담자가 어떤 상태였는지를 알려주며 내담자가 어떠한 방향으로 갈 수 있을지에 대한 이해를 제공한다. Neukrug와 Schwitzer(2006)는 사례개념화를 내담자의 생각, 감정, 행동, 생리적 상태를 관찰하고, 이해하고, 통합해 주는 도구라고 정의한다. 그들은 사례개념화와 관련하여 평가, 조직화 그리고 방향으로 이루어진 세 가지 과정을 정의한다.

⚙ 평가

상담자는 사례개념화 개발을 시작하면서, 관찰 가능한 행동들을 평가하고 측정한다. 이것은 주 호소 문제와 관련 있는 증상들을 포함한다. 예를 들어, 불안을 경험하는 내담자는 숙면에 문제가 있거나, 특정 상황과 관련된 비합리적 두려움이 있거나, 위장 문제 혹은 빠른 심장박동과 같은 생리적 증상이 있을 수 있다. 평가는 드러나는 증상의 진단을 넘어서 내담자의 상황적 맥락을 평가한다. 내담자의 가정환경, 일 또는 학교 상황, 대인관계적 상태는 어떠한가?

특히 Katy와 작업하는 상담자는 첫 회기에서 그녀가 말을 빨리 하는 것과 그녀가 무릎에 놓인 손을 배배 꼬면서 불안해 보이는 것을 관찰한다. Katy는 상담자와 가끔씩 눈을 마주치지만, 얼마 지나지 않아 다른 곳을 보거나 자신의 손을 내려다본다. 상담자는 그녀의 수면 문제와 식욕 변화, 불안 발작, 우울한 기분 그리고 위험한 행동에 주목한다. 하지만 평가는 더 나아간다. 상담자는 Katy가 현재 경험하는 스트레스와 그녀의 가족, 남자친구와의 갈등 관계, 그녀가 지금 발달적 과도기에 있다는 사실, 그녀가 직업 선택에 대해 느끼는 혼란도 고려한다.

평가는 때로 비공식적인 인터뷰로 이루어지고, 다른 경우에는 공식적인 척도와 평가 도구들이 상담자-내담자 대화를 보완한다. Katy의 상담자는 그녀에게 벡 우울 척도와 같은 우울 증상 질문지를 작성하게 할 수 있고, 약물과 알코올에 대한 구조화된 평가를 사용할 수도 있다.

수집된 배경 정보는 성별, 인종, 민족성, 나이, 사회경제적 지위, 병력, 정신건강 치료 이력, 종교적 배경 및 영성, 성적 지향, 성 정체성, 가족 배경, 관계 이력, 결혼 여부, 학력, 취업 정보, 약물사용, 또래 관계, 트라우마와 학대 이력 그리고 신체적 외모를 포함한다. Katy의 상담자는 이미 그녀가 한국 이민자의 자녀라는 것을 알지만, 그녀의 문화적 배경, 문화적 적응 상태 그리고 가족 역할과 가치를 더 알아보아야 한다. 배경 변인에 대한 설명에서 볼 수 있듯이, Katy의 상담자가 아직 그녀에 대해 알지 못하는 많은 정보가 있다.

덧붙여, 인생의 과도기, 최근의 상실, 연애의 이별, 이직, 또는 발달과업과 같이 내담자의 주 호소 문제의 발달에 선행하는 촉발 사건들을 평가해야 한다. 자살 사고 또는 시도를 평가하는 것 또한 매우 중요하다. Katy는 남자친구와의 관계를 유지하기 위한 조건이 그녀가 상담을 받는 것이라고 언급했다. 그녀의 상담자는 과거 연애의 이별뿐만 아니라 지금 남자친구와의 관계에 대해서 더 알아볼 것이다. Katy 부모님의 이혼과 그녀의 어머니가 새 아버지와 겪는 갈등이 과거와 현재의 스트레스 원인이 될 수 있기 때문에 그 또한 평가되어야 한다. 또한, 효과적인 상담자는 내담자의 발달 단계와 최근 변화를 고려할 것이다. 대학을 갓 졸업한 젊은 성인인 Katy는 이제 막 주요 발달적 과도기를 무사히 헤쳐 나갔으며 직업을 찾는 다음 단계에 직면하고 있다. 발달 이론은 22살 젊은 여성의 이러한 변화에 대한 영향을 이해하는 데 도움이 될 수 있다(Chickering & Reiser, 1969; Erikson, 1994).

사례개념화의 평가 단계는 내담자의 변화에 대한 준비도를 알아내는 것도 포함한다. 내담자가 자기 스스로 찾아왔는가? 혹은 내담자보다는 다른 누군가가 그녀가 변화하길 바라고 있는가? 내담자가 이미 어떤 변화가 도움이 될지를 생각하는 시간을 가졌는가? 또는 그 과업이 버거울 것 같거나 아직 결말이 명확히 보이지 않아서 여전히 변화의 가능성을 두고 양가감정이 많이 있는가? 상담 참여에 있어 본인의 의지는 어느 정도이며, 남자친구를 달래기 위한 목적은 어느 정도인가?

다양한 검사와 평가 도구는 내담자의 정보를 수집하기 위해서 사용될 수 있다. 행동 질문지나 자기보고 설문지, 지능 · 성취도 · 심리 · 성격 검사, 의료 · 교육 및 법적 기록물이 모두 정보의 원천이다. 또한, 내담자가 만드는 예술 작품, 일기, 시, 노래, 비디오 그리고 다른 창의적 작품들은 통찰을 제공할 수 있다.

〈표 3-1〉은 특정 분야에서 평가되는 영역의 몇 가지 예시와 함께 생물심리사회

적 평가의 개요를 제공한다.

평가 과정은 단지 사실을 수집하는 것으로 보일 수 있지만, 상담자가 정보를 처리하고 기록하는 방법은 상담의 다음 단계에 영향을 준다(Anderson, 1997; O'Hanlon & Weiner-Davis, 1989). 상담자의 단어 선택과 사실을 기록하는 순서는 의미의 차이를 낳고, 이는 상담자의 내담자에 대한 개념화의 일부가 된다. 희망과 기대가 내담자의 결과와 관계가 있다는 것을 우리가 알기 때문에(Lambert, 1992), 상담자가 시작부터 내담자에 대한 긍정적인 개념화를 형성하면, 내담자 또한 변화에 대해 더 희망을 가지게 될 것이 확실해 보인다. 따라서, 상담의 초기 단계에서 내담자의 강점과 자원에 대한 평가와 기록은 평가에 중요한 부분이 되어야 한다. 일부 연구자들은 이러한 것들이 기록의 끝 부분이 아니라 맨 윗부분에 위치해 있어야 한다고 제안하는데, 이는 상담자에게 낙관적인 느낌을 주기 때문이다. 내담자의 능력, 성공, 긍정적 개인 성향, 사회 및 지역사회의 지지 그리고 영적 자원을 묘사하는 것은 상담자와 내담자 모두에게 희망의 원천이 될 수 있다.

표 3-1 생물심리사회적 평가

영역	가능한 평가 분야
생물학적/신체적	병력, 입원, 만성질병, 유전적/위험요인, 현재 복용 중인 약, 전반적인 건강, 성적 발달, 약물 복용/남용
심리적	인지 양식, 자살 사고, 대처 전략(위험 감수, 자해, 섭식장애 포함), 태도, 가치, 신념, 영성, 애착 방식, 지적 능력, 자기효능감, 자존감, 정체성, 심리적 강점
사회적	대인관계 기능, 가족 역동, 교우 관계, 연애와 성적 관계, 의사소통 기술, 지지 체계
문화적	문화적 정체성, 종교적 또는 영적 자원과 신념, 문화적 및 사회적 규범, 문화 적응

우리가 제1장에서 봤다시피 Katy의 상담자는 이미 그녀의 강점과 회복력을 찾아내고, Katy에게 그러한 긍정적 존중을 전달하기 시작했다. 평가 과정이 계속되면서, Katy의 어려움에 대한 상담자의 평가는 그녀의 강점과 균형을 이루어 Katy 개인에게 더 확실하고 희망적인 그림을 제공할 것이다.

◎ 조직화

　조직화 단계는 주제나 패턴을 확인하고 결론을 도출하는 목표를 가지고 평가 단계에서의 관찰, 측정, 평가를 조직화하는 사례개념화 과정의 추론적 단계이다. 사례개념화는 문제의 유지뿐 아니라 원인에 대한 이해도 제공한다. 내담자의 문제가 어떻게 생겨났고, 이 문제가 어떻게 유지되고 있는가? 개념화는 상담자가 어떻게 상담 과정 동안 내담자를 참여시킬지에 대한 틀을 제공하며, 상담자가 문제 형성과 해결에 대한 이론을 개발할 수 있도록 한다.

　Katy의 사례로 살펴보았듯이, 내담자는 첫 상담 회기에 종종 많은 이야기를 가지고 온다. 그들은 누군가가 자신의 이야기를 들어주기를 오랫동안 기다리고 있었을지도 모른다. 그래서 짧은 시간 동안 많은 정보를 전달할 수 있다. 이것은 내담자에게 카타르시스를 느끼게 할 수 있지만 너무 많은 양의 정보는 내담자와 상담자 모두를 지치게 할 수도 있다. 이 개념화 단계 동안, 상담자는 주변적인 정보로부터 주요 정보를 구별하기 시작하며, 회기 동안 내담자의 핵심 문제와 연결되어 있는 영역에 집중한다. 관찰과 평가로부터 임상적 가설이 도출되며, 어떻게 내담자의 문제가 발전되었는지, 그것을 유지하는 기제에 대한 작업 모델이 생성된다(Stevens & Morris, 1995).

　사례개념화를 위해 상담자는 내담자의 이야기 주제를 확인하고, 내담자가 겪고 있는 문제적 패턴에 대한 이해를 시작해야 한다. 상담자는 내담자의 핵심 문제가 무엇인지에 대한 가설을 세운 다음, 탐색과 명료화를 위해 의도적인 질문과 반영을 사용한다. 이러한 근본적 관심사는 종종 복합적인 고려사항 및 문제적 상황과 연결되어 있다. 상담자는 핵심 문제에 집중하는 데 힘입어, 내담자를 더 효과적으로 돕는다. 이러한 패턴과 주제는 또한 변화를 위한 내담자의 목표에 영향을 준다.

　예를 들어, 상담자는 Katy의 이야기를 첫 회기에서 들으면서, Katy가 요즘 왜 우울하고 불안을 느끼는지에 대한 가설을 세운다. 처음에 상담자는 Katy의 문제를 그녀와 남자친구의 갈등 탓이라고 할 수 있다. 하지만 상담자는 개념화에 추가적인 정보가 더해지면서 그 가설을 수정해 나간다. Katy의 우울증은 그녀 부모의 이혼에 대한 상실감과 관계가 있을 수도 있다. 어머니의 감정 폭발과 비난은 Katy의 증상에 어떤 역할을 했는가? 그녀의 아버지와 어머니의 직업 선택은 Katy가 현재 그녀의 직업을 찾으려는 노력에 어떠한 영향을 끼쳤는가?

이 사례개념화 단계에서, 상담자는 내담자와 평가 도구 및 다른 자원에서 얻은 다양한 맥락의 정보를 모아서 내담자의 핵심 문제, 패턴 그리고 인생 주제에 대한 일관성 있는 이해에 담아낸다. 예를 들어, 상담자는 내담자가 특정한 증상을 처음 겪었을 때와 그 이후로 증상이 나타나는 양상 그리고 증상이 줄어들었을 때가(만약 있다면) 언제였는지에 대한 질문을 할 수 있다. 상담자는 내담자의 문제가 언제부터 시작됐는지, 그것이 어떻게 발전했는지, 무엇이 그것을 지속되게 하는지와 어떻게 내담자가 그 문제에 대응하려고 하는지에 대한 설명을 도출해 낸다. 모든 정보가 통합되면, 내담자의 인생 스토리의 지도가 생성되며 이것은 행동 계획과 목표 설정의 지표가 된다. 명확하게 사례개념화를 하는 것은 상담자로 하여금 내담자가 변화하기 위해 위기와 장애물을 예상하고 준비하게 하는 데에도 도움을 준다(Sperry, 2010).

동시에 상담자는 내담자의 문화와 더 넓은 사회적 맥락이 문제에 어떻게 영향을 주는지를 이해하기 위해 내담자의 문제에 대한 문화적 공식화를 개발한다. 내담자의 문화적 맥락에 대한 평가는 성별, 인종, 사회경제적 지위, 지리학적 지역, 성적 지향 그리고 내담자가 자기 자신과 다른 사람을 어떻게 보는지에 영향을 주는 수많은 다른 요소와 같은 다양성 요인을 포함한다. 예를 들어, 빈곤은 비이성적인 사고 방식 또는 세로토닌 불균형으로 우울증 유지에 영향을 끼칠 수 있다. 다양성은 사례개념화 과정에서 필수적으로 반영되는 어려움과 자원을 종종 가져온다. 소외된 집단은 트라우마와 학대를 경험할 수 있으며, 강하고 지지적인 사회적 네트워크를 발달시킬 수도 있다.

Katy와 함께 작업하는 상담자는 이민이 그녀의 부모에게 미친 영향, 그녀와 대가족의 관계, 가족이 가지고 있는 규범 및 가치 등을 포함하여 그녀 가족의 한국적 전통을 탐색하고 싶어 할 것이다. 예를 들어, 성적 역할 또는 성인인 자녀가 부모와 동거하는 것에 대한 그녀의 가족과 그녀의 문화적 신념은 무엇인가? 규범은 문화마다 다르기 때문에, 상담자가 사례개념화를 함에 있어서 문화 규범을 이해하는 것은 중요하다.

말로 표현된 내담자의 이야기 내용에 더하여, 상담자는 목소리 톤, 억양과 소리 크기의 변화, 말수와 문장 구성의 복잡성에 관심을 기울인다(Stevens & Morris,

1995). 눈 맞춤, 자세, 표정, 제스처 그리고 근접학은 모두 내담자의 이야기에 의미를 더해 주는 정보를 전달하며, 이러한 비언어적 행동을 관찰하는 것은 상담자가 어떤 것이 중요하고 중요하지 않은지 결정하는 데 도움을 준다.

Katy의 상담자는 그녀의 빠른 말 속도, 불규칙한 눈 맞춤, 그녀가 손을 쥐었다 펴는 행동 그리고 지속적으로 바꾸는 자세에 주목한다. 사례개념화 과정 동안, 상담자는 자신이 관찰한 모든 것에 의미를 부여한다. 아마 상담자는 Katy가 불안하며, 상담자를 신뢰하기 어려워할 수도 있다는 결론을 내릴 것이다. 반면 Katy는 자신의 이야기를 열렬히 공유하고 싶어 하는 것처럼 보이는데, 이것은 아마도 그녀의 인생에서 중요한 사람들이 자신의 이야기를 들어준다고 느끼지 않기 때문일 것이다. 당신은 상담자의 평가에 동의할 것인가? Katy가 보여 준 것에 대한 다른 설명은 무엇이 있는가?

상담자가 관찰을 고려하고 정보를 통합하면서, 내담자의 감정적 경험에 대한 통찰이 이루어지며 이는 나아가 문제 영역의 이해에 기여한다. 특히 트라우마나 비효과적인 대처전략에 의해 그들 자신의 감정 경험을 차단하고, Katy보다 자신의 경험에 대해 더 이야기할 수 없는 내담자들을 위해서, 상담자는 정서 체크 리스트를 사용하여 내담자가 자신의 감정을 알아차리고 분류할 수 있도록 돕는다. 그러나 체크 리스트가 필요한 경우라고 해도, 상담자와 내담자의 관계에 의해 내담자가 공유를 시작하게 된다. 내담자가 표현하는 것을 상담자가 듣고 인정해 주면서 신뢰가 형성되고, 그 결과 내담자는 스스로가 실제로 느끼는 것을 더 편하게 공유하게 된다.

T/C 모델은 평가와 조직화의 과정을 촉진하며, 내담자의 맥락 이해를 시작하기 위해 맥락을 명확히 보여 주는 틀을 제공한다. 이 모델은 또한 중요하게 평가되어야 할 영역들을 상담자에게 상기시켜 주는데, 어떤 정보는 내담자의 초기 묘사에서 누락되거나 쏟아져 나오는 정보 속에서 놓칠 수 있기 때문이다.

평가에 포함되어야 하는 또 하나의 중요한 정보의 자원은 내담자를 향한 상담자 자신의 반응이며, 이것은 내담자의 인생에서 다른 사람이 내담자에게 어떻게 반응하는지에 대한 가설을 세우는 데 사용될 수 있다. 내담자에 대한 상담자의 정서적 경험은 특정 가설을 지지할 수 있다. 예를 들어, 지역 정신건강 센터에 있는 상담자는 지역 전문대학에서 친구를 사귀는 데 어려움을 겪고 있는 젊은 남성 내담자를 만났다. 내담자는 상담자에게 자신이 "지역 전문대학에 있기에는 너무 똑똑하다."

그리고 "그곳과 어울리지 않는다."라고 반복해서 강조한다. 상담자는 내담자가 별로 호감형이 아니고, 그가 그다지 똑똑한 것 같지도 않다고 생각하는 자신을 발견한다. 성찰적 상담자는 자신의 감정 반응을 사례개념화에 포함할 정보로 인식한다. 상담자의 초기 반응이 부정적이었다면 아마도 내담자의 새로운 반 친구들도 똑같은 반응이었을 것이다.

회기 중 상담자와 내담자의 경험 속에 내담자가 회기 밖에서 겪은 다른 사람들과의 경험이 나타나는 '병렬적 과정'에 대한 인식은 중요한 정보의 원천이다 (Ronnestad & Skovholt, 1993). 일부 훈련 프로그램은 학생들이 더 유용한 방식으로 관계를 이해하기 위해 상담자-내담자 관계의 본질을 은유(친구, 부모, 멘토, 보호자, 등)로 특징지을 수 있도록 격려한다.

⚙ 방향

사례개념화 과정에는 문제가 어떻게 발전하고, 시간이 지남에 따라 어떻게 지속되어 왔으며, 어떤 것이 그들을 변화하도록 유도했는지에 대한 상담자의 이해가 포함되어 있다. 상담자는 시간이 지남에 따라 변화가 일어나기 위해 필요한 것에 대한 신념의 집합인 이론적 지향을 개발하는 경향이 있다. 상담자는 이러한 가정을 문제를 도식화하고 내담자 회기 중에 일어난 것들을 해석하는 틀로 사용한다.

사례개념화 과정 동안, 상담자는 내담자에 대해 모은 정보를 해석하고 분석하기 위해 이론적 지향을 사용하고, 상담의 공식화된 이론에서 나온 가정과 그들이 관찰한 것을 통합한다. 상담자의 직관력은 추론을 하고 가설을 생성하는 데 가치 있는 자산이지만, 그럼에도 직관력은 경험적으로 입증된 이해의 패턴에 근거해야 한다 (Hoshmand, 1991). 이론적 틀을 적용하는 것은 상담자가 내담자 문제의 발전과 유지에 기여하는 요소들을 이해하게 해 준다. 가장 중요하게 고려할 정보는 선택된 이론적 관점에 따라 달라진다.

이전 장에서 우리는 다양한 이론적 접근을 간단히 살펴보았다. 상담자는 내담자의 요구에 적절한 이론(또는 통합적 또는 절충적 접근의 경우에는 이론들)을 연결시킬 것이다(Corey, 2009; Dattilo & Norcross, 2006; deShazer & Dolan, 2007; Wampold, 2001). 상담자가 사용하는 기법은 이론에 따라 다르며 상담자가 내담자를 참여시키고 사례개념화를 발전시키는 방법과 연결되어 있다. 경험적 연구가 어떠한 특정 모델의 우위성을 입증하지는 않았지만, 그럼에도 이론적 지향은 상담자가 상담 과정을 조직하고 회기를 안내하도록 해 준다. 상담자는 자신과 가장 잘 맞는 이론적 지향을 찾아야 하며, 통합적 혹은 절충적 접근이 인간 발달과 변화에 대한 자신의 개인적 관점과 양립 가능한지 결정해야 한다.

우리가 논의한 것과 같이, 사례개념화는 정밀과학이 아니며 연구에 의해 규정된 하나의 이론적 모델도 아니다. 각기 다른 종류의 상담, 치료의 효능을 비교한 30여 년의 연구 후에도, 아직도 소위 '도도새 효과'라고 불리는 것에 대한 논쟁이 있다. 이것은 각기 다른 종류의 심리치료가 비슷하게 효과적이라는 생각에 대한 화려한 이름이다. 대안적 관점은 특정 진단에 대해서 더 효과적인 특정 치료가 있다는 것이다. 일부 연구자는 도도새 의견을 지지하는 메타분석이 유의한 차이를 알아내기 어렵게 하는 방법론에 의존한다고 주장한다(Budd & Hughes, 2009).

우리는 모든 치료적 모델은 치료적 변화의 공통 요인을 작동하는 수단으로서 작용한다는 생각을 이미 보여 주었다(Sprenkle & Blow, 2004). 앞서 소개한 연구를 떠올려 보면, 모든 이론 모델은 상담 관계 밖에서 일어나는 치료 외적 요인에 의해 영향을 받으며, 내담자 변화의 40%를 설명하고 내담자 개선의 약 30% 정도를 설명하는 치료적 동맹을 가치 있게 여김을 보여 준다(Lambert, 1992). 상담자가 치료의 결과에 대해 자신 있고 희망이 있다면, 내담자의 기대와 희망 또한 상승하고, 이는 내담자 결과의 또 다른 15%를 설명하며, 남은 15%는 이론적 모델의 사용으로 설명된다(Lambert, 1992).

동시에, 특정 진단에 대한 특정 상담 개입이 효과적인지에 대한('경험적으로 입증된 치료') 많은 연구가 존재한다. 이 책의 제2부에서는, 우리가 상담 장면에서 흔히 마주치는 주 호소 문제들을 검토하고 선택 가능한 치료법에 대해 논의하면서 이러한 연구들을 살펴본다. 상담자는 공통 요인에 대한 연구와 어떻게 이 요인이 사례개념화로 통합될 수 있는지를 염두에 두면서, 경험적으로 입증된 치료들에 대한 문헌을 사용할 때 가장 효과적이다. 마찬가지로 중요한 것은, 상담자는 사례개념화부터 개입과 후속 조치에 이르는 상담 과정의 효과성을 지속적으로 평가해야 한다.

특히, 상담자의 이론적 지향은 상담자가 내담자를 평가하고 이해하는 방법, 그리고 내담자가 변화하도록 돕기 위해 선택하는 전략에 중요한 영향을 끼친다. 평가와 조직화 과정 동안에 이루어지는 질문은 이론적 지향에 따라 다르다. 다음 섹션에서, 상담자들이 가장 많이 사용하는 이론적 접근에 대해 간단히 살펴볼 것이며, 그 지향을 가지고 있는 상담자가 사용할 수 있는 초점, 질문, 검사 그리고 전략을 검토할 것이다. 이번 장에서 상담 이론에 대한 종합적인 검토는 하지 않겠지만 사례개념화와 관련된 이론적 지향의 개요를 포함한다.

◆ 해결 중심 단기 치료

해결 중심 단기 치료(SFBT) 상담자는 내담자의 문제 상황이 발생되기 전에 내담자의 인생에서 일어난 일들을 탐색하는 원리를 기반으로 내담자의 과거 성공을 살펴보며 내담자가 이미 활용하고 있는 강점과 자원을 확인한다(deShazer & Dolan, 2007; deShazer, 1991). 해결 중심 상담자는 사례개념화 과정을 전개하면서 내담자가 자신의 강점과 성공을 식별하고 소유하도록 돕는 질문을 하면서 '자기 칭찬'을 격려할 수 있다(Delong & Berg, 2008). 치료적 동맹은 강점과 성공에 대한 내담자의 새로운 인식을 상담자가 '응원'하고 지지하는 가운데 형성되고, 긍정적인 것에 대한 초점은 내담자의 희망과 기대감을 높여 주고 그들의 초점을 문제에서 해결책으로 옮겨 가도록 도와준다.

예를 들어, Katy의 상담자는 그녀의 이야기를 듣고 나서 몇 가지 피드백을 제공할 수 있다.

> 상담자: 들어 보니 당신은 대학을 다니는 동안 가족과 관련된 많은 스트레스에 대처하고 있었던 것 같네요. 그런데도 당신은 어떻게든 수석으로 졸업을 했어요! 어떻게 그렇게 할 수 있었죠?

Katy에게 그녀의 지능, 인내심 그리고 회복 탄력성에 대해 상기시킴으로써 그녀가 이러한 강점을 현재의 어려움을 이겨낼 때 사용하도록 돕는다.

◆ 인지 행동 치료

인지 행동 치료(CBT)는 Aaron Beck에 의해서 처음으로 발달되었다(Beck, 1976). CBT 사례개념화에서는 내담자의 인지와 그것이 어떻게 행동적 의사결정, 생리학,

그리고 감정에 영향을 주는지를 살펴본다. 상담자는 내담자의 문제를 유발하는 인지적 기제가 내담자의 삶의 경험에서 어떻게 생겨났는지, 그리고 이를 만들어내고 유지하는 환경적 요인에 대한 가설을 제안한다(Beck, 1995; Persons, 1989, 2012). 이러한 기제는 인지 왜곡, 부정적 생각, 또는 부적응적 도식을 포함한다. Judith Beck(1995)에 의하면, 사례개념화의 인지 모델은 왜곡되거나 역기능적인 생각이 모든 심리적 장애의 공통점이라고 제안했다.

이론 수업에서 가장 오래되고 가장 기본적인 인지적 모델 중 하나가 Ellis의 합리적 정서 치료의 ABC 모델이라는 것을 상기해 보아라(Ellis, 1961). ABC 모델에 의하면, 내담자는 무엇이 일어나고 있는지를 해석하고 생각할 수 있는 자극으로 작용하는 선행사건(A)을 경험한다. 사건에 대한 우리의 이해와 해석은 사건, 우리 자신 그리고 우리 환경에 대한 특정한 신념(B)으로 이어진다. 이러한 신념을 개발하고 나면, 우리는 정서적 결과(C)를 경험한다. 결국 이러한 결과는 내담자가 반응하는 방식에 영향을 준다. 내담자를 위한 상담의 목표는 내담자가 그들의 인지 과정을 이해하여 왜곡이나 오해가 더 현실적인 방식으로 확인되도록 하는 것이다. 궁극적으로, 우리는 우리가 일상 사건과 자극을 경험하는 방식을 형성하는 우리 자신, 타인, 세상에 대한 핵심 신념과 가정을 개발하며, Beck은 이를 자동적 사고라고 지칭했다. 자동적 사고는 특히 부정적일 때 우리의 정서 상태와 행동적 선택에 매우 큰 영향을 미칠 수 있다.

CBT 관점에서 Katy와 작업하는 상담자는 현재 그녀의 상황에 영향을 주는 역기능적 사고와 신념을 확인하려고 시도할 것이다.

상담자: 당신의 상황이 절망적이라고 했죠. 그리고 직업을 영원히 못 찾을 거라고 했고요. 그에 대해서 더 이야기해 줄래요?

Katy: 저는 잘 풀리는 일이 없어요. 이번이라고 뭐 다르겠어요?

상담자: 그런 방식으로 느낀다면 정말 고통스러울 것 같아요. 하지만 몇 분 전에 당신은 대학에 갔을 때, 부모님 사이에서 스트레스를 받았지만, 학업적으로 성공할 수 있었다고 말한 게 기억나요. 아마 그 하나는 당신이 잘 해낸 일이라고 생각하고 매우 대단한 일이라고도 생각하는데요!

사례개념화 과정 동안, 상담자는 Katy를 방해하고 있는 자동적 사고와 신념에 대해 듣는다. 동시에, Katy의 사고에 도전하는 증거들을 탐색하여 Katy가 그녀 자신과 그녀의 미래를 더 현실적으로 볼 수 있게 한다. 이러한 개념화는 내담자와 협력적으로 이루어지며 제공된 정보와 통찰을 기반으로 목표 설정을 하게 한다.

◈ 정신역동적 접근

정신역동적 사례 공식화는 사람들에게 내재된 의미 있는 관계를 찾고 유지하려는 동기를 중심으로 삼는다. 상담자는 관계, 장소 그리고 지각 간의 공통점과 주제를 찾아본다. 내담자의 문제는 어릴 적 경험에서 생겨났고 현재에도 유지되고 있는 사고와 행동의 부적응적 패턴으로 개념화된다. 어릴 적 경험과 인식은 내담자가 그들의 삶을 보는 도식을 형성하며, 내담자가 현재 가지고 있는 대인관계(순환적 인과성이라고 일컬어지는 과정)에 부정적인 영향을 줄 수 있다. 이와 같은 패턴은 상담 관계 안에서도 작동하기 때문에, 상담자는 회기 동안에 나타나는 역동을 사용하여 내담자의 나머지 경험과 자기 지각에 대한 가설을 세울 수 있다. 내담자와 상담자 간의 '지금-여기' 상호작용과 서로에게 가지는 전이와 역전이 반응은 개념화 과정에 영향을 미친다.

정신역동적 관점에서 Katy의 사례를 개념화하는 상담자는 그녀의 어린 시절 경험에 대해 더 알고 싶어 할 것이다. 예를 들어, Katy의 부모님이 그녀가 꽤 어릴 때 이혼을 했고, 그녀는 그 당시에 그녀에게 일어난 충격적인 사건을 이해하지 못했을 수 있다. 청년기인 지금 그녀는 그 트라우마에 대한 의미를 만들려고 노력하고 로맨틱한 관계를 형성하기 위해 분투하고 있을 수 있다. 정신역동적 사례개념화는 그녀의 어릴 적 상실 경험과 버려졌다는 지각이 그녀의 연인과의 관계에 어떠한 영향을 주는지를 집중적으로 볼 것이다.

◈ 인본주의적 접근

인본주의적 상담은 내담자를 무력화시키는 부정적인 추측과 태도로부터 해방하는 것을 강조한다. 인본주의적 접근을 가지고 작업하는 상담자는 인간 본성을 기본적으로 좋은 것이라고 보며 내담자는 건강하고 의미 있는 관계를 만들 수 있는 잠재력을 타고났다고 믿는다. 주요 초점은 과거 경험 또는 인지 왜곡보다는 현재의 과정과 책임 있는 자아실현이다. Carl Rogers(1951)는 공식적 진단은 필요하지 않으며, 때로는 현명하지 않다고 믿었다. 지금까지 살펴본 것처럼, Rogers는 상담 현장에 많은 영향을 주었으며, 많은 상담자가 진단보다는 관계의 중요성을 더 강조했다. 인본주의적 초점에 따른 개념화를 할 때, 상담자는 '무조건 긍정적 관심'과 내담자를 향한 존중을 강조하며 내담자가 스스로 선택하도록 돕는 것을 우선으로 한다. 인본주의 상담자는 내담자가 자아실현과 긍정적인 성장을 향해 나아가도록 힘을 실어 주기 위해 노력한다.

예를 들어, 이 관점에서 Katy와 작업하는 상담자는 이야기를 들을 때 판단하지 않으며, 내담자의 가치를 전달한다.

> 상담자: (따뜻한 목소리로) 당신은 많은 일을 겪었네요, Katy. 하지만 지금 당신은 대학 학위를 얻고, 여기서부터 어디로 가야 할지를 알아보기 시작할 용기가 있네요.

◆ **실존주의 접근**

실존주의 공식화는 내담자가 확실하게 생각하고, 행동으로 철학적인 의미를 찾는 것에 중점을 둔다. 이 관점에 의하면, 내담자가 마주하는 몇가지 주요 어려움은 절망, 외로움 그리고 무의미함과 같은 실존적 개념을 중심에 둔다. 의미 있고 성취감 있는 인생을 만들 만큼 충분히 좋은 선택과 판단을 하지 않는 것에서부터 문제들이 생겨난다. 이러한 불안과 고통에 직면하여, 내담자는 상담자와 함께 창의성, 사랑, 진실성 그리고 의식적인 선택을 통한 의미 있는 인생을 목표로 작업을 한다. 그 후 상담의 초점은 내담자가 인생에서 의미를 만들어 내고 그들의 가치와 신념대로 선택을 하도록 돕는 것이다. 또한, 이러한 선택을 실행하고 의미 있는 인생을 사는 내담자의 능력을 제한하는 환경적인 요소에 대한 탐색이 이루어진다.

Katy는 상담에 올 때 실존적 위기를 겪고 있는 것 같다. 그녀는 인생의 전환점에 있지만 대학 교과과정과 대학 기숙사라는 구조에서 더 이상 앞으로 나아가고 있지 않다. 미래에 대한 틀이나 뚜렷한 계획이 없는 Katy는 그녀의 직업 목표와 관계 모두에서 의미를 찾느라 떠돌고 있는 것 같다. 실존주의 관점으로 상담하는 상담자는 의미에 대한 위기에 초점을 맞추고 Katy가 미래를 위한 현명한 선택을 하도록 그녀의 가치와 신념을 확실히 하는 것을 도울 것이다.

◈ 가족 체계

당신이 예상할 수 있듯이, 가족 체계적 관점에서 작업 하는 상담자는 내담자의 인생에서 가족과 다른 체계들에 초점을 맞출 것이다. 예를 들어, 상담자는 내담자의 가족 역동과 대인관계에 대한 더 깊은 이해를 위해 가계도를 사용할 수 있다. 가계도는 3세대 또는 4세대에 걸친 가족 관계를 보여 주는 구조적 도표로, 역할, 규범, 대화 패턴 그리고 내담자에게 영향을 준 중요한 인생 사건들을 설명한다. 일부 상담자는 가계도를 사용하여 내담자의 인생과 이력에 대한 자세한 정보를 모으고 도표화하는 반면, 또 다른 상담자는 몇 가지 중요한 정보 유형을 선별하여 도표화한다. 패턴과 주제를 시각화하는 것은 내담자가 강점과 어려움을 둘 다 감지할 수 있게 하며, 그들의 가족 이력과 그것이 현재에 미치는 영향에 대해 이야기하고 이해하도록 돕는다. 가계도는 내담자 평가의 생물생태학적 모델(예: T/C 모델)에 적합한데, 이는 내담자와 상담자 모두 시간에 따른 다양한 영역의 영향력을 고려하도록 돕기 때문이다(Carlfred & Broderick, 1993; Kaslow, Broth, Smith, & Collins, 2012; Lewis, Beavers, Gossett, & Phillips, 1976; Nichols & Schwartz, 2004).

이 관점에서 작업하는 상담자는 Katy의 가족 배경을 더 자세히 탐색할 것이다. 그녀 부모님의 관계와 이혼, 어머니와 새 아버지의 교제와 결혼, 조부모와 증조부모의 역사 그리고 배다른 남동생과의 관계는 모두 사례개념화를 위한 중요한 정보를 제공한다. 가족 중 Katy와 가장 가까운 사람에 대한 이해는 지지 자원을 확인하는 데 도움이 되며, 갈등 패턴은 분노와 갈등이 가족 내에서 어떻게 다루어지는지에 대한 가설을 개발하는 데에 도움이 된다. 알코올 또는 약물사용, 이혼 그리고 직업 가치관과 같은 세대 간 패턴 및 대처 방식 또한 확인될 수 있으며, Katy와 작업하는 데 유용할 수 있다.

◈ 포스트모던 접근

포스트모던 상담 이론은 제2장에서 다뤘던 다문화 중심뿐만 아니라 이야기, 여성주의, 그리고 사회정의적 접근을 포함한다. 이야기 치료는 변화 가능하고 유동적인 자기에 대한 시각에 기반을 두고 변화에 대한 가능성을 열어 놓는 포스트모던 접근이다(Rogers, 1961). 즉, Carl Rogers의 말처럼, 우리는 모두 '~되어 가는(becoming)' 과정에 놓여 있는 것이다. Michael White와 David Epston(1990)에 의해서 개발된 이야기 패러다임 내에서 작업하는 상담자는 내담자를 지배하는(문제 적인) 인생 이야기가 그들의 주요 이야기가 아니었을 시절에 대해 초점을 맞추도록 돕는다(White, 2007). 변화에 대한 이야기 이론은 우리 모두가 경험을 구성하고 경 험에 의미를 주는 개인적인 이야기를 만든다고 가정한다. 우리 모두가 인생 이야기 의 서술자이며, 우리가 다른 사람과 관계하고 정체성을 형성하는 방식에 대한 대본 을 쓴다(Stewart & Neimeyer, 2001). 내담자의 이야기가 권력과 성에 관련된 사회문 화적 신념에 의해 제한되거나 과거의 트라우마 경험의 영향을 받는다면, 상담자는 내담자가 자신의 인생 이야기를 수정하고 다시 쓰도록 돕는다(Meekums, 2005).

해결 중심 이론에서 예외를 확인하는 것처럼, 내담자가 대안적 이야기를 알아내 고 가치 있게 생각하도록 돕는 것은 내담자가 그들 자신을 더 긍정적인 방향으로 볼 수 있도록 돕는다. 치료적 동맹은 White가 이야기한 '대화적 동반 관계'를 통해 형성되며 내담자와 상담자는 함께 내담자의 대안적 인생 이야기의 의미를 탐색하 고 발견한다. 이야기 치료를 사용하는 상담자는 전문가의 위치에 서 있기보다는 내 담자와 함께 대안적 이야기를 발견하려는 협력자이다. 대안적 인생 이야기는 더 희 망적이고 덜 문제적이어서, 내담자가 그들 자신과 그들의 미래를 더 긍정적으로 보 도록 돕는다(White, 2007).

상담자와의 첫 회기에서, Katy는 그녀의 인생 이야기를 상실과 어려움의 반복이 라고 말하며, 그녀가 이룬 성공적인 경우를 무시하고 오로지 실패에 대한 이야기만 포함한다. 이야기 치료 접근에서 상담자는 그녀의 인생 이야기의 해석에 대한 질문 을 시작하여 그녀가 더 긍정적인 사건들을 탐색하며 결국 더 현실적이고, 더 희망 적인 이야기를 다시 쓰도록 돕는다.

여성주의, 다문화 그리고 사회정의적 접근 또한 포스트모던 상담 이론에 속한다. 전통적인 상담 이론은 유럽 중심의 백인 남성의 관점과 가치에 기반을 두었기 때문 에 제한점이 있다는 인식이 늘어나고 있으며, 일부 연구자는 이러한 전통적 이론이 소수의 내담자에게는 부적절할 수 있다고 주장한다(Ivey, D'Andrea, Ivey, & Simek-Morgan, 2007).

다문화, 사회정의 그리고 여성주의 접근은 사회 불평등, 억압, 차별, 소외, 그리 고 경제적 불평등을 줄이는 것이 내담자의 정신건강에 매우 중요하다고 강조한다 (Crethar, Torres Rivera, & Nash, 2008). 상담자교육 프로그램은 모든 내담자의 인생에 영향을 주는 특권과 사회적 불평등의 요소를 다루기 시작했으며 맥락이 내담자의 정신건강에 끼치는 영향에 대한 인식이 증가하고 있다. 이러한 관점에서 작업하는 상담자는 자신의 개인 내담자의 긍정적인 변화를 조성하면서 동시에 내담자의 사회정치적인 맥락의 긍정적 변화도 옹호한다(Arredondo & Perez, 2003; Arredondo & Toporek, 2004).

1960년대와 1970년대 여성이 주목받은 시기에 성장한 여성주의 상담은 성의 상호연결성에 초점을 맞추는데, 이런 생각은 전통적인 이론들에서 종종 경시되었고 심지어 병리적인 것으로 간주되기도 했다. 또한, 여성주의 이론은 여성의 전통적인 사회적 역할에 의문을 제기하며 여성이 진정한 자아를 재발견하도록 돕는 것이 목표이다(Wastell, 1996). 역량 강화는 여성주의 상담의 주요 목표이다. 여성주의 상담자는 내담자가 자신에게 가장 좋은 것이 무엇인지 알고 있고 개인적 문제가 사회정치적 및 문화적 맥락에 속해 있으며, 종종 성에 기반한 차별과 폭력의 영향을 받는다고 본다. 여성주의 상담자는 내담자에게 개인의 변화가 사회적 변화를 통해 일어난다는 것을 강조하며 사회활동주의에 대한 교육을 한다(Remer, 2008). 이와 유사하게, 사회정의와 다문화적 상담자는 정신 내적 요소에만 집중하기보다는 사회적, 정치적, 문화적 변화도 촉진한다. 개인적 증상은 더 큰 사회문화적 힘에 의한 결과라고 본다. 이러한 접근들에서 내담자와 상담자 사이의 관계는 평등하고, 힘의 문제에 대해 자유롭게 의논한다. 상담자는 내담자의 인생에서 사회정치적 요소의 영향에 대한 인식을 확장하기 위해 내담자와 협력적으로 일한다.

Katy와 작업하는 여성주의, 다문화, 또는 사회정의적 접근의 상담자는 Katy가 그녀의 가족과 더 넓은 문화로부터 흡수한 성역할 메시지에 대해 탐색하기를 원할 것이다. 혼자 있는 것에 대한 그녀의 두려움은 어디서 왔으며, 이러한 두려움은 만남과 이별을 반복하는 남자친구와의 관계와 홀로 남겨질 것에 대한 두려움에 어떠한 영향을 주는가? Katy는 한국계 미국인으로서 어떠한 경험을 했는가? Katy 또는 그녀의 가족이 차별, 편견, 또는 고정관념을 경험한 사례가 있는가? Katy 자신과 그녀의 세상에 대한 관점에 영향을 주는 다양한 사회문화적 요소를 이해하는 것은 그녀가 앞으로 나아가고 그녀가 되고 싶어하는 것과 어디로 가고 싶은지를 이해하는 데 도움이 될 것이다.

◆ 생물심리사회적 접근

생물심리사회적 접근은 우리 모두에게 영향을 주는 다양한 맥락적 영향요인을 고려할 때 유용할 수 있다. Bronfenbrenner의 맥락적 발달 모델은 개인, 가까운(직접적인, 면대면 상호작용) 환경 그리고 먼(더 떨어졌지만 그럼에도 불구하고 영향이 있는) 환경, 그러한 환경 내에서 일어나는 상호작용을 포함하여 발달에 영향을 주는 상호적 관계를 설명한다. 가장 가까운 수준을 Bronfenbrenner는 '미시 체계'라고 부르며, 가족, 친구, 학교, 직장에서의 상호작용이 이 영역에 속한다. 이러한 미시 체계 분야 간의 상호적 관계는 개인에게 영향을 미치는 '중간 체계'를 구성한다. 마지막으로, 더 먼 시스템은 '외체계'로 구성되어 내담자에게 덜 직접적으로 영향을 준다. 현대 사회에서 기술이 문화적 규범과 메시지를 더 즉각적이고 지속적으로 전달하면서, '거시 체제'의 영향은 그 어느 때보다 크다. Bronfenbrenner는 이러한 영향이 개인의 '연대 체제'의 일부임을 인정했는데, '연대 체제'는 우리가 사는 세상의 변화와 개인의 발달적 전환에 따른 내담자 맥락의 진화를 의미한다.

생물심리사회적 관점은 특히 내담자를 다수의 시스템적 영향 내에 속해 있다고 볼 때 도움이 되며, 상담자가 문화적 및 사회적 요소를 고려하는 종합적인 평가를 하도록 격려한다. 이 책에서 우리가 소개하는 사례개념화의 T/C 모델은 생물심리사회적 접근을 포함한다. 이 책의 다음 부분에서 우리는 T/C 모델을 다양한 내담자에게 적용할 것이며, 당신 스스로 사례개념화 과정을 시작하는 발판을 마련할 것이다.

◎ 변화에 대한 준비

앞서 언급한 바와 같이 내담자의 동기부여 수준과 변화에 대한 준비는 사례개념화 과정의 중요한 부분이다. 변화 과정에 대해 가장 잘 알려지고 연구된 이론은 Prochaska의 변화의 범이론 모형이다(Prochaska & DiClemente, 1986; Prochaska, DiClemente, & Norcross, 1992). 이 이론은 변화의 과정, 결정적 균형, 자기효능감 그리고 유혹으로 이루어진 네 가지 핵심 구조에 중점을 둔다. 이 모델은 변화에 대한 준비 과정을 6가지의 단계(사전 고려, 고려, 준비, 행동, 유지, 종결)로 묘사하며 개입은 내담자의 현재 단계에 맞춰서 하도록 권유한다.

이러한 단계를 통한 내담자의 발전은 Prochaska가 말했던 변화의 과정에 의해 촉진된다. 이 **변화의 과정**은 내담자가 그들의 문제에서 통찰을 얻거나 그들의 행동을 더 긍정적인 결과로 수정할 수 있도록 동기를 찾게 해 주는 명시적 행동이나 눈에 띄지 않는 인지적 변화가 될 수 있다. **의사결정의 균형**은 내담자가 특정 행동적 변화에 대한 장점과 단점을 저울질하는 것을 말한다. **자기효능감**은 스스로 변화를 지속할 수 있으며 원하는 결과를 이룰 것이라는 내담자의 확신이다. **유혹**은 내담자가 이전의 행동으로 돌아가고 싶은 충동이며, 자기효능감과는 대응된다.

사례개념화를 개발하면서 내담자의 현재 문제에 대한 정보를 모으는 것뿐만 아니라, 변화를 향한 내담자의 동기에 대한 개념을 갖는 것도 중요하다. 또한, 내담자가 이미 시도했던 것 중 어떤 것이 효과적이었으며 어떤 것이 효과적이지 않았는지 대한 이해를 하는 것 또한 가치가 있다. 당신은 내담자가 변화하는 어려운 과정을 돕기 위해서 내담자가 사용할 수 있는 내적 및 외적 자원 또한 알아야 한다. 우리는 내담자에 대해 확실히 이해하기 위해 결점뿐 아니라 자원과 긍정적 측면에 대한 정보도 수집해야 한다. 이것은 상담자가 개념화를 개발하는 데 도움이 될 뿐만 아니라, 목표를 선택하고 가장 효과적인 개입 기법을 선택하는 데 결정적이다.

〈표 3-1〉과 〈표 3-2〉를 살펴보면 변화의 단계에 대해 더 알아볼 수 있다.

표 3-1 변화의 범이론적 모델 단계

---

1. **사전 고려**: 내담자는 가까운 시일 내에 행동을 변화하려고 하지 않으며, 사실 변화에 대한 필요성에 대해 인식하지 못할 수도 있고, 그들의 문제와 그것의 영향에 대해 완전히 인식하고 있을 수도 있다.
2. **고려**: 내담자는 가까운 시일 내에 행동을 변화하려고 할 수 있으며, 변화에 대한 장점을 더 잘 인식하고 있을 수 있다. 하지만 변화에 대한 양가감정, 변화의 대가, 또는 변화할 수 있는 능력으로 인해 행동으로 옮기는 것을 미룰 수 있다.
3. **준비**: 내담자는 변화를 향한 동기가 생기고, 변화에 대해 단점보다 장점이 많다고 느끼며 선택지들을 고려한다.
4. **행동**: 내담자는 목표를 향해 가며 적극적으로 그들의 행동을 변화시킨다.
5. **유지**: 내담자는 행동적 변화를 이루고 그 변화를 유지하며, 그러한 변화들을 정상적인 일상 기능과 통합하려고 노력한다.

표 3-2	변화의 범이론적 모델 과정

- 변화의 과정은 사람들이 변화의 단계를 거쳐 나아가기 위해 사용하는 눈에 보이지 않는 활동과 눈에 보이는 활동을 말한다.
- Prochaska와 동료들(1992)이 설명했듯이, 10개의 과정이 있다.
  1. 의식 높이기(인식 향상)
  2. 극적 완화(감정적 각성)
  3. 환경적 재평가(사회적 재검토)
  4. 사회적 해방(환경적 기회)
  5. 자기 재평가(자기 재검토)
  6. 자극 조절(재설계)
  7. 조력 관계(지지)
  8. 반대 조건부여(대체)
  9. 강화 관리(보상)
  10. 자기 해방(전념)
- 처음 다섯 가지는 경험적 과정으로 분류되며 변화의 초기 단계에서 주로 사용된다.
- 마지막 다섯 가지는 행동적 과정으로 명명되며 주로 후반 단계 변화에서 사용된다.

T/C 모델: 사례개념화에 대한 통합적 접근

지금까지 우리의 논의에서 보여 준 것처럼, 사례개념화의 개발은 다면적 과정이다. 상담자는 관계를 형성하고, 주의 깊게 듣고, 관련 정보를 수집해야한다. 또한, 피드백과 검증 및 격려를 반영하고 제공해야 하며, 변화에 대한 준비를 평가하고, 가설 검증과 문제 해결에 관여할 필요가 있다. 이 과정에서 상담자는 전문가가 되어야 할 뿐만 아니라, 현재 문제에 대한 작업 가설을 세우고 주제별로 사고하며 내담자가 변화를 위해 적절한 목표를 세우도록 도와야 한다. 개념화 기술은 내담자의 세상과 경험을 보여 주는 모델을 구성할 수 있게 한다. 이러한 이해를 통해서만 상담자는 내담자가 목표를 세우는 것을 효과적으로 도울 수 있고 적절한 개입 전략을 선택할 수 있다.

여기에서 소개된 T/C 모델은 내담자의 정보를 모으고 내담자의 문제와 장점을 탐색함에 있어 지침으로 작용한다. 이 모델은 상담에서 흔히 쓰이는 다양한 이론적 접근으로부터 끌어낸 것으로, 우리가 위에서 살펴본 이론들을 포함하고 있다. 이 모델을 만들어 낼 때, 우리는 특히 Padesky의 다섯 측면 모델(Greenburg & Pedesky, 1995)과 Bronfenbrenner의 생물생태학적 모델(Brofenbrenner, 1979), Prochaska의 변화의 단계(Prochaska, DiClemente, & Norcross, 1992)의 측면들을 통합한다. 그러나 T/C 모델은 이러한 기존 이론들을 확장하면서, 전체론적 접근법을 받아들이고 성격의 내적 구조를 포함할 뿐 아니라 과거와 현재 모두에 미치는 외부적 영향력 또한 고려한다. 이 모델은 다양한 이론적 접근에서 가져왔지만 그 자체로는 비이론적이다. 이것은 다수의 이론적 관점에서 작업하는 상담자가 모델을 효과적으로 사용할 수 있게 한다. 또한, T/C 모델은 실행하기에 실용적이며, 사례개념화 외에도 목표 설정과 개입을 촉진하도록 설계되어 있다. 모델의 발달적 접근은 내담자 경험의 복잡성을 반영하면서 동시에 상담자가 변화를 위한 목표에 초점을 맞추게 한다. T/C 모델을 눈에 띄게 하는 추가적 특징은 상황적으로(내담자의 인생에서 특정 사건을 묘사), 그리고 전반적으로(전체적인 관점에서 내담자의 경험 전체를 반영) 둘 다 적용이 가능하다는 것이다. 모델에서 묘사된 다양한 구조는 상호관계적이며 상호의존적이고, 배타적인 범주가 되려고 하지도 않는다.

T/C 모델은 그 자체로 융통성이 있으면서도 포괄적이라는 점이 중요하다. 모델은 내담자 문제에 대한 상담자의 정보 수집을 도울 뿐만 아니라, 모델의 폭은 첫 회기의 초반부터 상담자가 내담자의 강점, 자원 그리고 과거의 성공에 초점을 맞추도록 장려한다. 이것은 내담자와 상담자 모두에게 미래에 집중하고 희망을 포함하는 사고방식을 만들어 낸다. 그 결과, 모델은 변화에 이르는 길을 제공한다. 그다음 개입은 기존의 연구, 수집된 정보 그리고 확인된 방향에 기반하여 선택된다. 다음 장에서, 우리는 내담자를 최선을 다해 돕기 위해 방향을 확인하고, 개입을 선택하고, 이들을 사용하면서 다양한 사례 연구에 모델을 적용할 것이다.

모델의 개요

모든 상담자는 사례개념화의 중요성을 인정하지만 이 과정의 연결된 틀을 제공하는 사례개념화 모델은 거의 없다. T/C 모델은 내담자에 대한 상담자의 이해를 촉진하기 위해 연결된 틀을 시각적으로 제공한다. 모델의 내부에서는 내담자의 태도,

가치 그리고 신념 체계를 포함한 내적 세계를 강조하고, 내담자의 외부 세계로는 환경, 관계 그리고 문화를 포함하며, 내부와 외부세계 사이의 중요한 상호작용 과정(행동, 증상, 변화에 대한 준비, 대처 전략, 그리고 삶의 역할)을 설명한다. 게다가, 모델은 연대기 개념을 사용하며 이것은 과거 경험과 미래 목표 그리고 현시점에서 현재의 상담 경험에 초점을 맞추게 한다.

다음 섹션에서 우리는 T/C 모델의 각 요소를 알아본다. 마지막으로, 우리는 Katy의 사례를 다시 보며 T/C 모델을 사용하여 Katy의 강점과 도전에 대한 개념화를 개발한다.

⚙ 삼각형

[그림 3-1]에서, 삼각형은 인간 경험과 표현의 세 가지 주요 요소인 행동, 인지 그리고 감정(정서)을 보여 준다. 즉, 삼각형은 내담자의 심리적 및 생리적 내면 세계이다. 이러한 세 가지 요소를 통해 내담자의 성격을 표현한다. 내담자의 성격은 내

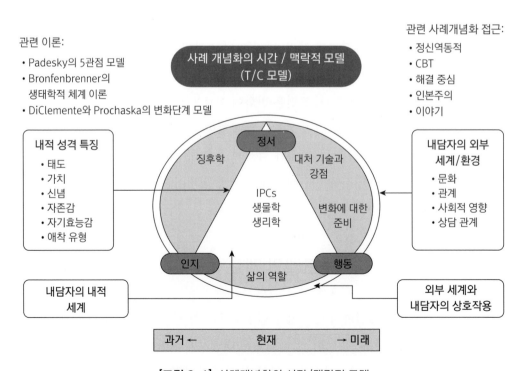

[그림 3-1] 사례개념화의 시간/맥락적 모델

담자의 가치와 신념, 자기 개념 그리고 세계관을 형성하는 내적 성격 구조(IPCs)를 상징한다. 이러한 내적 성격 구조는 내담자의 애착 유형과 자기효능감, 자존감을 포함한다. 결과적으로 내적 성격 구조는 내담자가 그들의 환경을 인식하는 방법, 대처 능력, 내담자의 변화에 대한 준비성에 영향을 준다.

인지는 내담자가 환경으로부터의 정보를 어떻게 지각하고 해석하는지를 포함한다. 해석은 자기 자신, 타인 그리고 세상에 대한 신념(합리적인 것과 비합리적인 것 모두)뿐만 아니라 내담자의 대인관계 도식과 내적 작업 모델의 필터를 거쳐서 발생한다. 이 신념은 애착과 관계 유형, 성역할에서부터 영성에 대한 문화적 신념에 이르는 내담자가 가진 규범과 가치의 영향을 받는다(Sperry, 2001). 내담자의 내적 세계는 환경과의 상호작용을 통해 발달하며, 과거 경험에 의해 영향을 받는다(때때로 그릇된 신념과 오해를 생성한다).

행동은 내담자가 '하는 것', 즉 먹는 것, 자는 것, 활동 수준, 철수 그리고 회기 동안 지금-여기에서의 상담자에 대한 정보를 포함한다. 내담자가 안절부절하는가? 땀을 흘리는가? 눈 맞춤을 피하는가? 이때 내담자의 행동과 모델의 모든 구성 요소가 상호작용하여 구조 간 상호적 관계를 반영한다는 것을 유념해야 한다. 내담자의 선택, 신념 그리고 느낌은 모두 행동에 영향을 준다. 상담자는 표면적인 행동만을 해석할 것이 아니라 왜 내담자가 그런 행동을 하는지에 대해 이해하는 것이 중요하다.

정서는 내담자의 감정의 인식과 표현뿐만 아니라 정서 조절 능력을 포함한다. 다시 말해, 정서는 외부와 단절된 상태에서 존재하지 않고, 감정은 생각과 경험에 연결되어 있다. 내담자마다 감정을 조절하는 능력이 다르며 이는 양육과 애착 이력의 영향을 받는다. 상담자는 내담자를 이해하고 공감하기 위해서 구조 간 상호작용을 염두에 둘 때 가장 효과적일 수 있다.

내담자의 생물학적 경험 또한 내적 구조이다. 생리학과 생물학은 내담자의 개인 차와 강점, 신체 건강 및 체질적 취약성을 고려한다. 구조는 유전적 성향과 기질, 스트레스에 대한 반응, 신경 전달 물질 관련 기능에서의 생화학적 차이, 그리고 다른 뇌 화학 요소들에 대한 이해를 포함한다. 이런 중요한 요인들은 가끔 사례개념화의 상담 모델에서 무시되곤 한다.

이러한 유전적 및 생리학적 요인은 삼각형의 꼭짓점인 내담자의 생각, 감정, 행동에 영향을 준다. 예를 들어, 성격, 생물학 그리고 경험(환경)의 상호작용으로부터 발달한 내담자의 신념은 직접적으로 정서와 연결되는 '감정적 사고(hot thoughts)'를 만들어 낸다. 예를 들어, 자신의 상황이 절망적이라는 Katy의 신념은 그녀의 불안과 우울에 관련되어 있다. 인지와 행동 사이의 연관성 또한 매우 중요하다. 예를 들어, 그녀가 성공할 수 있다는 신념(자기효능감) 없이는 자신의 행동을 바꿀 수 없을 것이다.

⚙ 내부 원형

내부 원형은 내담자의 내적 세계와 외적 세계간의 경계선을 뜻하며, 내담자가 환경과 상호작용하는 공간으로, 환경이 내담자로부터 영향받는 공간이다. 징후학은 내적 원형에서 처음이자 아마도 가장 명백한 구조일 것이다. 신체화 증상과 심리적 증상은 진단과 목표 설정으로 나아가기 이전에 평가되고 이해돼야 한다. 다시 말해, 증상과 내적 및 외적 구조 사이의 연관성을 이해하는 것이 중요하다. 예를 들어, 신체화 증상은 감정 반응과 연관되어 있을 수 있는데, Katy의 사례에서 그녀의 불안과 우울은 수면과 식사의 어려움으로 행동적으로 표현된다. Katy의 증상은 그녀의 내적 갈등과 불화의 반응으로, 결국 그녀의 현재 상황과 그러한 상황에 대해 생각하는 방식에 의해 영향을 받는다.

또한, 내적 원형에는 내담자의 대처 전략과 강점이 포함되어 있다. 우리가 보았듯이, 내담자의 강점에 대한 평가는 내담자의 힘든 점을 완전하게 이해하는 데 중요하다. 내담자가 변화의 과정을 향해 가는 데 적용될 수 있도록 내담자의 인식 외부에 있었던 내담자의 강점과 지지를 알아내는 것은 중요하다. 뿐만 아니라, 내담자의 변화에 대한 현재 준비 상태는 상담자의 개념화에 영향을 끼치며 어떻게 목표를 설정하고 계획하는지에 영향을 준다. 대처 전략, 내담자의 강점, 변화를 향한 동기는 증상 또는 건강한 적응의 발달에 영향을 줄 수 있기 때문에 내적 원형에 위치해 있다.

내적 원형의 최종적 구조는 내담자의 삶의 역할에 대한 이해이다. 우리는 모두 인생에서 엄마, 딸, 언니, 직장 동료, 책임자, 친구와 같은 다수의 역할을 하며, 각각의 역할은 우리가 무엇을 하고 우리 자신을 어떻게 보는지에 영향을 미친다. 삶의 역할은 스트레스를 받는 환경 사건에 따른 내담자의 반응 방식에 영향을 미치기 때문에 내적 원형에 따라 그려진다. 따라서 삶의 역할은 규범, 가치, 태도, 내담자가 가진 신념 그리고 개인의 애착 유형의 영향을 받으며, T/C 모델과 내담자의 현실 경험 간의 상호연관성을 다시 한번 강조한다. 내담자의 여러 상충되는 역할들의 절충은 정체성 개발에 영향을 미치며, 상담 중에 드러나는 내담자의 자존감과 스트레스 수준의 모든 요소에 영향을 미칠 수 있다.

⚙ 외부 원형

외부 원형은 내담자에게 영향을 주는(그리고 결국 내담자로부터 영향받는) 다수의 환경적 및 관계적 영향 요인을 보여 준다. 이것은 정체성과 경험에 영향을 주는 내담자의 대인관계(가족, 친구 그리고 연인), 문화, 사회경제적 지위, 지역사회, 사회 구조 그리고 사회적 규범을 포함한다. 내담자가 앞으로 나아가는 것에 영향을 주는 중요한 관계는 상담자-내담자 관계이다. 계속 봐 왔듯이, 치료적 관계는 내담자의 결과와 밀접한 관련이 있다.

다시 말해, 구조 간의 연관성은 상호적이라는 것을 명심해야 한다. 예를 들어, 환경은 내담자의 IPCs가 구조화되는 방식에 중요한 역할을 하며, 다양한 환경 조건은 내담자의 발달 단계에 따라 다른 영향을 미친다. 스트레스를 촉발하는 환경에서 사는 것이 내담자가 상담을 찾은 원인일 수 있다. 증상은 개인의 위기 요소와 취약성이 그들의 강점과 대처 전략을 뛰어 넘었을 때 발생하며, 도표에서 사람과 환경 사이의 교차 부분으로 묘사된다.

상담 관계는 내담자의 환경에서 특별하고 영향력이 있는 요소이다. 내담자와의 상호작용을 통해, 내담자가 과거의 환경적 영향이 어떻게 지속적으로 현재와 미래에 영향을 미치는지를 탐색하도록 도울 수 있다. 치료적 관계는 지금-여기에서 발현되어 모델의 모든 요소의 영향에 관한 해석과 종합적인 평가를 가능하게 한다. 관계는 그 자체로 통찰력과 이해를 가지도록 하는 영향력 있는 방법이다.

⚙ 내담자의 연대기

모델의 밑 부분은 과거, 현재 그리고 미래를 포함한 시간을 나타낸다. 연대기는 맥락과 배경을 보여 주며 상담자와 내담자에게 과거의 일이 현재에서 다르게 이해될 수 있다는 것을 알려준다. T/C 모델은 본질적으로 맥락적이며, 상담자의 이론적 지향과 내담자의 요구에 따라 과거, 현재, 또는 미래에 초점을 맞출 수 있다.

내담자의 과거 환경적 요소는 내담자가 현재 지니고 있는 인지와 자기 개념을 형성했을 수 있다. 따라서 특정 인지가 왜곡되었는지 또는 행동이 부적응적인지에 대한 통찰을 얻기 위해서 내담자의 초기 가족 경험을 탐색하는 것이 중요하다. 우리 모두는 어렸을 적 사회화 과정의 일부로 몇 가지 비합리적 신념을 학습한다(Corey, 2009). 전체적인 연대기는 상담자가 내담자의 시간에 걸친 정체성을 탐색하고 미래에 초점을 맞춰 현재 상황을 유연하게 평가하도록 도와준다. 과거에 대한 내담자의 이해는 적은 문제와 더 건강하고 긍정적인 정체성을 가진 자기 자신의 미래를 상상할 때 사용될 수 있다. 미래에 대한 상상은 미래 목표와 목표로 가기 위한 동기부여의 원천이다. 내담자의 과거와 현재의 경험은 변화에 대한 준비 상태에 영향을 준다. 마지막으로, 상담자는 내담자를 방해하는 것이 무엇인지 명확히 하고 바로잡기 위해 지금-여기 초점을 사용하여 현재의 내담자 행동, 사고, 감정을 고려할 필요가 있다.

◆ T/C 모델의 적용

T/C 모델의 다양한 측면은 이론적 접근에 따라 확장되고 강조된다. 철저한 사례개념화가 개발되면, 내담자의 문제와 강점에 대한 더 깊은 이해가 이루어지며, 이것은 신뢰와 라포를 형성하여 효과적인 상담 관계를 형성해 주면서 목표 설정과 치료 계획으로 이어진다.

사례개념화의 T/C 모델을 Katy의 사례에 적용해 보자. 모델에서 보여 주는 다양한 분야에 대해서 무엇을 알고 있으며, 우리가 계속 알아내야 할 것은 무엇인가? T/C 모델을 틀로 사용함으로써 몰랐던 정보를 채울 수 있으며, 우리가 알고 있는 것의 빈틈을 명확히 짚을 수 있다. 다음 장에서 우리는 모델을 사례에 적용해 볼 것이다. 사례들이 필요에 따라 간단하지만 실제 실무에서는 모델을 사용해 자세한 사례개념화를 만들 수 있는 더 많은 정보를 갖게 될 것이다.

Katy의 사례

◆ T/C 사례개념화 모델 개요의 예

(*상담자가 더 많은 정보가 필요하다고 여기는 분야)

① 주 호소 문제: 가족 및 관계 갈등, 높은 우울과 불안

② 내적 성격 구조와 행동

- **자기효능감**: 낮음. 어려움 속에서도 이룬 학업적 성취에 관한 과거 이력을 묵살함. 과거 대학과 여학생 동아리에서의 사회적 성취를 묵살함. 학업 이력의 세부 사항.*
- **자존감**: 낮음.
- **태도/가치/신념**: 성공과 인생에서 무엇이 중요한지에 관한 신념*, 성역할과 신념*, 종교적·영적 신념*, 성적 태도와 관계적 가치*, 성적 지향.
- **애착 유형**: 어머니와의 애착이 불안정하고 불안하고 양가적일 가능성, 아버지와의 분리.
- **생물학/생리학/유전적 특징**: 23살 젊은 성인, 여자, 성적으로 왕성함, 병력*, 불안과 알코올 사용의 부모 이력에 대한 세부 사항(어머니).*
- **정서**: 우울, 불안.
- **인지**: 혼란, 방황, '생각을 끊을 수 없음'.
- **감정적 사고(Hot thoughts)**: 절망적이다." "나는 실패자이다." "절대 취업하지 못할 것이다." "나의 부모님은 내가 실패작이라고 생각한다."
- **행동**: 몸무게 감소, 구직 활동, 불안정한 눈 맞춤, 손을 비틈, 안절부절못함, 알코올 사용, 위험 행동, 위험 행동과 알코올 사용에 대한 세부 사항*.
- **징후학**: 불면증, 식욕 부진, 공황발작.
- **대처 기술과 강점**: 똑똑함, 친구가 있음, 어머니와 새 아버지의 경제적 지지, 새 아버지의 정서적 지지.

- **변화에 대한 준비:** 고려(변화에 대한 필요성은 인식하지만 양가감정이 있음).
- **삶의 역할:** 학생에서 취업 지망생으로 역할을 전환하는 데 어려움이 있음, 딸, 친구, 여자친구.

③ 환경

- **관계:** 최근 남자친구와의 이별, 어머니와의 갈등, 과거 관계 이력*, 아버지와의 관계가 잘 이해되지 않음*, 새 아버지와의 관계에서 나타날 수 있는 강점*, 친구와의 관계*, 형제자매와의 관계*.
- **문화:** 한국인 가족 배경, 특정 문화적 정보*, 문화 적응 상태*.
- **가족 규범과 가치:** 직업에 대한 부모의 기대, 학업적 성공에 대한 부모의 기대, 성역할과 신념*, 가족의 가치*, 종교적 또는 영적 신념*.
- **사회적 영향:** 사회경제적 기대*, 알코올 사용에 대한 사회적 규범*.

③ 연대기

- **영향:** 부모님의 이민*, 부모님의 이혼*, 연인과의 이별*, 어머니와 새 아버지의 갈등*, 부모님의 재혼*, 어머니의 불안, 어머니의 알코올 사용, 어머니의 불륜 가능성*, 대학에서의 학업적·사회적 성공, 여학생 동아리 회원.
- **현재 영향:** 남자친구와의 갈등, 졸업, 부모님 집에서 살게 됨, 어머니와의 갈등, 아버지로부터 분리, 그리고 새 아버지와 덜 가까워진 것.
- **미래 목표:** 취업 면접*, 직업 목표 검토되지 않음*, 관계적 목표 검토되지 않음*.

> - **질문:** 이 사례개념화를 완성하기 위해 어떤 것을 또 질문하고 싶은가?

치료 계획

사례개념화 과정에서 상담자는 내담자 문제의 원인, 내담자에게 영향을 미치는 더 큰 체계, 증상이 어떻게 유지되는지에 관해 이해하고 가설을 개발하기 시작한다. 우선 무엇이 문제를 일으켰는지 알아낸다면 그것에 대해 어떻게 해야 되는지를 알아내는 것은 더 간단하다. 따라서 치료 계획 과정은 사례개념화에 기반을 둔다.

이 과정에서 수정된 정보와 그 정보의 분석은 특정한 개입으로 통합된다. 치료 계획은 수집된 정보, 확인된 패턴 그리고 이해를 위해 적용된 이론적 접근에 기반하여 내담자가 어떻게 변화를 만들어 내고 목표를 이루어 내는지를 보여 준다(Seligman, 1993). 치료 계획은 개념화로부터 오기 때문에 선택된 개입과 기술은 사례개념화에서 도출된 추론 및 가정과 양립 가능해야 한다.

대부분의 상담 접근의 치료 계획은 주 호소 문제의 행동적 정의, 달성 가능한 특정 목표 확인, 개입 전략 선택, 경과를 검토하기 위한 결과 측정을 포함한다. 모든 치료 계획 단계에서 내담자의 변화에 대한 준비, 사용 가능한 자원과 지지, 역기능의 수준 그리고 가족적 맥락과 문화가 고려되어야 한다. 이러한 요소를 고려하여 목표가 설정되면 내담자의 성공 기회를 극대화하며 희망과 자기효능감을 다시 채울 수 있도록 한다. 상담자의 공통 요인과 뛰어난 실무 능력, 증거 기반 치료 선택과 내담자에게 적절한 이론적 지향을 선택할 수 있는 상담자의 능력은 치료 계획 단계에서 개입 전략에 영향을 미친다.

우리가 보았듯이, 효과성에 대한 평가는 상담 종결뿐만 아니라 모든 과정에서 유용하다. 오늘날 정신건강 분야에서는 책임에 대해 강조하기 때문에 결과 측정치의 개발과 적용은 효과성을 입증하는 데 있어서 중요하다(Seligman, 1996). 상담 단계는 고정적이지 않으며, 오히려 효과적인 상담자는 필요에 따라 지속적으로 재평가, 검증 그리고 개념화를 수정하며 치료 계획을 변경 및 갱신하고 있다.

상담의 핵심

- 사례개념화는 상담자가 내담자의 주 호소 문제를 파악하고 내담자의 증상, 사고, 감정, 행동, 성격 구조를 이해하는 과정이다.
- 상담의 세 가지 통합적 과정을 확인할 수 있다. 상담자가 내담자의 주 호소 문제와 요구를 확인하고 묘사하는 진단, 내담자의 요구와 상황을 이해하도록 하

는 사례개념화, 상담자가 기술과 개입을 개발하여 내담자의 요구를 다루고 내담자가 변화하게 하는 치료 계획이 있다.

- DSM-5는 진단에 널리 사용되며, 광범위한 정신 및 정서적 질환의 진단기준을 확인하기 위해 관찰 가능한 특성을 사용하고, 증상 패턴에 기반을 두고 질환을 범주화한다.

- 사례개념화를 하는 동안 상담자는 내담자의 문제에 대한 원인을 설명하는 틀을 개발한다.

- 사례개념화의 명확한 모델은 상담자가 내담자를 이해하는 시각을 제공하며, 이것은 어떻게 소통하고 듣고 도울 것인지에 대한 청사진을 제공한다.

- 사례개념화 과정은 상담자가 관찰 가능한 행동과 증상 목록을 평가하고 측정하는 평가, 상담자가 추론하고 주제와 패턴을 확인하고 가설을 개발하기 위해 관찰한 내용과 평가한 내용을 조직하는 조직화, 특정 관점을 사용하여 어떻게 문제가 발달하고 어떻게 사람들이 행동하는지를 보는 방향(이론적 지향)을 포함한다.

- 사례개념화 과정의 또 다른 중요한 관점은 Prochaska의 변화에 대한 범이론적 모델에서 내담자의 동기 수준과 변화에 대한 준비성으로 묘사된다.

- 사례개념화의 시간/맥락적 모델(T/C 모델)은 비이론적 모델이며, 상담자가 관찰 정보의 초점을 맞추는 틀과 내담자의 주 호소 문제의 의미를 추론할 때 사용할 수 있는 본보기를 제공한다.

- T/C 모델은 유연하고 포괄적이고 전체적인 접근을 취하며, 초기에 내담자의 강점에 집중하도록 권한다. 또한, 성격에 대한 내적 구조뿐만 아니라 현재 그리고 과거의 외적 영향도 고려한다.

- 치료 계획 과정은 사례개념화에 기반 정보와 분석을 특정 개입으로 통합한다.

- 오늘날 정신건강 분야에서는 책임을 강조하기 때문에 결과 측정의 개발과 적용은 효과성을 입증하는 게 중요하며, 필요에 따라 상담자는 지속적으로 재평가, 검증, 개념화의 수정, 치료 계획의 변경 및 갱신을 한다.

실습

| 실습 3-1 | 직무 기술서 작성하기 |

어떤 직업에서든 직무 기술서를 작성해 보는 것은 중요하다. 직무 기술은 그 지위의 책임과 기대의 범주를 정의하고 어떤 역할이 적절하고 어떤 역할이 부적절한지 자세히 기술한다.

> ✎ 실습: 소규모 집단 토론을 하고, 이후에 대규모 집단 토론을 하시오.
>
> - 질문 1: 만약 상담전문가로서 직무 기술을 작성해야 한다면, 뭐라고 작성하겠는가?
> - 질문 2: 직업의 주요 구성 요소는 무엇인가?

| 실습 3-2 | 어디서부터 시작하는가 |

새로운 내담자와의 첫 회기에서는 치료적 관계 발전 단계를 설정한다.

> ✎ 실습: 대규모 집단 토론을 하시오.
>
> - 질문: 상담 관계가 시작될 때 상담자로서 할 수 있는 첫 질문에는 무엇이 있는가?

| 실습 3-3 | 무엇에 초점을 맞출 것인가 |

상담자의 정보 처리와 기록의 방법은 상담의 다음 단계에 영향을 미칠 수 있다. 상담자의 단어 선택과 질문의 순서는 의미에 차이를 만들 수 있으며, 이는 내담자에 대한 상담자의 사례개념화의 일부가 된다.

> ✎ **실습:** 학생들은 필요한 정보를 생각해 내기 위해 개별적으로 작업한 후에 대규모 집단 토론을 하시오.
>
> - **질문1:** 정보를 모으는 과정에서 당신이 알고자 하는 내담자의 정보를 브레인스토밍했는가?
> - **질문2:** 당신은 어떤 요소에 집중했으며 이유는 무엇인가?

실습 3-4 올바른 질문하기

진단을 내리고 사례개념화를 하기 위해서 당신이 수집해야 할 특정 정보가 있다.

> ✎ **실습:** 먼저 소규모 집단으로 토론하고, 그다음 대규모 집단으로 토론하시오. 당신이 질문할 수 있는 각 영역에 대한 다섯 가지 질문을 적으시오.
> - 과거 경험
> - 현재 행동
> - 생각
> - 환경적 스트레스 요인
> - 자원 또는 강점의 영역
> - 신체 증상
> - 감정
> - 가치와 신념

실습 3-5 진단의 장점과 단점

DSM-5는 누군가를 돕는 직업에서 내담자에 대한 진단을 제공하기 위해 널리 사용되며, 이는 보험회사의 보장과 치료로 이어진다.

✎ **실습**: 학생들은 소규모 집단으로 토론하고, 그다음 대규모 집단으로 토론하시오.

- ● **질문1**: 당신 자신이 진단을 받는다고 생각할 때, 어떤 생각이 떠오르는가?
- ● **질문2**: 당신의 내담자는 그들의 진단을 어떻게 볼 것 같은가?

실습 3-6 | 당신에게 맞는 최고의 관점은 무엇인가

당신은 사례개념화에서 사용되는 다양한 이론적 관점에 대해 살펴보았다.

✎ **실습**: 대규모 집단 토론하시오.

- ● **질문1**: 당신이 느끼기에 당신에게 제일 잘 맞는 이론적 관점은 무엇이며 그 이유는 무엇인가?

실습 3-7 | 변화의 단계

변화에 대한 내담자의 준비 상태의 한계를 결정하는 것은 당신과 내담자가 적절하고 달성 가능한 목표를 설정하기 위해 어디서부터 시작할지 결정할 때 도움을 줄 수 있다.

✎ **실습**: 학생들은 소규모 집단으로 토론하고, 이 장의 앞에 나온 변화 모델의 단계로 작업한 후, 각 집단은 그들의 평가와 평가의 근거에 대해서 토론한 것을 발표한다.

- ● **질문1**: Katy의 사례를 생각해 보라. 변화를 위한 준비의 단계에서 Katy는 어디에 속해 있다고 생각하는가? 그 이유는 무엇인가?

더 나아가기

Mind Over Mood: Change How You Feel by Changing the Way You Think by Dennis
   Greengerger and Christine Padesky (1995) Guilford Press

Systems of Psychotherapy: A Transtheoretical Analysis by James O. Prochaska and John
   C. Norcross (2009) Cengage Learning

Making Human Beings Human: Bioecological Perspectives on Human Development
   (The SAGE Program on Applied Developmental Science) by Urie Bronfenbrenner
   (2004) SAGE

제 **2** 부

DSM-5 진단에 대한 사례개념화와 증거 기반 치료

제**4**장

우울장애

James의 사례

단추가 잘못 끼워지고 구겨진 셔츠에 청바지를 입은 30대 남자 James는 상담실 의자에 털썩 앉아서 무릎 위 자신의 두 손을 초조하게 비비며 눈을 내리 깔고 있었다.

"지금 기분이 어떤지 말해 줄래요?"라고 상담자가 독려한 끝에 마침내 James는 고개를 들었다. 그의 눈은 벌겋게 되어 있었고, 상담자와 눈이 마주치자 눈물을 꾹 참아 보려고 애쓰는 모습이었다.

그는 "그냥 모든 게 안 좋아지고 있어요."라고 말했고, 말하는 그의 목소리는 너무 작아서 상담자가 듣기 어려울 정도였다. "저는 친구들이 건 전화에도 답을 하고 싶은 마음이 안 들어요. 걔네들은 솔직히 저랑 놀고 싶은 것도 아니면서 그저 의무감 때문에 전화하는 것이에요. 심지어 저는 직장까지 잃었어요."

"근무하기 어려운 이유가 무엇인가요?" James의 눈을 바라보며 상담자가 물었다.

James는 고개를 슬프게 가로저었다. "저는 심각한 두통이 있고, 항상 너무 피곤하고, 제대로 생각하기조차 힘들어요. 그런데도 왜 굳이 일을 해야 하죠? 저는 이것도 그렇고 모든 일에 실패하고 있어요."

"집중하는 데 어려움을 겪고 있군요. 또 다른 힘든 점은 없나요?"

James는 고개를 끄덕이며 다시 시선을 떨구었다. "자는 것, 먹는 것, 생각하는 것……. 그 밖의 뭐든지 힘들어요. 새벽 4시에 일어나서 어떻게 이렇게 모든 것이 절망적인지 대해 생각하다 보면 다시 잠들기가 어려워요."

상담자는 그의 의자 쪽으로 몸을 기울이며 부드럽게 말했다. "이렇게 느낀 지 얼마나 됐지요?"

James는 잠시 멈추고, 조금 더 부드럽게 말했다.

"아주 오래됐어요. 6개월쯤? 아니 1년쯤……. 신경 써 봐야 뭐해요? 내가 없어진다면 남들은 더 잘 살 수 있을 텐데……."

도입

우리는 모두 일상생활에서, 특히 스트레스 사건이나 상실, 갈등에 마주할 때 슬픔의 감정을 경험한다. 그렇지만 감정은 잠깐 머물렀다 이내 사라지기 마련이다. 이와 같이 우리는 가끔 기분이 처지고 우울하다고 느끼지만, 이러한 감정은 빠르게 지나가는 경향이 있다. 반면 우울증은 이와 같은 감정이 더 오래 지속되며 일, 학교, 집중, 식사, 수면 등 일상생활에 지장을 준다. 우울장애는 인지적, 생리적 변화 외에도 슬프고, 공허하고, 짜증스러운 기분이 특징이다. 우리가 James의 사례에서 살펴봤듯이, 이러한 증상들은 그 사람이 기능하는 데 심각한 영향을 미친다.

미국에서는 1년에 성인 인구의 약 9.5%가 기분장애로 진단받는데, 이는 2000만 명 이상을 의미한다(Kessler, Chiu, Demler, & Walters, 2005). 우울증은 만성적일 수 있고(Spijker et al., 2002), 세계건강기구(WHO)의 보고에 의하면, 주요 우울장애는 질병으로 인한 장애 중 두 번째로 많이 나타나는 건강문제이다(Levav & Rutz, 2002). 우울증은 정서적 고통뿐만 아니라 두통이나 복통, 만성통증과 같은 신체적 고통을 야기하기도 한다. 또한 우울증은 절망감, 무력감, 자책감 등의 감정이 흔히 나타나며, 이로 인해 고통받는 사람은 일상 활동이나 취미, 관계에 대한 흥미를 잃을 수도 있다. 우울은 사람들과 관계를 맺지 못하게 하고 일상생활을 적극적으로 하지 못할 만큼 압도적으로 느껴질 수도 있다. 이러한 사람들은 가족과 친구에게서 멀어지게 되고, 이 고립은 우울증을 더 심각하게 만들 수 있다. 우울증을 가진 사람 중 일부는 자살을 생각하거나 시도할 수도 있다.

유감스럽게도, 우울증으로 도움을 요청하는 것과 관련하여 여전히 불편한 시선이 존재하며, 특히 나약함의 표시로 보일 때 더욱 그렇다. 우울 증세가 지속될 때 "기운 좀 차려라."와 같은 조언은 우울증을 가진 사람에게 자책감을 불러일으킬 수 있으며 더 나아지기 어렵게 만들 수 있다. 그들이 그렇게 할 수 있었다면 진작 그렇게 했을 것이다. 또한, 우울증을 지닌 사람이 치료를 받으려 하지 않을 때, 시간이 지날수록 증상은 더 악화될 수 있다. 다행스럽게도, 우울증은 그 증상이 심각할 때에도 상당부분 치료가 가능하다.

DSM에서 우울장애에는 DSM-IV에서 DSM-5로 바뀔 때 가장 논란이 많았으며, 이 때 몇 가지 새로운 장애가 추가되고 일부는 제거되었다. 게다가 '양극성 및 관련 장애'는 이제 별개의 장이 되었다. 다음에는 상담자들이 현장에서 가장 많이 접하고 치료하는 우울장애의 증상 및 특징이 요약되어 있다.

파괴적 기분조절부전장애

파괴적 기분조절부전장애(Disruptive Mood Dysregulation Disorder: DMDD)는 정신질환의 진단 및 통계 편람(DSM-5)의 가장 최신 버전에 추가되었다. 이 장애는 일반적으로 아동에게서 나타난다. 그에 따라 '우울 장애'의 첫 번째 부분에 나오며, 12세까지의 아동에게 적용된다. 이 장애는 1994년부터 현재까지 아동과 청소년의 양극성 장애 진단이 증가한 것에 대한 대응으로 추가되었다. 그러나 리튬과 같은 양극성 장애의 일반적인 치료제는 어린 연령의 집단에 효과적이지 못했고, 많은 아동이 양극성 장애 대신에 우울이나 불안을 뒤이어 겪기 시작했다. 이는 아동의 기분조절부전과 분노 폭발 사이에 진단적 차이가 있음을 시사했다.

파괴적 기분조절부전장애의 핵심적 특징은 만성적이고 심각하며 지속적인 과민성이며, 분노 폭발(주로 좌절에 대한 반응)이 특징이다. 이는 적어도 1년 동안 두 가지 환경적 맥락(예: 집과 학교)에서 일주일에 평균 세 번 이상 나타날 때 진단된다. 행동을 통제하지 못하는 사건은 발달적으로 부적절해야 한다. 또한, 파괴적 기분조절부전장애의 심각한 과민성의 또 다른 징후는 심각한 분노 폭발 사이에 만성적이고, 지속적으로 짜증이나 화가 나는 기분이 나타나는 것인데, 이는 거의 매일 나타나며 타인이 인식할 수 있어야 한다. 아동이 파괴적 기분조절부전장애를 가지고 있을 때, 가족이나 또래 관계에 심각한 지장을 받을 수 있다.

파괴적 기분조절부전장애는 반드시 6세 이후 10세 이전 아동기에 진단되어야 한다. 파괴적 기분조절부전장애는 초등학교 시기에 정점에 다다른다. 적대적 반항장애(ODD)를 가진 아동 중 일부는 DMDD의 진단기준을 충족할 수 있다. 그러나 적대적 반항장애는 일주일에 세 번 이상의 심각한 분노 폭발이나 근본적으로 짜증난 기분 그리고 그 정도로 많은 외현화 문제가 나타나지는 않는다(다시 말하면, DMDD는 ODD 스펙트럼의 최극단에 위치한다고 볼 수 있다).

Jesse의 사례

한 상담자가 학교와 집에서 모두 어려움을 겪고 있는 9세 Jesse의 부모를 만나고 있다.

어머니: 저는 더 이상 뭘 어떻게 해야 할지 모르겠어요. Jesse는 가끔 통제가 불가능하고, 버릇을 들이거나 제한하기에는 애가 너무 커 버렸어요.

아버지: Jesse는 기분이 좋지 않을 때면 가만히 있질 않아요. 그럴 때는 우리 말을 듣지도 않는 것 같아요.

상담자: 그럼 Jesse는 성질을 터뜨릴 때가 있고, 그럴 동안에는 아이와 말이 전혀 통하지 않는다는 거죠? Jesse의 감정 폭발은 주로 언제 일어나요?

아버지: 자기가 하고 싶은 걸 하지 못할 때요. 어떤 것이든 될 수 있어요. 잘 시간이라고 가서 자라고 할 때에도…….

어머니: (중간에 끼어들며) 아, 정말이지 취침 시간은 악몽 같아요. 그 애는 그냥 자러 가질 않아요!

아버지: Jesse는 바닥에 드러누워서 주먹으로 치고 두 발로 차면서 소리를 질러요. 마치 다시 두살이 된 것만 같아요!

어머니: (고개를 끄덕이며) 정말 끔찍해요. 그는 짜증 내지 않아도 될 때에도, 모든 사소한 것에 폭발해요.

상담자: Jesse는 쉽게 짜증을 내는군요. 맞나요?

부모: (고개를 끄덕인다.)

어머니: Jesse는 그냥 매 순간 화가 나있어요. 우리가 무엇을 잘못한 걸까요? 어째서 그 애는 행복하지 않은거죠?"

월경전불쾌감장애

Genevieve의 사례 ✑

25세 여성, Genevieve는 지역정신건강복지센터에서 상담을 받았다. 그녀는 시내의 부티크 옷 가게에서 부 매니저로서의 책임이 있는 지위를 갖고 있는 매력적 여성이며, 약혼을 한 상태이다. 그러나 그녀는 이 같은 많은 성공에도 불구하고 심각한 우울을 겪고 있으며, 이는 그녀의 직업 및 관계에 악영향을 주기 시작했다.

Genevieve: 난 이해가 안 돼요. 대부분 경우, 나는 여러 일을 잘 처리할 수 있단 말이에요. 그런데 가끔 모든 것이 끔찍하게 느껴질 때가 있어요. 나는 아무 이유 없이 울다가, 바로 고객에게 톡 쏘아붙일 때가 있어요. 그래서 난 내 직업에 대해 두려워지기 시작했어요.

상담자: 그런 시기 동안 나타나는 다른 증상들도 혹시 기억나는 게 있나요?

Genevieve: 남자친구와 더 많이 다투게 돼요. 마치 그가 하는 모든 것이 잘못된 것처럼 보이지만 나는 여전히 그가 좋은 사람인 걸 알아요. 나는 그가 나를 떠나지 않을 것을 알면서도 갑자기 그가 떠날 거라는 확신이 들 때가 있어요. 내가 미쳐가는 걸까요?

상담자: 혹시 이러한 증상들이 매달 같은 시기에, 아마도 월경 주기 즈음에 악화되는지 말해 줄 수 있나요?

Genevieve: 아…… 그렇게는 생각을 해 보지 못했어요. 잘 모르겠어요. 아니, 그게 맞는 것 같아요. 지난달에는 분명 월경을 시작하기 며칠 전에 그 일이 일어낫어요.

상담자: 그럼 언제부터 다시 기분이 좋아지고, 더 당신답다고 느껴지기 시작했나요?

Genevieve: 월경이 끝나고 며칠 뒤인 것 같아요. 맞아요. 사실 저는 목요일 쯤엔 다시 잠을 더 잘 잤고, 약혼자와 식사도 하러 나가서 즐거운 시간을 보냈던 기억이 나요.

월경전불쾌감장애(Premenstrual Dysphoric Disorder: PMDD)도 DSM-5에 추가되었으며, 이전에는 DSM-IV의 부록에만 나왔었다. 전반적으로 DSM-5에서는 의학적 문제가 정신건강에 미치는 영향을 보여 주는 연구들의 결과를 반영하고 있다.

PMDD는 월경 주기 일주일 전에 심각한 정서적 증상이 나타나고, 주기 이후에는 빠르게 사라지며, 이와 같은 증상이 지난 1년간의 모든 생리 주기에 나타난다. 증상은 정서적 불안정성(기분이 왔다 갔다 함, 거부에 대한 예민함), 과민성 및 대인관계 갈등 증가, 우울한 기분(무기력감과 자기 비난적 사고 포함), 불안에 더하여 하나 이상의 추가 증상을 포함한다. 어떤 사람들은 일상 활동에 대한 흥미 감소, 집중의 어려움, 활력 저하, 식욕 변화, 수면 문제, 압도되거나 통제 불가능한 느낌, 가슴이나 관절의 통증, 속이 더부룩한 것과 같은 신체적 증상을 보고한다. PMDD는 초경 이후 언제든 나타날 수 있다. 증상들은 폐경기가 가까워질수록 악화될 수 있고 폐경 이후에는 증상이 사라진다.

PMDD는 문화에 국한된 증후군이 아니며 전 세계에서 관찰되어 온 증후군이다. 그럼에도 불구하고 그 증상이 표현되고 해석되는 방식은 내담자의 사회적 · 문화적 배경, 가족 및 종교적 신념, 성별, 성생활, 도움을 요청하는 방식에 관한 문화적 규범과 관련이 있다. Genevieve의 경우, 상담자가 PMDD에 대한 말을 꺼냈을 때 이 진단에 대해 개방적인 모습을 보였으며, 자신의 혼란스러운 감정에 대한 이유를 알게 되어 안도하는 모습도 보였다. 어떤 내담자는 PMDD로 진단되는 것을 불편해할 수 있으며, 그들이 정상적인 생물학적 기능이라고 여기는 것을 병리적으로 해석하는 것을 원하지 않을 수 있다. PMDD는 증상의 심각도와 현저한 손상 혹은 고통에 따라 월경전증후군(PMS)과는 구분되지만, 상담자는 정상적 기능을 병리적으로 해석하지 않도록 주의해야 한다.

주요우울삽화를 동반한 주요우울장애

이 장을 시작하면서 우리가 살펴본 내담자인 James는 주요우울삽화(MDE)를 겪고 있다. 이는 DSM-5에 제시된 우울한 기분 혹은 흥미나 즐거움의 감소 및 그 밖의 추가적인 4가지 다른 증상으로 정의된다. 여기에는 중간 불면증(밤 중에 깨어나는 것)이나 종료 불면증(매우 이른 아침에 깨어나는 것), 정신운동지체나 불안, 피로나 에너지의 상실, 집중의 어려움, 자살 생각이 포함된다. 내담자가 우울한 기분 없이 과민성, 삶의 흥미와 즐거움 감소와 같은 증상만을 보고하더라도 MDE로 진단할 수 있다는 점에 주목해야 한다. 특히나, 흥미 감소, 신체적 증상이 일반적으로 나타날 수 있는 아동이나 노인에게는 더욱 그렇다. 내담자는 반드시 최소한 2주 동안 이러한 증상들을 경험해야 하고, 사회적, 직업적, 혹은 다른 중요한 인생의 역할에서 임상적으로 현저한 고통이나 장애가 있어야만 한다. 우울삽화가 지속되면 재발의 위험도 커진다. 경미한 우울 증상이라도 완화 기간 동안 남아 있으면, 재발의 위험은 증가하게 된다.

DSM-5에서는 MDD의 진단을 위해 기분, 사고, 자율신경계 기능의 확실한 변화를 요구하며, 이러한 증상들은 반드시 주요우울삽화 사이에 완화되어야 한다. 한 내담자는 하나의 삽화 후에 진단을 받을 수 있지만, 주요우울장애는 종종 재발하게 된다.

거의 매일 하루의 대부분에 느끼는 우울한 기분이 증상에 포함되는데, 이는 '따분하다'거나 아무 감정이 없는 상태로 묘사될 수 있다. 혹은 아동기에는 과민함으로 표현될 수 있다. 한 사람이 평소에 즐겨 했던 활동에 대해서 흥미나 즐거움을 잃는 것 또한 우울 증상의 일종으로, 내담자들은 가끔 "이제 더 이상 아무것도 신경 쓰지 않아요."라고 표현하기도 한다. 의도치 않은 체중의 감소나 식욕의 변화, 과다 수면 혹은 수면의 어려움, 활동 수준의 변화(오래 앉아 있는 것이 불가능하거나 피로 및 활력 저하 등)도 우울의 증상들이다. 내담자들은 죄책감이나 무가치감을 보고하거나, 집중의 어려움을 겪기도 하며, 자살 생각을 보고하기도 한다.

MDD의 발병률은 20대에 가장 높지만, 우울 증상은 어느 연령대든 나타날 수 있으며, MDD의 발현 과정은 개인마다 다르다. 어떤 사람은 기분이 정상적인 몇 해에 의해 구분되는 독립된 우울삽화들을 가지고 있는 반면, 어떤 사람은 빽빽하게 함께 일어나는 주요우울삽화들의 군집을 경험한다. 주요우울장애를 겪는 또 다른 사람은 자라면서 점점 더 자주 관련 삽화들을 경험하게 된다.

내담자가 우울 증상을 보일 때마다 조울증 진단을 배제하는 것이 중요하다. 이때 내담자에게 지금 느끼는 감정과 반대되는 감정을 느낀 적이 한 번이라도 있었는지를 물어보는 것이 도움이 될 수 있다. 예를 들어, 기분이 좋았을 때는 다른 때와 달리 많은 잠이 필요하지 않았고, 다른 사람들은 그들의 기분이 다르다는 것을 알아차렸다. 청소년과 함께 작업할 때에는, 그들이 당장 조증삽화를 가지고 있지 않더라도 추후에 조증삽화가 발현할 수 있다는 것을 항상 염두에 두어야 한다. '혼재성 망상동반'이라는 명시자는 조증삽화의 진단기준을 충족시키는 증상들이 충분하지 않을 때, 말이 빨라진다거나 잠이 줄어드는 것과 같은 조증이나 경조증 증상을 명시하는 데 사용된다. 이 명시자를 사용함으로써 주요우울장애를 진단받은 내담자가 지닌 조증 증상을 고려한다. 이러한 증상들은 다른 약 처방이나 복합 약물 처방의 필요성을 나타낼 수 있으며, 앞으로 조울증을 갖게 될 위험을 암시할 수도 있다.

사랑하는 사람의 죽음 이후 두 달 이내에 나타나기 시작하는 우울 증상에 적용되었던 '애도배제(bereavement exclusion)'를 제거한 것은 DSM-5의 중요한 변화이다. 이러한 변화는 애도가 오직 몇 달만 지속되는 영향이라고 여기지 않고, 사별이 주요우울삽화를 촉발시킬 수 있는 심각한 스트레스 요인이 될 수 있음을 인정한다는 의미이다. 대부분의 사람들은 사별로 인해 우울증이 발현되지 않지만, 과거에 우울삽화를 경험했던 사람은 사랑하는 사람의 죽음으로 인해 이후 우울증이 나타날 위험이 더 크다. 죽음, 이혼, 은퇴, 기능 저하, 혹은 심각한 건강 진단 등 어떤 종류든 중요한 상실을 겪은 후 몇 달 이내에는 우울증과 비슷한 증상들이 흔하게 나타난다. DSM-5에서는 배제의 범위를 넓히기 보다는 2달이라는 기간 제한이 포함된 '애도 배제' 전체를 그냥 삭제했다. 그러나 죽음 후 느끼는 비애의 증상이 MDE와 비슷하기 때문에 우울증을 진단할 때 최근의 상실을 고려하는 것은 중요하다. MDD가 사별 경험과 함께 나타날 때, 더 큰 고통을 경험할 수 있다. 만약 내담자가 그들의 삶에서 우울삽화를 반복해서 겪어 왔다면 상실 경험 후에 MDE를 발전시킬 가능성이 더 높아진다. 비애에 동반되는 주된 감정은 공허함과 상실감이다. MDE를 경험한다면 지속적인 우울한 기분과 행복이나 기쁨에 대한 흥미 상실이 두드러진다. 게다가, 비애는 '파도처럼 밀려들어 오는' 감정인 반면, MDE에서 나타나는 우울한 기분은 더욱 지속적이라는 특징을 지닌다. 상실 후 우울증이 정상적인지 아닌지 판단하는 것은 임상가에게 달려 있다.

애도우울증을 삭제한 것 이외에도, DSM-5에는 '불안증 동반'(긴장, 안절부절못함, 빈번한 걱정)을 포함하는 새로운 명시자들이 추가되었다. 우울이 불안증과 혼합되어 나타날 때, 예후가 더 안 좋아지고, 자살의 위험이 증가하고, 치료는 복잡해진다. 다른 명시자에는 멜랑콜리아 양상 동반'(흥미나 즐거움의 완전한 상실), '정신병적 양상 동반'(사고 주입, 이인증), '긴장중 동반'(몇 시간 동안 움직이지 않음) 그리고 '비전형적 양상 동반'(잠을 덜 자고 덜 먹는 대신 잠을 더 자고 음식을 더 먹는 것)이 있다. '주산기 발병(Peripartum Onset)' 또한 하나의 명시자인데, 이는 DSM-5에 새롭게 추가되었으며 임신 기간 동안 앓는 우울증 문제를 반영한다. 대부분의 산후우울증은 임신 기간에 시작된다고 여겨져 왔고, CBT(인지 행동 치료)나 IPT(대인관계 치료)가 이 문제를 가진 3~5%의 여성에게 효과적이라고 밝혀졌다. '계절성 동반'은 계절성 정서장애를 대체하는 또 하나의 MDD 명시자이다. 마지막으로, '재발성'이라는 명시자에서는 일단 내담자가 MDE를 한번 경험했으면 미래에 MDE를 발달시킬 위험이 높아진다는 것을 고려하는데, 이는 상담자가 더 효과적으로 미래에 발생할 삽화를 예방할 수 있도록 도와준다.

우리는 이 장의 마지막에 James의 사례로 되돌아가서 T/C 모델을 사용하여 사례 개념화를 하는 상담자의 대화를 들어 볼 것이다.

지속성 우울장애

지속성 우울장애(Persistent Depressive Disorder: PDD)는 만성적 우울스펙트럼장애로 DSM-IV에 있던 기분저하증 범주를 대체하고 기존 진단의 기분저하증과 만성적 주요우울장애를 모두 포함하여 증상 집합체를 확장시켰다. DSM-5에서는 만성 주요우울장애와 이전의 기분저하증의 범주 모두 새로운 범주에 통합시키면서 만성적 우울증을 다르게 개념화했다. DSM-5 대책 위원회는 두 장애 사이에 임상적으로 유의한 차이가 없음을 발견했다. 이제 진단에 대한 다른 경로를 식별하는 데 명시자가 사용된다. 이 새로운 장애의 증상들은 반드시 2년 동안 존재해야 하지만, 만성적이고 주요우울삽화를 비롯한 더 심각한 증상들을 포함한다. 명시자는 기분저하증의 전형적인 덜 심각한 증상, 지속성 MDE(이전의 '이중 우울증') 및 현재 MDE가 있거나 없는 간헐적 MDE를 구별한다.

이 장애는 성인의 경우 적어도 2년 이상, 아동의 경우는 1년 이상 우울 기분이 지속될 때 진단될 수 있다. PDD로 진단된 성인은 2년 동안 2개월 연속 그 증상이 존재하지 않았던 경우가 없었다. PDD의 중요한 특징은 우울한 기분이 하루 중 대부분을 차지하며, 이런 날들이 거의 대부분으로, 식욕 저하나 과식, 과다 수면 또는 수면 부족, 활력 저하 또는 피로감, 낮은 자아존중감, 집중이나 결정의 어려움, 무기력감 등을 포함하여 두 가지 이상의 증상과 함께 나타난다. MDD와 마찬가지로, 조증이나 경조증 삽화는 한 번도 없었다. PDD는 종종 조기 발병하거나 알게 모르게 나타나기도 한다.

Tom의 사례

50대 남성인 Tom은 아내의 고집으로 상담자를 찾게 되었다.

Tom: 제 아내는 나랑 있는 게 그냥 지긋지긋한가 봐요. 더 이상 아무것도 하고 싶지 않아요. 에너지도 없어요. 가끔은 침대에서 벗어나는 것조차 싫어요.

상담자: 그렇게 느끼신 지 얼마나 되었나요?

Tom: (한숨을 내쉬며) 아주 오래 된 것 같아요. 나는 대학 때부터 때때로 우울했고 가끔은 정말 안 좋아지기도 했었어요.

상담자: 얼마나 안 좋았지요? 절망감을 느끼거나, 자살을 생각할 정도로 안 좋았나요?

Tom: (끄덕이며) 몇 번 그런 적도 있었어요. 하지만 보통 얼마 후면 조금 괜찮아졌고 그냥 견디고 살아가려고 노력해 왔어요.

상담자: 그런데 이번에는 그렇지 않나요?

Tom: (고개를 가로저으며) 이제는 그냥 이게 현실이구나 싶어요. 이게 그냥 내가 존재하는 방식이라는 느낌이 들어요. 나는 뭐가 변할 거라고 생각하지도 않아요. 우리 아버지도 그랬어요. 아버지는 60이 되기도 전에 장애를 갖게 됐고, 그 이후로 결국 술 때문에 돌아가셨어요.

상담자: 정말 유감이군요. 당신에게 힘든 시간이었겠어요.

Tom: 그랬던 것 같아요. 어머니는 아버지가 뭐라도 먹고, 술을 그만 마시고, 소파에서 일어나게 하려고 노력했지만 전부 실패했어요.

상담자: Tom, 하루 중에 당신이 우울한 기분을 느끼지 않을 때가 있나요?

Tom: (고개를 다시 가로저으며) 그다지요……. 매일, 하루 종일 우울해요.

상담자: 이렇게 느낀 지 얼마나 되었나요?

Tom: 딱 정해서 말하기가 어렵네요. 제 생각에 우울한 감정은 저에게 몰래 숨어 들어 온 것 같아요. 제 아내는 최소 2년 혹은 3년 정도 되었다고 하더군요. 지금은 무엇이라도 변화할 수 있는 희망이 많다고 생각하지 않아요. 나는 그녀가 날 떠날 생각을 한다 해도 원망할 생각이 없습니다.

물질/약물 치료로 유발된 우울장애

물질/약물 치료로 유발된 우울장애(Substance/Medication Induced Depression) 또한 DSM-5에 포함되어 있다. 혈압과 갑상선 기능저하증 치료와 같은 약물 그리고 알코올이나 마약의 사용은 우울증과 관련될 수 있다. 상담자가 장애를 진단 내리려면 우울증에서 약물이나 물질 사용을 구분하기 위해 충분한 시간이 필요하다. 예를 들어, 우울증이 내담자의 알코올 사용 이전에 나타났다면, 더 적절한 진단은 주요 우울삽화가 될 것이다. 만약 내담자가 알코올 사용을 멈추고 우울 증상이 사라졌다면, 이전의 진단은 적절하지 않을 것이다. 이 우울 증상 유형은 때로 감정의 감소, 무가치감이나 낮은 자아존중감과 같은 비전형적 증상들을 포함한다.

달리 명시된 혹은 명시되지 않은 우울장애

마지막으로, DSM-5의 우울장애 챕터에서는 DSM 대책 위원회에 따라 지나치게 많이 사용된 DSM-IV의 '불특정형(NOS)' 범주를 대체하는 달리 명시된 혹은 명시되지 않은 우울장애(Other Specified and Unspecified Depressive Disorders)를 포함한다. 예를 들면, 만약 내담자가 MDE의 진단기준을 충족하는 건 아니지만, 중요하고 심각한 증상을 경험하고 있다면, 묘사된 심각한 증상에 대해 달리 명시된 혹은 명시되지 않은 우울장애 진단이 사용될 수 있다.

동반이환

함께 나타나는 장애가 있을 때 우울증의 치료는 더 복잡해질 수 있다. 다른 정신적, 신체적 장애는 우울증을 발전시키는 요인이 될 수 있고, 우울증으로 인해 생길 가능성이 있으며, 동시에 우연히 발생할 수도 있다. 외상 후 스트레스장애(PTSD), 공황장애, 사회공포증, 범불안장애, 강박장애(OCD)를 포함하는 불안장애가 가장 보편적으로 함께 발병하는 장애이다(Devane, Chiao, Franklin, & Kruep, 2005; Regier, Rae, Narrow, Kaebler, & Schatzberg, 1998). 이전에 언급했듯, 외상성 사건을 경험하는 것은 우울증 발병에 위험요인이 될 수 있고, 또한 개인은 외상성 사건 이후 PTSD가 발병할 수 있다. 국립 정신보건연구원(NIMH)의 외상성 사건을 경험한 사람들에 대한 연구에서는 PTSD가 발병한 사람 중 40% 이상이 외상 후 4개월 동안 우울증으로 고통받은 것으로 나타났다(Shalev et al., 1998). 또한, 우울증이 있는 개인은 약물남용과 같은 문제도 보편적으로 가지고 있었다 (Conway, Comptom, Stinson, & Grant, 2006). 우울증의 고통은 견디기 어려우며, 적절한 치료를 받지 못한 사람들은 아마도 술이나 다른 약물로 자가 치료를 할지도 모른다.

또한 만성적이거나 장애를 유발할 수 있는 의학적 상태가 동반되면 우울증의 경과가 복잡해진다. 심장 질환, 당뇨, 암, 다발성 경화증, 섬유근육통, 인간면역결핍 바이러스(HIV), 파킨슨병과 같은 만성질환 또한 우울증의 위험요인이다. 만성 질환으로 인한 무기력감은 우울증의 소인이 될 수 있으며, 두 진단은 함께 일어날 때 악화되는 경향이 있다(Cassano & Fava, 2002).

물질남용, 공황장애, 강박장애, 거식증 그리고 신경성 폭식증 또한 MDD와 동반해 나타날 수 있다. 기분장애와 불안장애뿐만 아니라 DMDD는 자폐 스펙트럼 장애와 함께 나타날 가능성이 높고, PMDD는 알레르기, 천식, 편두통과 같은 의학적 증상과 함께 나타날 수 있다. 병적인 도박은 물질/약물로 인한 장애를 동반한다. 또한 편집성, 연극성, 반사회적 성격장애를 포함한 특정 성격장애가 함께 동반되어 나타날 수 있다. PDD와 흔히 동반되는 장애는 불안장애와 물질사용장애다. 20세 이전에 장애를 진단받을 경우, 성격장애나 물질사용장애가 함께 일어날 가능성이 더 높아진다.

문화적 고려사항과 인구요인

우울증은 남녀노소, 인종, 사회경제적 지위를 막론하고 모든 집단의 사람들에게 나타날 수 있다. 그러나 우울증의 유병률이나 증상의 군집은 집단별로 차이가 있다.

주요우울장애는 남성보다 여성에게서 더 만연하게 나타난다. 청소년 초기부터, 여성은 MDD로 진단 될 가능성이 남성보다 1.5배에서 3배 이상 높다 (Cyranowski, Frank, Young, & Shear, 2000). 여성의 우울증 기여 요인에는 생리 주기, 배란, 출산 및 폐경과 같은 호르몬 변화 외에도, 여성이 직장과 가정의 책임을 맡으면서 찾아오는 역할 혼란과 스트레스를 유발할 수 있는 문화적 규범이 포함된다(Rubinow,

Schmidt, & Roca, 1998). 일반적으로 '산후우울증'이라고 불리는 것에 대한 구체적인 진단은 없지만, 우울 삽화가 임신 중이나 출산 후에 일어나는 경우라면 '주산기 발병 동반'이라는 명시자가 사용될 수 있다(Cuijpers, Brannmark, & Van Straren, 2008).

또한, 여성과 남성은 서로 다른 우울증 증상을 경험한다. 여성은 슬픔, 죄책감, 무가치한 느낌을 더 보고하는 반면, 남성은 수면 문제, 피로감, 분노, 짜증을 더 경험한다(Cochran & Rabinowitz, 1998).

이와 반대로, DMDD는 청소년이나 여성에게 덜 나타나고, 학령기 아동과 남성에게 더 흔하다. 물질/약물 치료로 인한 우울증을 진단받은 내담자는 여성보다는 남성, 그리고 흑인일 가능성이 더 높다.

또한, 우울증의 유병률이나 증상은 연령에 따라 다르게 나타난다. 우울증을 가진 아동은 슬픔의 감정보다는 불안이나 짜증을 드러낼지도 모른다. 이러한 증상은 등교 거부, 집착이나 기타 행동 문제로 발현될 수 있다(Walker & Roberts, 2001). 청소년이 되면 우울증은 성적 지향, 인종적 소속감, 성 정체성과 같은 정체성의 문제와 연관될 수 있다. 물질남용과 섭식장애는 흔히 청소년 우울증과 함께 일어나며, 이는 자살에 큰 위험 요소가 될 수 있다(Shaffer et al., 1996; Weissman et al., 1999).

노인의 경우, 우울증이 특정 질병이나 약물에 의해 야기되거나 악화될 수 있다. 예를 들어, 혈관성 우울증은 나이가 들어감에 따라 혈관이 굳어지고 위축될 때 일어난다. 노인의 상실은 더 빈번히 발생하며, 이는 일반적인 슬픔이나 우울증으로 이어질 수 있다. 노인은 우울하다고 이야기하는 것을 꺼려할 수 있고, 이는 잘못된 진단과 부족한 치료로 이어질 수 있다. 미국에서는 85세 이상인 백인 남성의 자살률이 가장 높다(Luoma, Martin, & Pearson, 2002).

기분장애로 진단된 개인에 대한 상담의 효과는 노인, 어린이 및 청소년, 저소득층 내담자 및 장애를 가진 개인을 포함하여 다양한 연령대 및 집단에서 입증되어 왔다(Kazdin, 2008; Kazdin et al., 2010). 그러나 특정 소외 계층은 증거 기반 치료를 적절히 응용했을 때 효과를 볼 수 있다는 점을 명심해야 한다. 연구에 따르면, 소수 인종 집단, 장애인 집단, 빈곤 집단이나 성 소수자 집단은 현재의 증거 기반 치료로 해결되지 않는 특정한 상황에 마주할 수 있다고 제안한다. 상담자는 이런 상황에 민감하게 반응해야 하고, 적절한 응용 방식을 찾아야 한다(Glickman, 2009; Livneh & Sherwood, 2001; Radnitz, 2000; Smith, 2005; Sue & Lam, 2002).

병인과 위험요인

대부분의 정신장애와 마찬가지로, 우울도 단일한 유발 요인 때문에 생기는 것이 아니다. 그보다는 우울은 장애의 발병에 영향을 주는 다양한 유전적, 생물학적, 화학적, 사회적, 심리학적 및 환경적 요인에 의해 복합적으로 결정된다. 위험요인과 환경적 스트레스 요인의 결합은 하나의 삽화를 가져올 수 있다. 우울의 원인은 항상 즉각적으로 눈에 보이는 게 아니므로, 사례개념화 과정이 중요하다.

⚙ 경험의 역할

때로는 우울을 유발하는 스트레스 요인은 급성적이고 즉각적이다. 또 다른 경우에는, 부정적 사고 패턴과 정체성 및 자존감 문제를 일으키는 학대나 외상의 경험이 있기도 하다. 사랑하는 사람의 죽음, 실직, 이혼이나 별거와 같은 관계의 분열 등의 인생의 중요한 변화와 주요 스트레스 요인은 우울 유발을 촉진 할 수 있다. 지속적인 왕따처럼 자아정체성이나 자아존중감의 상실을 초래하는 다른 미묘한 요인들도 우울을 유발할 수 있다.

또한, 사춘기, 결혼, 성인 자녀의 독립, 은퇴와 같은 일반적인 발달상의 중요한 단계들도 특정 사건이 개인적으로 고통스러울 때는 우울을 유발할 수 있다. 우울삽화를 유발하는 생각이나 상황은 새로운 것일 수도 있고 재발된 것일 수도 있으며, 다시 외상을 경험하게 하는 과거의 사건일 수도 있다. 전쟁, 성폭행, 심각한 사고, 또는 자연재해와 같은 외상성 사건을 경험했던 개인은 그런 외상을 경험하지 않은 사람들보다 주요우울삽화를 경험할 가능성이 더 높다.

특정 우울 장애와 관련된 추가적인 위험요인도 있다. 계절의 변화와 성행동 및 성역할에 대한 문화적 규범은 PMDD의 위험요인이 될 수 있다. 만성적인 과민성 내력은 DMDD의 위험요인이다. 또한, 낮은 수입은 물질/약물 치료로 인한 우울증의 위험요인이 될 수 있으며, 부모의 상실이나 부모의 이혼은 PDD의 위험요인이 될 수 있다.

◎ 생물학적/유전적 요인

일부 기분장애는 집안 내력인 경향이 있는데, 이는 유전적 요소를 암시한다 (Tsuang & Faraone, 1990). MDD를 가진 내담자의 가까운 가족 구성원은 일반적인 사람들보다 MDD에 걸릴 확률이 2~4배가량 더 높다. 특히 우울 증상이 조기 발병일 경우 더욱 그렇다. 뇌 화학물질(신경전달물질)의 불균형은 우울 발병과 관련이 있다고 밝혀졌으며, MRI(자기공명영상법) 촬영을 했을 때 우울한 사람의 뇌 사진에서 차이가 발견되었다. 우울장애 발병의 위험성과 관련된 기질적 위험요인은 신경증(부정정서)을 포함한다.

치료적 개입

우울증이 치료되지 않은 채 방치될 경우 몇 개월에서 몇 년까지 지속될 수 있으며, 시간이 지남에 따라 더 악화될 수 있다. 그렇지만 우울증은 치료 가능한 질병이다. 치료를 받은 사람들은 종종 증상이 상당히 호전되는 반면, 치료받지 않은 우울증 환자들은 불필요한 고통에 시달리게 된다. 감정과 걱정을 표현하지 않을 때 겪는 고립감은 우울을 악화시켜서 장기화할 수 있다. 극심한 우울 환자일지라도 치료의 효과를 얻을 수 있다.

많은 연구를 통해 상담이 우울증 치료 및 우울증 증상 완화에 효과적이라는 것이 입증되고 있다. 조기 치료는 유익하며, 심리치료는 가벼운 우울을 겪고 있는 사람이 더 극심한 우울에 빠지는 것을 방지해 줄 수 있다. 게다가, 비록 과거의 우울 병력이 미래 우울삽화 발생의 위험을 증가시킬지라도, 상담이 지속된다면 재발의 확률을 낮출 수 있다고 입증된 바 있다.

상담의 몇 가지 접근법은 개인이 우울증에서 회복하는 데 도움을 줄 수 있다. 특히 자신의 증상에 기여하는 행동적, 대인관계적, 심리적, 상황적 요인을 파악하여 이러한 영향에 보다 효과적으로 대처할 수 있도록 도와준다.

◎ 상담 개입

우울장애 치료에서 심리치료의 효과성을 증명한 여러 경험적 연구가 있었다 (Cuijpers, Brannmark, & Van Straten, 2008; Cuijpers, van Straten, Warmerdam, & Smits, 2008; Elkin et al., 1989). 연구들은 기분장애에 대한 다양한 치료 방식의 효과를 증명한다. 상담 접근법에는 인지 행동 치료, 현실 치료, 내담자중심 상담 그리고 대인 관계 치료가 포함된다. 다양한 유형의 심리치료의 상대적인 효과를 비교한 연구에 따르면 효과에는 큰 차이가 없음을 알 수 있다(Castonguay & Beutler, 2006; Norcross, 2011). 치료하지 않는 것과 비교했을 때, 우울을 포함한 다양한 상태를 아우르는 상담 접근의 효과는 잘 정립되어 있다(Lambert & Archer, 2006; Shedler, 2010; Wampold, 2007). 연구에 따르면, 우울을 경험한 대부분의 내담자는 비교적 짧은 상담 과정 이후 정상적인 기능을 회복할 수 있다(Baldwin, Berkeljon, Atkins, Olsen, & Nielsen, 2009; Stiles, Barkham, Connell, & Mellor-Clark, 2008; Wampold & Brown, 2005).

상담은 노인(Cuijpers, van Straten, & Smit, 2006)과 산후우울증을 겪는 여성(Lumley, Austin, & Mitchell, 2004)처럼 특정 집단뿐만 아니라 일반 성인에게도 효과적이다. 또한, 심리치료는 우울증을 겪는 아동과 청소년에게도 효과적인 치료법이며(Kazdin et al., 2010; Weisz, McCarty, & Vaeri, 2006), 우울증을 겪는 노인에게는 추억을 떠올리고 삶을 되돌아볼 수 있게 돕고(Bohlmeijer, Smit, & Cuijpers, 2003), 문제 해결 및 지지 경험을 제공할 수 있다(Alexopoulos et al., 2011; Arean et al., 2010).

우울에 대한 심리치료와 약물치료는 비슷한 효과를 보이며(Robinson, Berman, & Neimeyer, 1990), 복합 치료는 단독 약물 치료보다 더 효과적이다(Arnow & Constantino, 2003; Friedman et al., 2004; Pampanolla, Bollini, Tibaldi, Kupelnick, & Munizza, 2004).

◎ 인지 행동적 개입

인지 행동 치료(CBT)는 우울증 치료에 대한 효과성이 증명되어 왔다(Churchill et al., 2001; Gloaguen, Cottraux, Cucherat, & Blackburn, 1998; Pace & Dixon, 1993; Wampold, Minami, Baskin, & Tierney, 2002).

Aaron Beck과 동료들의 작업에 기초하여(Beck, Rush, Shaw & Emery, 1979), 우울의 인지 모델들은 우리의 인지 도식 또는 핵심 신념을 강조한다. 이러한 자기와 타인에 대한 근본적인 가정은 초기 경험으로부터 발달된다. 우울증에 빠진 개인은 종종 자신과 타인에 대한 부정적인 믿음을 발전시키곤 하는데, 이는 인생의 사건을 부정적인 필터를 통해 해석하도록 하고, 현실을 그들의 인지 도식에 맞춰 왜곡시킨다. 인지 치료는 사람이 살아가면서 스트레스 사건을 경험할 때, 그들이 삶의 과정에 따라 발달시킨 부정적 사고방식이 부정적인 자동적 사고를 통해 활성화될 수 있다는 생각을 기초로 한다. 자기 파괴적 생각은 사람이 자기 자신과 타인을 볼 때 사용하는 부정적인 필터를 형성하는데, 이는 곧 우울로 이어질 수 있으며, 결과적으로 부정적인 사고방식을 강화하고, 악순환을 만들어낸다. 인지치료는 이러한 부정적인 자동적 사고와 신념에 도전하며 내담자가 현실 검증에 참여할 수 있도록 안내하고, 궁극적으로는 역기능적이고 비합리적인 사고를 더 기능적이고 합리적인 사고로 대체할 수 있도록 돕는다. 나중에 내담자는 이러한 부정적인 신념에 도전할 수 있으며, 우울 증상을 줄일 수 있다.

인지적 또는 인지 행동적 지향을 가지고 작업하는 상담자는 내담자가 스스로를 절망, 무력함 그리고 자기 비난으로 이끄는 부정적이고 왜곡된 생각과 행동의 패턴을 인지할 수 있도록 돕는다. 내담자가 그들의 습관적인 사고방식을 수정할 때, 자신과 타인을 더 현실적으로 보는 관점이 발달되며, 이는 더 긍정적인 상호작용과 관계를 불러일으킨다. CBT 관점으로 작업하는 상담자는 내담자가 자신의 우울증에 기여하는 삶의 문제를 식별하도록 돕고, 문제에서 해결할 수 있거나 개선할 수 있는 측면을 이해하도록 돕는다. 아마 내담자는 과거에 우울했을 것이며, 적어도 부분적으로 효과가 있었던 몇 가지 대처 전략을 발견했을 것이다. 과거의 성공과 해결에 도움이 된 요인을 확인하는 것은 내담자에게 희망을 불러일으킬 수 있으며, 이로 인해 내담자는 미래에 대한 현실적인 목표를 설정하고 그것을 향해 천천히 나아갈 수 있게 된다. 또한, 치료가 진행되면서, 내담자는 미래의 우울삽화를 예방하고, 지원망을 강화할 수 있으며 신체적·정서적 자기 관리에 대한 새로운 틀을 만드는 새로운 기술을 발달시킬 수 있다.

James와 CBT 접근을 사용하여 상담 작업을 계속하는 상담자의 대화를 다시 들여다보자.

상담자: 당신은 전에 친구들이 거는 전화를 받기가 귀찮다고 했었지요.

James: 맞아요.

상담자: 당신은 그들이 보통 의무감 때문에 전화하는 거지, 당신과 함께 시간을 보내고 싶어서 전화하는 게 아니라고 생각하는 것처럼 보이네요.

James: (고개를 끄덕임.)

상담자: 약간 혼란스러운 점이, 저는 당신의 친한 친구들 몇 명이 몇 달 전에 당신의 생일을 위한 깜짝 파티를 계획했었다고 당신이 말했던 것이 기억나거든요. 그건 정말 많은 노력이 필요한데, 당신은 친구들의 그런 행동도 단지 의무감에서 나온 거라고 생각하나요?

James: 모르겠어요. 아마도요.

상담자: 그럼 그들이 파티를 재미없어 하거나 거기에 있고 싶지 않아 하는 것처럼 보였겠네요.

James: (어깨를 으쓱하며) 아니요. 그들은…… 저는 그들이 그날 저녁에 재미있어 하는 것 같았어요.

상담자: 그러니까…… 당신은 친구들에 대해 생각할 때 부정적인 필터를 지니고 있고, 아마도 그들이 그런 것처럼 보일 때면 당신을 안 좋아한다고 가정하는 것 같네요.

James: 그런 생각은 해 본 적이 없어요. 저도 잘 모르겠어요.

상담자: 우리는 모두 과거 경험으로부터, 우리 자신과 다른 사람에 대해 습관적인 사고방식을 발달시켜요. 당신이 친구들에 대해 나쁘게 추측하는 이유를 한번 생각해 보시겠어요?

James: 음, 저는 친한 친구가 많지 않아요. 제가 어렸을 때 저희 집은 이사를 자주 다녀서 저는 늘 전학생이었어요. 아시다시피, 친구를 사귀기 어려웠고 놀림도 많이 받았어요. 괴롭힘도 당했던 것 같아요.

상담자: 정말 힘든 시간이었겠네요. 그럴 때 어떻게 대처했나요?

James: 그냥 좀 친구 사귀는 걸 포기하고 혼자 있었어요.

상담자: 그것이 당신의 우울증에 영향을 주고 있다고 생각하나요?

James: 네. 방에 틀어박혀서 아무에게도 말하지 않을 때는 기분이 더 안 좋아지지만, 적어도 더 상처받지는 않았어요.

상담자: 당신이 지금 사귀는 친구들에 대해 걱정하는 것은 이해가 되네요. 하지만 당신이

지금 쓰고 있는 부정적인 필터는 지금의 당신에게 현실적이지 않은 것 같아요. 지금의 친구들은 당신을 정말 신경 쓰는 것 같은데요.

James: 아마 그 친구들의 말은 좀 더 믿을 수 있을 것 같아요.

상담자: 그렇게 되면 어떤 변화가 있을 것 같나요?

James: (가볍게 미소를 지으며) 글쎄요, 그들이 전화할 때 전화를 더 자주 받게 되겠죠.

상담자: 그러면 당신은 그렇게 많이 혼자 있지 않게 될 거에요. 그렇게 된다면 삶이 덜 절망적으로 보이지 않을까 싶네요.

James: 그리고 아침에 침대에서 일어나는 것도 더 편해질 것 같아요.

메타분석에서는 우울장애에 대한 약물 요법이나 대기자 명단(비치료) 통제 조건과 비교해서 인지 치료의 효과성을 언급해 왔다(Dobson, 1989; Elkin et al., 1989; Gloaguen, Cottraux, Cucherat, & Blackburn, 1998; Miller & Berman, 1983; Pace & Dixon, 1993; Robinson, Berman, & Neimeyer, 1990). 인지 치료는 항우울제가 단독으로 쓰일 때 보다 우울삽화의 재발 방지에 더 효과적이라는 것이 밝혀졌다(Vittengl, Clark, Dunn, & Jarrett, 2007). 다른 상담 요법이나 단독 약물 요법과 비교했을 때 CBT의 효과성은 별 차이가 없었던 반면에, 최근 연구에서는 CBT와 약물 요법의 통합은 단독 약물 요법보다 상당히 효과적이라는 것을 발견했다(Cuijpers et al., 2013; Cuijpers, Dekker, Hollon, & Andersson, 2009). 또한, 우울 치료에 있어 CBT는 단독 약물 요법을 받은 사람들과 비교한 1년과 2년 추적 연구에서 재발률이 더 낮게 나타나 장기적인 효과성도 인증하였다(Vittengl, Clark, Dunn, & Jarrett, 2007; Dobson et al., 2008).

⚙ 대인관계 치료

대인관계 치료(IPT) 또한 경험적으로 입증된 우울증 치료 요법이다. IPT는 내담자와 상담자의 관계에 초점을 맞추어, 과거에 문제가 있었던 관계를 재작업하고 보다 긍정적이고 건강한 정체성을 확립하도록 한다. 문제가 있는 관계는 우울을 초래하는데, IPT를 통해 관계를 개선함으로써 그러한 우울 증상을 낮출 수 있다.

◎ 가족 체계

가족 체계 상담은 가족력과 가족 관계가 내담자의 우울을 지속시키는 방식에 대해 탐구하고, 가족 구성원들이 내담자의 진전을 지지할 수 있는 방법을 발견하는 것을 목표로 한다. 우울 치료를 위한 가족 체계 접근은 상호적이며 상호의존적인 연결망으로서의 가족에 초점을 두고 있다. 따라서 개인을 돕기 위해서는 가족 체계를 염두에 두고 작업할 필요가 있다.

Murray Bowen이 개발한 가족 체계는 개인이 별개로 이해되거나 치료될 수 없다고 주장한다. 이는 가족 체계 안에서 각 구성원이 서로에게 적응해야하기 때문이다 (Bowen, 1978). 예를 들면, 만약에 한 가족 구성원이 알코올 중독으로 허우적거리고 있다면, 체계의 나머지 구성원들은 그러한 상황에 적응할 수밖에 없다. 어떤 사람은 그 상황을 부정할 것이고, 다른 사람은 행동화 문제를 보이며, 또 다른 사람은 우울해지기도 하고 가족을 떠나거나 철수함으로써 문제 자체를 회피할 수도 있다. 치료는 구성원들 사이의 상호작용과 경계선을 위해 선정된 규율 외에도 가족 내에서의 역할을 탐색한다. 이것들에 문제가 생기면 가족 안에서 각 개인은 부정적인 영향을 받는다. 가족 치료는 변화에 대한 체계에 내재하는 지속적인 저항을 해체시키고 가족 구성원들이 더 건강한 역할과 규율 그리고 경계선을 발전시켜 나갈 수 있도록 돕는다.

가족 체계 관점으로 James와 작업하는 상담자는 James의 우울증에 가족 체계가 어떤 영향을 끼치는지 조사하기 위해 James와 부모 및 가족과의 과거와 현재 관계에 주목할 것이다.

상담자: 당신의 가족에 대해 좀 더 말해 주시겠어요? 당신의 가족에 우울 내력이 있나요?

James: 아마 그런 것 같아요. 아버지는 항상 기복이 있는 편이었어요. 아마 기분이 좋을 때
보다는 안 좋을 때가 더 많았던 것 같아요. 그리고 어머니는 아버지가 떠난 후 확
실히 우울해 하셨어요. 오랫동안 거의 방에서 나오지 않으셨어요. 아마도 몇 년 동
안이요.

상담자: 마치 당신은 부모님을 모두 잃은 것처럼 느껴졌겠네요…….

James: (울먹거리며) 그랬어요. 정말 그랬어요.

상담자: 어렸을 때 부모님이 이혼했다고 했었는데, 그때가 몇 살이었죠?

James: 10살이었어요. 고함치고 소리 지르던 게 아직도 생생하네요. 그러고는 아버지가 떠나셨죠.

상담자: 10살짜리 아이에게는 너무나 충격적이었겠네요.

James: 그랬죠. 아버지와 계속 연락하기로 약속했었고 주말에 낚시나 경주 보러 가는 것처럼 여러 재미있는 일을 하기로 했었어요. 그런데 아버지는 이혼한 이후로 거의 나타나지 않았어요.

상담자: 당신은 그가 떠난 후에 아예 못 봤나요?

James: 가끔은 봤어요. 어떤 때는 아버지가 저와 만날 계획을 세우고는 오지 않으셨죠. 저는 가끔 아버지가 나를 만나는 게 그저 의무감 때문이고, 만나고 싶어 하지는 않는다고 느꼈던 것 같아요. 아버지는 별로 오고 싶지 않아 하셨고 나아가서 새로운 인생을 시작하고 싶어 하셨어요. 실제로 그러셨고요.

상담자: 아이로서는 정말로 힘든 상실이었고, 이해하기도 힘들었겠네요.

James: 음, 저는 마음을 다잡아야 했어요. 어머니는 저를 필요로 했고요.

상담자: 어머니가 당신을 필요로 했다고요?

James: 어머니는 망가져 갔어요. 저는 집의 가장이 되어야만 했죠. 아시겠어요? 어머니는 늘 남자는 여자를 보호하기 위해 있어야 한다고 말했어요. 저는 제 남동생을 돌보려고 노력했죠. 그리고 어머니도 돌봐야 했어요. 하지만 어머니는 더 좋아지지 않았고, 술까지 드시기 시작했어요. 그것도 제 잘못인 것만 같아요.

상담자: 당신은 단지 어린아이였을 뿐이에요. 당신은 어머니가 술을 마시게 된 것에 대해서 당신을 탓할 것 같나요?

James: 저는 어머니가 모든 것에 대해서 저를 탓할 것 같아요. 아마 그게 맞을지도 몰라요. 아마도 제가 엉망진창인 아이여서 아버지가 떠나야 했을 수도 있어요. 돌아오지 않은 게 당연했던 것일지도 몰라요.

가족 체계 관점으로 James와 작업하는 상담자는 아마도 James 부모의 이혼, 그가 현재 어머니와 아버지 모두와의 관계에서 겪는 갈등 경험과 이 경험이 어떻게 우울증에 영향을 미치는지에 대해 더욱 탐색하고 싶어 할 것이다.

⚙ 단기 치료

최근 메타분석에서 치료만이 길수록 효과가 커진다고 밝혔지만, CBT의 단기 버전과 문제 해결 치료를 포함한 단기 상담 접근 또한 우울 치료에 효과적이라고 알려졌다(Cape, Whittington, Buszewicz, Wallace, & Underwood, 2010).

⚙ 기타 상담 접근

앞서 논의한 바와 같이, 상담자는 여러 상담 이론을 내담자와의 작업에 통합시킨다. CBT와 IPT가 경험적으로 입증된 치료법이지만, 상담자는 우울을 경험하는 내담자를 돕기 위해서 또 다른 이론적 접근을 사용하기도 한다. 인간 중심 상담 또한 내담자가 치료적 관계를 통해서 자신의 문제와 관계를 이해할 수 있도록 돕는다. 현실 치료는 내담자가 어떤 문제를 자신이 통제할 수 있고, 어떤 문제는 통제할 수 없는지를 확인하게 하고 미래에 대한 현실적인 목표를 설정해서 변화할 수 있도록 돕는다. 정신분석적 접근은 내담자의 과거가 현재 증상에 어떻게 영향을 미치고 있는지를 검토하고, 내담자가 앞으로 나아가는 것을 목적으로, 이러한 영향에 대한 통찰을 기르도록 돕는다.

새로운 DSM-5 진단 중 일부는 경험적으로 지지된 치료법이 아직 확인되지 않았다. 예를 들면, DMDD의 경우 아직 경험적으로 뒷받침된 치료 권장 사항이 정립되지 않았지만, 부모 훈련 및 부모 지지 워크숍과 함께 CBT가 제안되고 있다. PMDD에 대한 권장 치료법 또한 CBT와 약물요법 외에도 식생활 변화(1주일 전에 탄수화물 섭취 증량)를 포함한다.

또한, 대다수의 상담 접근은 내담자가 지지 관계망을 확인하고 강화시키며 신체 건강을 촉진하고 대처 능력을 향상시킬 수 있도록 돕는다. 이러한 변화들은 미래 우울삽화를 방지할 뿐만 아니라 현재 우울삽화를 해결하는 데에도 효과적이다(Daley, 2008).

⚙ 약물 치료

여러 종류의 약물 치료 또한 단독으로 쓰이거나 (이상적으로) 상담과 병행하여 쓰일 때 기분장애의 치료에 효과적인 것으로 나타났다. NIMH의 투자를 받은 청소년에 대한 연구에서 약물 치료와 심리치료의 병행은 우울을 해결하는 데 가장 효과적이라고 언급된 바 있다(March et al., 2004).

우울의 약물학적 치료는 뇌의 특정한 화학물질에 영향을 끼친다. 뇌 화학물질이 균형을 이루지 못할 때 우울을 야기할 수 있다. 우울을 치료하는 데 사용되었던 초기의 몇 가지 약물은 모노아민 산화 효소 억제제(MAOI)였는데, 이는 특히 때로 '비전형적 우울증'이라고 알려진 잠 또는 음식에 대한 욕구가 더 커지는 등의 흔치 않은 우울 증상에 효과적이었다. 또한, MAOI는 함께 발생하는 불안감에도 도움이 될 수 있다. 그러나 티라민을 함유한 음식과 음료, 피임약, 아스피린, 약초 보조제, 감기약과 알레르기약 같은 약물을 MAOI와 함께 사용했을 때 생명을 위협하는 상호작용이 일어날 수 있기 때문에 이에 대한 면밀한 검토가 반드시 필요하다.

또한, 삼환계 항우울제(이미프라민, 노르트립틸린 등)도 오래된 우울 치료제이다. 이러한 약물은 효과적이었으나, 일부 내담자에게서 심장질환, 어지러움, 구강 건조 그리고 체중 증가와 같은 심각한 부작용이 일어났고, 삼환계 항우울제의 과다 복용은 생명에 위협을 줄 수도 있다.

더 최근에는, 선택적 세로토닌 재흡수억제제(SSRI)와 세로토닌과 노르에피네프린 재흡수억제제(SNRIs)가 우울 치료에 효과를 보였다. 이러한 약물(Prozac, Zoloft, Lexapro, Paxil, Celexa, Effexor와 같은 브랜드 이름을 포함)은 초기 약물들보다 더 적은 부작용을 가지고 세로토닌, 도파민 그리고 노르에피네프린 같은 뇌에서 유효한 특정 신경전달물질의 양을 조절한다. 부프로피온(브랜드 네임 Wellbutrin)은 신경전달물질 도파민에 영향을 주는 더 새로운 약물로, 부작용도 더 적다. 그러나 우울과 관련된 대부분의 약물은 두통, 위 역류, 수면 장애, 불안 그리고 성적 문제 등 약간의 부작용이 있기 마련이다. 삼환계 항우울제는 구강건조, 변비, 흐릿한 시야 그리고 소변 문제 등을 일으킬 수 있다. SSRI는 MAOI와 상호작용하면 혈압, 심장 기능 그리고 발작 같은 문제를 일으킬 수 때문에 이 두 가지 약물은 동시에 사용되어서는 안 된다. 일반적인 부작용뿐만 아니라 우울증에 사용되는 일반적인 약물의 목록을

표 4-1 항우울제 및 부작용

항우울제	약품 브랜드	일반적인 부작용
SSRIs – 뇌에서 발견되는 신경전달물질인 세로토닌의 양을 증가시킴으로써 작용함	Prozac®, Zoloft®, Lexapro®, Paxil®, Celexa®, Luvox®, Sarafem®	어지러움, 두통, 음식 섭취 직후의 메스꺼움, 불면증, 신경과민증, 낮은 성욕 또는 오르가즘 불능을 포함한 성적인 문제는 흔하지만 회복 가능함.
Tricyclics – 뇌에서 세로토닌 그리고/또는 노르에피네프린의 가용성을 증가시킴으로써 작용함	Tofranil®, Anafranil®, Adapin®, Aventyl®, Elavil®, Endep®, Pamelor®, Sinequan®, Zonalon®	구강 건조, 흐릿한 시야, 피로 증가, 체중 증가, 근육 경련, 변비, 방광 문제, 어지러움, 맥박 수 증가, 성적 문제.
MAOIs – 뇌에서 노르에피네프린과 세로토닌의 양을 증가시킴	Emsam®, Eldepryl®, Nardil®, Marplan®, Parnate®, Zelapar®	위험한 상호작용을 피하기 위해 특정 음식과 약물을 피해야 함. 부작용은 두통, 심박수 증가, 가슴 통증, 목 뻣뻣해짐, 메스꺼움과 구토 등.
Bupropion – 뇌에서 신경전달물질인 노르에피네프린과 도파민의 양을 증가시킬 수 있음	Aplenzin®, Budeprion®, Buproban®, Forfivo®, Wellbutrin®	체중 감소, 식욕 감퇴, 동요, 불면증, 불안, 변비, 구강 건조, 설사, 어지러움, 발작.
SNRIs – 뇌에서 신경전달물질인 세로토닌과 노르에피네프린의 수준을 증가시킴	Cymbalta®, Effexor®, Fetzima®, Khedezla®, Pristiq®	나른함, 흐릿한 시야, 가벼운 어지러움, 괴상한 꿈, 변비, 열/오한, 두통, 식욕 증가 혹은 감퇴, 떨림, 구강 건조, 메스꺼움.

제시한 〈표 4-1〉을 보자.

한방 치료의 세인트존스워트 또한 미국과 유럽 모두에서 약간의 우울증부터 중간수준의 우울증에 사용된다. 그러나 몇몇 연구는 세인트존스워트가 주요우울증 치료에는 효과적이지 않으며(Hypericum Depression Trial Study Group, 2002), 피임약과 특정 심장 및 발작 치료 약물의 효과성을 낮출 수 있다고 밝혔다.

전기 충격 요법(ECT)은 오늘날 흔히 사용되지는 않지만, 약물과 상담으로는 효과가 없는 극심한 우울증에 사용된다. ECT를 받는 내담자는 가벼운 마취를 받으며 치료도 간단하다. 그러나 부작용으로 기억 상실, 혼란 그리고 방향감각 상실 등이 나타날 수 있는데, 이 중 대부분은 단기적이다(Lisanby, 2007).

내담자가 약물을 처방받을 때, 상담자는 부작용을 관찰하고, 내담자가 자신의 약물 복용에 대한 불확실함에 대처할 수 있도록 돕기 위해 처방하는 의사와 긴밀히 작업해야 한다. 상담자는 치료에 대해 너무 빨리 절망하고 포기하지 않도록 내담자에게 완전한 효과가 나타나기까지 4~6주 동안 항우울제를 복용할 필요가 있다고 강조할 수 있다. 또한, 상담자는 재발을 줄이기 위해, 내담자의 기분이 호전된 후에도 약물 복용을 지속하도록 돕는 것이 중요하다. 항우울제를 갑자기 중단하면 금단 증상이 생기거나 우울 또는 불안이 더 악화될 수 있다. 또한, 상담자는 의사와 협력하여 내담자가 자신에게 가장 적합한 약물을 찾도록 지원할 수 있다. 어떤 내담자가 가장 적합한 약물을 찾느라 여러 약물을 시도해야 하는데, 이는 내담자에게 좌절감을 주고 겁먹게 만드는 경험이 될 수도 있다.

연구에 따르면, 우울증에 대한 약물 치료의 이득이 위험보다 더 큰 것으로 나타나지만, 그럼에도 불구하고 상담자는 항우울제를 처방받은 일부 아동과 청소년에게 자살 충동이나 자살 시도의 위험이 있다는 것을 인지해야 한다(Bridge et al., 2007). 미국에서 식품의약품국은 아동과 24세 이하의 젊은 성인에게 항우울제에 대한 '복약 주의사항' 경고를 제시하고 있다. 그 위험성은 내담자가 약물 치료를 시작할 때 가장 크기 때문에, 상담자는 이 기간 동안 내담자를 꾸준히 모니터해야 하고 처방한 의사와 긴밀하게 작업해야 한다.

우울장애에 대한 연구와 진단 범주를 조사했으니, 이제 James의 사례로 돌아가서 상담자가 개발하는 사례개념화를 따라가 보도록 하자.

T/C 모델을 사용한 우울증의 사례개념화

대부분의 장애처럼, 우울증도 장애의 원인에 영향을 미치는 생물학적, 심리학적 및 환경적 위험요인을 가지고 있다. 사례개념화를 할 때, 이러한 모든 분야에 관심을 두는 것이 중요하다.

생리학적/생물학적 영역에서, 음식 섭취, 수면, 활동 수준의 문제에 대한 내담자의 묘사는 뭐든 중요한 의미를 지닌다. 식욕 부진 또는 식욕 과다는 모두 우울과 관련될 수 있다. 마찬가지로, 매우 피곤함을 느끼거나, 잠자리에서 일어나기가 힘들거나, 또는 잠에 들거나 숙면을 취하기 힘든 것도 우울의 지표가 되기도 한다. 우려를 낳을 수 있는 또 다른 행동은 사회적 고립과 집중력 저하이다. 내담자는 삶에 기쁨이 없다고 말하며, 아무것도 즐길 수 없을지도 모른다. 게다가 우울이 만성 통증,

두통, 또는 위 통증 같은 신체증상으로 발현될 수 있다는 것을 명심해야 한다.

또한, 우울을 발병하게 하고 유지시키는 역할을 하는 심리적·인지적 요인도 있다. 내담자가 설명하는 방식은 어떠한가? 그들이 세상과 타인을 어떻게 바라보는가(안전하고 믿을 수 있다고 보는가, 아니면 위험하고 돌발적이라고 보는가)? 그들이 우울의 취약성을 증가시키는 부정적인 필터를 통해 자기 자신과 타인을 보는 경향이 있는가? 우울증이 있는 내담자는 비현실적으로 부정적인 설명을 하는 경향이 있기 때문에, 내담자가 지니고 있는 강점과 능력을 철저하게 파악해서 자동적 사고가 바뀔 수 있도록 하는 것이 필수적이다. 더불어, 내담자가 가지고 있거나 개발할 수 있는 자원에 대한 이해와 지지는 내담자가 우울로부터 회복하고 그 회복을 유지하는 데 도움이 될 것이다.

과도한 죄책감과 낮은 자존감 또한 내담자를 우울의 위험에 처하게 한다. 이러한 것들은 어린 시절에 학습되었을지도 모르며 단 한번도 그에 의문을 품은 적이 없을 수 있다. 우울증을 겪는 내담자는 절망적일 수 있고, 그들이 겪는 고통을 끝내기 위해 자살을 생각할 수도 있다. 우울 증세가 있는 내담자와 작업할 때 자살 생각이나 의도에 대해 질문하는 것은 사례개념화 과정에서 중요한 부분이다.

평가해야 할 환경적 요인에는 최근 또는 과거의 상실 경험, 현재의 스트레스 요인 그리고 관계 갈등 등이 있다. 게다가, 우리는 내담자의 우울삽화가 한 해의 특정 시기에 일어나는지, 아니면 여성 내담자의 경우는 월경 주기나 출산과 관련이 있는지를 고려해야 한다.

이 장의 시작에서 만난 내담자인 James의 사례개념화가 T/C 모델을 이용하여 어떻게 이루어졌는지 살펴보도록 하자.

James의 사례

◆ T/C 사례개념화 모델 개요의 예시

(*더 많은 정보를 요구하는 부분들)

① 주 호소 문제: 우울, 고립, 섭식, 수면 그리고 집중력 관련 문제

② 내적 성격 구조와 행동

- **자기효능감**: 절망감을 느낌, 관계나 직장에서 효능감을 의심함.
- **자존감**: 낮음, 우울과 절망감으로 인해 마비된 느낌.
- **태도/가치/신념**: 책임감, 남자가 여자를 돌봐야 한다는 신념.
- **애착 유형**
- **생물학/생리학/유전적 특징**: 남성, 30세, 두통, 병력*, 우울증의 가족력*, 어머니의 알코올 사용 이력*, 기질(부정적 정서).
- **정서**: 우울함, 절망감.
- **인지**: 사람들이 그저 의무감 때문에 그와 시간을 보낸다는 신념, 그가 부모의 이혼에 책임이 있다는 신념.
- **감정적 사고**: '내 친구들은 어쨌든 나와 정말로 함께 있고 싶어 하지는 않는 것 같아요. 그들은 단지 의무감을 느낄 뿐이에요. 내가 살아 있지 않다면 모두가 더 나아질 거예요.'
- **행동**: 고립, 실직, 회기 내에서 눈에 띄게 심란함, 전화 연락에 답할 수조차 없음.
- **증후학**: 두통, 피로감, 수면 문제, 집중력 문제, 식욕 변화.
- **대처 기술과 강점**
- **변화에 대한 준비**: 고려 단계-변화에 대한 양가감정이 있지만, 고려해 볼 의향이 있기도 하고 절망적이기도 함.
- **삶의 역할**: 직장*, 가정*.

③ 환경
- **관계**: 부모와의 갈등적 관계*, 과거 친구들과의 부정적인 경험, 괴롭힘을 당함*, 신뢰하기 어려움.
- **문화**: 가족 배경*
- **가족 규범과 가치**: 남자가 여자를 돌봐야 할 의무가 있다는 신념
- **사회적 영향**

④ 연대기
- **과거 영향**: 괴롭힘을 당함, 부모의 이혼, 아버지의 방임, 어머니의 음주.
- **현재 영향**: 직업적 스트레스, 우울한 기분, 수면, 섭식과 집중력 문제, 어머니와의 갈등 관계,* 아버지와의 관계*.
- **미래 목표**: 돈독한 우정 쌓기, 직장에 다니기, 직장에서 자신감 쌓기.

> ✎ **질문**: 이 사례개념화를 완성하기 위해 당신은 어떤 질문을 더 하고 싶은가?

상담의 핵심

- 우울장애는 인지적이고 생물학적인 변화뿐만 아니라 슬픔, 공허함, 또는 짜증나는 기분이 특징이다.
- 우울은 정서적 고통 외에도 두통, 위 역류, 또는 만성 통증 같은 신체적 고통을 유발할 수 있으며, 우울증을 겪는 사람 중 일부는 자살을 생각하거나 시도할 수 있다.
- 파괴적 기분조절부전장애는 DSM-5에서 아동기에 진단되어야 하는 장애로 추가되었다. 핵심 특징은 기질 폭발로 나타나는 만성적으로 극심하게 지속되는 과민성이다(보통 불만에 대한 반응).
- 월경전불쾌감장애 또한 DSM-5에 추가되었으며, 중요한 정서적 증상(예: 기분 변화, 짜증, 우울, 불안 등)이 생리 전 1주일 동안 나타나다가 생리 주기 후에 빠

르게 사라지는 경향이 있다.

- 주요우울장애는 DSM-5에서 우울한 기분 또는 흥미와 즐거움의 상실로 정의 되며, 수면 곤란, 피로감, 집중 곤란 그리고 자살 생각 등 네 가지 증상을 동반 한다.

- 지속성 우울장애는 DSM-IV의 기분저하증 범주를 대체하는 만성적인 우울스 펙트럼장애(증상이 2년 동안 지속됨)로, 증상 군집을 확장하여 기분저하증과 만 성적인 주요우울장애의 예전 진단까지 모두 포함한다.

- 외상 후 스트레스장애(PTSD), 공황장애, 사회공포증, 범불안장애, 그리고 강박 장애(OCD) 등의 불안장애는 가장 흔히 함께 발생하는 문제이다.

- 우울증은 단독 유발 요소로 인해 발생하지 않는다. 그보다는 장애의 발병에 영향을 끼치는 다양한 유전적, 생물학적, 화학적, 사회적, 심리학적 그리고 환 경적 요인이 작용하며 복합적으로 결정된다.

- 특정 기분장애는 가족력이 있는 경향이 있는데, 이는 유전적 요소가 있음을 암 시한다.

- 많은 연구에서 상담 접근(인지 행동 치료, 대인관계 치료 등)이 우울증 치료와 우 울증 증상의 완화에 대한 효과성이 입증되었다.

- 여러 종류의 약물 또한 단독으로 혹은 상담(이상적으로)과 함께 처방되었을 때 기분장애를 치료하는 데 효과적이라고 밝혀졌다. NIMH 기금으로 투자받은 청 소년에 관한 한 연구에서는 약물 치료와 심리치료의 병행이 우울증을 치료하 는 데 가장 효과적이라는 것을 발견했다.

실습

실습 4-1   사람들은 우울증을 묘사하기 위해 어떤 단어를 사용하는가

✐ 실습: 소규모 집단 토론을 한 후 대규모 집단 토론을 하시오.

- 질문 1: 내담자가 그들의 우울을 묘사할 때 사용할 수 있는 전형적인 단어와 표현은 무엇인가?
- 질문 2: 높은 심각성을 나타내는 단어나 표현이 있는가? 있다면 어떤 것인가?
- 질문 3: 상담자가 이러한 묘사 속에 숨어 있는 생각을 파악하기 위해 질문할 수 있는 후속 질문은 무엇인가?

실습 4-2   슬픔의 경험을 어떻게 분류하는가

✐ 실습: 개인 작업 후에 대규모 집단 토론을 하시오.

- 질문 1: 당신은 기분이 좋지 않은 날 당신의 경험을 어떻게 묘사할 것인가?
- 질문 2: 환경, 인지 그리고 행동에 특히 중점을 두고, T/C 모델을 사용하여 당신의 증상을 범주화하시오.
- 질문 3: '기분이 좋아지기 위해' 당신은 보통 무엇을 하는가?

실습 4-3   이 장의 초반에 제시된 Genevieve의 사례를 사용하여 더 깊이 알아보기

✐ 실습: 소집단 토론을 한 후 대규모 집단 토론을 하시오.

- 질문 1: 이 대화 후에 당신은 다음으로 어떤 질문을 할 것인가?
- 질문 2: 당신은 무엇을 더 알고 싶은가?
- 질문 3: 당신은 Genevieve가 자신의 우울증을 더 잘 이해하도록 하기 위해 어떻게 도울 것인가?

실습 4-4 | 앞서 제시된 Tom의 사례를 이용한 사례개념화 실습

> ✎ **실습:** 소규모 집단 토론을 한 후 대규모 집단 토론을 하시오.
>
> - **질문 1:** 지금까지 이 사례에 대한 당신의 사례개념화는 무엇이었는가?
> - **질문 2:** 당신은 무엇을 더 알고 싶은가?
> - **질문 3:** 상담에서 Tom을 위해 가능한 세 가지 목표는 무엇인가?

더 나아가기

Depression: Causes and Treatment by Aaron T. Beck and Brad A. Alford(2009) University of Pennsylvania Press

Mind Over Mood: Change How You Feel by Changing the Way You Think by Dennis Greenberger and Christine Padesky(1995) Guilford Press

Mindfulness-Based Cognitive Therapy for Depression by Zindel V. Sega, J. Mark G. Williams, John D. Teasdale, and Jon Kabat-Zinn(2012) The Guilford Press

Treatment Plans and Interventions for Depression and Anxiety Disorders by Robert L. Leahy, Stephen J. F. Holland, and Lata K. McGinn(2011) The Guilford Press

2

2

양극성 장애

Betsy의 사례

Betsy는 27세 변호사로, 그녀의 남편 John과 함께 상담자를 만나기 위해 위기 센터에 내방했다. John이 센터에 처음 전화를 걸었으며, 그는 아내를 매우 걱정하고 있었다. Betsy는 내방에 동의했지만, 남편이 과도하게 보호적이며 "그저 이해하지 못하는 것"이라고 주장했다.

Betsy는 최근 중요한 첫 사례에서 승소했고, 이를 축하하기 위해 그녀와 John은 자메이카를 여행했다. 모든 것이 괜찮았고[일주일 전], Betsy가 다음 프로젝트를 위해 일한다며 때로는 새벽 3시 혹은 4시까지 밤을 새기 시작하기 까지는 Betsy의 기분이 매우 좋았다. Betsy가 중요한 사건 사례를 맡을 때마다 이전에도 이러한 패턴을 보여 왔기 때문에 John은 한동안은 딱히 걱정하지 않았고, Besty는 점점 더 잠을 적게 잤다. John은 그녀가 한밤중에 그를 깨워 회사와 세계에 퍼져 있는 많은 사람이 연루된 음모를 밝혀냈다며 흥분하면서 이야기하기 시작했을 때 무언가 잘못되고 있음을 깨달았다. 어제 John은 Betsy의 회사 사장에게서 전화를 받았다. 먼저 사장은 그녀가 괜찮은지 안부를 물으며, Betsy가 동료들에게 음모론을 얘기하고 다녀 회사에 큰 혼란을 유발하고 있다는 말을 했다. 그녀의 동료들은 Betsy가 '그 생각을 의논하려고' 자신들의 사무실에 자꾸만 들어와서 아무 일도 할 수 없다고 불평했다. John이 Betsy에게 맞섰을 때, 그녀는 매우 화가 나서 그가 '연루되었는지' 추궁했다.

John은 그녀가 평가에 동의하도록 그녀를 진정시킬 수는 있었지만, Betsy는 여전히 분명 화가 나 있었다. 그녀는 상담 초기에 팔짱을 끼고 상담자를 째려보듯 봤지만 상담자가 그녀에게 무슨 일이 일어나고 있는지 묻자 음모에 대한 장황한 설명을 늘어놓았다. 그녀는 흥분하여 빠르게 얘기했으며, 팔을 흔들고 사고의 흐름을 따라가기 어려울 정도로 주제 전환이 빨랐다. Betsy는 자신이 음모를 밝혀낸 유일한 사람이기 때문에 그것을 폭로하여 바로잡는 사람이 될 것이며, 그녀가 분명히 회사에서 사장으로 승진하게 될 것이라고 했다(그녀는 현재 일반 부하 직원이다). 상담자가 그러한 확신이 실현될 가능성을 물었을 때, Betsy는 그녀에게도 화를 냈다.

Dorothy의 사례

Dorothy는 19살로 대학교 2학년이다. 그녀는 불안 문제와 수면 문제를 호소하며 상담센터에 내방했다. Dorothy는 말할 때 손을 꽉 쥐었으며, 거의 쉼 없이 다리를 떨었다.

Dorothy: 저에게 무슨 일이 일어나고 있는지 모르겠어요. 저는 그저…… 밤에 잠들기가 점점 어려워지고 있어요. 점점 늦게까지 깨어 있고, 제 두뇌가 멈추지 않는 것 같아요. 진정할 수가 없어요.

상담자: 밤에는 주로 어떤 생각이 머릿속에 떠오르나요?

Dorothy: 대개 구체적인 게 아니에요. 단지 제가 너무 많은 에너지를 쏟고 있고 마치 하룻밤 사이에 열 장의 글을 쓸 수 있을 것 같은 기분이지만, 생각이 너무 많아서 모든 생각을 쓰기가 어려워요!

상담자: 이전에 이런 비슷한 일이 발생했을 때를 기억할 수 있나요?

Dorothy: 아니요. 저는 정말 가라앉아 있을 때 좋지 않은 시간들을 보낸 적은 있지만 이런 활기 넘치는 기분은 전혀 아니었어요.

상담자: 좋지 않은 때는 얼마나 나쁜가요? 자살하고 싶다는 생각을 할 정도로 기분이 좋지 않은 적이 있었나요?

Dorothy: (아래를 바라보며) 네, 몇 번은요. 계획하거나 뭘 한 것은 아니지만, 네. 몇 번 그 정도로 나빴어요. 지금은 그렇게까지 나쁘다고 느끼지는 않는데……. 그러니까 지금은 괜찮다고 느껴요. 그런데 동시에 제가 단지…… 제가 아닌 것 같아요. 그리고 저는 항상 너무 초조하고, 모든 것이 날 미치게 해요. 그래서 친구들한테 화난 것처럼 딱딱거리며 말하게 되고, 그게 저는 싫어요.

상담자: 초조한 느낌이 들 때 도움이 되는 것이 있나요?

Dorothy: 제가 유일하게 시도해 본 건 술이에요. 평소에 그렇게 많이 마시지는 않는데 조금 도움이 되는 것 같아요. 그렇지만 저는 그것이 아마도 좋지 않을 거라는 걸 알아요. 지금은 제가 필요할 경우를 대비해서 기숙사 방에 술 한 병을 항상 두고 있어요.

상담자: 그것이 당신의 관계에 어떤 영향을 미치나요?

Dorothy: 제 룸메이트가 저에게 짜증이 났고, 걱정하는 것 같아요. 그리고 특히 제가 취했을 땐 대부분의 파티에서 유난히 남자들과 어울리는 것 같아요. 그건 정말…… 저 답지 않아요.

Chuck의 사례

Chuck은 자살 시도로 진통제 반 통을 먹은 뒤 치료를 위해 내방했다. 56세인 Chuck은 2번 결혼했고 최근 다시 이혼했다. 그는 현재 무직이고 여러 번 실직했던 근무 이력이 있다. 이 중 몇 번은 정리해고 또는 해고로 인한 것이었고, 몇 번은 Chuck이 충동적으로 그만두고 다른 직업을 찾으려 애쓴 것이었다. 상담자는 Chuck의 우울 증상과 자살 위험을 평가했다. 인터뷰의 중간 내용을 보자.

상담자: 당신은 성인기의 대부분을 이렇게 너무 힘든 시간을 보내오신 것 같고, 절망감과 슬픔을 감당하기 어렵다고 느끼시는 것 같아요.

Chuck: 제 인생 전체에서요. 그냥 저는 더 이상 감당할 수 없습니다.

상담자: 당신의 삶에서 지금과 전혀 다르게 느낀 적이 있나요? 에너지로 가득차서 무엇이든 할 수 있을 것 같은 적이 있어요?

Chuck: (놀란 듯 바라보며) 사실 있습니다. 그런 적이 두 번 정도 있습니다.

상담자: 그때에 대해 말씀해 주세요. 수면에 영향이 있었나요?

Chuck: (끄덕이며) 확실히요. 사실 전혀 잠이 필요하지 않은 것 같은 기분이었고, 그냥 밤을 새고 무엇이든 해낼 수 있을 것 같았어요. 이러한 시간 중 한 경우가 내 첫 번째 결혼을 망쳤어요. 저는 첫 번째 아내가 제가 다른 여자를 만난다는 것에 대해 절대 알아차리지 못할 거라고 생각했어요. 천하무적 같은 기분이었죠.

상담자: 그때에 뭔가 다른 일은 없었나요?

Chuck: 당시에 제가 돈도 많이 썼어요. 거기에는 차나 물건에 움푹 파인 곳을 없애 주는 이 신제품도 있었는데, 저는 이걸로 부자가 될 수 있을 거라 생각했어요. 제 재산의 대부분을 투자한 것 같은데, 일이 잘 안 됐어요. 결국 제 직업과 모든 것을 잃었어요. 제 아내는 매우 화가 났어요. 그 당시에 저는 그녀가 제 길을 가로막는 얼간이라고 생각했어요.

도입

Betsy, Dorothy, Chuck은 모두 양극성 장애로 고통받고 있다. 양극성 장애는 치료가 가장 어려운 정신건강 문제 중 하나일 뿐만 아니라, 가장 낙인과 오해가 심하다. 이전에는 기타 우울장애에 포함되어 있었지만, 정확한 진단과 이해를 촉진하기 위해 DSM-5에서는 양극성 및 관련 장애를 독립된 범주로 신설했다. 우울장애와는 달리 양극성 장애는 우울과 그와 정반대 '극(pole)'인 조중 또는 경조증삽화 모두를 포함한다.

우리 대다수는 우울감이 무엇인지 안다. 어떤 면에서 조중은 이와 정반대로 강렬한 의기양양 혹은 과민 반응 상태로 여겨진다. 이 장애를 '양극성'이라고 언급하는 이유는 조중삽화를 경험하는 대다수의 사람은 우울삽화 또한 경험하기 때문이다.

조증 상태일 때 개인은 그들이 평소에 했던 방식으로 행동하거나 생각하지 않는다. 종종 그들은 더 크고 더 빠르게 말하며, '언어 압박(pressured speech)'으로 알려져 있듯 주제에서 주제로 건너뛰며 말한다. '사고 비약(flight of ideas)'으로 설명되듯이 그들의 대화 흐름에 끼어드는 것은 어렵다. 다른 특정 상호작용을 반기지 않을 때, 이를 알려 주는 사회적 단서를 놓치게 되면서 사회적 판단이 손상될 수도 있다. 일부 개인은 그들이 그렇지 않았으면 하지 않았을 성적 관계를 맺고, 많은 돈을 써 버리거나 과속 운전을 하는 것과 같은 신중하지 못한 행동을 한다. 조증삽화 동안 사람들은 잠을 적게 자는 경향이 있지만 더 활력을 느끼고 운동 활동이 증가할 수 있다. 대단한 일을 성취할 수 있을 것만 같은 거창한 사고와 높은 자존감을 보일 수 있지만, 종종 분노 폭발과 격노삽화를 보일 수도 있다. 조증삽화는 1일 또는 2일 간격에 거쳐 갑자기 시작되는 경향이 있다.

양극성 장애는 조증 증상의 심각도 및 기간에 의해 구분된다. 개인의 일생 동안 적어도 1번의 조증삽화가 있을 경우 제I형 양극성 장애로 진단한다. 제II형 양극성 장애는 개인이 적어도 4일의 경조증(조증은 아닌)과 주요우울장애 준거를 충족할 경우 진단된다. 경조증은 조증과 유사하지만 덜 극단적이다. 경조증 상태에 있는 개인은 정상 기능에 변화가 있을지라도 더 사실에 기반하고 명확히 생각한다. 따라서 경조증 상태의 사람은 더 사회적이고, 경박한 행동을 하며, 더 생산적이고 활력 있다고 느낄 수 있다. 내담자는 도취감을 느낄 수 있지만, 이에 따른 행동은 조증삽화의 충동에 사로잡힌 특성을 가지고 있지는 않다. 이러한 변화는 타인에 의해 반드시 관찰되지만 조증삽화와는 달리 일상 활동에 현저한 손상을 야기할 가능성이 적다. 이 장의 도입 부분에서 접했던 3명의 내담자를 생각해 보라. Dorothy는 경조증삽화를 겪고 있는 반면, Betsy는 조증삽화 중기에 있으며, Chuck은 몇 번의 조증삽화를 가지고 우울삽화를 겪고 있다.

진단의 정확도를 높이고 장애를 더 일찍 감지하는 데 도움이 되기 위해 DSM-5의 조증과 경조증삽화의 준거 기준은 기분 변화 이외에도 활동과 활력 수준의 변화를 포함하고 있다. 이전의 양극성 장애 I형은 개인이 주요우울삽화와 조증삽화 모두를 충족할 것을 요구했지만, DSM-5에서는 이 기준이 삭제되었다. 대신 새로운 명시자인 '혼재성 양상 동반'은 우울 특성이 나타나는 경우의 조증 또는 경조증삽화에 적용될 수 있다. 게다가 조증 또는 경조증 증상이 나타날 경우, 이는 우울삽화에도 적용될 수 있다. 이에 더해 '불안증 동반', '혼재성 양상 동반', '급속 순환성 동반'과 같은 명시자 또한 추가될 수 있다.

양극성 장애를 진단받은 대부분의 내담자는 초기 진단 이후에 반복되는 우울 또는 조증 삽화를 보인다. 심지어 한 번의 삽화 이후 일생동안 재발 확률은 95%이다(Goodwin & Jamison, 2007). 대부분은 그들의 일생에 거쳐 적어도 한 번의 우울삽화를 경험할 것이며, 11%가 조증 또는 경조증 주기를 경험하는 데 비해 평균적으로 인생의 3분의 1을 우울 주기로 보내게 될 것이다(Kupka et al., 2007; Post, Baldassano, Perlis, & Ginsberg, 2003).

양극성 장애의 초기 증상들은 종종 10대 중후반에 발현하며, 대개 우울삽화를 동반한다. 우울 증상은 조증 증상에 비해 3~4배 더 자주 나타난다(Judd, Schettler, & Akiskal, 2002; Post et al., 2003). 우울 주기는 높은 장애 위험 및 심각한 수준의 고통과 관련이 있다. 조증삽화와 비교했을 때, 양극성 우울은 관계, 가족, 직장, 사회적 생활에서의 더 심각한 손상 혹은 높은 자살률과 관련된다(Calabrese, Hirschfeld, Frye, & Reed, 2004; Goldberg & Harrow, 2011). 모든 정신의학적 진단 가운데 평생 자살 시도와 실제 자살에 대한 위험도가 가장 높다. 몇몇 연구는 특히 우울 주기 동안의 자살 위험성이 일반 대중보다 15배 높은 것으로 추정한다(Goodwin & Jamison, 2007). 이 주기 동안의 평가와 치료는 매우 중요하다.

DSM-5는 또한 주요우울장애 내력과 함께 적어도 4일 연속의 기간 기준을 제외한 경조증삽화 준거를 충족하는 사람 또는 기간 기준을 충족하지만 경조증의 모든 준거를 충족하지는 않는 사람을 위해 '달리 명시된 양극성 및 관련 장애' 범주를 포함한다.

당신이 Betsy의 사례에서 볼 수 있듯 제I형 양극성 장애의 진단은 심각한 것이다. 양극성 장애는 자살률 증가와 연관되며 재발 위험이 크고, 높은 개인적 및 사회적 비용과 관련된다. 이 장애는 삶의 질 손상, 생산성 감소, 사망률 증가의 주요 원인이다(IsHak et al., 2012). 양극성 장애를 진단받은 개인은 장애에 대한 사회적 낙인 대처, 관계의 어려움, 실직과 같은 광범위한 사회적 문제를 가진다. 조증삽화로 입원한 경험이 있는 사람은 다시 자립하기 위해 분투하며, 3분의 1은 1년 내 복직에 실패한다(Harrow, Goldberg, Grossman, & Meltzer, 1990). 이 장애는 진단을 받은 사람 가운데 약 4분의 1에게 일 혹은 학업에 지장을 주고(Kessler et al., 2006), 제I형 양극성 장애를 가진 사람 가운데 25%와 제II형 양극성 장애를 가진 사람 중 20%가 자살 시도를 하는 높은 자살율을 보인다(Merikangas et al., 2011).

양극성 장애는 삽화적이고, 잠재적으로 일생동안 지속되며, 주요우울장애에 비해 높은 재발률을 보이는 손상장애이다. 제I형 양극성 장애를 가진 사람 과반수는 일생에서 4번 또는 그 이상의 삽화를 보일 것이다(Goodwin & Jamison, 2007). 그러나 대부분의 내담자는 지속적으로 치료를 하면서 현저한 개선을 볼 수 있다. 장애를 관리하기 위해 약물 요법과 심리치료가 결합된 치료 계획과 함께 장기적인 예방치료가 권장된다.

양극성 장애는 주요우울장애에 비해 덜 보편적이다. 국제적으로 약 1,000명 당 6명이 제I형 양극성 장애의 기준을 충족한다(Merikangas et al., 2011). 미국 내에서 일생에 거쳐 제I형 양극성 장애를 진단받는 인구는 1%로 그 비율이 보다 높다(Merikangas et al., 2007). 제II형 양극성 장애의 추정 유병률은 각기 다른데, 이것은 부분적으로 진단 도구가 이 장애의 경중에 대해서는 그렇게 신뢰할 수 없기 때문이며, 추정 범위는 0.4~2%이다(Merikangas et al., 2007, 2011). 양극성 장애의 발병 평균 나이는 장애를 진단받은 사람 가운데 약 절반이 25세 이전이며, 최근에는 더 어린 나이에 진단되고 있다(Merikangas et al., 2011).

동반이환

치료되지 않은 의학적 문제들, 기타 정신 장애, 심리사회적 스트레스 요인 등의 특정 요인은 양극성 장애의 예후를 안 좋게 하거나 심각도를 증가시킬 수 있다. 양극성 장애를 가진 내담자 대다수는 적어도 하나의 공존하는 정신장애 또는 의학적 장애를 갖고 있다. 그러므로 치료는 이러한 상태와 일생 스트레스 요인 간 상호관계를 고려해야 한다.

역학적, 임상적, 가족 연구들은 불안장애가 가장 흔하게 공존하는 장애로, 양극성 장애를 가진 사람 중 2/3가 불안장애를 진단받는다고 보고한다. 불안장애가 동반되면 더 심각한 증상, 낮은 회복률, 약물사용 문제, 자살 사고와 연관된다(McIntyre et al., 2006).

양극성 장애를 가진 사람 중 3분의 1 이상이 약물남용 또는 약물남용 이력을 보고한다. 약물남용은 조증 또는 우울삽화에 선행할 수 있으며, 혹은 내담자는 삽화 동안 그들의 증상을 감소시키기 위해 약물을 사용할 수 있다. 약물사용이 공존하면 일반적으로 치료 지연, 낮은 치료 확률, 높은 자살 위험성, 더 심각한 임상적 예후, 더 나쁜 결과와 연관된다. 이에 더해 약물남용은 평가와 치료 모두를 복잡하게 할 수 있다(Bolton, Robinson, & Sareen, 2009; DSM-5).

또한, 양극성 장애를 가진 아동과 청소년 가운데 높은 동반이환 확률이 높은 장애가 있는데, 임상 표본의 40% 이상과 지역사회 표본의 10% 이상이 주의력결핍과잉행동장애(ADHD)를 동반한다(Tramontina, Schmitz, Polackzyk, & Rohde, 2003). ADHD와 양극성 장애가 동반될 때, 치료에 대한 결과와 반응은 나빠진다(Consili, Bouzamondo, Guile, Lechat, & Cohen, 2007).

양극성 장애와 함께 발생하는 의학적 상태는 회복에 부정적인 영향을 미칠 수 있고, 사망률을 높이며, 삶의 질을 감소시키고, 장애의 예후를 악화시킬 수 있다(McIntyre et al., 2007). 양극성 장애와 만성 의학적 질환을 함께 앓고 있는 사람은 고용과 장애에 있어 심리사회적 스트레스 요인을 더 경험하고, 건강 서비스를 더 많이 사용한다(McIntyre et al., 2007). 만성적인 의학적 상태는 치료 과정을 복잡하게 할 뿐 아니라 그 자체로 기분장애를 야기할 수 있다. 의학적 상태, 예를 들어 심혈관 문제, 당뇨병, 비만, 갑상선 질환, 신경학적 문제, 감염, 내분비기관 장애는 양극성 장애의 예후를 악화시킨다(Kupfer, 2005).

문화적 고려사항과 인구요인

여성은 남성에 비해 우울삽화를 더 경험하지만, 제I형 양극성 장애의 유병률에 대한 성차는 아직까지 밝혀지지 않았다(Altschuler et al., 2010). 몇몇 연구는 제II형 양극성 장애가 여성에게 더 보편적이라고 보고한다(Leibenluft, 1996). 나아가, 여성의 양극성 장애 예후는 생리 주기, 임신, 산후 시기, 폐경기의 영향을 받을 수 있다. 양극성 장애를 가진 노인은 약물남용, 외상 후 스트레스장애, 불안장애, 치매를 포함한 정신과적 장애를 동반할 확률이 더 높다(Sajatovic, Blow, & Ignacio, 2006). 양극성 장애의 진단이 인생 후기에 이뤄질 경우, 몇몇 연구는 삽화가 더 길게 나타나고, 심신을 더 쇠약하게 한다는 점을 발견했다(Young & Klerman, 1992).

아동의 양극성 장애는 ADHD, 우울, 강박장애, 또는 불안장애와 같은 다른 정신과적 장애와 때때로 중복해서 나타나는 등 증상 면에서 성인과 다르게 나타난다. 잘못된 진단이 내려질 경우, 아동은 자극제 또는 항우울제와 같이 양극성 장애를 악화시킬 수 있는 약물로 치료받게 될 수도 있다. 양극성 장애를 가진 아동과 청소년은 조증 또는 경조증보다는 우울 증상을 보일 가능성이 크지만, 세로토닌 재흡수 억제제(Selective serotonin reuptake inhibitor: SSRI)를 사용한 치료를 받을 경우 조증 증상이 심화될 위험이 있다. 양극성 장애 아동과 청소년에 대한 증거 기반 치료에는 청소년을 대상으로 한 대인관계 및 사회적 리듬 치료, 인지 행동 치료, 청소년들을 위한 변증법적 행동 치료(DBT), 청소년을 대상으로 한 가족 집중 치료가 포함된다(Cosgrove, Roybal, & Chang, 2013).

이전에 언급했듯이, 제I형 양극성 장애의 비율은 미국에서 더 높다. 문화적 신념은 증상에 대한 해석을 형성하는데, 몇몇 연구는 미국의 연구자들이 증상을 더 심각하게 보는 경향이 있으며, 이것은 진단율을 높인다고 제안한다(Mackin et al., 2006). 식이요법에 대한 문화적 규준에서의 편차도 유병률에 영향을 주는 것으로 보인다. 일상적인 식사에서 생선을 많이 섭취하는 국가(예를 들어, 일본과 아이슬란드)는 양극성, 기타 우울장애의 비율 모두 낮은 경향이 나타난다(Hibbeln, Nieminen, Blasbalg, Riggs, & Lands, 2006).

병인과 위험요인

◎ 생물학적, 유전적 요인

유전적, 생물학적 요인 모두 양극성 장애의 병인에 있어 중요한 것으로 보인다. 이에 더해 환경적 요인과 심리사회적 스트레스 요인도 병의 예후와 심각도에 영향을 미친다. 쌍생아 연구들은 양극성 장애가 강한 유전적 요인을 가지고 있음을 밝혔는데, 몇몇 연구는 유전율을 93%로 추정한다(Kieseppa, Partonen, Hauldea, Kaprio,

& Lonnqvist, 2004). 기타 우울장애와 마찬가지로, 양극성 장애의 유전적 요인을 분리하는 연구는 반복 검증하는 데 어려움이 있었다. 그러나 여러 연구에 따르면 주요 우울장애(MDD)에 관여하는 편도체, 전측 대상회, 해마 및 전두엽 피질을 비롯한 뇌의 특정 부위는 양극성 장애와도 관련이 있다(Houenou et al., 2011; Phillips, Ladouceur, & Drevets, 2008).

신경촬영법 연구들은 우울과 양극성 장애 모두 정서와 정서 조절에 관여하는 뇌의 영역의 차이와 관련 있다는 것을 밝혀냈다. 기능적 MRI에서 제I형 양극성 장애는 편도체 반응의 상승, 정서 조절 시 전측 대상회 활동의 증가, 해마와 전전두엽 피질 활동의 감소와 연관되었다(Houenou et al., 2011; Phillips, Ladouceur, & Drevets, 2008). 배외측 전전두엽 피질과 해마의 활동 감소, 슬하전측대상회의 활동 증가는 정서 조절의 문제를 야기한다. 편도체의 활동과다는 정서적 반응성의 증가를 야기한다. 코르티솔 유발 검사 후 양극성 장애와 기타 우울장애를 앓는 사람에게서 코르티솔 수준의 조절 문제도 발견된다(Vieta et al., 1999; Watson, Thompson, Ritchie, Ferrier, & Young, 2006).

양극성 장애를 가진 사람은 뇌의 특정 영역이 영향을 받는 것으로 보이지만 주요 우울장애를 가진 개인은 그렇지 않다. 양극성 장애에서는 보상에 반응하는 뇌의 부분인 선조체의 변화가 발견되지만 주요우울장애에서는 그렇지 않다. 우울삽화 기간과는 달리, 조증삽화 동안 선조체는 과도하게 활성화된다(Marchand & Yurgelun-Todd, 2010). 양극성 장애에서 또 다른 특이한 차이점은 뉴런의 활성화에 영향을 미치는 세포막의 변화이다. 양극성 장애를 가진 사람은 주요우울장애를 가진 사람과는 달리 이러한 세포막에 결함이 있다(Thiruvengadam & Chandrasekaran, 2007).

양극성 장애의 신경전달물질 모델들은 세로토닌, 도파민 및 노르에피네프린에 집중하는데, 특히 수용체 민감도의 차이점에 중점을 둔다. 도파민 수용체는 양극성 장애에서 몹시 민감할 수 있다(Anand et al., 2000). 또한, 양극성장애는 세로토닌 수용체의 민감도 저하와 관련이 있을 수 있다(Sobczak, Honig, Nicolson, & Riedel, 2002).

⊚ 경험의 역할

양극성 장애가 종종 조증과 우울삽화 모두를 포함하기 때문에, 연구에서는 둘 모두에 대한 촉발 요인을 조사했다. 주요우울장애를 진단받은 사람과 유사하게, 스트레스를 주는 환경적 사건은 양극성 장애에서도 우울삽화를 야기할 수 있다. 다른 촉발 요인들은 신경증, 부정적 인지 양식, 사회적 지지의 부족을 포함한 우울장애의 촉발 요인과 비슷하다(Reilly-Harrington, Alloy, Fresco, & Whitehouse, 1999; Yan, Hammen, Cohen, Daley, & Henry, 2004).

연구에서는 시간에 따른 조증 증상의 증가를 예측하는 두 가지 모델인 보상 민감성과 수면 장해를 확인했다. 이 두 모델은 조증 증상에 대한 심리적 및 생물학적 취약성을 모두 고려한다. 보상 민감성 모델은 조증이 뇌의 보상 시스템의 문제를 반영한다고 제안한다. 자기 보고 평가에서 양극성 장애를 가진 개인은 그들 자신이 보상에 높은 반응성을 보인다고 보고했다. 이 요인은 조증 증상의 더 심각한 예후뿐만 아니라 양극성 장애의 발병 또한 예측할 수 있다(Alloy et al., 2008; Meyer, Johnson, & Winters, 2001). 삶의 사건 중 특정 유형은 양극성 장애를 가진 개인의 조증 증상 증가를 예측한다. 특히 결혼, 출산, 졸업, 또는 로스쿨에 입학하는 것과 같은 중요한 목표를 달성하거나 일종의 성공을 성취하는 것은 조증의 잠재적 예측 요인이 될 수 있다(Johnson et al., 2008). 연구자들은 성공 경험이 더 큰 자신감을 갖게 하며, 이는 인지적 변화를 촉발할 수 있다고 가정한다. 이러한 변화는 과도한 목표 추구를 야기하고 강화하여 조증 증상을 촉발할 수 있다.

조증 증상의 증가를 설명하는 다른 모델은 수면 장해와 관련된다. 조증은 수면과 생활리듬 문제와 복잡한 관련이 있고, 수면 장해는 종종 조증 증상의 증가를 유발한다. 한 수면 연구에서는 강제적으로 밤을 샜던 사람 중 10%는 그 다음 날 아침까지 적어도 경미한 조증 증상을 경험했으며(Colombo, Benedetti, Barbini, Campori, & Smeraldi, 1999), 많은 사람은 조증삽화 발현 전에 수면 장해를 보고한다. 대조적으로, 수면을 방해받지 않고 충분히 취하는 것은 조증 증상을 감소시킬 수 있다.

수면을 방해하는 스트레스 요인의 역할에 더해, 몇몇 연구는 스트레스가 양극성 장애를 가진 내담자에게서 생물학적 취약성과 재발 사이의 관계를 매개하고, 부정적인 삶의 사건은 우울삽화로부터의 회복 지연과 관련되며(Johnson & Miller, 1997),

그리고 성공 사건은 조증 증상의 증가와 관련됨을 발견했다(Johnson et al., 2000).

치료적 개입

양극성 장애의 진단 및 치료가 복잡하지만, 많은 환자에게 있어 효과적인 치료는 좋은 결과를 낳을 수 있다. 특히 내담자들이 종종 초기에는 우울삽화를 보고하기 때문에 정확한 진단이 중요하다. 양극성 장애는 종종 오진되며, 정확히 진단받는 데 수년이 걸릴 수 있다. 증상은 계절에 따라 변동을 거듭할 수 있으며, 아동은 때때로 ADHD로 오진된다.

T/C 모델로 촉진될 수 있는 철저한 임상적 면담과 더불어 이용할 수 있는 다양한 진단 도구가 있다. 진단도구에는 양극성 증상 평가 척도(Bipolar Inventory of Symptoms Scale: BISS), 조증 증상에 관한 Young 조증 평가 척도(Young Mania Rating Scale: YMRS), 양극성 우울 증상에 관한 양극성 우울 평가 척도(Bipolar Depression Rating Scale: BDRS)가 있다. 양극성 장애와 우울장애 이력을 위해 가족력도 평가되어야 한다(Seligman & Reichenberg, 2012).

양극성 장애의 치료는 조증 또는 경조증의 급성기 치료, 유지 치료 그리고 공존 장애의 치료와 같이 장애의 다양한 단계를 고려한다. 약물 요법이 양극성 장애에 대한 필수적인 증거 기반 치료이지만, 심리치료는 약물치료의 중요한 보충물이다. 이러한 결과가 양극성 장애를 가진 많은 내담자를 위한 최적의 수준에 미치지 못하기 때문에 부가적 상담이 종종 필요하다. 높은 비율의 내담자가 약물을 지속적으로 복용하지 않거나 시간이 지남에 따라 약물을 중단한다. 상담은 회복을 격려하는 효율적인 방법과 재발의 초기 경고 신호에 대한 인식을 가능하게 하고, 내담자와의 빈번한 접촉을 제공하여 꾸준한 약물복용을 더욱 장려한다.

◎ 상담 개입

상담은 양극성 내담자에게 심리사회적 기능을 향상시키고 장애에 자주 동반되는 상당한 사회적 및 심리적 문제를 감소시키는 이점이 있다. 심리치료가 증상 완화,

재발 방지, 최적의 기능에 기여한다는 인식이 증가했다. 연구는 약물의 이점을 보충하고 최적화하기 위해서, 그리고 삶의 질을 개선하기 위해서 추가적 상담이 상당히 필요하다는 점을 보여 준다(Miklowitz & Scott, 2009). 특히 상담은 순환적 특징으로 인해 관리가 어려울 수 있는 장애에 대한 내담자의 통찰, 장애에 대한 지식을 증가시킬 수 있다.

이에 더해, 상담은 일상 스트레스 요인, 동반된 신체적 및 정신적 장애, 사회적 및 관계적 어려움을 포함하여 좋지 않은 결과에 독립적으로 기여하는 요인에 초점을 맞춘다. 대규모 치료 연구(Miklowitz et al., 2007)는 약물 요법과 상담의 조합이 협력적인 관리 통제 치료보다 우울의 완화를 돕는다는 것을 발견했다. 인지적 접근, 가족 중심 치료, 대인관계 치료는 동등하게 효과적임이 밝혀졌다.

경험적으로 입증된 양극성 장애 치료는 심리교육, 인지 행동 치료, 가족 중심 치료, 대인관계 상담, 협력적 관리 접근을 포함한다(Lolich, Vazquez, Alvarez, & Tamayo, 2012). 이러한 접근들은 약물 유지 치료와 결합해 급성 조증 또는 우울 단계 이후에 특히 도움이 된다. 조사 연구에서는 양극성 장애 내담자의 조증 및 우울 삽화 촉진에서 스트레스가 어떤 역할을 하는지 설명해 왔다. 상담은 내담자가 일상 스트레스 요인에 대해 더 효과적으로 대처하기 위한 기술과 전략을 개발하여 그들의 삶의 질과 결과를 개선하는 데 도움이 될 수 있다.

◆ **심리교육**

심리교육은 양극성 장애를 포함한 많은 장애의 치료에 있어 중요한 부분이다. 개인에게 증상의 발달, 그리고 장애의 예후를 더 심각하게 만들고 재발의 위험성을 높일 수 있는 환경적 및 생물학적 요인에 대해 교육하는 것은 중요하다.

이에 더해, 우울 및 조증삽화에 대한 특정 생물학적 및 심리적 촉발 요인을 이해하는 것은 양극성 장애를 가진 개인에게 특히 도움이 된다. 약물 복용 이행과 지속은 양극성 장애를 가진 많은 내담자에게 어려운 일인데, 이것은 많은 약물이 '저하(우울삽화)'를 덜어 줄 뿐만 아니라, '고조(조증 또는 경조증삽화)'를 완화하기 때문이다. 예를 들어, 증상, 치료, 대처 전략에 대한 더 나은 이해는 리튬을 복용하는 내담자의 약물 복용 이행을 개선시키는 것으로 나타났다(Colom et al., 2003).

양극성 장애 내담자를 위한 만성 치료 관리 접근(chronic care management

approach)을 취하는 심리교육 집단이 점차 많아지고 있다. 내담자 중심이지만, 가족 구성원들과 내담자의 삶에서 중요한 다른 사람들을 포함한 심리교육 상담 또한 효과적임이 밝혀졌다(Sajatovic, Davies, & Hrouda, 2004).

개인 양식과 집단 양식 중 어느 쪽이 사용되는지에 상관없이, 심리교육 접근은 내담자를 적극적인 치료 파트너로 만드는 것을 목적으로 한다. 장애의 경과와 증상, 다양한 약물의 위험성과 효과성, 약물 복용 이행의 권장, 내담자가 기분 상태를 관찰할 수 있게 해 주는 기술, 재발의 경고 신호와 촉발 요인에 대한 인식과 관련한 교육이 대부분의 심리 교육적 접근에 포함된다(Scott & Gutierrez, 2004). 규칙적이고 충분한 수면을 보장하고, 약물남용을 예방하기 위한 행동 개입 또한 배울 수 있다. 몇몇 연구는 심리교육이 조증 증상의 수준과 조증삽화 기간을 줄여 주며, 재발을 방지하는 데 효과가 있다는 점을 밝혔다(American Psychiatric Association(APA), 2002; Colom et al., 2003).

심리교육은 많은 양극성 장애 내담자에게 문제가 되는 치료 이행에도 도움을 줄 수 있다. 몇몇 연구는 양극성 장애 내담자의 치료 불이행이 무려 30% 정도로 높은 것으로 추정했다(Colom et al., 2003; Sajatovic et al., 2004). 만약 내담자가 피로함 혹은 체중 증가, 우울함 혹은 정신증적 증상의 경험과 같은 상당한 부작용을 경험하고 있다면, 치료 이행에 영향을 받을 것이다. 반대로, 내담자가 우울삽화 후에 더 나아지는 걸 느낄 때 약물 치료를 지속할 가능성이 줄어들 수 있다. 특히 잠재적인 부작용과 더불어 장기 치료를 받아들이는 것에 대한 심리적 스트레스는 매우 중요하다. 종종 내담자들은 치료를 받는 것에 대해 양가적인 태도를 가지고 있다(APA, 2002).

◆ 인지 행동적 개입

상당수의 양극성 장애 내담자는 기억, 계획 그리고 집중의 어려움을 포함한 지속적인 인지 문제를 심지어 증상이 완화된 기간에도 경험한다(Demant, Almer, Vinberg, Kessing, & Miskowiak, 2013). 그뿐만 아니라, 언어 기억, 지속적 주의, 실행 기능 그리고 사회 인지에서의 결함이 발견되었다(Bozikas, Tonia, Fokas, Karavatos, & Kosmidis, 2006; Goldberg & Chengappa, 2009). 이러한 결함은 이미 양극성 장애로 어려움을 겪는 내담자의 사회적, 관계적 그리고 직업적 기능에 해로운 영향을 미친다(Arts, Jabben, Krabbendam & Van, 2011; Torrent et al., 2012).

인지 교정(Cognitive Remediation: CR)은 내담자가 심리사회적 적응을 향상시키는 대처 기술을 발달시키도록 도움으로써 인지 기능 향상을 목표로 하는 비교적 새로운 심리적 개입이다. CR은 심리교육적 요인, 주의와 집중을 향상할 수 있는 적응적이고 보상적인 전략의 교육(일부는 컴퓨터 기술 사용), 마음챙김 명상과 새로운 기술을 연습하고 더 나아가 실행 기능으로 향상시키는 과제를 포함한다. 일상의 구조와 생활 패턴 정하기와 운동과 수면 계획을 세우기 위해 달력 사용하기 또한 강조된다. CR이 조현병 진단을 받은 내담자에게 효과적이라는 것이 밝혀진 반면, 양극성 장애 내담자에 대한 효과성을 밝히기 위한 실험이 진행 중이다(Demant et al., 2013).

양극성 장애를 위한 인지 치료는 앞서 설명한 MDD를 가진 개인을 위한 많은 요소를 포함하며, 여기에 조증 증상의 초기 징후를 알아차리고 다루는 기술이 추가된다. CBT는 현재 급성 조증삽화가 아닌 양극성 장애 내담자를 위한 부수적인 치료로서 증거 기반 치료라고 여겨진다. CBT와 심리교육 접근 모두 내담자에게 자기 점검, 즉 초기 증상을 알아차리는 방법과 더 나은 대처 전략을 가르친다. CBT는 역기능적 사고 식별하기, 이러한 사고에 도전하고 대처하는 법 배우기, 행동 활성화 및 인지적 재구조화와 같은 인지 행동적 기술도 추가한다. 더불어, 내담자는 재발의 초기 경고 신호가 무엇인지와 긍정적인 경험과 삶의 질을 높이기 위해 어떻게 행동을 변화시킬지를 배운다.

연구들은 CBT가 보조하면 재발률이 낮아지고 조증 혹은 우울삽화에 더 적은 시간을 보낸다는 사실을 밝혀냈다(Lam et al., 2003; Lam, Hayward, Watkins, Wright, & Sham, 2005). 연구는 CBT가 이전 삽화가 12회 미만인 장애의 초기 단계에 있는 환자에게 가장 적합하며 우울 증상 치료에 가장 효과적일 것이라고 제안한다(Scott et al., 2006).

CBT와 심리교육적 개입 모두 조증 증상의 발달에 대처하는 내담자의 능력에 비슷한 영향을 주는 것으로 나타났다. CBT는 조증을 설명하는 비난, 부인과 같은 효과 없는 대처 전략을 줄이는 데 더 효과적인 것으로 보인다(Parikh et al., 2013).

◆ 대인관계 및 사회적 리듬 치료

대인관계 및 사회적 리듬 치료(Interpersonal and Social Rhythm Therapy: IPSRT)는

약물 복용 이행을 개선하고, 대처 기술과 관계 만족도를 형성하며, 수면과 기상 패턴을 안정시키기 위해서 일상 리듬 혹은 사회생활의 규칙성을 강화함으로써 기분을 안정화시키는 데 중점을 둔다. 게다가, IPSRT는 의사소통과 문제-해결 기술을 향상시킴으로써 대인관계 문제를 줄이는 데 목표를 두면서, 조증과 우울삽화의 대인관계 맥락에 중점을 둔다. 수면과 기상 시간, 운동과 업무 같은 일상 패턴을 지속적으로 기록함으로써 내담자는 기분에 영향을 주고 안정감에 지장을 주는 생활 사건의 영향을 줄일 수 있다. CBT와 마찬가지로, 내담자는 적극적인 치료 파트너이며 IPSRT는 약물과 함께 이루어지는 부수적인 치료이다. IPSRT는 급성 조증 혹은 우울 단계에 있지 않은 내담자에게 권장된다. 일부 연구는 동반되는 장애가 있다면 IPSRT는 덜 효과적이었지만, 사회생활과 수면-기상 주기를 조절할 수 있는 내담자는 재발률이 낮고 재발 간격도 긴 것으로 나타났다(Frank et al., 2005).

◈ 가족 중심 치료

가족 상담 접근은 양극성 장애 내담자를 위해 수년 동안 사용되어 왔다. 가족 중심 치료(Family Focused Therapy: FFT)는 장애에 대해서 내담자와 내담자 가족 모두를 교육시키며, 가족 안에서 문제-해결 기술과 의사소통을 향상시키는 것을 목적으로 한다. 이러한 상담 형태는 가족이 양극성 장애의 특성을 이해하도록 돕는 실용적 절차를 소개하고, 의사소통 기술을 강화하고, 일상의 문제들을 해결하며, 재발의 심각도와 위험을 줄여 준다. 1990년대의 몇몇 연구는 약물과 함께 사용될 때 재발이 지연되는 것을 포함하여, 최근에 급성 삽화를 경험한 내담자를 위한 FFT의 효과성에 대한 경험적 지지를 입증했다(Clarkin et al., 1990; Miklowitz & Goldstein, 1990). 또한, FFT를 받은 내담자는 2년의 연구 과정을 거치면서 우울증과 조증 증상의 심각도가 줄어들었다(Simoneau, Miklowitz, Richards, Saleem, & George, 1999).

FFT는 질병의 증상과 과정, 재발 경고 신호와 예방 기술에 대한 심리교육을 포함하고, 약물 복용의 이행을 강조한다. 또한, 내담자와 가족들은 적극적인 경청과 감정의 표현과 같은 긍정적인 대화 전략을 배운다. 감정 표현이 큰 가족은 FFT에 대해 감정 표현이 적은 가족과 다르게 반응했는데, 내담자와 가족 간 상호작용 시 감정적 어조의 개선은 심각한 증상의 감소와 관련이 있었다(Miklowitz, George, Richards, Simoneau, & Suddath, 2003).

이 장의 초반에 만났던 내담자 Chuck을 떠올려 보자. FFT 관점의 상담자는 모든 가족 구성원들이 양극성 장애의 증상과 우울증 및 조증삽화 경고 신호를 이해했는 지 확인함으로써, Chuck과 그의 현재 아내 그리고 성인 자녀들과 함께 작업할 것이 다. 이에 대하여 상담자는 양극성 장애 치료에서 약물의 중요성에 대한 심리교육을 제공한다. 상담자는 가족과 내담자 모두에게 약을 매일 지속적으로 복용하는 것과 내담자가 좋아지기 시작할 때에도 약을 지속적으로 복용해야 함을 강조한다. 약물 치료가 가져다주는 개선의 점진적인 특성과 잠재적인 부작용을 알아차리는 방법을 내담자와 가족 모두가 이해하는 것이 중요하다. 또한, 내담자와 가족들은 우울에서 경조증 혹은 조증삽화로 내담자의 감정을 바꿔 버릴 수 있는 일부 약물의 잠재적 위험에 대한 교육을 받아야 한다.

가족과 Chuck이 약물의 중요성과 질병의 어려움에 대해 터놓고 이야기할 수 있 고 같은 생각을 하고 있을 때, 상담자는 내담자와 가족이 호소하는 하나의 문제를 선택함으로써 시작할 수 있다. Chuck의 사례에서는 자살 충동으로부터 Chuck의 안전을 지키기 위한 계획을 세우는 것이 될 수 있다. 상담자의 도움으로 Chuck과 그의 가족 구성원들은 함께 문제와 상황을 밝히고, Chuck을 자살 생각과 행동을 할 위험에 처하게 하는 특정 상황을 확인하기 위해 노력한다. Chuck을 비롯한 많은 내담자의 자살 충동을 촉발하는 상황은 종종 상실 또는 좌절을 수반한다. 예를 들면, Chuck의 최근 자살 시도는 그가 회사 대규모 정리 해고로 인해 직업을 또 한 번 잃은 뒤에 있었다.

Chuck과 그의 가족들이 촉발 요인을 확인하고 논의했을 때, 그들은 모든 가족 구성원들이 해결책을 믿으면서 Chuck을 안전하게 할 방법과 계획에 동의하게 할 방법에 대해 함께 마주하며 골똘히 생각한다. 또한 상담자는 Chuck의 감정을 면밀 히 관찰하기 위한 전략을 개발하며 감정이 전환되는 경고 신호와 계기를 밝히고, 이러한 계기에 대처하기 위한 방법을 찾기 위해 Chuck과 협력하며 작업을 한다.

게다가, FFT 개입의 일환으로 상담자는 가족 안에서 더 나은 의사소통의 발달을 촉진한다. 가족 구성원들은 적극적 경청하기, 가족에게 다른 구성원들이 말하는 것 을 세심하게 듣는 법 가르치기, 이해하지 못한 내용은 어떤 것이든 분명하게 하기 위해서 질문하기 그리고 서로의 말을 이해하기 쉬운 다른 말로 바꾸어 표현하고 반 영하기와 같은 유익한 기술을 역할 놀이로 할 수 있다.

양극성 장애 내담자를 치료하기 위해 사용된 다양한 상담 양식의 상대적 효과성을 비교한 많은 연구가 있다. FFT 내담자는 개인 상담 내담자보다 더 적은 재발과 입원을 보였는데, 이는 아마도 그들의 가족 구성원이 재발의 초기 경고 신호에 관해 무엇을 눈여겨봐야 하는지 알고 있었기 때문이다(Rea et al., 2003). Miklowitz(2008)는 CBT가 증상을 줄이는 데 심리교육보다 더 좋지만, FFT만큼 효과가 있지는 않다는 것을 발견했다. Miklowitz와 동료들(2003)의 또 다른 연구에서는 IPSRT와 FFT가 결합된 치료 프로토콜에서 재발 간 기간을 늘여 주고 심각한 우울 증상을 줄이는 유익한 효과를 발견했다. 다른 연구들은 어느 양식이든 간에 집중적인 심리사회적 치료가 양상과 관계없이 우울삽화 이후에 내담자를 안정시키는 데 있어서 단기 심리교육 치료보다 더 효과적이라는 것을 발견했다(Miklowitz et al., 2007).

◆ 만성질환 관리 모형 개입

만성질환 관리 모형(Chronic Care Model Interventions: CCM)은 양극성 장애를 포함한 정신건강 문제가 있는 내담자를 위한 관리의 접근 및 지속에 관한 지원과 상담을 모두 포함한 다각적 개입이다(Wagner, Austin, & Van Korff, 1996). CCM은 내담자의 자기 관리를 강조하고, 내담자를 다양한 지역사회 자원에 연결시키는 것을 목적으로 한다. 만성질환 관리 모형은 내담자의 삶에서 심리사회적 스트레스 요인을 설명하고, 지지 네트워크를 구축하고, 건강한 생활방식을 권장하며, 사회적 및 직업적 기능을 관찰한다.

연구에서는 양극성 장애를 위한 CCM이 삶의 질과 전반적인 기능을 향상시키며, 상담 양식과 함께 결합하여 사용될 때, 정서적 고통을 줄여준다는 점을 보여준다(Kilbourne et al., 2008). 참전 용사를 대상으로 실시한 연구에서, 심리교육에 CCM을 더했을 때 우울증 및 조증삽화가 나타나는 기간이 줄어들었으며 전반적인 기능과 삶의 질이 향상되었다(Bauer et al., 2006a, 2006b). 상담 접근들을 비교한 메타분석에서는 CCM을 결합한 집단 심리교육에서 조증삽화의 감소가 발견된 반면, CBT, IPT, FFT 접근은 우울삽화의 감소에 더 효과적임을 발견했다(Miklowitz, 2008).

◆ 변증법적 행동치료

변증법적 행동치료(Dialectical Behavior Therapy: DBT)는 경험적으로 입증된 치료는 아니지만, 양극성 장애를 치료하는 데 사용된다. 내담자는 마음챙김, 고통 감내, 정서 조절 그리고 대인 간 의사소통 기술을 배운다. DBT의 목적은 감정적 기분 변화를 관리하고 조증삽화와 우울삽화의 빈도와 강도를 최소화하는 것이다. 내담자는 극한의 감정을 느낄 때 스스로를 진정시키고, 유발 요인을 인식하고 반응하며, 위기를 다루기 위한 계획을 세우는 방법을 배운다. 대부분의 다른 상담 형태와 마찬가지로, 양극성 장애를 위한 DBT는 더 건강한 대처 기술과 관계의 발달을 강조한다.

⚙ 약물 치료

약물 치료는 양극성 장애의 주요 치료법이다. 이전에 명시했듯이 약물과 심리 상담의 결합은 특히 효과적이다.

조증 증상을 줄여 주는 약물을 기분안정제라고 부른다. 자연적으로 발생한 화학 원소인 리튬은 가장 잘 연구된 기분안정제이며 가장 오랫동안 사용되어 왔다. 대다수의 개인이 리튬을 복용했을 때 적어도 어느 정도는 나아졌지만(가벼워진 증상을 경험함), 많은 내담자는 리튬을 복용하는 동안에도 일부 조증과 우울증 증상을 지속적으로 경험한다. 몇몇 연구는 재발 확률이 40% 이상임을 발견했다(Geddes, Burgess, Hawton, Jamison, & Goodwin, 2004). 또한, 리튬은 심각한 잠재적 부작용을 가지고 있어 신중한 관찰이 필요하다. 높은 수준의 리튬은 중독 가능성이 있으므로 리튬 농도가 너무 높지 않은지 확인하기 위한 정기적인 혈액검사가 필요하다.

리튬과 밸프로에이트 같은 기분안정제는 양극성 장애 치료에 중요하지만, 항상 내성이 좋거나 완벽하게 효과적이지는 않기 때문에, 다른 약물이 종종 추가된다(Culver, Arnow, & Ketter, 2007). 비전형적 항정신적 약물은 조증과 우울증삽화에 단독으로 혹은 리튬 또는 밸프로에이트에 부수적으로 사용될 때 효과적이라고 밝혀졌다. 그러나 항정신적 약물은 체중 증가, 비만 그리고 장기적인 합병증을 일으킬 수 있는 신진대사의 문제와 같은 부작용과 관련이 있다(Bowden et al., 2005; Lyseng-Williamson, 2013). 또한, 이러한 부작용은 약물복용 이행을 감소시킨다.

미국식품의약국(Food and Drug Administration: FDA)은 급성 조증을 치료하기 위해 디발프로엑스나트륨(데파코트), 올란자핀(자이프렉사)과 같은 항정신병 약을 포함한 몇 가지 항경련제(항발작제)를 승인했다. 이 약물들 또한 잠재적인 부작용이 있다. 항경련제는 위약대조군과 비교한 연구에서 자살 사고의 소폭 증가와 관련이 있었다(FDA, 2008).

양극성 장애 내담자는 종종 이러한 다른 약물과 함께 리튬을 처방받는다. 상당수의 내담자가 단일한 약물에는 반응하지 않는데, 특히 조증삽화의 경우 그러하다. 게다가, 양극성 장애를 치료하기 위해 사용되는 약물들은 부작용의 위험 때문에, 대개 최대 치료 용량으로 시작하지 않는다. 약물은 종종 시간이 지남에 따라 적응된다. 리튬은 장기간에 걸쳐 효과가 나타나기 때문에, 항정신병 약이 종종 함께 처방되기 시작하며 즉각 효과를 나타낸다. 이것은 항정신병 약이 심각한 위험을 감수하는 행동을 예방하는 진정 효과가 있기 때문에, 내담자가 급성 조증삽화를 가지고 있을 때 특히 중요하다(Scherk, Pajonk, & Leucht, 2007).

연구에서는 올란자핀과 리튬 혹은 밸프로에이트를 함께 처방받은 내담자의 조증, 우울증 그리고 삶의 질에서 더 큰 향상을 보여 준다(Namjoshi, Risser, Shi, Tohen, & Breier, 2004; Tohen et al., 2002). 또한, 쿠에티아핀과 결합한 리튬 혹은 밸프로에이트 또한 조증을 감소시킨다는 것이 밝혀졌다(Saches et al., 2004; Yatham, Paulsson, Mullen, & Vagero, 2004). 리스페리돈과 아리피프라졸 또한 기분안정제와 함께 사용되었을 때 도움이 되는 것으로 밝혀졌다(Sachs et al., 2006; Yatham, Grossman, Augustyns, Vieta, & Ravindran, 2003). 그러나 이러한 약물 중 다수는 잠재적인 부작용이 있다.

기분안정제(리튬과 항경련제), 비전형 항정신병 약물 그리고 항우울제는 양극성 우울증에 가장 권장되는 치료제이다. 일부 내담자는 조증 증상을 치료하기 위해서 기분안정제를 복용하고 있는 동안에도 우울함이 지속되지만, 또 다른 개인에게는 이 약물들이 우울 증상을 완화시킬 수도 있다. 만약 우울 증상이 지속된다면, 항우울제를 추가로 투약할 수 있다. 그러나 어떤 항우울제는 재발 위험성을 높이고, 조증 증상을 유발하거나 자살 위험성을 증가시킬 수 있다(Bottlender, Rudolf, Strauss, & Moller, 2001; Tondo, Vazquez, & Baldessarini, 2010; Vieta & Valenti, 2013).

많은 임상 연구가 양극성 장애를 가진 아동과 청소년을 위한 다양한 약물의 효과성에 대해 탐색했다. 리튬과 아리피프라졸은 양극성 장애를 가진 아동과 청소년을 위한 유지 치료로써 미국식품의약국에 의해 승인되었고(Welge & DelBello, 2013), 아리피프라졸은 소아과 표본에서 단일 치료법으로써 비교적 내성이 좋고 효과적이라고 밝혀졌다(Findling et al., 2013). 최근 메타분석들은 2세대 항정신병 약(리스페리돈, 아리피프라졸, 쿠에티아핀, 올란자핀) 또한 아동과 청소년의 조증 증상을 줄여 주는 데 효과적이지만, 이 약물들이 결합하여 사용될 때, 상당한 부작용의 위험이 있다고 제안한다(Peruzzolo, Tramontina, Rohde & Zeni, 2013). 리스페리돈은 아동의 조증 증상에 있어 리튬 혹은 밸프로에이트보다 더 효과적인 것으로 밝혀졌지만, 장기적인 효과에 대해서는 우려가 존재한다(Vitiello, 2013).

또한, 양극성 장애의 신경생물학적 기반은 수용체 민감도와도 관련이 있다. 조증과 우울삽화 동안, 약물이 수용체 민감도에 어떻게 영향을 미치는지 조사한 연구는 높은 수치의 G단백질(구아닌 핵산결합 단백질)이 조증삽화 동안 세포 활동을 조절하는 역할을 한다는 사실을 발견했다. 리튬은 이러한 G단백질을 조절하는 능력으로 인해 효과를 나타낼 수 있다(Manji et al., 1995). 특히 비전형적 항정신병은 도파민과 세로토닌 수용체와 같은 신경전달물질에 영향을 미치기 때문에 효과를 나타내는 것으로 여겨지고 있다(McCormack & Wiseman, 2004; Post & Calabrese, 2004).

T/C 모델을 사용한 양극성 장애의 사례개념화

이전 장에서 논의했던 우울장애처럼, 양극성 장애를 가진 내담자는 심리적/생물학적 취약성, 인지적 위험 요소 그리고 이러한 취약성을 악화시키는 환경적 스트레스 요인을 가지고 있다. 유전적 요인이 있기 때문에, 내담자의 가족 내력에 대한 탐색이 중요하다. 고조된 보상 민감성과 수면 장해는 조증삽화를 유발하는 것으로 알려져 있기 때문에, 사례개념화는 스트레스 요인뿐만 아니라 최근의 성공에 대한 평가를 포함해야 한다. 내담자가 하룻밤에 잠을 몇 시간씩 자고 내담자의 수면 패턴이 어떠한지 확인하는 것 또한 중요하다.

조증삽화의 흔한 증상에 대한 면밀한 평가는 양극성 장애 진단에 도움이 될 수 있다. 무분별한 과소비, 위험 감수(과속 운전, 성행위 증가), 과대망상적 사고, 높은 에너지 수준과 높은 자존감 그리고 수면 욕구 감소는 조증삽화와 관련되어 있을 수 있다. 어떤 사람은 조증 단계 동안 분노 폭발을 경험하거나 편집증적인 생각을 가지고 있다. 발화 패턴을 기록하는 것도 평가의 일부이다. 조증삽화를 가진 내담자는 종종 상당히 빠르고 중단시키기가 너무 어려운 언어압박을 보인다. 경조증 내담자는 더 사회적이고 경박한 경향이 있다.

양극성 장애를 가진 개인은 자가 치료를 시도할 수 있기 때문에, 물질사용에 대한 평가가 도움이 된다. 불안장애와 같은 동반질환이 있으면 치료가 복잡해진다. 그러므로 불안 증상 또한 평가되어야 한다. 양극성 장애를 가진 내담자는 자살 위험이 있는데, 이는 사례개념화의 중요한 부분이 된다.

다른 우울장애들처럼, 양극성 장애를 가진 내담자는 종종 비합리적 신념과 부정적 자동적 사고를 가지고 있으며, 이것은 식별한 다음에 직면할 수 있다. 내담자의 강점과 성취에 대한 철저한 평가는 도전의 원천이 될 수 있고, 내담자의 지지 체계를 밝히는 것은 양극성 장애를 성공적으로 치료하고 관리하는 데 중요하다.

마지막으로, 종종 영화와 텔레비전에 양극성 장애에 대한 많은 잘못된 정보와 낙인이 여전히 존재하기 때문에, 양극성 장애에 대한 사회적 및 문화적 신념이 중요하다.

이러한 치료 시의 고려사항을 생각하며, 양극성 장애와 일치할 수 있는 증상을 가지고 상담 센터를 찾아온 또 다른 내담자를 생각해 보자.

Jason의 사례

Jason은 42세의 판매원이다. 그는 15년 동안 Judy와 결혼 생활을 했고 두 명의 십대 자녀가 있다. Jason은 십 대 초반 이후로 불규칙적인 우울 경험으로 힘들어했다. 그는 그의 형이 종종 우울했기 때문에, 어린 시절이 "힘들었다."라고 말했다. 그의 어머니는 여러 가지 문제를 가진 고기능 알코올 중독자였다. 그는 아일랜드 가톨릭 가족 안에서 자랐고 가족이 매우 종교적이었기 때문에, 어머니 문제로 Jason과 그의 아버지, 그의 형은 고통스러웠다. 그의 어머니는 몇 번 입원했었다. 이후에, 그녀는 양극성 장애로 진단받았지만, 치료 효과가 나타나기도 전에 돌아가셨다.

Jason은 몇 주 전 어느 날 아침에 일어나서 자신의 직업이 싫고 자신의 많은 재능을 낭비하고 있다고 말한 후, 아내의 권유로 상담 센터에 오게 되었다. 그는 또 다른 직업을 알아보지도 않은 상태에서 일을 그만두었고, 가족 은행 계좌에서 $20,000를 인출했으며, 주문 제작한 기타를 몇 개 구입하며 전문적인 음악가가 되겠다고 말했다. 그가 상담받으러 왔을 때 그는 활발했지만, 마치 너무 급히 옷을 입느라 제대로 신경도 쓰지 못한 것처럼 정신없어 보이기도 했다.

"저는 제 삶을 낭비하고 있어요. 저는 허구한 날 살면서 창의적인 생각을 한 번도 해 본 적 없는 멍청이들을 상대하는 그저 하찮은 판매원이 되려던 게 아니었어요. 그리고 왜 제가 해야 되죠? 그들은 제가 그들보다 훨씬 낫다는 것을 몰라요. 그래서 못할 건 또 뭐예요? 저는 이 일을 오래전에 그만두었어야 해요."

상담자는 중간에 끼어들려고 노력하지만, Jason은 계속 얘기를 한다.

"지난주에 제가 뭘 했는지 아세요? Craig's List(인터넷 벼룩시장)에 광고를 올렸어요. 아시죠? 저는 단순히 저 혼자 하는 게 아니라 밴드를 만들기 위해서, 드러머와 리드 보컬을 찾고 있어요. Justine Bieber가 되고 싶지는 않아요. 아시죠? 그리고 저는 저와 같은 음악가들, 진짜 아티스트들처럼 이런 엄청난 사람들로부터 수많은 연락을 받고 있고, 그들은 저를 이해해요. 저는 많은 시간을 그들과 이야기하고 계획을 세우는 데 보내요. 우리는 유명해질 거예요. 저는 확실히 말할 수 있어요. 이건 진짜 확실해요……. 필연이죠……. 저는 Elvis의 뒤를 이을 거예요!"

"항상 음악가가 되어야 한다고 느꼈었나요?" 상담자가 끼어들었다.

Jason은 들뜬 웃음이 터졌다. "아니요! 그건 가장 터무니없는 것 아닌가요? 틀림없이 지금껏 제 안에 잠재되어 있어서 나오기만을 기다리고 있었던 거예요! 저는 가게에서의 성공이 제 안에 가지고 있던 것을 깨닫게 해 주었다고 생각해요. 왜냐하면 저는 지난 달에 매우 많은 돈을 벌었고, 그냥 너무 바빴어요. 제가 손만 대면 모두 팔 수 있었죠. 그러고는 깨달았어요, 저는 이 이상을 해야 한다는 걸요!"

"잠은 좀 잤어요?" 이야기가 잠깐 멈추었을 때, 상담자가 물었다.

Jason은 고개를 저었다. "그다지요. 하지만 저는 필요치 않아요! 저와 같은 창조적인 사람은 다른 사람들처럼 잠을 잘 필요가 없어요. 우리는 달라요. 제가 무엇을 했는지 말해 줄게요. 저는 한 소녀를 만나고 있어요. 제 아내에게는 말하지 말아요! 아내는 이해하지 못하겠지만, Kathleen은 이해할 거예요. 그녀는 멋져요. 저는 제가 이렇게 할 거라고 전혀 생각하지 않았지만, 저는 그녀를 거부할 수 없어요. 저는 집 가던 길에 들르던 바에서 그녀를 만났고, 제 생각에 우리는 운명이에요. 인생은 멋져요!"

Jason의 사례

◆ T/C 모델을 사용한 사례개념화의 예

(*추가 정보가 필요한 영역들)

① 주 호소 문제: 조증삽화, 빠르게 스쳐가는 생각들, 수면장해, 비합리적 신념

② 내적 성격 구조와 행동
- **자기효능감**: 거창한 생각.
- **자존감**: 과장됨, 상당한 재능을 낭비하고 있다고 생각함.
- **태도/가치/신념**: 예전에는 여러 문제로 상처받았다고 믿었음, 최근에 신념이 바뀜.
- **애착 유형***
- **생물학/생리학/유전적 특징**: 2명의 십대 자녀를 둔 42세의 기혼자, 우울(형), 양극성 장애(어머니), 알코올 중독(어머니)의 가족력, 수면 욕구 감소.
- **정서**: 조증삽화, 의기양양.
- **인지**: 망상, 거창한 생각.
- **감정적 사고**: '나는 내 삶을 낭비하고 있었다.' '나는 Elivs의 뒤를 이을 것이다.'
- **행동**: 잠을 안 잠, 직장을 그만둠, 과소비, 불륜 관계, 언어 압박.
- **징후학**: 잠을 안 잠, 과민함.
- **대처 기술과 강점**: 안정적인 관계, 총명함, 성공적임.
- **변화에 대한 준비**: 사전 고려 단계.
- **삶의 역할**: 남편, 직장을 그만둠.

③ 환경
- **관계**: 아내와의 갈등, 현재 불륜 관계.
- **문화**: 아일랜드 가톨릭 배경*.

- **가족 규범과 가치**: 강한 종교적 배경,* 부모님의 신념적 영향*.
- **사회적 영향**: 성공하는 것의 의미에 대한 신념들*.

④ 연대기

- **과거 영향**: 어머니의 알코올 중독 이력, 외도 그리고 양극성 장애, 형의 우울 이력, 우울 이력의 가능성, 힘들었던 어린 시절.
- **현재 영향**: 가능한 유발요인으로서 최근 직업의 성공, 조증 증상, 현재 불륜 관계, 경제적 위험 감수.
- **미래 목표**: 유명한 음악가가 되기를 원함, 관계/가족 목표들*.

> ✎ **질문**: 그 밖에 이 사례개념화를 완성하기 위해 당신이 묻고 싶은 것은 무엇인가?

상담의 핵심

- 양극성 장애는 우울, 그리고 정반대 '극'인 조증 혹은 경조증 삽화를 모두 포함한다.
- 조증삽화는 '사고비약', 손상된 사회적 판단, 난폭한 행동과 위험 감수, 수면 욕구 감소, 높은 에너지 수준, 과대 망상으로 특징지어진다.
- 경조증은 조증과 비슷하지만, 덜 극단적이고 덜 파괴적이다. 개인은 현실에 바탕을 두고 더욱 명료하게 생각하지만, 사교성의 증가, 에너지 증가 그리고 생산성을 포함하여 정상 기능에 변화가 있다.
- 제II형 양극성 장애가 경조증삽화를 요구하는 반면, 제I형 양극성 장애는 조증삽화를 포함한다.
- 양극성 장애로 진단받은 내담자의 대부분은 초기 진단 이후에, 우울증 혹은 조증삽화가 되풀이되어 발생한다.
- 제I형 양극성 장애의 진단은 자살률의 증가, 높은 재발 위험 그리고 높은 개인

적, 사회적 비용과 관련 있다.

- 내담자의 대부분은 지속적인 치료를 통해 상당히 호전될 수 있다. 장애를 관리하기 위한 약물과 심리치료를 결합한 치료 프로토콜과 함께, 장기적인 예방적 치료가 권장된다.

- 양극성 장애는 주요우울장애보다는 덜 일반적이며, 1,000명 중 약 6명이 국제적으로 제I형 양극성 장애 기준을 충족한다.

- 불안장애는 가장 일반적으로 동반되는 장애이며, 물질남용과 특정 의학적 조건 또한 양극성 장애와 함께 발생한다.

- 유전적, 생물학적 요인 모두 양극성 장애의 원인에 중요하다. 더불어, 환경적 요인과 심리사회적 스트레스 요인은 경과와 심각성에 영향을 미친다.

- 보상 민감성, 수면 부족 그리고 환경적 스트레스가 되는 생활 사건은 조증과 우울 증상의 발병에 영향을 미친다.

- 경험적으로 입증된 상담 치료에는 심리교육, 인지 행동 치료(CBT), 대인관계 및 사회 리듬 치료(IPSRT), 가족 중심 치료(FFT), 만성질환 관리 치료 모델을 포함한다.

- 약물은 양극성 장애를 위한 주요 치료제이며, 약물 복용과 심리 상담을 함께 진행하는 것이 특히 효과적이다.

- 조증 증상을 줄이기 위한 약물을 기분안정제라고 부른다. 자연적으로 발생한 화학 요소인 리튬은 가장 잘 연구된 기분안정제이고 가장 오래 사용되어왔다.

- 약물 치료 이행은 양극성 장애 치료에서 가장 중요한 문제이며, 여러 약물을 결합한 치료가 종종 권장된다.

- 항정신병 약물과 몇몇 항경련제 또한 효과적이라고 밝혀졌으나, 심각한 부작용의 위험을 가져온다.

Jerome의 사례

Jerome은 28살 된 쿠바 출신 미국 남성으로 부모님과 함께 위기 클리닉에 왔다. 부모님은 항상 '착한 아이'였고 착한 학생이었던 Jerome이 금융전문가 일을 그만두고 4년 사귄 남자친구와 헤어져서 그를 걱정했고, 그에게 실망했다. 부모님은 Jerome의 성공을 매우 자랑스러워했고, George와의 관계가 좋았다고 느꼈으며, 갑작스러운 Jerome의 변화에 충격을 받고 혼란스러워했다. 가족은 학업과 전문적 성공에 높은 가치를 두었고, 현재 다시 집으로 들어와서 그들과 함께 살고 다른 직업을 알아보기를 거부하며, "나를 끌어내리려는" 사람이 너무 많다고 말하는 Jerome을 걱정했다.

또한, 가족은 Jerome이 소파에서 잠을 자지만, 실제로는 잠을 전혀 자지 않는다고 말했다. 대신 그는 대부분의 밤을 지새우고, 때때로 서성거리며 혼잣말을 했다. Geroge는 Jerome에게 몇 번이고 이야기를 하기 위해 전화를 걸었으나, Jerome은 그와 말하기를 거부했다. George는 Jerome이 외출할 때 클럽에 가서 위험한 성행위를 했으며, 종종 과음을 했다는 사실을 부모님에게 말했다. Jerome이 한 번도 문제를 일으킨 적이 없었고, 항상 술과 난잡한 성행위에 대한 부모님의 가치에 동의했기 때문에 Jerome의 부모님은 너무 놀라서 말을 잃었다.

상담자가 Jerome에게 어떻게 지내냐고 물었을 때, Jerome은 벌떡 일어나 화내며 상담자와 부모님 모두가 그를 박해한다고 비난했다. 그가 너무 빨리 말해서 상담자는 알아들을 수 없었고, 곧 Jerome이 말하고 있는 내용 중 일부는 개연성이 없다는 것을 알아차렸다. 그는 방이 도청당하고 있고 '그들이 듣고 있는 중'이라고 주장하며, 증거를 찾기 위해 방을 둘러보며 흥분한 모습을 보였다.

Jerome의 부모님은 그가 결코 이전에 이렇게 행동한 적이 없다고 말했다. 그들은 그가 십 대였을 때 우울삽화를 가지고 있었다고 말했지만, 그들은 이를 커밍아웃으로 인한 사회적 낙인의 결과로 보았고, 그것이 지나가기를 소망했다. Jerome의 친할아버지는 알코올 중독자였고, Jerome의 아빠는 "지금 Jerome이 하는 행동이 꼭 제 아버지 같아요."라며 과거를 회상했다.

실습

치료 옵션

이 장은 처음에 양극성 장애 진단을 받을 수 있는 3명의 내담자의 설명을 제시했다. 현재 당신이 양극성 장애를 위한 약물과 상담 치료에 대해 무엇을 알고 있는지 생각해 보라.

> ✎ **실습:** 먼저 소규모 집단 토론을 한 후 대규모 집단 토론을 하시오.
>
> - **질문:** Betsy, Dorothy 그리고 Chuck에게 이로울 수 있는 치료(혹은 치료들의 결합)는 무엇인가? 왜 그렇게 생각하는가?

사례개념화 연습

당신은 다양한 유형의 양극성 장애를 가진 내담자와 작업한 여러 상담자의 이야기를 들었으니 이제 당신이 무엇을 할 수 있는지 살펴볼 차례다. 당신은 가장 효과적으로 진단을 내리고 치료 계획에 동참하기 위해서 Jerome의 사례를 어떻게 개념화할 것인가?

> ✎ **수업 실습:** 소규모 집단 토론을 한 후 대규모 집단 토론을 하시오.
>
> - **질문1:** 이 사례에 대한 당신의 사례개념화는 무엇인가?
> - **질문2:** 그 밖에 당신은 무엇을 알고 싶은가?
> - **질문3:** 상담에서 Jerome을 위해 가능한 세 가지 목표는 무엇인가?
> - **질문4:** 당신이 답한 이전 질문들의 답을 고려했을 때 당신은 어떤 개입을 사용할 수 있는가?

더 나아가기

An Unquiet Mind: A Memoir of Moods and Madness by Kay Redfield Jamison (1997) Random House

Clinician's Guide to Bipolar Disorder: Integrating Pharmacology and Psychotherapy by David J. Miklowitz, PhD and Michael J. Gitlin, MD (2014) Guilford Press

The Bipolar II *Disorder Workbook: Managing Recurring Depression, Hypomania, and Anxiety* by Stephanie McMurrich Roberts, PhD, Louisa Grandin Sylvia, PhD, Noreen A. Reilly-Harrington, PhD, and David J. Miklowitz, PhD (2014) New Harbinger

The Dialectical Behavioral Therapy Skills Workbook for Bipolar Disorder: Using DBT Regain Control of your Emotions and Your Life by Sheri Van Dijk and Zindel V. Segal, PhD (2009) New Harbinger

Bipolar Disorder: A Family-Focused Treatment Approach by David J. Miklowtiz, PhD (2010) The Guilford Press

Handbook of Diagnosis and Treatment of Bipolar Disorders by Terence A. Ketter (2009) American Psychiatric Publishing

Bipolar Disorder: A Cognitive Therapy Approach by Cory F. Newman, Robert L. Leahy, Arron T. Beck, Noreen Reilly-Harrington, and Laszlo Gyulai (2013) American Psychological Association

제 6 장

불안장애

도입

불안(anxiety)과 염려(anxious)라는 단어는 우리의 일상적인 대화의 한 부분이다. 당신은 아마도 대부분의 다른 사람과 마찬가지로, 다가오는 시험이나 진료 예약으로 인해 염려했었던 기억이 있을 것이다. 혹은, 사교 모임에 가기 전이나 취업 면접을 위해 운전하고 가는 동안 불안을 경험했을 것이다. 당신은 심지어 뚜렷한 이유 없이 그냥 불안한 느낌을 겪었을 수도 있다. 불안은 사람의 상태의 일부분이고, 이것은 위험 가능성에 적절히 반응하고 예상하도록 도울 때 유용할 수 있다. 우리가 실제든 상상이든 간에 스트레스가 되는 상황을 경험할 때, 몸은 교감 신경계를 활성화시킴으로써 반응하는데, 이는 투쟁-도피 반응을 일으킨다.

모든 스트레스가 다 해로운 것은 아니다. 사실 보통의 스트레스나 긍정적인 스트레스(Eustress)는 모든 사람의 일상의 한 부분이다. 긍정적인 스트레스(Eustress)라는 용어는 긍정적인 행동적 반응과 성취감, 충족감으로 이어지는 스트레스에 대한 건강한 반응을 설명하기 위해 Richard Lazarus(1966)가 처음으로 사용하였다. Lazarus는 이러한 스트레스 반응이 촉발되려면 그 사람이 어떠한 상황을 불안을 유발하는 것으로 지각해야 한다고 믿었다. 즉, 한 개인이 어떠한 사건과 관련짓는 생각이 그것을 위협적으로 지각할지 아니면 긍정적인 결과가 이뤄질 수 있다고 볼지를 결정한다(Lazarus, 1966). 만약 긍정적인 결과가 가능하다고 본다면, 우리는 스트레스 요인과 직면하고, 우리가 해야할 일을 하며, 나중에 그것에 대해 좋은 감정을 느낀다. 실제로 약간의 (하지만 너무 많지는 않은) 스트레스 또는 불안이 실제로 수행을 향상시킨다는 많은 연구결과가 있다(Davies, Matthews, Stammers, & Westerman, 2013).

아동은 성장하면서 정상적인 두려움과 불안을 경험하지만, 가장 일반적인 두려움은 나이가 들어감에 따라 변화한다. 갓난아기에게는 큰 소음, 낯선 사람, 양육자와의 분리에 대한 두려움이 정상적인 반면, 학령기 아동은 평가받는 것이나 사회적 상황 또는 몸에 상처입기를 두려워한다. 이러한 정상적인 두려움은 일상생활을 방해하고, 학업과 가족 그리고 대인관계 기능에 손상이 있을 정도로 심각할 때만 문제가 된다.

불행하게도, 어떤 경우에는 정상적 불안이 심각하거나 과도해질 수 있고, 이에 반응하는 방법 또한 문제가 생길 수 있다. 전형적으로, 내담자가 스트레스와 불안에 대해서 말할 때는 자신의 정신적 및 신체적 안녕에 부정적인 영향을 미친 사건이나 정서적 상태를 설명하는 것이다(Wagner, 1990). 이 장에서는 지나친 걱정, 신체적 고통과 미래에 대해 우려하는 것으로 특정 지어지는 정신건강장애의 범주, 즉 불안장애에 대해 논의한다. 이러한 심각한 불안은 대부분의 사람이 그렇게 상당한 수준의 염려 또는 걱정을 경험하지 않을 상황에 발생하며, 이 반응은 스트레스에 대한 보통의 반응과는 뚜렷하게 다르다. 작은 차 사고나 직장에서의 프레젠테이션과 같은 스트레스 상황으로 인한 비교적 가볍고 일시적인 불안과는 달리, 불안장애는 치료되지 않으면 더욱 오래가고 계속해서 악화된다. 불안장애는 여러 증상을 가지고 있지만, 보통 과도하고 비논리적인 두려움과 걱정에 중점을 둔다.

불안장애는 미국에서 가장 흔한 정신건강 문제이다. 2009년 미국 국립정신보건연구원의 보고에서는 불안장애가 거의 12%에서 20%의 성인 인구(18세 이상), 추산하면 약 4000만 명의 개인에게 영향을 준다고 밝혔다(Kessler, Berglund, Demler, Jin, & Walters, 2005). 아동과 청소년의 경우 숫자가 더 크지는 않더라도 비슷하다(Beesdo, Knappe, & Pine, 2009). 불안장애는 일반적으로 일종의 자기 치료로서 시작될 수 있는 알코올 또는 약물 중독을 비롯한 정신적 또는 육체적 질병과 함께 발생한다. 어떤 사례의 경우, 이런 동시 발생적 장애는 내담자가 불안장애의 치료에 반응하도록 하기 위해서 사전에 혹은 동시에 치료되어야 한다(Kessler, Chiu, Demler, & Walters, 2005).

불안장애에 대해 다양한 치료적 개입이 가능하며, 개인이 만족스럽고 생산적인 삶을 이끌 수 있도록 도와주는 새로운 치료법들이 있다. 그러나 많은 사람이 도움을 구하기를 부끄러워하고 그들이 어려운 상황 속에서 최선을 다해 극복하고 있다고 느끼기 때문에 치료를 받지 않는다. 치료를 받지 않으면 불안장애는 심신을 약화시켜 개인적 관계, 직업 또는 학교에 영향을 줄 수 있으며 심지어 쇼핑, 운전 또는 전화 통화와 같은 일상 활동조차도 극도로 힘들게 할 수 있다. 불안장애는 이환율 및 사망률, 작업 생산성, 알코올 및 기타 약물사용에 영향을 미치는 것으로 알려져 있다(Hoffman, Dukes, & Wittchen, 2008; Leon, Portera, & Weissman, 1995; Wittchen & Fehm, 2001).

이 장에서는 범불안장애(GAD), 공황장애, 특정 공포증, 사회 불안장애(SAD) 및 광장공포증과 같은 실무 환경에서 상담자가 가장 자주 접하는 불안장애에 초점을 둔다. 각 장애로 어려움을 겪는 내담자를 소개하면서, 상담자가 사례에 대해 T/C 모델을 사용함으로써 초점을 둘 구체적인 요소를 살펴볼 것이다.

범불안장애

범불안장애(GAD)가 있는 사람은 신체적 고통과 행동장애를 동반한 엄청난 양의 걱정으로 고통을 겪는다. 이 과도한 걱정은 특별한 계기가 없으며 하루 중 몇 시간에서 거의 하루 종일 지속된다. 이름에서 알 수 있듯이, 불안은 특정 공포증이나 사회공포증과 같은 다른 불안장애들과 달리 내담자 삶의 거의 모든 면에서 일반화되어 나타난다. 범불안장애는 정기적으로 가족, 재정, 직업, 사회적 상호작용 또는 건강에 초점을 맞춘 임박한 불행에 대한 생각을 포함한다(American Psychiatric Association, 2013). 범불안장애 내담자는 침대를 벗어나 맞이하는 하루를 생각하는 것만으로 심한 불안감이 발생할 수 있다.

범불안장애로 진단받은 사람은 일반적으로 불안의 대부분이 비합리적이거나 부당하다는 사실을 알면서도 자신의 생각을 통제할 수 없다고 생각한다. 그들은 입면과 수면 유지에 어려움이 있으며 종종 자신이 고조된 각성 상태에 있다고 묘사한다. 이 과도한 걱정은 불안장애들에 전형적인 특정한 신체적 증상과 관련이 있으며, 이러한 신체적 증상에는 근육 긴장, 쉽게 피곤함, 집중력이 흐려지거나 머릿속이 하얘짐, 과민 반응, 수면장해, 긴장감, 안절부절못하고 낭떠러지 끝에 서 있는 느낌 등이 있다.

범불안장애는 인구의 약 3%에 영향을 미치는데, 이는 680만 명의 미국 성인을 의미한다(Kessler et al., 2005; Kessler, Chiu, Demler, & Walters, 2005). 범불안장애는 어느 연령대에서든 시작될 수 있지만, 보통 아동기와 중년기 사이에 점진적으로 발병한다. 특별한 원인은 알려져 있지 않지만 유전과 환경이 중요한 역할을 한다는 증거가 있다(Hettema, Neale, & Kendler, 2001). 범불안장애로 고통받는 많은 사람은 그들이 기억할 수 있는 한 오랫 동안 이러한 생각과 감정을 가지고 있었다고 보고한다(APA, 2013). 범불안장애 내담자는 때때로 상태가 좋아지거나 나빠지기도 하고, 스트레스를 받으면 종종 악화되기도 하지만 불안감은 언제든 다시 나타난다. 범불안장애는 만성적인 경향이 있으며 평생 지속될 수도 있다. 불행히도, 완치 비율은 매우 낮다(APA, 2013). 범불안장애가 다른 불안장애와 다른 점은 어떤 미래 사건 발생에 대한 과도한 걱정이다. 이러한 불안한 예상은 여러 상황(예: 학교, 직장, 운전 중)에서 발생하며, 발생하는 날이 그렇지 않은 날보다 많고, 적어도 6개월 동안 지속된다(APA, 2013). 범불안장애를 가진 개인은 자신의 생각을 통제하기가 어려우므로 종종 통제 불능 상태가 된다. 그들은 임박한 나쁜 상황에 관한 생각에 사로잡혀 특정 작업에 집중하거나 몰입하기가 어려워지고, 상황을 고려할 때 그들의 반응이 극단적임을 깨닫는 경우에도 감정을 제어하는 데 어려움을 겪는다. Glenn과 상담자의 대화에서 알 수 있듯이, 그들은 이 걱정이 그들에게 다가올 일에 대비하는 데 어떻게든 도움이 된다는 신념 또는 과각성이 어떻게든 이익이 된다는 신념을 표현할지도 모른다.

Glenn의 사례

Glenn은 32세의 수학 교사이며 아내와 두 명의 어린 자녀가 있다. 그는 아내의 요청에 따라 상담에 왔다. 그녀는 Glenn이 항상 통제력을 쥐고 있어야 하는 것에 더 이상 참을 수 없다고 말하며, '모든 것'에 대한 과도한 걱정이 그들 사이를 소원하게 만든다고 말한다. 그녀가 인내의 한계를 넘어선 때는 Glenn이 그녀가 안전한지를 확인하기 위해 그녀의 직장으로 수없이 많은 전화를 걸기 시작했을 무렵이다. 그는 결혼 생활에 대해 걱정하며 자신의 가족을 온전하게 유지하기 위해 무엇이든 하고자 한다.

Glenn과 상담자의 첫 회기에서 사례개념화를 시작하는 과정을 들어 보자.

상담자: '모든 것'에 대해서 걱정한다는 말이 무엇을 의미하는지 더 자세히 말해 주세요.

Glenn: 저도 모르겠어요. 제 말은 일상생활에서 잘못될 수 있는 일들이 너무 많이 있어요. 돈, 나의 일, 나의 부모님, 아이들이나 나의 부인에게 일어날 수 있는 일들. 나는 만약 그 일이 일어나면 내가 무엇을 해야 할지 모르겠어요. 나는 그냥…… 할 수 없을 거예요.

상담자: 당신이 그렇게 걱정하지 않고, 더 안심할 수 있었던 때를 기억할 수 있나요?

Glenn: (찡그리며) 아니요. 나는 걱정하지 않았던 때를 기억할 수 없어요. 나의 엄마는 항상 나에게 '잔걱정을 많이 하는 사람'이라고 야단을 치셨고, 나의 부인도 똑같이 말해요. 나는 사실 학교에서 정말 우수했어요. 실제로 모두 A를 받았고, 4.0으로 졸업했어요.

상담자 : 와, 그거 인상적이네요.

Glenn: (쓴웃음을 지으며) 그렇죠? 다른 누구보다 한 발 앞서야 해요. 그게 제가 해 왔고 앞으로도 계속할 일이죠.

상담자: 엄청난 압박감이 느껴지는군요. 이러한 모든 걱정은 당신에게 어떻게 영향을 미치나요?

Glenn: (다시 찡그리며) 나는 이것이 피해를 가져온다고 생각해요. 나는 실제로 잠에 들 수가 없고, 그저 침대에 누워서 다음 날 어떤 것들이 잘못될 수 있을지 생각해요. 아니면 만약 잠에 든다고 해도 나는 5시에 일어나서 그 모든 것에 대해서 다시 걱정하기 시작해요……. 이것은 일에 집중하기 어렵게 만들고, 그리고 지금…… 맙소사, 나는 만약 내가 직장을 잃으면, 우리가 무엇을 해야 할지 모르겠어요! 나는 교장 선생님이 와서 나의 수업을 보는데 무언가 그것이 잘 안 될까 봐 매일 걱정해요. 그리고 나의 학생들이 다가오는 표준 시험에서 잘하지 못하면 어떻게 하나요?

상담자: 걱정해야 할 것들이 엄청 많네요. 그리고 나는 당신이 매우 걱정하고 있을 때 잠들기 어렵다는 것을 이해할 수 있어요. 다른 무언가가 또 있나요?

Glenn: 두통……. 항상 편두통을 앓고 있어요. 복통도 나를 엄청 괴롭게 해요. 그리고 내가 아마도 척추 지압사에게 가야 할지도 모르겠다고 생각하기 시작했어요. 계속 목과 등 쪽이 아파요.

상담자: 불안은 높은 긴장감의 원인이 되고, 이것은 당신의 목과 등의 통증을 불러일으킬 수 있어요. 그 부분을 많이 다루어야 하겠네요.

Glenn: 맞아요. 저는 제가 직장에서 계속 아내에게 전화를 했기 때문에 아내가 화가 나 있다는 것을 알아요. 하지만 그녀에게 나쁜 일이 일어날까 봐 매우 걱정이 돼요. 그래서 나는 전화해서 확인해야만 해요.

상담자: 그래서 걱정하는 것이 당신에게 정말 피해를 준다는 말로 들리는군요.

Glenn: 제 생각엔 그래요……. 그렇지만 이것은 나를 날이 서게 만들어요. 아시죠? 만약 나쁜 일이 일어날 것이라고 걱정하지 않는다면, 그때 나쁜 일이 일어나요!

상담자: 만약 당신이 그렇게 생각한다면, 당신은 걱정하지 않는 것이 어렵겠네요.

Glenn: (한숨 쉬며) 미친 것 같다는 것을 나도 알아요. 내 말은, 나는 이것이 실제로 사실이 아니라는 것을 알아요. 하지만 나는 이런 생각을 멈출 수 없을 것 같아요. 저를 도와줄 수 있나요?"

공황장애

Doug의 사례

Doug는 50세의 기혼자로 출장이 잦은 사업가이다. 그는 최근 들어 비행기를 타는 동안 심각한 불안이 느껴지기 시작해서 상담을 찾아왔다. Doug는 최근에 캘리포니아로 가는 비행기 안에서 심각한 난류를 만났을 때 두렵고 걱정되기 시작했다. 그는 비행기에 문제가 있으며 어쩌면 사고가 날 수도 있다고 믿기 시작했다. 그의 심장은 뛰기 시작했고, 그는 제대로 숨을 쉴 수 없을 것 같았다. 또한 그는 갇혀 있는 듯한 느낌이 강하게 들었는데, 이는 그가 일어나고 있는 일에 대해서 아무것도 할 수 없다는 것을 알았기 때문이다. 그의 옆에 앉아 있던 여성은 Doug가 많은 땀을 흘리고 결국 좌석 벨트를 풀고 화장실에 가는 모습을 보고 당황했다. Doug는 너무 염려가 되어서 착륙한 후 응급실에 가서 검사를 받았으며, 자신이 심장마비가 일어난 것이라고 확신했다. 하지만 병원에서는 그가 괜찮다고 장담했다.

돌아오는 길에, Doug는 비행기에 타기 전에 술을 3잔 마셨지만, 비행기가 출발한 지 얼마 안 되어 또 한 번 공황발작이 시작되었다. 그 비행기에는 아무런 난류도 없었음에도, Doug는 이전 비행에서 경험했던 빠른 심장박동, 식은땀과 어지러움을 똑같이 경험했다. 그는 그 때 가까스로 그의 자리에 머무를 수 있었다. 이것은 3개월 전의 일이고, 그는 이 출장에서 돌아온 이후로 비행기를 탈 수 없었다. 더 심각하게도 Doug는 최근에 사람이 많은 백화점에서 계산을 하기 위해 줄을 서 있을 때 같은 증상과 갇힌 느낌을 경험했다. 그는 결국 테이블 위에 물건들을 던지고 매장을 떠났으며, 이제 또 다시 그렇게 될까 봐 걱정한다. Doug는 이미 그의 주치의와 예약을 잡아 두었고, '자기에게 무슨 문제가 있는지 알아내기 위해' 의학적 검사를 더 요구할 생각이다.

공황장애의 주요 특징은 장소와 상관없이 극심한 공황발작이 반복되는 것이다. 그리고 예상치 못하게 반복되는 공포는 보통 몇 분 동안 계속되지만, 더 오래 지속될 수도 있다. 발작은 대개 일반적으로 위협적이거나 위험한 것으로 간주되지 않는 상황에서 발생하며 재해, 사망 또는 통제력 상실에 대한 생각을 중심으로 이루어진다. 이러한 생각은 강한 신체 증상을 동반하는데, 가장 흔한 증상은 식은땀, 심계항진, 떨림, 흉통, 어지러움, 메스꺼움 그리고 감각이 둔해지거나 따끔거리는 느낌이다. 공황발작의 신체 증상이 꽤 심각할 수 있기 때문에, 많은 사람이 심장마비와 같은 삶을 위협하는 신체 문제가 있다고 착각한다. 환자가 느끼는 공황발작과 그들이 의학적 응급상황에 놓여 있다는 믿음 간의 연관성은 향후의 발작으로 이어지며, 이러한 현상을 예기 발작이라고 한다. 공황발작을 경험하는 사람은 빈번히 응급실을 방문하며, 불안감을 유발할 수 있는 다른 의학적 질환을 배제하기 위한 검사를 받을지도 모른다.

공황발작은 스트레스에 대한 정상 반응이나 심지어 심각한 반응과도 구별될 수 있다. 환경적 스트레스 요인에 대한 정상 반응은 시간이 지나면서 서서히 커지거나 아니면 투쟁-도피 반응이 시작되는 특정한 계기가 있기 마련이다. 공황장애는 느닷없이 나오는 것처럼 느껴지는 극심하고도 갑작스러운 사건이다. 이러한 발작의 기간은 비교적 짧으며, 증상은 더 심각하고 통제가 안 된다고 느껴진다.

공황발작은 언제든지 일어날 수 있으며, 이로 인해 매우 큰 불안을 유발한다. 발작의 심각성이나 횟수, 빈도는 매우 다양할 수 있고, 계기가 없기 때문에 다음 발작이 언제 일어날 것인가에 대한 지속적이고 심각한 걱정을 일으킨다. 사람들은 또 다른 에피소드가 발생하는 것을 피하려고 대개 그들의 행동을 상당 부분 바꾼다. 이것은 이전의 발작과 관련된 장소나 사람을 피하게 만들고, 마침내 광장공포증 행동을 발달시킨다.

초반 연령은 대개 성인 초기로, 보통 24세 이전에 발병한 사례가 50% 정도이며(Kessler et al., 2005; Kessler, Chiu, Demler, &Walters, 2005), 평생 유병률은 미국 인구 중 약 3~4%이다.

공황장애는 스스로를 매우 쇠약하게 만들 수 있고, 내담자는 비행, 장보기나 운전 등의 보통의 일상을 수행할 수 없다는 것에 대해서 부끄럽다고 느낄 수도 있다. 치료하지 않는다면, 공황장애는 직장을 잃게 만들거나 대인관계 문제를 일으킬 수 있다. 한편 공황장애는 대개 치료가 가능하다. 연구들은 과거 스트레스 사건, 불안에 더 민감하게 반응하는 기질, 생물학적 그리고 유전적 요인을 포함하여 여러 기여 요인을 밝혔다. Doug와 작업하는 상담자는 사례 개념화를 구성하면서 이러한 가능한 기여 요인에 초점을 둘 수 있었다.

상담자: 당신은 매우 스트레스를 받았던 비행에 대해 이야기했어요. 이런 신체적 반응을 경험한 일은 이번이 처음인가요? (과거 스트레스 경험 탐색하기)

Doug: 제 생각에는…… 음, 되돌아보면, 제가 강렬한 반응을 보인 것이 과거에도 몇 번 있었던 것 같아요.

상담자: 그중 하나를 설명해 줄 수 있나요?

Doug: 제 기억으론 제가 아이였을 때, 아마도 아홉 살, 열 살쯤에 어린 여동생과 저는 애틀랜틱시티에 있는 그 크고 높은 빌딩 중 하나의 승강기에 갇혔었어요. 걔는 흥분했고 저는 걔를 달랠 수 없었죠. 저는 단지 제가 기절할 것 같다고 생각했던 기억만 나요. 저는 그 일에 대해 몇 년 동안 악몽에 시달렸어요.

상담자: 당신은 매우 느긋한 아이였나요? (기질 탐색하기)

Doug: (웃으면서) 아무도 그렇게 말하지 않을 걸요. 느긋하지 않아요. 저는 항상 약간 불안했던 것 같아요. 일상적인 것들 있잖아요. 수업 시간에 친구들 앞에서 이야기할 때 같은. 아니면 사람들이 많은 것, 저는 한 번도 사람들이 붐비는 것을 좋아한 적이 없어요.

상담자: 당신의 부모님이나 당신의 여동생은 어땠나요? 그들은 당신보다 더 아니면 덜 평온했나요?(불안의 가족력 탐색하기)

Doug: 오, 어머니는 덜, 훨씬 덜 느긋하셨어요! 그녀는 항상 무언가에 대해서 걱정했고 그녀에게 뭔가 문제가 생길 거라고 계속 생각했어요. 암이나 그런 것이요.

당신이 Doug와 상담자의 이 간략한 대화에서 볼 수 있는 것처럼, 사례개념화 모델은 상담자가 문제를 알아내고, 그다음에 Doug가 변화의 길을 찾도록 돕는 데 가장 관련 있는 요소에 초점을 맞추도록 돕는다.

특정 공포증

이전에는 단순 공포증으로 불리던 특정 공포증은 특정한 사물이나 위험과 관련이 적거나 없는 상황에 의해 유발되어 오래 지속되는 비합리적인 공포 및 불안을 말한다(APA, 2013). 공포증을 가진 사람은 그들이 위험과 비합리적으로, 또는 과도하게 연결 지은 사물, 환경과 상황으로부터 벗어나고자 애쓴다. 대부분의 사례에서 그들은 자신의 두려움이 말도 안 된다는 것을 알고 있지만, 이것을 통제할 수 없다고 믿는다. 이러한 공포증은 일상에 지장을 줄 수 있고, 작업 생산성에 영향을 주고, 자기효능감과 자기 가치를 떨어뜨리고, 대인관계에 부정적인 영향을 줄 수 있다. 심각한 경우에는, 사람들은 그들이 경험하고 있는 심각한 불안과 두려움을 피하기 위해서 할 수 있는 것이라면 무엇이든 할 것이고, 이는 광장공포증 행동을 초래할 수 있다.

특정 공포증은 미국 인구의 9% 정도의 평생 유병률을 나타내지만, 그중 3분의 1 정도만 치료를 받는다(Kessler et al., 2005; Kessler, Chiu, Demler, Walters, 2005). 특정 공포증의 원인은 알려져 있지 않지만, 학습되거나 트라우마 경험과 관련된 것으로 알려진다. 아동은 다른 이들의 공포 반응을 관찰함으로써 그것을 배울 수 있다. 개나 뱀에 대한 두려움이 그 예이다. 동물, 자연환경 그리고 피나 주사에 대한 두려움은 아동기에 시작되는 경향이 있는 반면, 상황적인 두려움은 더 나중에 나타나는 경향이 있다(Lewis-Fernandez et al., 2009).

특정 대상이나 상황이 두려움을 불러일으키고(일반적인 촉발 요인 목록은 〈표 6-1〉 참조), 촉발 요인은 거의 항상 심각한 반응을 일으키며, 이러한 반응은 과도하고 정상적이지 않다. 공포증으로 고통받는 사람은 거의 항상 그 물건이나 상황을 피하려고 하며, 이것에 대해 생각하는 것만으로도 두려워질 수 있다. 만약 그들이 그 촉발 요인에 노출된다면, 공황발작 증상과 유사한 증상이 나타난다. 빠른 심장박동, 식은땀, 이인증, 호흡 곤란, 어지러움, 메스꺼움(아동의 증상은 이 모든 증상에 더해 숨이 막히고, 얼어붙고, 떨리는 느낌과 성질을 부리는 것까지 해당된다) 등이 나타난다. 증상은 촉발 요인이 더 이상 존재하지 않으면 빠르게 가라앉는다.

표 6-1 가장 일반적인 특정 공포증

- **동물**: 가장 흔한 유형. 개, 뱀, 벌, 쥐 등에 대한 공포
- **상황**: 비행, 운전, 대중교통, 다리, 터널, 승강기, 만원 열차와 같이 밀폐된 공간 등에 대한 공포
- **환경**: 폭풍, 번개, 높은 곳, 물 등에 대한 공포
- **부상**: 다치거나 피를 보거나 주사 바늘과 같은 의료 절차에 대한 공포

표 6-2	불안 혹은 공포증
일상적 불안	공포증
높은 나무를 탈 때 불안을 느낌	장거리 이동을 해야 하기 때문에 업무 회의에 참석하지 못함
눈보라가 칠 때 여행에 대한 걱정	출근할 때 고속도로를 타야 하기 때문에 괜찮은 직장을 거절함
이웃의 큰 개 가까이서 겁먹음	이웃의 작고 친근한 강아지 때문에 이웃을 방문하지 않음

Amy의 사례

Amy는 부모와 함께 교외 지역에서 살고 있는 8세 아동이다. 몇 주 전, 두 블록 떨어진 거리에 사는 한 남자가 그의 큰 개와 함께 산책하고 있을 때, Amy는 제일 친한 친구인 Jill과 함께 마당에서 놀고 있었다. 그 개는 소녀들에게 짖기 시작했고, 주인의 손에서 개 끈이 풀어지면서 개가 마당으로 달려갔다. 두 소녀는 소리치며 달렸고, 그 사건으로 매우 겁을 먹게 되었다. Amy의 부모는 아이가 아직도 매우 두려워하는 것이 걱정되어 상담자에게 데리고 왔다.

Amy와 작업하는 상담자는 두려움을 준 사건, Amy의 공포가 그녀에게 미친 영향, 두려움이 사라지지 않는 이유에 대해 부모에게 더 물어봐야 한다. 이를 비롯한 여러 질문은 특정 공포증이라는 진단이 적절한지 결정하도록 상담자를 도울 수 있다. 아동과 작업할 때, 부모나 보호자와 이야기하는 것은 사례개념화에 도움이 되는 부분이다.

상담자: 무슨 일이 일어나고 있는지 말해 줄 수 있나요? 당신은 Amy가 아직도 겁먹고 있는 것처럼 보인다고 말했어요.

Amy의 어머니: 저는 Amy가 더 나아지고 있는 것 같지 않아요. 사실 더 안 좋아지고 있는걸요?

상담자: 정확하게 무엇이 더 안 좋아지고 있다는 것이죠?

Amy의 어머니: 그 애는 항상 긴장하고 있어요. 그 애는 더 이상 학교에 걸어가려고 하지 않아요. 왜냐하면 개가 가까이 와서 자기를 물까 봐 두려워하기 때문이에요. 심지어 그 애는 쉬는 시간에도 밖에 나가려 하지 않아요. 그 애의 선생님은 아이가 교실에 머무를 핑계를 찾고 있고, 이것은 그 애답지 않다고 말해요. 나는 이것 때문에 그 아이가 친구를 잃을까 봐 두려워요.

상담자: Amy는 항상 겁이 많은 아이였나요?

Amy의 아버지: 네. 조금요. 제 생각에 아이의 할머니, 그러니까 저의 어머니를 닮은 거 같아요. 사실 저의 어머니는 항상 우리가 키우던 개 Maisie 주변에서 긴장하고 있었어요. 그 개는 열 살짜리 바셋하운드였는데, 저의 어머니는 항상 우리 집에 방문할 때 상자에 개를 넣어 달라고 했어요. Maisie는 해를 가하지 않는데 말이죠!

상담자: "Maisie 주위에서 Amy는 어떤가요?

Amy의 어머니: 사실 그것 또한 나를 걱정하게 해요. Amy는 이제 우리 집 개 주변에서도 긴장을 해요. 그 애는 Maisie가 자기 옆에 가까이 앉으려고 하면 떠나고, 어떤 날은 심지어 초인종이 울려서 Maisie가 짖었을 때도 그 애는 울었어요. 이전에는 한 번도 그러지 않았어요!

Amy의 아버지: 나는 아무 말도 안 하려고 했는데……. (아내를 쳐다본다) 그런데 어느 날 밤 TV에서 개가 짖을 때 그 애는 귀를 막고, 나에게 채널을 돌려 달라고 했어요.

Amy의 어머니: 이건 감당할 수 없는 수준이 되어 버렸어요! 그 애는 밤에 악몽을 꾼다며, 그리고 자기가 자는 동안 개가 자기 방에 들어올까 봐 무섭다며 우리 방에서 자겠다고까지 하고 있어요. 뭐가 어떻게 되어 가고 있는 건가요?

또한 상담자는 Amy의 두려움(인지, 신념 그리고 '감정적 사고')과 회피행동에 대한 정보를 모으기 위해 그녀와 이야기를 나눈다. Amy의 공포와 회피가 그녀에게 어떠한 영향을 미치는지에 대한 명확한 그림이 생기면, 치료 계획을 세울 수 있다.

사회불안장애

뭔가를 해 내야만 하는 사회적 상황이나 환경은 대부분의 사람에게 긴장감을 줄 수 있다. 첫 데이트를 가기 전, 대학입학 자격시험(SAT) 전 또는 수업에서 프레젠테이션이 있을 때 긴장하지 않는 사람이 누가 있는가? 모두가 처음 보는 사람과 이야기할 때 속이 울렁거리거나 혀가 꼬이는 경험을 해 본 적 있을 것이다. 그러나 사회불안장애를 가지고 있다면 매일의 사회적 상황들이 엄청난 양의 불안, 창피와 수치심을 야기한다.

사회불안장애(SAD)는 약 12%의 미국인이 그들의 삶에서 경험했다고 보고한, 아마도 가장 일반적인 불안장애이다(Kessler et al., 2005; Kessler, Chiu, Demler, & Walters 2005). 어떤 해에는 7%가량인 1500만 명의 미국 성인이 사회공포증을 경험했다(Kessler, Chiu, Demler, & Walter, 2005). SAD는 보통 젊은 나이에 나타난다. 시작되는 평균 나이는 13세이고, 그중 50%는 11세 이전에 발병하며, 80%는 20세 이전에 발병한다(Kessler et al., 2005).

공황발작과 비슷한 증상을 보이는 SAD는 다른 사람에게 면밀하게 관찰될 수 있다는 불안감이 수반되는 사회적 상황이나 수행 상황에서 발생한다. 다른 사람의 부정적 평가에 대한 두려움은 SAD의 전형적 특징이다. 이 장애는 정서, 생각 그리고 행동에 영향을 미치며, 중요한 신체적 증상의 원인이 될 수 있다. 인지적 증상으로는 낯선 사람과, 상호작용에 대한 극심한 두려움과 판단 받는 것에 대한 걱정, 창피함 또는 굴욕, 다른 사람들이 자신의 고통을 알아차릴 것이라는 두려움 혹은 자신이 공황발작을 일으키게 될 것이라는 두려움을 포함한다.

사회 불안의 계기는 개인의 문화의 사회적 규범과 기대에 기초한다. 같은 사회적 행동이라도 어떤 문화에서는 정상적인 행동이 다른 문화에서는 과도하다고 여겨질 수 있다. 사회불안장애를 가진 개인은 문화, 민족, 성별, 사회적 지위와 성적 지향성을 비롯하여 그들이 속한 특정 집단의 사회적 규범이라고 여기면 무엇이든 위반하기를 두려워한다. 따라서 증상과 유병률 모두에 문화적 다양성이 있다. 예를 들어, 정통 유태교 사회 같은 특정한 문화에서 여성은 얌전한 존재로 여겨진다. 그렇기 때문에 여성이 공적인 이벤트에 참여할 것이라고 예상하지 않아서 여성의 사회불안장애 비율은 낮다(Greenberg, Stravynski, & Bilu, 2004). 또한 연구들은 개인이 가진 개인적 지향성과 개인의 문화 내 사회적 가치 및 규범 사이의 불일치가 사회 불안 증상과 관련이 있다고 제안했다. SAD의 진단을 고려할 때, 상담자는 내담자의 사회적 및 문화적 배경과 신념을 고려해야 한다.

떨리는 목소리, 빨개지는 얼굴, 몸의 떨림, 소화불량과 빠른 심장박동을 포함한 신체 반응은 불안장애에서 전형적이다. 이런 증상은 심각한 고통의 원인이 되고 일상생활의 일부 영역에서 제대로 기능을 하지 못하게 한다. 고통을 받는 사람은 아마 그들의 반응이 지나치다는 것을 알아차리고 있지만 그 반응을 자신이 통제할 수 없다고 느낄 것이다. 우리가 다른 불안장애들에서 본 것처럼, SAD를 겪고 있는 개인은 일상 활동에 방해가 될 수 있는 이러한 불편한 반응의 원인이 되는 상황을 피하려고 한다. 회피가 강화되면서, 회피는 결국 증상을 악화시키는 악순환을 만들어낸다. 상황에서 벗어나고 기분이 금방 나아지면서, 나중에는 회피를 더 많이 하게 된다. 내담자는 주로 자신의 불안이나 두려움이 상황에 비해 지나치다고 생각하지만, 이것을 변화시킬 수 없다고 느낀다.

Anna의 사례

Anna는 담임교사로부터 학교 상담자인 당신에게 의뢰되었다. 그녀는 16세로 고등학교 2학년이고, 같은 학교를 나왔으며 인기가 많았던 두 언니가 있다. Anna는 계속 불안해하며, 그녀가 어떻게 보이는지, 다른 학생들이 그녀에 대해서 어떻게 생각하는지에 대해 사로잡혀 있는 것 같아 보인다. 그녀는 전반적으로 좋은 학생이었고 친한 친구들이 있었지만, 연애를 해 본 적은 없었다. 그녀의 선생님들은 모두 Anna가 학생들 앞에서 발표를 하지 못하는 것에 대해 우려하고 있다. 그녀가 프레젠테이션을 해야 하는 날 그녀는 아프다고 전화를 하거나, 반 정도 하다가 포기하고 화장실로 뛰어가며 아프다고 말했다.

상담자: Anna, 당신이 수업 시간에 남들 앞에서 말해야만 할 때 어떤 일이 생기는지 말해 줄 수 있나요?

Anna: (무릎에서 두 손을 비틀며 눈에 띄게 얼굴이 붉어진다. 말할 때 목소리가 떨린다.) 저는 그저 그것을 할 수 없어요. 저도 왜 그러는지 모르겠어요. 저는 모두 앞에 서 있는 생각을 하는 것만으로도 심장마비가 오는 느낌이에요.

상담자: 정말 힘들겠네요. 심장마비가 오는 것 같을 때, 그것이 어떤 느낌인지 말해 줄 수 있나요?

Anna: 심장은 터질 것처럼 매우 빨리 뛰기 시작해요. 내 가슴에서 뛰쳐나갈 것 같아요.
          그리고 현기증도 느껴요. 내 얼굴이 빨개지는 것을 느낄 수 있어요. 그리고 모두가
          이것을 볼 수 있겠죠!

상담자: 또 다른 것이 있나요?

Anna: 배가 아파져요. 그것이 제가 교실을 나가서 화장실을 가야 하는 이유에요. 저는 제
          가 아파질 것을 알아요. 저는 이것을 어떻게 할 수가 없어요!

상담자: 당신이 두려워하는 것이 무엇인지 저에게 말해 줄 수 있나요? 무슨 일이 일어날까
          봐 염려하나요?

Anna: 저도 모르겠어요. 제 생각에, 제가 바보같을까 봐? 사람들 모두가 앉아서 "세상
          에, 쟤 정말 멍청하군." 아니면 "세상에, 정말 못생겼어. 한심해!"라고 생각하는 것
          이요.

상담자: 당신이 모두가 그렇게 생각할 거라고 믿고 있다면, 그곳에 서 있는 게 어려운 것은
          당연해요.

Anna: (눈 맞춤이 더 나아진다.) 그것은 매우 끔찍한 일이에요. 그리고 저는 이것이 바보
          같다는 것을 알아요. 제 말은, 다른 사람들이 서 있을 때 저는 앉아서 그런 생각을
          하지 않아요…….

상담자: 다른 때도 이러한 증상들을 느끼나요?

Anna: (끄덕이며) 네, 사실 그럴 때가 매우 많아요.

상담자: 예를 들어 줄 수 있나요? 이것을 이해하는 데 우리에게 매우 도움이 될 거예요.

Anna: 물론이죠. 네. 파티를 가야 하거나 모르는 사람들이나 집단이 있는 곳에 갈 때 저
          는 이 감정을 매번 느껴요. 친한 친구와 놀 때는 괜찮지만, 몇 사람만 오게 되면 저
          는 입을 꼭 다물어요. 그리고 저는 속이 메스꺼워지고 얼굴이 빨개지기 시작해서
          단지 그곳을 벗어나기를 바랄 뿐이에요.

상담자: 연애는 어떤가요? 관심 있는 사람이 있나요?

Anna: (다시 얼굴이 빨개지며) 아니요, 아니요. 그리고 싶긴 한데 없어요. 2명의 남자가
          저에게 관심이 있다고 했었지만, 저는 그들이 그저 나를 놀리려고 물어본다는 생
          각을 멈출 수 없었어요. 게다가 저는 매우 긴장했고 그들에게 대답조차 할 수 없었
          어요. 저는 그저 그 모든 것을 회피하는 것이 나았어요.

상담자: 그렇지만, 당신은 그러고 싶다고 말했어요.

Anna: 네……. 그런 것 같아요. 하지만 가능할 것 같지는 않아요. 저는 그저 제가 느끼는 감정들을 변화시킬 수 없어요.

여기서 상담자가 수집한 자료는 Anna의 문제의 사례개념화를 향한 좋은 시작으로, 사회불안장애의 진단을 암시한다. Anna의 행동과 관련된 비합리적 사고 또한 치료 계획의 한 부분이 된다.

광장공포증

광장공포증(Agoraphobia)은 외부, 공공장소나 탈출이 어렵거나 곤란한 장소에 있는 것에 대한 공포로 정의될 수 있다(APA, 2013). 내담자는 가능하다면 이러한 상황을 피할 것이며, 이는 내담자를 고립시키고, 가장 단순한 일조차 완수할 수 없게 만든다. 성인과 청소년의 2% 미만이 매년 광장공포증 진단을 받으며, 그중 3분의 2가 35세 이전에 진단받는다(APA, 2013). 이 진단을 받는 여성이 남성에 비해 약 2배 많다.

광장공포증이 있는 개인은 대중교통을 이용하거나, 주차장을 걷거나, 사람이 붐비는 곳에 있거나 줄 서 있을 때와 같은 상황에서 극심한 어려움을 겪을 수 있다. '나는 여기에서 나갈 수 없을 거야.' '누구도 나를 도울 리 없어.' 또는 '나는 바보같이 행동할 테고, 사람들은 모두 큰 소리로 웃을 거야.'와 같은 왜곡된 사고는 공포감에 빠지는 데 기여한다. 이러한 사고는 실제 상황에 비해 매우 지나친 두려움과 불안을 동반한다. 이러한 사고와 감정 때문에, 광장공포증이 있는 내담자는 이러한 상황을 피하기 위해 평범한 일상 활동을 줄이는 반응을 한다. 예를 들어, 그들은 식료품점에 가거나 외식을 하러 가는 대신에 집으로 음식을 배달시켜 먹을 수 있다. 결국 많은 내담자는 이러한 불안으로부터 자신을 보호하려는 시도로 집에 틀어박히게 된다.

Tanya와 작업하는 상담자는 Tanya의 행동에 영향을 미치는 '감정적 사고'에 대해 더 많이 알기를 원할 뿐만 아니라, 많은 상황에 대한 회피가 그녀의 삶과 행복에 미치는 영향을 알고자 한다.

Tanya 사례

Tanya의 첫 번째 공황발작은 식료품점에서 발생했다. 그녀는 심장이 빠르게 뛴다고 느끼기 시작했고, 숨을 돌릴 수가 없었다. 그녀는 너무 상태가 나빠서 심장이 가슴 밖으로 지금 당장 튀어나올 것처럼 느꼈다. 그녀의 손은 감각이 없었고, 다리에 힘이 빠져서 주저앉았다. 너무 심각해보이자 가게 매니저는 구급차를 불렀지만, 응급실에서는 아무런 문제도 찾을 수 없었다. Tanya는 극도로 당황했고, 그녀가 그토록 바보가 된 것이 믿을 수 없었다. 그녀는 회복하고서 집으로 운전해 갔다. 그녀는 이런 사고가 몸 상태가 좋지 않거나 탈수 상태가 돼서 그런 거라고 여겼다.

약 1주일 후, Tanya가 치과에서 대기실에 앉아 있을 때, 또 다시 공황발작이 왔다. 그녀는 갇힌 느낌이 들었고, 완전히 당황했다. 다시 구급차를 부르는 것을 원하지 않았기 때문에, 그녀는 재빠르게 아무런 말없이 치과를 떠났다. 5분 정도 후, 그녀가 차에 앉아 있을 때 그 느낌은 진정되었다. 그러나 이번에는 집까지 운전하기 위해 남자친구를 불렀는데, 이는 또 다시 공황 상태가 올지도 모른다는 두려움에 운전하는 것이 걱정되었기 때문이다. 그 이후, 그녀의 공황 증상은 점차 횟수가 늘었고 심각해졌으며, 그녀는 다양한 사회적 상황과 공공장소에 있는 것을 피하기 시작했다.

동반이환

불안장애로 고통받는 사람은 이 장에서 논의되었던 다른 불안장애들 중 하나 또는 그 이상의 진단기준을 충족할 가능성이 있다(Brown & Barlow, 1992; Brown, Campbell, Lehman, Grisham, & Mancill, 2001). 예를 들어, 공황장애로 진단받은 많은 내담자는 광장공포증으로도 고통받는다. 범불안장애(GAD)가 있는 내담자는 특히 다른 불안장애에 걸리기 쉽다(Yonkers, Dyck, Warshaw, & Keller, 2000).

또한, 불안장애가 있는 내담자는 또 다른 정신건강장애의 진단기준을 충족할 가능성이 있다. 여기에는 우울장애, 섭식장애, 약물남용장애가 포함된다. 한 연구에서는 불안장애 치료를 받는 내담자의 약 60%가 주요우울증의 진단기준도 충족한다고 밝혔다(Brown et al., 2001). 연구들은 섭식장애로 치료를 받고 있는 많은 내담자가 하나 이상의 불안 장애의 진단기준도 충족함을 보여 주었다(Godart, Flament, Perdereau, & Jeammet, 2002; Kaye, Bulik, Thornton, Barbarich, & Masters, 2004). 또한, 약물남용과의 높은 공병률을 보이는데, 연구들은 무려 54%의 불안장애 내담자에게서 약물장애도 같이 발생했음을 제시하고 있다(Jané-Llopis & Matytsina, 2006; Kessler, Chiu, Demler, & Walters, 2005). 또한, 증상이 약물사용/남용 또는 의학적인 조건 때문에 발생하지 않는다는 확신을 갖기 위해 감별 진단 또한 필수적이다.

문화적 고려사항과 인구요인

성별과 문화 둘 다 불안장애의 유병률 및 증상 차이와 관련되어 있다. 문화권마다 불안과 걱정이 표현되는 방법에 대한 규범이 다양하다. 어떤 문화권에서는 신체적 증상이 불안의 표현에서 지배적일 수 있는 반면, 다른 문화권에서는 인지적 증상이 더 지배적이다(APA, 2013). 그러므로 평가를 할 때 배경과 문화를 고려하는 것이 중요하다. 예를 들어, 사회불안장애의 유병률과 이 장애가 표현되는 방식은 문화 간에 차이가 있다. 아시아 문화권은 SAD에서 가장 낮은 비율을 보인 반면, 러시아와 미국은 가장 높은 비율을 나타냈다(Hoffimaan, Asnaani, & Hinton, 2010). 미국 내에서 SAD에 대한 위험은 나이가 어릴수록, 임금이 낮거나 여성 또는 아메리칸 인디언이라면 증가한다(Lewis-Femrnandez et al., 2009). 대규모 역학 조사에서는 백인이 범불안장애와 사회불안장애의 위험이 더 높은 반면, 히스패닉의 경우 어린 연령 집단(예를 들어, 43세 이하)에서만 낮은 비율로 찾을 수 있었다(Hoffmann et al., 2010). 또한 연구들은 백인이 더 높은 비율의 공황장애를 가진다고 제시한다(Lewis-Fernandez et al., 2009).

일본에서 흔한 불안장애는 사회불안장애와 비슷하지만, 자기 자신을 당황시키는 것에 대한 두려움에 초점을 두는 대신 타인을 불편하게 하거나 당황하게 하는 두려움에 초점을 둔다. 이는 타인의 감정에 대한 관심을 강조하는 문화와 관련될 수 있다(McNally, 1997). 라틴 아메리카 문화에서 공포 질환(예를 들어, 스페인어로 두려움을 의미하는 susto[1])은 사람이 공포를 겪은 후에 영혼이 몸을 떠날 수 있다는 두려움에 초점을 맞춘다. 특정한 문화에서 불안의 대상은 환경적 문제와 그 문화의 특수한 신념 체계와 관련이 있는 경향이 있다(Kirmayer, 2001).

증상의 문화적 다양성은 또한 공통의 두려움과 사고 패턴에서의 차이에 의해서도 영향을 받을 수 있다. 예를 들어, 라틴 아메리카와 아시아계 사람은 이명, 목의 통증, 또는 공황발작과 함께 오는 두통을 더 많이 보고하는 경향이 있다. 아프리카계 미국인 내담자는 공황발작과 관련된 감각이상(parasthesias)의 신체적 증상을 보고할 가능성이 더 높다. 이는 이 문화적 집단에서 당뇨병 및 절단과 같은 관련 합병증에 대한 더 큰 두려움이 있기 때문일 수 있다. 만연하는 문화적 두려움이 있을 때, 내담자는 그것의 구체적인 증상에 대해 과도하게 불안해할 수 있다. 이 증상이 나타나면 과민반응하면서 공황발작이 악화될 수 있다. 구체적인 공포증의 내용 역시 다양하다. 나이지리아인과 젊은 중국인은 신체적인 안전(전기, 동물의 습격)에 대한 두려움을 가지는 반면, 미국인과 호주인은 신변안전(행방불명, 빈집털이)에 대한 두려움을 가졌다(Lewis-Fernandez et al., 2009).

일부 문화적 집단은 정신질환 진단 및 통계 편람 기준에 조금도 포함되지 않은 증상을 경험하는 경향이 있어(APA, 2013) 진단을 복잡하게 만든다. 예를 들어, 통제할 수 없게 소리 지르거나 울기, 또는 머리, 목, 가슴에 열이 있는 느낌은 라틴 아메리카와 카리브해의 문화에서 공황발작과 함께 흔히 나타난다(Lewis-Fernandez et al., 2009). 불안 증상의 의미에 대한 상담자 자신의 문화적 신념 또한 진단에 영향을 미칠 수 있다.

최근까지도, 아동의 경우 불안보다는 행동 문제, 행동화(acting out), 약물사용, 또는 자살 사고로 의뢰되는 경우가 더 많았기 때문에, 아동의 불안은 성인의 불안보다는 덜 심각한 것으로 간주되었다. 그러나 불안장애는 성인뿐만 아니라 아동에서도 가장 흔한 유형의 정신장애이며 아동의 발달에도 중요한 영향을 미칠 수 있다. 불안은 아동의 친구 사귀는 능력, 학업적 성공, 직업적 선택, 자존감, 가족 관계를 방해한다. 불안으로 고통을 겪는 아동은 평균보다 친구가 적으며(Rapee & Melville, 1997), 그래서 그들의 사회화와 관계 기술의 발달이 지연될 수 있다. 이러한 아동은

[1] 라틴 아메리카 문화의 질병으로, 자신 또는 타인의 정서적 트라우마로 인한 두려움 및 만성적인 신체적 고통을 경험하는 질병이다.

자기주장에 어려움을 겪기 때문에, 더 쉽게 괴롭힘 당할 수 있고 사교댄스나 수학여행과 같은 집단 경험을 피할 수 있다. 또한 치료를 받지 않은 불안한 아동은 불안한 성인으로 자랄 가능성이 높고, 이는 약물남용, 우울, 관계 문제의 위험에 처하게 한다.

불안의 많은 증상이 성인의 증상과 비슷한 반면, 불안장애의 일부 증상은 나이에 따라 다양하다. 아동과 성인 모두 부정적인 결과에 과하게 초점을 두고, 신체화 증상을 경험하며, 겁먹게 만드는 상황을 피할 수 있다. 어린 아동은 또한 야뇨증, 선택적 함구증, 행동화(acting out)와 같은 증상을 보이거나, 부모 또는 양육자에게 몹시 의존적일 수 있다. 그들의 발달 단계 때문에, 아동은 보통 무엇이 불안의 이유가 되는지에 대한 인지적 통찰이 부족하며, 부모는 종종 아동이 공황발작을 보일 경우 커다란 고통을 경험하는데, 이는 아동의 반응을 더욱 복잡하게 만든다. 부모, 교사 그리고 임상가는 때때로 아동의 증상을 불안이 아닌 반항적 행동으로 잘못 해석한다. 예를 들어, 한 불안한 아동은 공포에 따른 회피에 기인하여 학교에 가기를 거부할 수 있는 반면, 반항하는 아동은 집에 있으면 비디오 게임을 할 수 있기 때문에 학교 가는 것을 거부할 수 있다. 행동은 같지만, 동기는 다르다.

일반적으로 불안장애는 남성보다는 여성에게서 더 만연한데, 여성이 불안장애를 진단받는 경향이 2배인 것으로 나타난다(APA, 2013; de Graaf, Bijl, Ravelli, Smit, & Vollenbergh, 2002; Wittchen, 2002). 차이는 남성이 더 '두려움에 직면'하도록 압력을 받는 것처럼 성역할과 관련될 수 있는데, 그것은 불안의 주기를 줄이는 데 있어서 회피보다는 더 효과적일 수 있다. 아동의 경우 병원을 찾는 행동에서 이와 동일한 성차가 나타난다. 부모는 아들의 불안 증상을 수용하거나 인정하기를 꺼려할 수 있으며, 그렇기 때문에 그들을 치료받게 할 가능성이 더 낮을 수 있다. 여성은 또한 더 높은 비율의 성폭행을 비롯한 일부 유형의 외상성 경험을 더 쉽게 할 수 있는데, 이로 인하여 취약성과 위험 인식이 높아진다(Tolin & Foa, 2006). 그러나 남성은 물질장애의 동반이환 진단을 더 많이 보이는 경향이 있다.

병인과 위험요인

⚙ 생물학적, 유전적 요인

연구들은 불안장애가 생물학적, 유전적, 환경적 요인에 의해 야기될 수 있다고 제안한다. 실무자와 연구자는 계속적으로 불안에서 스트레스, 생물학 그리고 유전학의 역할에 대한 더 종합적인 모델을 얻으려고 노력하고 있다(Bystritsky, Khalsa, Cameron, & Schiffman, 2013). 몇몇의 최근 연구는 뇌에서의 화학적 불균형(chemical imbalances: 노르에피네프린과 세로토닌)을 포함한 유전학, 뇌 화학 그리고 신경촬영법에 초점을 맞춘다(Charney, 2003; Dell'Osso, Buoli, Baldwin, & Altamura, 2010; LeDoux, 2000). 두려움 반응을 통제하는 뇌의 영역들은 일부 불안장애에서는 중요한 역할을 하는 것으로 보인다.

기질 요인은 불안의 유전적 요인으로 작용할 수 있다. 환경 변화에 대해 매우 반응적인 개인은 삶의 스트레스 요인과 전환기에 직면할 때 높은 스트레스 반응을 경험할 수 있다. 행동 억제(Hirshfeld-Becker et al., 2008), 부정적인 감정상태(affectivity) 또는 신경증(neuroticism: Carthy, Horesh, Apter, & Gross, 2009), 고조된 생리적 반응(Weems, Zakem, Costa, Cannon, & Watts, 2005), 정서 조절장애(dysregulation: Carthy et al., 2009; Suveg & Zeman, 2004), 손상 회피(APA, 2013)를 포함하여, 불안장애 진단을 결과적으로 수용하는 것과 관련된 몇 가지 개인적인 특성들이 존재한다.

불안장애는 또한 집안 내력인 경향이 있는데, 이는 유전자와 환경적 스트레스의 결합이 불안장애를 일으킬 수 있음을 나타내며, 위험요인들은 유전적 요인 및 유전이 환경과 상호작용하는 방식 모두와 관련된다. 불안장애에 대한 쌍둥이와 가족 연구들은 30%에서 50%의 범위에서 불안 스펙트럼이 유전될 수 있다고 추정하며, 이는 조현병과 양극성 장애 같은 다른 장애들보다는 현저히 낮은 비율이다. 이러한 추정치는 개인 요인과 환경 요인에 의해 설명되는 변량이 가장 커지게 한다(Hettema, Neale, & Kendler, 2001).

◎ 경험의 역할

불안장애와 연관이 있는 환경적 요인에 대한 연구는 개인의 불안 경향성이 유전될 수도 있지만, 불안과 걱정은 또한 그들 주변에서 규칙적으로 불안을 보이는 중요한 타인으로부터 학습될 수도 있다고 제안한다. 예를 들어, 광대를 무서워하는 부모를 둔 아동은 광대에 대한 두려움을 학습할지도 모른다.

불안장애와 관련이 있는 환경적 요인은 부모의 불안 그리고 과보호(van Brakel, Muris, Bogles, & Thomassem, 2006), 우울장애를 겪는 어머니(Field, Henandez-Rieif, & Diego, 2006; Pelaez, Field, Pickens, & Hart, 2008), 외상성 사건에 대한 노출(Briggs-Gowan et al., 2010; Litrownik, Newton, Hunter, English, & Everson, 2003)을 포함한다. 또한 외상성 경험은 이전에는 스트레스 요인에 적응적인 방식으로 대처했던 사람에게도 과도한 불안을 유발할 수 있다(APA, 2013). 부모의 과보호와 아동기 외상 경험은 일반적으로 불안장애와 관련이 있어 왔지만, 구체적인 장애와는 관련이 없었다.

치료적 개입

불안장애는 특정 유형의 상담 개입, 약물, 또는 둘의 결합을 통해 효과적으로 치료될 수 있다. 연구에서는 인지적 및 행동적 개입, 약물학적 치료, 또는 이 접근들의 결합의 효과성을 보여 준다(Antony & Stein, 2009). 또한, 동기 강화 상담, 마음챙김 기반 전략과 같은 보다 새로운 개입의 효과성을 제시하는 연구도 있다(Antony, 2011).

이 부분에서, 우리는 상담장면에서 흔히 사용되는 개입에 초점을 맞춰 불안 장애에 사용되는 최근 증거 기반 치료에 대해 논의할 것이다. 전반적으로, 논의되는 치료의 선택지들은 불안장애의 스펙트럼 전체에 걸쳐 효과적인 것으로 나타난다. 다양한 상담 개입에 대한 철저한 기술은 이 책의 범위를 벗어난다. 우리는 이 장 끝의 '더 나아가기'에서 불안장애에 대한 상담 개입을 다루는 종합서에 대한 추천을 포함했다.

◎ 상담 개입

◆ 인지적 및 행동적 개입

다양한 종류의 인지 치료, 행동 치료, 인지 행동 치료(CBT)는 불안장애들의 치료에 효과적인 것으로 나타났다(Antony & Stein, 2009; Hanrahan, Field, Jones, & Davey, 2013; Hoffmann & Smits, 2008; Joesch et al., 2013; National Institute of Health, 2009, 2010a, 2010b). 인지적 개입은 비합리적이고 부적응적인 사고를 인식하는 데 초점을 맞추고 그 다음 이러한 사고를 내담자가 변화시키도록 도움을 준다(Beck, 1976; Beck, 2011). 행동적 개입은 문제 행동에 초점을 맞추고, 내담자가 이러한 문제 행동을 더 생산적인 행동으로 변화시킬 수 있도록 도움을 준다. 이러한 모든 접근에서는 핵심 신념, 정서 조절 그리고 대처 전략의 개념이 중요하다. 인지적 및 행동적 개념과 전략은 대개 인지 행동적 치료에서 결합된다.

CBT 개입은 보통 다른 심리치료보다 기간이 짧고, 평균 12주 이하로 진행된다. CBT 개입은 개인 또는 집단 장면에서 시행될 수 있으며, 종종 회기 사이에 완성해야 하는 '과제'가 부여된다. 한 내담자가 성공적인 성과를 내기 위해 내담자는 변화를 향한 동기가 있고, 그들의 사고와 불안 감정이 어떻게 관련되는지에 대한 통찰이 있고, 이 과정에 관여할 만큼 충분한 자기효능감이 있어야 한다. 노출 치료처럼 개입하는 동안 불안이 일시적으로 증가하는 것과 관련된 불편감이 다소 있을 수 있지만, 부작용은 특히 약물과 비교하면 아주 적다.

일반적으로 불안에 대한 CBT 개입은 5개의 주 영역으로 구분될 수 있다. 심리교육(psychoeducation), 자기 인식(self-awareness), 인지적 재구조화(cognitive restructuring), 자극에의 노출(exposure to stimulus) 그리고 이완 훈련(relaxation training) 등이 포함된다.

심리교육적(psychoeducational) 요소는 보통 첫 번째로 제시되며 내담자가 사고, 감정, 행동 사이의 연결성을 이해하도록 돕는다. 당신은 이론 수업에서 CBT가 상담에서 협력적인(collaborative) 접근이라고 배운 것을 회상할 수 있을 것이다. 제안되는 치료와 그것이 어떻게 작용하는지 뿐만 아니라, 상담자가 만들어 내는 사례개념화 또한 내담자와 공유된다. 비합리적 사고, 행동 반응 그리고 신체 반응은 내담자에게 모두 설명되며, 함께 연결된다.

예를 들어, Doug와 함께 작업하는 상담자는 공황장애에 대한 정보를 제공함으로써 치료를 시작할 수 있다. 내담자는 장애와 관련된 빠른 심장박동과 현기증 때문에, 종종 그들이 '죽어 가는' 것 같다고 느낀다. 이러한 증상들이 매우 불편하지만 삶을 위협하지는 않는다고 (의사에 의해 확실하게 확인됨) 내담자가 이해할 때, 내담자는 증상을 다루는 데 숙달될 수 있다. 게다가 장애에 대한 심리교육은 경험을 정상화하고, 내담자가 이 과정에서 덜 혼자라고 느끼고 덜 '미쳤다'고 느끼도록 돕는다.

어떻게 스트레스 반응이 시작되는지에 대해 보다 잘 이해할 때, 내담자는 스트레스에 대한 신체적 반응과 그것의 원인이 되는 사고 및 상황에 대해 보다 잘 인식하는 방법을 배운다. 이러한 자기 인식(self-awareness)은 내담자가 그들의 사고와 행동의 선행사건과 결과를 인식하도록 도울 때 중요하다.

심리교육과 더 나은 자기 인식은 내담자가 그들의 불안을 자극하는 사고 및 관련된 부적응 행동을 변화시키는 장을 마련할 수 있다. 인지적 재구조화는 부정적 사고를 확인하고 그것의 진실 여부, 정확도(accuracy), 발생 가능성(likelihood of occurrence)을 평가하는 과정을 의미한다. 상담자와 내담자는 그러한 부정적 사고를 보다 적응적인 사고로 대체하여 불안을 유발하지 않도록 하는 작업을 한다.

예를 들어, Anna와 함께 작업하는 내담자는 그녀가 학급에서 발표할 때 또는 잠재적 연애 상대를 만날 때 지속적으로 부정적 평가를 하는 그녀의 '감정적 사고'에 초점을 맞출 수 있다. 비합리적 사고가 확인될 때(사람들은 모두가 앉아서 "세상에, 정말 멍청하군." 또는 "세상에, 정말 못생겼어. 한심해!"라고 생각한다), 그 사고에 이의를 제기할 수 있다. Anna가 이것을 진실이라고 생각하는 증거는 무엇인가? 다른 무언가가 진행되고 있다는 증거는 없는가? 이러한 증거로 그녀의 부정적인 독심술을 논박할 수 있다(예를 들어, 반 친구들 몇 명은 지난 시간에 그녀가 중간에 포기했던 그녀의 보고서에 대해 더 듣고 싶다고 말했다). 또는 그녀에게 모든 사람이 주의를 기울인다는 그녀의 신념을 논박할 수도 있다(즉, 그녀의 반 친구들 대부분은 심지어 어떤 발표에도 주의를 기울이지 않으며, 대신 핸드폰을 확인하거나 창문 밖을 바라보고 있었다). Anna의 역기능적 사고의 정확성이 도전받을 때, 상담자와 Anna는 부정적 사고를 더 현실적인 사고로 대체하는 작업을 할 것이다.

비슷하게, 상담자는 가족에게 어떤 나쁜 일이 발생하고 있다는 Glenn의 비합리적인 신념과 그녀 가족의 개가 위험해졌다는 Amy의 주장에 이의를 제기하도록 도울 수 있을 것이다.

내담자는 또한 올바르게 사용될 경우 불안의 신체적 증상을 줄여 주는 이완(relaxation) 기법을 배울 수 있다. 주로 사용되는 개입에는 점진적 근육 이완, 호흡 기법 그리고 심상 유도(guided imagery)가 있다. 우리가 이 장에서 만났던 모든 내담자는 CBT 치료의 일환으로 다른 기법들에 이완 기법을 보조로 사용하면 도움이 될 수 있다. 상담자는 어떤 기법이 가장 효과가 좋은지를 알아내기 위해 내담자와 협력적으로 일한다. Amy 나이의 아동은 심상 유도로 효과를 본 만큼 인지의 발달이 이루어지지 않았을 수 있지만, 호흡 훈련은 도움이 될 수도 있다. Glenn은 신체적 증상에 초점을 둔 점진적 근육 이완이 도움이 된다는 것을 알게 될 수 있다.

인지적 재구조화는 인지에 기반을 둔 접근이다. 반면, 노출 치료는 행동 이론에 그 뿌리를 두고 있다. 행동주의에서는 적응적이고 부적응적인 행동 모두가 학습되며, 그렇기 때문에 학습한 행동을 버리는 것도 가능하다고 강조함을 기억하라. 노출은 통제된 환경 속에서 불안을 유발하는 자극을 천천히 체계적으로 제시하는 것으로, 불안의 상황적 촉발 요인과 함께할 때 효과적인 것으로 나타났다(Abramowitz, Deacon, & Whiteside, 2011; Moscovitch, Antony, & Swinson, 2009).

체계적 둔감화는 고전적 조건 형성에 대한 행동 치료 이론을 기반으로 한 노출 기법이다. 상담자와 내담자는 두려움을 생산하는 자극에 대한 점진적인 노출을 기반으로 한 불안 위계를 만들어 낸다. 내담자는 가장 덜 두려운 사건에 먼저 노출되고, 점진적으로 가장 두려운 사건에의 노출로 나아간다. 이러한 노출 사이에, 이완 기법이나 인지적 재구조화 같은 다른 기법들이 사용될 수 있다. 내담자가 두려운 자극에 대처할 수 있다고 느낄 때, 그들은 위계내 다음 단계로 이동할 수 있다.

노출되는 동안, 상담자는 불안 증상을 낮추기 위해 호흡 기법 또는 점진적 이완과 같은 개입들을 사용한다. 예를 들어, 내담자가 비행을 두려워한다면, 상담자는 처음에는 비행기 사진을 보여 주거나 공항에 있다고 상상해 보는 심상을 사용할 수 있다. 내담자가 이러한 자극에 대처할 수 있게 되면, 노출은 공항에 가거나 심지어 비행기를 타는 것까지 이어지는데, 이 과정을 실제 노출법(in vivo exposure)이라고 칭한다. 궁극적인 목표는 내담자가 불안을 유발하는 사건을 견딜 수 있을 만큼 충분히 그들의 정서와 부정적 사고를 통제할 수 있게 하는 것이다. 내담자가 그들이 상상한 부정적 결과 없이 그 상황을 통과할 수 있음을 확인하고 나면 관련된 불안은 감소하기 시작한다.

노출 치료는 특히 공포증 치료에 도움이 된다. 예를 들어, Amy의 사례에서 상담자는 불안 위계를 구성함으로써 Amy와의 작업을 시작할 수 있다. 개의 그림과 같은 낮은 불안 상황에의 노출과 함께 이완 기법이 제공되며, 상담자와 Amy는 Amy가 그녀의 개와 다시 한번 즐거운 시간을 보내기 시작할 때까지, 친구들과 밖에서 놀고 휴식하는 즐거움을 다시 얻을 때까지 위계를 통해 함께 작업한다.

CBT 개입은 다양한 불안장애에 대해 수많은 응용법을 가지고 있다. 예를 들어, 심리교육은 공황장애로 고통을 겪는 사람이 그들의 발작이 심장 발작이 아님을 학습하도록 도울 수 있다. 또는 인지적 재구조화는 사회공포증이 있는 내담자가 다른 사람들이 자신을 지켜보고 판단하고 있다는 비합리적 신념을 극복하는 법을 학습하도록 도울 수 있다.

◈ 동기강화 상담

치료 동맹, 목표 그리고 개입에 대한 내담자의 '승인'은 긍정적인 상담 성과를 위해 중요하다. 동기강화 상담(MI)은 내담자가 변화에 대한 본질적인 욕구를 키우고, 그들의 사고와 행동의 비용과 이익을 조사하며, 변화를 향한 그들의 양가성을 탐색하도록 돕기 위해 사용되는 방법이다(Aviram & Westra, 2011; Miller & Rollnick, 2002). MI는 적은 회기만 지속되며 내담자가 차후의 상담 개입에 더 관여하고 전념하도록 하기 위한 것이다.

MI는 건강 관련 문제(흡연 등), 중독 그리고 섭식장애에 대해 잘 정착된 접근이다(Arkowitz, Westra,. Miller, & Rollnick, 2007). 더 최근에는, 불안장애에 대한 다른 치료 양식과 결합되어 사용되었다. 공황장애, 범불안장애, 사회공포증으로 고통을 겪는 내담자에 대한 여러 연구는 전도유망한 결과들을 보여 주었다(Westra & Dozois, 2006; Westra, Arkowitz, & Dozois, 2010). CBT 이전에 MI를 받은 내담자는 과제를 보다 잘 지켰고, 증상이 더 많이 감소했으며, 상담에 대해 더 긍정적인 반응을 경험했다.

◆ 마음챙김 기반 인지 치료와 수용전념 치료

마음챙김 기반 접근은 CBT의 기반을 마음챙김과 수용의 개념과 결합한 상대적으로 새로운 개입 전략이다(Germer, Siegal, & Fulton, 2005; Herbert & Forman, 2011). 이 치료는 CBT의 '제3의 물결'이라는 용어로 일컬어져 왔다. 첫 번째 물결은 1960년대의 행동적 접근으로 대표되며, 두 번째 물결은 Beck과 Ellis에 의해 주창된 인지적 접근으로 정의된다. 마음챙김은 목적의식이 있는 방식으로 현재에 존재하는 것, 지금 여기에 대해 인식하는 것을 의미한다. 일반적으로 이러한 접근 유형의 목적은 두 요소로 되어 있다. 첫째, 내담자는 원하지 않는 사고와 감정을 통제하려하거나 피하기보다는 받아들이려고 노력한다. 이것은 그 사람을 지배하는 사고의 힘을 없애 주고, 내담자에게 그들이 상상하는 부정적인 결과 없이 그것들을 견딜 수 있음을 보여 준다. 내담자는 이로써 의미 있는 시도들에 전념하게 됨으로써 보다 성취감을 주는 삶을 살아가려고 노력하게 된다.

많은 증거 기반 치료가 어떤 형태로든 마음챙김을 포함한다. 수용전념 치료(Acceptance and Commitment Therapy: ACT; Hayes & Smith, 2005), 변증법적 행동 치료(Dialectical Behavioral Therapy: DBT; Dimeff & Linehan, 2001) 그리고 마음챙김 기반 인지 치료(Mindfulness-Based Cognitive Therapy: MBCT; Germer, Siegal, & Fulton, 2005; Herbert & Forman, 2001) 등이 있다. 이 접근들은 불안장애(Eifert & Forsyth, 2005), 구체적으로 범불안장애(Roemer, Orsillo, & Salters-Pedneault, 2008)와 사회불안장애(Gaydukevych, & Kocovski, 2012; Kocovski, Fleming, & Rector, 2009)에 효과가 있음이 밝혀졌다.

⚙ 기타 치료 고려사항

불안한 아동과 함께 작업할 때, 연구는 개인과 집단 접근 모두가 효과적임을 보여 준다. 부모와 다른 양육자를 치료에 포함시키는 것이 특히 12세 미만의 아동에게 중요하며, 이를 통해 치료 성과가 개선될 수 있다(Barrett, Duffy, & Dadds, 2001; Beidel & Alfano, 2011).

⚙ 약물 치료

상담자가 불안장애에 약물을 처방하는 실무자는 아닐지 몰라도, 불안에 대한 약물을 처방받은 내담자와 작업할 때는 최근 연구와 약물 치료 프로토콜, 효과성, 부작용에 대한 최근 정황을 잘 챙겨 알아 두는 것이 중요하다. 약물요법은 불안감을 통제하는 데 효과적이라고 밝혀져 왔다. 이러한 약물은 면허가 있는 의사, 이상적으로는 정신과 의사에 의해 처방되며, 의사는 치료의 다른 요소를 맡은 상담전문가와 협력적으로 작업한다. 환경에 따라, 정신과 의사는 그들 스스로 심리치료를 시작하거나, 상담을 다른 전문가에게 의뢰하거나, 심리학자, 상담자, 사회복지사 그리고 다른 정신건강 전문가와 함께 팀으로 하는 작업을 선택할 수도 있다. 불안장애에 사용되는 주된 약물은 항우울제, 항불안제 그리고 베타 차단제로, 〈표 6-3〉에 더 자세히 설명되어 있다.

표 6-3   불안 치료에 사용되는 약물

항우울제	약물의 상표	이러한 상태들을 치료하기 위해 전형적으로 사용됨
SSRI	Prozac®, Zoloft®, Lexapro®, Paxil®, Celexa®	OCD, 공황장애, PTSD, 사회공포증
삼환계 항우울제 (Tricyclic)	Tofranil®, Anafranil®	공황장애, GAD, OCD
MAOI	Nardil®, Parnate®, Marplan®	공황장애, 사회공포증
항불안제	Klonopin®, Ativan®, Xanax®, Buspar®	사회공포증, 공황장애, GAD
베타 차단제	Inderal®, Tenormin®	사회공포증

먼저, 항우울제 약물을 살펴보자. 이것은 우울 치료에 처음 사용되었지만, 우울증 치료제들은 불안장애에도 효과가 있는 것으로 알려져 왔다.

가장 오래된 우울증 치료 약물은 모노아민산화효소억제제(monoamine oxidase inhibitors: MAOIs)로, 공황장애와 사회공포증의 치료에도 사용된다. MAOI를 처방받은 내담자는 특정 유형의 음식, 음료, 일부 진통제, 감기와 알레르기 약을 포함한 약물을 복용할 수 없다는 점에 유의해야 한다. 이 약물은 의료적 주의를 요구하는 혈압의 위험한 상승을 야기할 수 있다.

삼환계 항우울제(Tricyclics) 또한 불안에 사용되며, OCD 외에 다른 불안장애에 쓰이는 일부 최신 약물들만큼이나 효과가 좋은 것으로 보인다. 부작용에는 무기력, 현기증, 체중 증가와 구강 건조 등이 포함된다.

불안에 사용되는 가장 최근의 항우울 약물은 선택적 세로토닌재흡수억제제 (selective serotonin reuptake inhibitors: SSRI) 계열이다. SSRI는 뇌에서 세로토닌이라 불리는 신경전달물질의 수준을 조정하는 것으로 나타났는데, 그것은 뇌세포들이 서로 상호작용할 수 있도록 돕는다. SSRI는 삼환계 항우울제만큼 많은 부작용을 낳지는 않지만, 메스꺼움, 신경과민, 성기능장애를 포함한 부작용을 가져올 수 있다. 이러한 부작용은 보통 가볍고, 시간이 경과함에 따라 약해질 수 있으며, 아니면 처방자는 다른 SSRI를 시도할 수도 있을 것이다.

다음 약물은 벤조디아제핀(benzodiazepine)을 포함한 항불안제이다. 이 약물은 졸음 이외에 다른 부작용이 거의 없지만, 내담자는 내성이 생길 수 있고, 효과를 보기 위해 더욱더 많은 양의 약물 복용을 필요로 할 수 있다. 그러므로 항불안제는 보통 짧은 기간 동안에만 처방된다. 이 약물의 몇 가지 단점으로는 내담자가 갑자기 이 약물의 복용을 멈췄을 경우의 금단 증상과 약물을 멈추는 순간 불안이 재발할 가능성이 포함된다. 부스피론(Buspirone)은 범불안장애 치료에 전형적으로 사용되는 새로운 항불안제이다.

불안 치료에 사용되는 또 다른 약물은 베타 차단제인데, 이것은 고혈압과 같은 심장 질환을 치료한다. 베타 차단제는 불안의 신체적 증상을 억제하며, 사회적 상황이나 수행 상황에서 빠른 심장박동이 주요 증상으로 나타날 때 특히 유용하다. 베타 차단제는 비행이나 공개 연설과 같은 예측할 수 있는 두려운 사건 이전에 복용할 수 있다.

당신이 불안장애를 가진 내담자와 함께 작업할 때, 약물을 처방하는 의료 전문가와 긴밀하게 작업하는 것이 중요하다. 상담 개입은 불안장애에서 꽤나 효과적인 것으로 나타났으며, 치료가 진행됨에 따라 약물을 대신할 수 있을 것이다.

T/C 모델을 사용한 불안의 사례개념화

불안으로 고통받는 내담자는 종종 상황적 맥락, 신체 감각, 신념 또는 생각에서 '촉발'되곤 한다. 많은 내담자는 이러한 촉발 요인들을 알아차리지 못하고, 종종 그들의 불안이 "갑자기 나타났다."라고 보고한다. 심지어 특정 공포증을 가진 내담자조차도, 무엇이 그들의 현재 두려움을 촉발했는지를 인식할 수 있더라도 언제 혹은 어떻게 그 불안이 시작되었는지 정확하게 기억하지 못하기도 한다. 따라서 이러한 내담자의 사례개념화에서 핵심은 촉발 요인을 확인하기 위해 내담자의 환경을 탐색하는 것이다.

상담자는 내담자에게 일지를 쓰게 할 수도 있는데, 이를 통해 상담자와 내담자는 함께 불안 에피소드에 선행하는 것이 무엇인지 알아낼 수 있다. 그 당시에 내담자의 생각이 어떠했는가? 그들은 어디에 있었는가? 그 상황에 대하여 내담자는 무엇을 연상하는가? 내담자 자신에 대한 신념과 위험하다고 지각한 상황을 다루는 자신의 능력에 대한 내담자의 신념(자기효능감 신념)은 무엇인가? 불안장애를 가진 내담자는 종종 위험 상황의 위협과 끔찍한 결과에 대한 과대평가와 그들의 대처 능력에 대한 과소평가가 담긴 생각을 갖고 있다. 불안을 가진 아동과 성인 내담자 모두의 공통적인 생각은 '나는 실패할 것이다.' 또는 '모든 사람은 나를 보고 웃을 것이다.' 또는 '내가 이것을 시도하면, 나는 다칠 것이다.'이다. 또한 아동은 그들의 부모에게 나쁜 일이 생길까 봐 과도하게 걱정하는 경향이 있다.

가끔은 심지어 과각성과 결부된 높은 심장박동 수 같은 스트레스의 신체적 신호들도 본격적인 공황발작을 촉발할 수 있다. 불안과 공황으로 고통받는 내담자는 카페인과 공황의 생리적 증상을 일으킬 수 있는 다른 자극물을 피하고 싶어 할 수 있다.

불안장애를 겪는 내담자는 종종 위험을 감지하는 감각이 매우 발달하여, 두려움을 유발하는 것을 항상 경계한다. 이렇게 임박한 재난을 끊임없이 의식하는 것은 상당한 양의 스트레스를 유발하고, 내담자의 불안 수준을 더욱 높인다. 높은 수준의 불안을 가진 내담자는 개인적 취약성을 인식하고 있어서 그들의 내적 성격 구조를 잘 이해하는 것이 중요하다. 위협에 대해 바짝 경계해야 한다는 그들의 신념은, 그들의 내/외적 자원들이 대처하기에 충분치 않다는 신념과 결부되어 미래에 대한 불길한 예감을 만들어 낼 수 있다. 내담자의 강점과 자원을 분명히 평가하는 것은 중요한데, 그것은 대처할 수 있음에 관한 역기능적 신념을 수정하는 데 사용될 수 있다.

내담자는 환경의 위협 수준을 과대평가하는 경향 때문에 종종 상황을 피하거나 벗어나려고 한다. 따라서 내담자는 그들이 성공적일 수 있다는 것을 확인하거나, 긍정적인 대처 기술을 배울 기회를 가질 수가 없다. 역설적으로, 이러한 높은 경계 상태는 재난이 일어나지 않았을 때 강화될 수 있는데, 이는 내담자가 자신의 노력이 보상받았다고 생각하기 때문이다. 불안장애를 가진 사람에게 생성되는 두려움과 회피 주기는 유감스럽게도 불안 증상을 키우는 강화 계획을 만들어 낸다.

불안장애에 기여하는 환경적 요인을 철저하게 탐색하기 위해 T/C 모델을 사용하는 것이 중요하다. 다양한 스트레스가 되는 생애 사건을 경험하면 안전에 대한 느낌이 약화될 수 있고 세상이 위험하고 위협적인 장소처럼 보일 수도 있다. 이는 개인에게 불안장애의 위험을높이는 과각성과 회피적 행동의 여지를 준다.

불안에는 학습된 요소도 있을 수 있기 때문에, 불안의 근원을 탐색하는 것은 가치 있을 수 있다. 내담자는 그들의 반응을 다른 사람으로부터 학습할 수 있고(불안한 부모, 교사, 양육자, 또는 또래), 그렇기 때문에 과거 경험에 대한 어느 정도의 탐색은 더 나은 이해와 내담자의 통찰을 이끌 수 있다. 높은 수준의 불안과 감정 조절의 어려움을 유발하는 유전적 소인이 있을 수도 있는데, 이는 내담자의 이력을 통해 탐색될 수 있다.

이러한 일반적인 고려사항을 염두에 두고, 다음으로 살펴볼 것은 Jim이라는 이름을 가진 내담자에 대해 T/C 모델을 사용한 사례개념화이다.

Jim의 사례

Jim은 최근에 대학교로 다시 돌아가기로 결심한 24세의 남성이다. 그는 결혼했고, 두 명의 어린 자녀가 있다. 그와 그의 아내인 Jen은 둘 다 풀타임으로 일한다. Jim은 소프트웨어 보조 기사로, Jen은 초등학교 선생님으로 일한다. Jim은 최근에 상담을 받으러 온 이유가 그의 통제할 수 없는 불안과 곧 불행이 닥칠 것 같은 느낌 때문이라고 설명한다. 그가 마침내 도움을 청해야겠다고 생각한 계기가 된 사건은 몇 차례의 공황발작을 경험한 대학의 첫 주의 수업이었다. 먼저 Jim은 그의 공황발작에 대한 자세한 사항과 그의 일, 가정생활, 학교에서 매일 겪는 고충에 대해서 설명했다.

Jim은 항상 불안과 싸우고 있고, 특히 평가받는다고 느끼는 수행 상황에서 어려움을 겪는다고 말한다. Jim은 매우 경쟁적인 사립학교를 다녔고 고등학교 시절에는 학업이 어렵고 부담이 컸다고 설명했다. 그는 항상 학업과 교외 스포츠 활동에서 잘해야 한다는 스트레스가 많았다. 그의 부모님은 모두 의사였고, Jim은 그들이 엄격하고 부담된다고 설명했으며 그들이 따뜻함을 보여 주었던 시간을 기억하기 어려워했다. Jim은 선생님이 그를 호명하고, 질문에 대한 답을 정확하게 하지 못할 것 같아 수업시간이 항상 두려웠다. 비록 그가 좋은 성적을 받긴 했어도(A 또는 B) 그는 이것이 준비를 한 시간과 염려 덕분이라고 생각하지, 내면의 긍정적 특성 때문이라고는 생각하지 않았다. Jim은 쇠약하게 하는 불안과 그의 부모의 엄청난 실망 때문에 좋은 대학 몇 곳에 진학할 수 있었지만 이것을 미루었다. 그는 결국 대학학위를 따기 위해 야간 대학에 등록했다.

Jim은 사람들과의 만남이 제한되어 있고, 그의 동료나 슈퍼바이저에 의해 평가받거나 얕보이는 경험을 하지 않을 것이라고 느꼈기 때문에 현재 직업을 선택했다. 그는 그의 동료와 얼굴을 마주할 일이 거의 없고 독립적으로 일을 한다. 그는 일을 잘 해냄에도 불구하고, 불안 발작과 대학학위의 부족 때문에 경제적으로 더 나아지는 것에 한계가 있다. 그의 아내는 그들의 가족 수입을 늘리기 위해 그에게 최소한 준학사 학위라도 받으라고 밀어붙였고, Jim은 마침내 지방 대학 수업에 등록했다.

일주일 전 그의 가장 최근의 공황발작 이후로, Jim은 야간 수업 전체에 참여할 수 없었다. 그는 호명되는 것과 질문에 정확하게 대답하지 못한 것에 대한 침습적인 생각 때문에 오랜 시간 동안 떠나있어야만 했고, 출입구 근처에 앉았으며, 수업 자료에 집중하는 데 어려움을 겪었다.

Jim의 사례

◆ T/C 사례개념화 모델 개요의 예

(* 추가 정보가 필요한 영역들)

① 주 호소 문제: Jim의 학교와 직장에서 기능하는 능력을 손상시키고 있는 불안 발작

② 내적 성격 구조와 행동

• **자기효능감**: 낮음, 어려운 와중에도 학업적으로 성공한 과거 이력을 묵살함. 학업 이력의 세부사항*.

• **자존감**: 낮음, 불안이 그의 삶을 망가뜨리고 있다고 느낌.

• **태도/가치/신념**: 다른 사람들은 비판적이고 냉혹하다. 다른 사람의 생각은 중요하고 장기적인 결과로 이어진다. 나는 어떠한 실패에도 대처할 수 없다.

• **애착 유형***

• **생물학/생리학/유전적 특징**: 24세 젊은 성인. 남성. 병력*, 불안과 약물사용의 가족력*.

• **정서**: 우울, 불안, 두려움.

• **인지**: 사람들의 판단과 시선에 대한 걱정, 그의 아내가 그를 실패자라고 생각한다는 믿음.

• **감정적 사고**: '나는 선생님이 나를 호명하지 않으면 좋겠다.' '나는 견줄만하게 똑똑하지 않다.' '사람들이 나를 쳐다볼 것이다.' '나는 의식을 잃거나 멍청한 짓을 할 것이다.' '나는 정말로 당혹스러운 사건이 발생하기 전에 여기서 나가야 한다.'

• **행동**: 음주에 대한 세부 사항*, 회피적 행동, 직장과 학교에서 완전히 기능할 수 없음, 자주 아파서 결근한다고 직장에 전화함.

• **징후학**: 잠을 잘 자지 못함, 식욕 부진, 공황발작(심박 수 증가, 땀 흘림).

- **대처 기술과 강점**: 문제에 대한 통찰력, 과거의 학업 성취, 안정된 관계.
- **변화에 대한 준비**: 행동 단계-변화의 필요성을 인식하고 치료 동기가 있음, 상 담을 찾음.
- **삶의 역할**: 아버지, 남편, 소프트웨어 보조 기사, 학생(최근에 학교로 돌아감).

③ 환경
- **관계**: 결혼하여 2명의 자녀가 있음, 최근의 공황발작을 경험하기 전까지 아내 는 매우 지지적임, 아버지/어머니와 마찰이 있음, 과거 관계 이력*, 자녀들과의 관계를 좋고 가깝다고 설명함.
- **문화**: 가족 배경*; 상류층에서 양육됨, 부모님이 모두 의학 박사, 구체적인 문 화적 정보*.
- **가족 규범과 가치**: 높은 부모님의 기대, 학업과 일에 대한 성공이 높은 가치로 매겨짐, 성역할과 신념*, 내담자는 가족을 더 잘 부양해야 한다고 느낌, 종교적 이고 영적인 믿음.
- **사회적 영향***

④ 연대기
- **과거 영향**: 성취에 대한 부모의 압박, 유치원부터 12학년까지 불안을 경험함.
- **현재 영향**: 공황발작, 최근 아내와의 불화, 직업 관련 문제, 학교 관련 문제.
- **미래 목표**: 직업적 안정과 경제적으로 나아지는 것, 준학사학위, 가족을 부양하 는 능력, 불안의 감소.

- **질문**: 이 사례개념화를 완성하기 위해서 당신이 더 묻고 싶은 것은 무엇인가?

상담의 핵심

- 불안은 인간의 상태 중 하나이고 위험을 예측하고 대응할 때 유용할 수 있다.
- 범불안장애를 겪는 사람은 신체적 고통과 행동적 장해를 동반하는 심각한 수준의 걱정으로 고통을 겪는다.
- 공황장애의 주요한 특징은 갑작스럽게 나타나 되풀이되는 극심한 공황발작이다. 즉, 갑작스럽고 반복되는 공포가 몇 분간 지속되며, 더 오래갈 수도 있다.
- 이전에는 단순 공포증으로 불렸던 특정 공포증은, 위험과는 아무 관련이 없는 특정한 물건이나 상황에서 야기되는 지속적인 비합리적 두려움 및 불안과 관련이 있다. 심지어 일상의 사회적 상황들이 심각한 불안, 창피, 수치의 감정을 야기하기도 한다.
- 광장공포증은 외부, 공공장소 또는 탈출하기 어렵거나 당황시키는 장소에 있는 것에 대한 두려움이라고 정의될 수 있다.
- 특정 불안장애로 고통받는 사람은 이 장에서 논의된 하나 또는 그 이상의 불안장애의 진단기준을 추가로 충족할 가능성이 있다.
- 성과 문화는 모두 불안장애의 유병률과 증상의 다양성과 관련이 있다.
- 연구는 불안장애가 생물학적, 유전적, 환경적 요인에 의해 야기될 수 있다고 제안한다.
- 불안장애는 특정 유형의 상담 개입, 약물, 또는 그 둘의 결합을 통해 효과적으로 치료될 수 있다.

실습

실습 6-1 투쟁 또는 도피

먼저, 당신이 살면서 진짜로 공황을 느꼈던 사건을 생각해 보라. 예를 들어, 당신은 알람이 울리지 않아서 학교를 빼먹었다. 당신은 어떤 감정을 느꼈는가? 당신의 머릿속에 무슨 생각이 떠올랐는가? 당신의 신체 경험은 어떠했는가?

✎ **실습**: 개인 작업을 한 뒤에 대규모 집단 토론을 하시오.

실습 6-2   긍정적인 스트레스와 고통의 차이

엄청난 양의 스트레스 하에 있지만 여전히 잘 수행할 수 있는 경우를 생각해 보라. 프로 운동선수 또는 대학원 입학 자격시험(GRE)에서 만점을 받은 학생을 예로 들 수 있다.

✎ **실습**: 소규모 집단 토론을 한 후 대규모 집단의 피드백을 받으시오.

- **질문 1**: 당신이 생각하기에 그들의 머리에 어떤 종류의 생각이 스쳐 가는가?
- **질문 2**: 당신이 생각하기에 그들은 불안의 신체적 증상을 어떻게 다루는가? 때때로 불안은 사람들 안에서 최선을 이끌어 내는가?

실습 6-3   불안에 대한 반응

우리는 모두 다양한 방식으로 스트레스와 불안을 경험한다. 몇 분의 시간을 가지고 스트레스 상황에서 당신에게 일반적으로 떠오르는 생각과 신체 반응에 대한 목록을 작성해 보라.

✎ **실습**: 개인 작업을 한 뒤 소규모 혹은 대규모 집단 토론을 하시오.

실습 6-4   사례개념화 연습

다양한 종류의 불안장애를 가지고 있는 내담자와 함께 작업한 여러 상담자의 이야기를 들어 보았기 때문에, 이제 무엇을 할 수 있는지 볼 시간이다. 당신은 가장 효과적으로 진단을 개발하고 치료 계획에 협력하기 위하여 다음의 사례를 어떻게 개념화할 것인가?

Jared의 사례

Jared는 입면과 수면 유지에 어려움을 겪고 있는 19세 대학교 2학년 학생이다. 그는 종종 다음날 해야 하는 것에 대해 걱정하면서 뜬눈으로 누워 있고, 심지어 잠들더라도 새벽 4시 또는 5시에는 깨서 다시 잠드는 데 어려움을 겪는다. Jared는 자신이 항상 걱정하는 사람이었고, 특히 밤에 걱정이 많았지만 이렇게까지 심했던 적은 없다고 했다. 또한 그는 수업에서 문제를 겪고 있었는데 특히 학생들 앞에 서서 발표를 할 때 그랬다. 이번 학기에 수강하는 수업 중 하나는 수업 발표가 주요 기말과제이며 지금 10월밖에 되지 않았는데도 벌써 극심하게 불안해하고 실패를 예상하고 있다.

특히 사람들 앞에 서서 이야기를 해야만 할 때, 그는 종종 말을 더듬거나 올바른 단어를 찾는 데 어려움을 겪었고, "내 얘기는 바보처럼 들릴 것이다."라고 확신하고 있었다. 문제는 그가 관심 있는 여학생에게 말을 걸려고 할 때 더욱 심각해진다. 그는 더듬거렸고, 얼굴이 빨개졌으며, 대부분 '나 자신을 훨씬 더 당황시키기' 전에 포기하곤 했다. Jared는 누군가와 데이트하고 싶어 하지만, 한 번도 데이트 신청에 성공해 본 적이 없다.

Jared는 높은 성취를 이룬 가정에서 자랐다. 그의 아버지는 성공한 주 의원이며 그의 어머니는 유명 대학 농구 선수를 했었고 지금은 조그만 사업을 운영하고 있다. 가족의 모토는 '만약 당신이 처음에 성공하지 못했다면, 더욱 열심히 하라.'이다. Jared의 형인 Dean은 스스로 농구를 하고, 다음에는 정치 과학을 전공하고 로스쿨에 진학함으로써 부모님 두 분의 발자취를 따랐다. Jared는 경쟁을 강조하는 가족 분위기에 맞추기 위해서 노력했으나 그것은 그의 사회적 관계를 희생시켜 왔다. Jared는 고등학교 시절 내내 열심히 공부했지만 친구는 거의 없었다.

그의 신입생 첫 학기에, Jared는 룸메이트와 함께 살았지만 잘 지내지는 않았다. 그는 2학년 때 개인 방을 쓸 수 있도록 학교에 부탁해 달라고 부모님에게 간청했고, 그들은 마지못해 동의했다. 현재 Jared는 혼자서 방을 쓰고 있고, 방에서 거의 나오지 않는다. 그는 수업을 빠지기 시작했고 성적은 떨어지기 시작했다. 그는 그의 방에서 식사를 하고 공부를 하고 혼자서 TV를 본다. 그의 기숙사 사감(RA)은 그가 걱정되어 그의 방문을 수차례 두드렸지만 Jared는 계속 괜찮다고만 대답했다.

> ✏ **실습**: 소규모 집단 토론을 한 후 대규모 집단 토론을 받으시오.
>
> ● **질문 1**: 이 사례에 대해서 당신의 사례개념화는 무엇인가?
> ● **질문 2**: 당신이 더 알고자 하는 것은 무엇인가?
> ● **질문 3**: 상담에서 Jared를 위한 세 가지 가능한 목표는 무엇인가?
> ● **질문 4**: 질문 1과 질문 2에서 얻은 답을 고려할 때 당신이 사용할 수 있는 개입은 무엇인가?

더 나아가기

Mind Over Mood: Change How You Feel by Changing the Way You Think by Dennis Greenberger and Christine Padesky (1995) Guilford Press

The Expanded Dialectical Behavior Therapy Skills Training Manual: Practical DBT for Self-Help, and Individual & Group Treatment Settings by Lane Pederson (2012) Premiere Publishing and Media

The Mindfulness and Acceptance Workbook for Anxiety: A Guide to Breaking Free from Anxiety, Phobias, and Worry Using Acceptance and Commitment Therapy by John P. Forsyth and Georg H. Eifert (2007) New Harbinger

The Anxiety and Worry Workbook: The Cognitive Behavioral Solution by David A. Clark and Aaron T. Beck, MD (2012) Guilford Press

The Anxious Brain: The Neurobiological Basis of Anxiety Disorders and How to Effectively Treat Them by Steven M. Prinz and Margaret Wehrenberg (2007) W.W. Norton

The Dialectical Behavior Therapy Skills Workbook: Practical DBT Exercises for Learning Mindfulness, Interpersonal Effectiveness, Emotion Regulation & Distress Tolerance by Matthew McKay and Jeffrey C. Wood (2007) New Harbinger

제 7 장

강박 및 관련 장애

Sandy의 사례

Sandy는 38세로, 두 아이가 있는 가정주부이다. 그녀는 자녀들의 안전에 대한 통제할 수 없는 강박 때문에 상담을 받으러 왔다. Sandy는 이 모든 것이 그녀의 첫째인 Amanda가 태어 난 후부터 시작되었다고 말했다. Sandy는 아기가 욕조에 빠져 익사하거나 이웃의 개에 의해 다치는 것과 같은 어떤 끔찍한 일들이 일어나는 장면이 머릿속에 침습적으로 떠오르기 시작했다. 그녀는 그런 장면들이 통제할 수 없고, 터무니없으며, 거의 끊임없이 계속된다고 설명했다. 그녀는 매우 불안하고 화가 나기 시작했고, 이는 그녀의 통제를 벗어난 생각을 더욱 커지게 하는 것처럼 보였다. 그녀가 그 생각들을 밀어내려 할수록, 생각들은 더욱 침범해 왔다.

Sandy의 생각과 행동은 둘째 아이와 함께 더욱 악화되었다. Sandy는 **곧 닥칠 재난에 대해 떠오르는 장면**을 통제하기 위해 의례적인 행동을 하기 시작했다. 처음에는 그녀의 행동은 그녀에게 의미 있는 것처럼 보였다. 만약 그녀가 떠올린 장면에서 분홍색 옷을 입은 아이들을 보았다면, 그녀는 일주일 동안 아이들에게 파란색이나 녹색으로만 옷을 입히곤 했다. 이러한 행동들은 Sandy가 요리를 하거나, 아이들을 어린이집에 데려다주거나, 잠을 자기 전에 꼭 해야만 하는 복잡한 **일상**패턴으로 발전했다. 그녀는 방을 나가기 전 불을 껐다 켰다 다섯 번을 해야만 하고, 최근에는 아이들을 침대에 다섯 번 밀어 넣지 않으면 아이들에게 나쁜 일이 생길 것 같은 느낌이 들기 시작했다.

Sandy의 남편은 그녀의 행동으로 인내심을 잃고 있었고, Sandy는 그의 성화와 그녀의 주치의의 권유에 따라 상담을 받기로 결심했다.

Sandy는 외동이었고, '강압적'이고, '직설적'인 아버지를 제외하고는 그녀의 어린 시절이 평범했다고 진술했다. Sandy와 그녀의 어머니는 지속적으로 그 둘을 비난하는 아버지를 무서워했고, 그들은 "그가 집에 올 때마다 항상 계란 껍질 위를 걷는 것 같았다."라고 말했다. Sandy는 그녀가 기억하는 한 오랫동안 불안에 시달렸다고 고백했지만, 그녀의 말로 하면 '지독히도 통제되지 않는' 침습적인 생각이 떠오르기 전까지는 불안을 조절할 수 있다고 느꼈다고 했다. 그녀는 그녀의 남편이 지지적이지만 지쳐 있다고 설명했고, 왜 그녀가 '그렇게 생각하는 것을 그냥 멈추지' 못하는지 그가 이해하지 않는다고 말했다.

Sandy는 대학에 가지 않았으며, 첫 아이를 낳기 전에 사무보조로 일했다. 그녀는 자신이 나약하고, 연약하며, 남들이 자신을 어떻게 생각하는지 늘 걱정한다고 설명했다.

도입

우리 대부분은 일하러 집을 나서면서 어떤 불길한 느낌을 경험한 적이 있을 것이다. 내가 난로를 껐었나? 내가 다리미 선을 꽂은 채로 켜 놓고 나왔나? 우리 중 몇몇은 아마 길을 나서다 말고, 우려의 순간을 잊기 전에 종종 다시 돌아가서 확인을 했을 것이다. 대부분의 장애와 마찬가지로, 강박 및 관련 장애는 우리 모두가 경험하는 발달적으로 정상적인 몰두 및 반복적인 의식과 비슷하다. 그러나 Sandy의 사례에서도 볼 수 있듯이, 이 장애는 정상적인 수준의 불안에서 벗어나 있다. 이러한 차이는 내담자가 강박과 충동에 쏟는 시간, 내담자의 고통 수준, 전반적 기능 수준에 대한 평가에 의해서 결정될 수 있다.

강박 및 관련 장애는 강박장애(OCD), 수집광(HD), 신체이형장애(BDD), 발모광(털 뽑기) 그리고 피부뜯기장애(피부를 뜯는 것)를 포함하고 있다. 이것은 『**정신질환의 진단 및 통계 편람** 5판(DSM-5)』(APA, 2013)에서 소개된 새로운 장애군이고, 장애들

간에 서로 관련되어 있고 동반되는 비율이 높다는 믿음을 반영한다. 비록 이 장애들은 모두 비교적 유병률이 낮지만, 이 장에서는 상담자들이 가장 자주 보게 되는 강박장애, 신체이형장애, 수집광에 대해 다룰 것이다.

강박장애

이 장의 처음에 나온 Sandy의 사례는 강박장애(OCD)를 가진 개인의 딜레마를 보여 준다. OCD를 가진 사람은 일상생활에서 정상적으로 기능하는 능력에 심각한 영향을 미칠 수 있는 강박적 사고와 충동적 행동을 보인다(Eisena et al., 2006). OCD의 구체적인 증상은 이 침습적 사고(강박)와 반복 행동(충동)을 중심으로 돌아간다. OCD는 미국 인구 중 1~2% 정도의 평생 유병률을 보이며 평균 19세에 시작된다(Kesseler, Berglund, Demler, Jin, & Walters, 2005; Kessler, Chiu, Demler, & Walters, 2005).

강박은 침습적이고 불안과 고통을 야기하는 지속적이고 반복적인 생각, 충동, 혹은 심상으로 정의된다(APA, 2013). 강박 사고는 반추 사고, 터무니없는 표현, 또는 머릿속에 갑자기 떠올라 몰아내기 힘든 일일 수 있다. 전형적인 몇 가지 예로는 세균에 의해 감염되거나 병에 걸리는 것, 가까운 미래에 끔찍한 사건이 일어나는 것, 사랑하는 사람이 안전하지 않게 되는 것, 또는 파괴적인 심상에 대한 두려움이다(APA, 2013). 이러한 생각들은 과도한 염려와 불안을 만들어 내며, 이 이유로 OCD는 한때 불안장애로 분류되었다(APA, 2000). 침습적인 생각과 부정적인 감정은 행동의 통제를 어렵게 하는데, 이는 충동이라고 불린다. 충동은 내담자가 불안을 통제하기 위한 시도로 수행할 수밖에 없다고 느끼는 반복적 의식 또는 행동 패턴으로 특징지어진다(Abramowitz, Franklin, Schwartz, & Furr, 2003). 전형적인 충동으로는 특정 순서로 물건 정리하기, 물건이나 물품을 지속적으로 확인하기, 손 씻기, 물건 모아두기, 속으로 말 반복하기, 기도하기 같은 의식적인 활동을 포함한다.

OCD로 진단하려면, 이 증상들은 시간 소모가 크고 일상 기능에 심각한 영향을 미쳐야 한다. 강박 사고와 충동은 즐겁거나 원해서 하는 것이 아니라는 점에 주목해야 한다. 반복되는 사고 또는 행동은 항상 불쾌한 것으로 느껴지며 사람들은 거기에 종종 저항한다. 동시에, 나쁜 일이 일어날지 모른다는 두려움은 압도적일 수 있다. 그리고 그 두려움에 따라 행동하는 것은 불행히도 불안을 일시적으로 감소시켜 줌으로써 강화될 수 있다. OCD를 가진 내담자는 충동에 빠져 있을 때 현실 감각을 잃었거나 편집증처럼 보일 수 있지만, 대개 자신의 생각과 행동이 비합리적이라고 인식한다. 역설적이게도, 이것은 실제로 불안과 두려움의 수준을 증가시킬 수 있고, 이에 따라 불안과 회피의 순환에 사로잡히게 된다. 시간이 갈수록, 개인은 이러한 생각과 행동에 저항하기 어렵다는 사실을 알게 될 수 있고, 이는 결국 그들의 일상에 심각한 영향을 줄 수 있다(Abramowitz et al., 2003).

신체이형장애

Christina의 사례

Christina는 15세 고등학교 2학년 학생이다. 그녀는 명백한 자살 시도로 응급실에 방문한 뒤 상담으로 연계되었다. 그녀는 부모님의 약품 상자에서 꺼내 온 많은 양의 약을 삼켰고 그 직후 바로 아래층으로 내려가 부모님에게 그녀가 무엇을 했는지 알렸다. Christina는 우울, 불안, 학교 결석의 이력이 있었고 최근에는 성적이 떨어지고 있었다. 그녀는 소수의 친구만 있으며 등교나 사회적 활동을 즐기지 않는다고 말했다. 사실 그녀는 학교에 있지 않으면 대부분의 시간을 부모님과 그의 남동생과 함께 집에서 보낸다.

그녀의 어머니는 비록 Christina가 항상 부끄러움이 많았지만, 이러한 새로운 문제들은 Christina가 사춘기가 되면서 나타났다고 말했다. 그녀의 어머니는 Christina를 사랑스럽고 배려심이 깊은 아이지만 외모에 강박이 있다고 설명했다. 그녀는 항상 화장, 피부 관리, 여드름 약을 요구하고, 최근에는 열여섯 살 생일 선물로 보톡스나 성형수술을 요구하기도 했다. Christina의 어머니를 가장 힘들게 하는 점은 어머니가 보기에는 Christina가 키가 크고 아름다운데, Chrisina가 그녀 자신을 어떻게 그렇게까지 다르게 보는지를 이해할 수 없다는 것이다.

Christina는 상담자를 만났을 때 무엇때문에 자살을 시도했는지 설명했다.

Christina: 저는 단지 더 이상 내 자신을 견딜 수가 없어요. 저는 매우 못생겼어요. 저는 아무도 저를 쳐다보지 않았으면 좋겠어요. 저는 심지어 저 스스로를 보고 싶지도 않아요!

상담자: 네가 네 자신을 봤을 때 무엇이 보이는지 말해 줄래?

Christina: 저는 구역질나는 사람이 보여요. 저는 너무 키가 크고, 균형이 맞지 않아요…….

상담자: 균형이 맞지 않다니?

Christina: 저는 큰 코와 거대한 귀를 가진 마녀처럼 보여요.

상담자: 그게 네가 머리카락으로 얼굴을 덮는 이유니?

Christina: (얼굴의 반 이상을 덮은 머리카락 사이로 상담자를 흘깃 쳐다보며) 네, 저는 머리를 기를 수 있는 한 길게 기르려고 해요. 그래서 머리가 저를 가릴 수 있게요. 아니면 저의 일부분이라도요. 저의 귀는 너무 커서 어떻게 하든 눈에 띄지만요.

상담자: 외모가 너의 삶에 영향을 미치는 것에 대해서 어떤 느낌이 드니?

Christina: 저는 삶이 없어요. 저는 더 이상 밖으로 놀러 나가지 않아요. 저는 아무도 만나고 싶지 않아요. 어차피 아무도 저를 고용하려 하지 않을 텐데 학교는 간들 뭐하겠어요. 제가 이런 모습이니 소용없죠! 저는 부모님에게 성형수술을 받게 해 달라고 빌었어요. 심지어 완벽한 코 사진을 찾아 두었어요.

상담자: 그것의 생김새를 어떻게 결정했니?

Christina: 저는 계속 검색을 해요. 수백 개의 잡지를 가지고 사진을 오려서 완벽한 것을 찾을 때까지 제 얼굴에 대봐요. 하지만 저의 부모님은 허락하지 않을 거예요. 절망적이에요. 저는 이렇게 보이는 걸 더 이상 견디지 못하겠어요. 정말 못하겠어요.

우리는 대부분 우리 자신의 신체적 결점에 대해 과장하거나 상상하는 경향이 있지만 그것이 일상생활을 방해하거나 잠 못 들게 할 정도는 아니다. 그러나 신체이형장애(BDD)를 가지고 있는 내담자는 자신의 신체나 얼굴에 근본적으로 흠이 있다고 믿고 지속적으로 그들이 어떻게 보이는지에 사로잡혀 있다. Christina의 사례에서 보았듯이, BDD를 가진 사람은 이러한 지각된 결함에 대한 생각을 멈추기 힘들어 하고, 그것은 굉장한 수준의 불안과 불편을 야기한다(Phillips, 2009). BDD의 유병률은 미국 성인 인구의 2.4% 정도이지만, 일부 전문가는 이보다 훨씬 더 높을 수 있다고 생각한다(Phillips, 2004, 2009).

BDD는 거의 항상 몇 가지 기능의 손상을 야기하는데, 특히 대인관계에 영향을 미친다(Phillips, 2005). BDD를 가진 개인은 데이트를 피하고, 친구가 거의 없으며, 취미나 레저 활동에 거의 참여하지 않는다. BDD는 학업과 직업적 기능에도 영향을 미칠 정도로 **심각한 장애이다.** BDD 내담자에 대한 연구는 60% 이상의 환자가 자살 생각을 가지고 있고, 50%가 병원에 입원했으며, 대략 30%가 최소 일주일은 완전히 집에만 있고, 대략 30% 정도가 자살을 시도한다는 것을 발견했다(Phillips et al., 2005; Veale et al., 1996).

OCD와 매우 유사하게, BDD의 증상은 두 가지의 일반적 범주로 나뉜다. 강박(사고)과 충동(행동). 전형적인 강박은 외모에 대한 집착, 심각한 자의식 그리고 기형과 흠이 자신을 덜 매력적으로 보이게 한다는 신념을 포함한다. 공공장소에서 그들은 사람들이 자신의 외모를 부정적으로 보거나 뒤에서 자신에 대한 이야기를 한다고 생각한다. 전형적인 충동은 거울로 자신을 보면서 계속 검열하거나 아예 거울을 완전히 피하는 것, 습관적으로 사람들에게 외모에 대해 안심할 수 있는 말을 요청하는 것, 사회적 상황을 피하는 것을 포함한다(APA, 2013). BDD를 가진 개인은 특히 사진 찍기 또는 온라인에 사진 올리기와 같은 그들의 외모를 평가받을 수도 있는 상황을 두려워한다.

BDD는 지각된 부적절성을 치료하기 위한 시도로 극단적인 행동을 야기할 수 있다. 내담자는 종종 수차례의 성형, 피부과 또는 미용 시술, 과도한 운동을 하기도 한다. 그들은 거의 항상 이러한 행동의 결과에 대해 불만족스러워 한다. 몇몇은 다른 사람이 자신을 보는 것을 원치 않거나 아예 관계를 단절하기 위해 극단적으로 집에 틀어박힐 수도 있다.

BDD로 고통받는 사람은 어떤 신체 특징에도 강박 관념을 가질 수 있으나, 흔히 초점이 맞춰지는 몸의 특정 부위가 있다. 이 부위에는 얼굴(특히 코, 피부색), 머리(탈모), 피부, 전반적인 몸의 탄력, 가슴 그리고 생식기(크기, 모양)를 포함한다. 구체적인 증상은 머리를 뽑는 것, 화장을 통해 지각된 결점을 가리려고 노력하는 것, 수염을 기르거나 머리를 길게 기르는 것 그리고 걱정되는 부분의 모양을 다시 잡기 위해 과도한 운동을 하는 것을 포함하며, 특정한 신체 부위의 강박과 관련이 있다.

수집광

Stan의 사례

Stan은 미혼의 59세 남성으로, 현재 41세인 자녀 David가 있다. Stan은 32년 전에 산 복층 아파트에 혼자 살고 있다. 그는 은퇴한 청소부로 스스로를 '열성적인 수집가'라고 이야 기했다. 청소부로 일하면서, 그는 그의 '발견품'을 집으로 가져와서 그것들을 집 안에 전시해 놓거나 보관하곤 했다. Stan은 뒷마당의 잡동사니 때문에 이웃과 언쟁을 벌인 후에 상담에 의뢰되었다. Stan의 아들 또한 그의 아버지에 대해 걱정하고 있었고 물건으로 가득 찬 Stan 의 집은 점점 더 악화되고 있다고 말했다.

최근 Stan은 그의 아들을 제외하고는 그 누구도 집에 들이지 않았으며, 그의 아들이 최근 에 방문했을 때는 Stan이 수년 간 모아온 수많은 종이와 잡지, 다른 물건 더미 때문에 복도 를 돌아다니거나 계단을 오를 수가 없었다. 그는 심지어 지하실에도 들어갈 수 없었으며, 집 을 '탈출이 어려운 냄새나는 건물'이라고 묘사했다.

Stan은 상담에 기꺼이 왔으나, 문제가 있다고 생각하지는 않았다.

Stan: 내 아들이 나한테 문제가 있다고 생각하는 건 알아요, 하지만 정말로, 그렇 지 않아요. 전 그냥 제 수집품들을 정리하는 일이 조금 늘어지고 있을 뿐이 에요. 그래도 노력하고 있고요.

상담자: 수집품들 중에 보관하고 싶지 않은 것이 있나요?

Stan: 별로요. 가치가 없는 건 아니거든요. 다들 가치가 있어요.

상담자: 그럼 당신의 수집품들이 자산 가치가 있다는 건가요?

Stan: 분명 대부분이 그렇죠. 그리고 자산 가치가 없는 것도 제게는 정서적인 가 치가 있어요. 그것도 중요하죠.

상담자: 당신에게 그게 중요하다는 걸 알겠어요. 집이 수집품으로 가득 차서 안 좋

은 점은 없을까요?

Stan: 이봐요, 내 아들이 내가 밖으로 나가거나 친구들과 어울리지 않아서 걱정하는 건 알겠어요. 하지만 솔직히 나는 원래 혼자 지내는 사람이었어요. 학교에서 잘하지도 못했고 그것도 싫었어요. 내가 유일하게 좋았던 건 청소부 일이었어요.

상담자: 그럼겠어요.

Stan: (아쉬워하며) 맞아요.

상담자: 어린 시절에 대해 이야기해 줄 수 있을까요?

Stan: (어깨를 으쓱하며) 평범했던 것 같아요. 전 약간 수줍었고 언제나 걱정이 많았어요. 엄마도 그랬고요. 난 집에 있을 때가 많았고 운동이나 그런 건 잘 안 했어요.

상담자: 부모님 중 한 분이라도 당신이 그러는 것처럼 물건을 모았나요?

Stan: 우리 엄마가 그랬어요, 네. 아빠는 엄마가 아무것도 안 버린다고 하셨죠. 엄마는 "언제 이런 것들이 필요할지 몰라"라고 말하셨고요. 가끔은 두 분이 싸우셨고 아빠는 엄마가 안 계실 때 물건을 내다 버리곤 했어요.

수집광은 리얼리티 텔레비전 쇼에서 **예상치 못하게 주목을 받아서** 더 눈에 띄는 문제가 되었지만, 이 장애가 있는 개인의 삶은 Stan의 예에서 볼 수 있듯이 심각한 지장을 받는다. 수집광(HD)이 있는 내담자는 물건, 또는 일부 사례에서는 동물을 수집하거나 보관하는 데 심각한 강박을 가지고 있다. 시간이 지나면서 이 수집은 그들의 주거 혹은 직장 공간에서 과도한 수준의 혼란을 야기한다(APA, 2013). 이러한 수집 행동은 점점 더 많은 시간을 소모하게 되며 다른 삶의 영역에서의 기능을 저해한다. 수집광 내담자는 만일 그들이 필요하거나 중요하다고 여기는 물건 중 어느 것이라도 버리라고 요구받는 경우, 극도로 불안해하거나 공격적인 행동을 보이기도 한다.

보관된 물건은 보통 타인의 눈에는 쓸모없어 보이지만, 수집광 내담자에게는 그렇지 않다. 내담자는 많은 경우 동일한 수준의 안전감과 정서적 만족감을 성취하기 위해 보관 행동을 증가시켜야 한다는 욕구를 느낀다. 그들은 물건이 미래에 필요할 것이라는 확신으로, 또는 그 물건이 없으면 불안정해질 것이라는 이유로 물건에 가치가 있다고 생각한다. 전체 미국 인구의 대략 2~5%가 이 진단에 부합하며, 이들의 대부분은 나이 든 성인(즉, 55~94세)이다(APA, 2013). HD가 있는 사람은 종종 중요한 타인 또는 사랑하는 사람의 도움을 통해 보관을 멈추려는 시도를 했을 수 있다. 한편, 그들은 보관을 숨기고 결국에는 그들의 거주지에 누구도 들어오지 못하게 하는 지경에 이를 수도 있다.

이전에는 HD가 강박장애(OCD)의 하나의 증상 또는 하위 유형으로 포함되었다. 두 장애를 구별할 때, 보관 행동이 오염에 대한 두려움이나 미신적 사고에 의해 행해지고, 보관 행동 자체가 **불안을 유발시키고, 내담자가 원치 않는 행동**이며, 내담자가 가진 강박의 목적 외에는 보관된 물건에 흥미를 보이지 않을 경우에 OCD 진단이 내려져야 한다는 것을 명심해야 한다.

동반이환

이 장애가 있는 내담자의 대부분이 불안 혹은 우울장애를 동반할 것이기 때문에 접수면담을 철저히 실행하는 것이 중요하다(APA, 2013). 예를 들어, OCD가 있는 내담자에게 불안장애가 공존할 확률은 76%이며, 우울장애 혹은 양극성 장애가 공존할 확률은 63%이다. HD가 있는 내담자에게 기분장애 혹은 불안장애가 공존할 확률은 75%이며, 보통 주요우울장애가 흔하게 나타난다. 주요우울은 또한 BDD가 있는 내담자에게 가장 흔하게 나타나는 공존 장애이다. **이렇게 다른 장애의 공존이 많은 이유는** 확실치 않지만, 유전, 환경, 장애 증상의 부정적 영향 등이 복합적으로 작용했기 때문으로 추측된다(Phillips, 2009).

문화적 고려사항과 인구요인

OCD, BDD, HD의 발병 시기, 성별 분포, 기능적 결과는 세계적으로 상당히 유사하게 나타난다. 그러나 문화적 가치와 사회적 선호는 증상이 표현되는 방법에 영향을 줄 수 있다(APA, 2013). 이 장애와 관련하여 성차 또한 존재한다. OCD가 있는 남성의 발병 시기가 좀 더 이르며 틱장애가 동반될 확률이 훨씬 더 높다. BDD가 있는 남성은 그들의 생식기의 외형에 더 강박적인 반면, 여성은 섭식장애가 있을 확률이 높다. 증상군 또한 어느 정도 성별과 관련될 수 있다. 예를 들어, 여성은 청소나 쇼핑과 관련된 강박(이 역시 문화적으로 영향을 받을 수 있음)을 더 많이 보이지만 남성은 금기된 사고와 관련된 강박을 더 많이 가지고 있다(APA, 2013).

병인과 위험요인

구체적인 원인은 알려지지 않았지만, OCD와 BDD는 유전적, 생물학적, 환경적 요인의 결합에 의해 영향을 받는 것으로 간주되며, 각 요인은 모두 어떤 방식으로든 장애에 기여하는 것으로 보인다(Cath, van Grootheest, Willemsen, van Oppen, & Boomsma, 2008; Fornaro et al., 2009). OCD의 생물학적 요인에 관한 연구들은 공격성과 같은 행동 조절에 중요한 역할을 하는 뇌의 영역인 안와전두피질, 선조체, 기저핵에 초점을 맞춘다. 이 이론에서는 뇌의 앞부분과 깊은 구조들 간의 의사소통에 문제가 생겨 OCD가 초래되는데, 이는 멈추지 않는 피드백 회로를 만들어 낸다고 말한다(Taylotr, Asmundson, & Jang, 2011). 신경전달물질 세로토닌의 불균형 또한 연관되어 있을 수 있다. HD 또한 특정한 생물학적 기반이 있는 것으로 밝혀졌다(Steketee & Frost, 2003).

OCD와 BDD의 원인에 관한 환경적 이론에서는 강박사고를 일으키는 학습된 역기능적 신념에 초점을 둔다. 아동기와 청소년기에 학습된 핵심 신념이 결국 OCD의 발병으로 이어진다. 이는 과민한 스트레스 반응 이외에도 **완고함**, 완벽주의, 통제 욕구 등을 포함한다. 이 장애에 취약한 사람은 자신의 생각이 너무 중요하며 이를 통제하지 않으면 나쁜 일이 일어난다고 믿는다. 이러한 신념을 습득하는 주요 기제는 노출을 통한 일종의 학습을 통해서이다. 예를 들어, 걱정이 많은 부모는 아이에게 과도하게 걱정하거나 경계하도록 가르칠 수 있다.

강화 또한 기여 요인이 될 수 있다. 예를 들어, 부모가 아동에게 자기 전에 전등을 껐는지, 문을 잠갔는지 확인하라고 한 뒤, 이중으로 확인한다면 강박적 확인이 시작될 수 있다. 아동은 이러한 행동에 대해 칭찬을 받으며 안전에 대한 불안이 감소되는 것을 느낀다. 불안의 감소는 그들을 기분을 좋게 만들며 결국 확인 행동을 강화한다. 이러한 강화 때문에 아동이 강박적 걱정(예를 들어 안전에 대한)을 경험할 때마다, 불안을 감소시키기 위해 강박행동(자물쇠와 전등을 확인하는 것)을 수행하게 된다(Taylor, Asmundson, & Jang, 2011).

BDD의 발병에 기여할 수 있는 환경적 영향으로는 비판적인 양육, 낮은 자존감, 아동기 외상 사건 경험 등이 있다. **성적 매력과 그 가치에 대한 또래 압력과 사회적 메시지** 또한 BDD의 발병에 중요한 역할을 할 수 있다(Phillips, 2004, 2009). HD에서 인지적 모형은 생애 초기에 시작되는 인지적 결함, 충동-회피 행동 패턴, 부적응적인 신념 패턴에 초점을 둔다(Frost, Hartl, 1996).

치료적 개입

상담 개입과 약물 치료 모두 OCD와 관련 장애를 치료하는 데 효과적인 것으로 밝혀졌다. 불안장애에서 논의되었던 많은 개입이 강박 및 관련 장애에서도 사용된다(Abramowitz, 1997).

◎ 상담 개입

인지 행동 치료는 특히 효과적이라고 알려져 있으며, 약물 치료와 더불어 OCD, BDD, HD의 첫 번째 치료 선택지로 꼽힌다(Abramowitz, 1997; Cherian, Math, Kandavel, & Reddy, 2014; Eddy, Dutra, Bradley, & Westen, 2004; Frangklin, Abramowitz, Bux, Zoellner, & Feeny, 2002; Frost, Hartl, 1996; Olantunji, Davis, Powers, & Smits, 2013). 노출 및 반응방지(ERP)는 다양한 불안 관련 장애 내담자를 위해 사용되며, OCD와 관련된 침습적 사고에 효과적인 인지 행동 치료(CBT)로 밝혀졌다(Abramowitz, 2006; Huppert & Roth, 2003).

ERP는 내담자가 충동적인 행동을 지연하고 궁극적으로 행동을 중지하는 동안 그들의 두려움을 직면하도록 한다. 먼저, **내담자의 걱정과 의례적 행동의 위계를 만든**

다. 그 후 상담자는 내담자를 낮은 수준의 시나리오에 노출되도록 하고 내담자에게 평소에 보이는 행동 반응(반응 방지 요소)을 늦추라고 말한다. 예를 들어, 세균을 무서워하는 내담자에게는 그들이 오염되었다고 생각하는 문의 손잡이를 만지라고 할 수 있다. 그 후 상담자는 내담자에게 손 세정제를 사용하는 등의 전형적인 반응을 늦추도록 하고, 그동안 인지적 재구조화 혹은 이완 기술과 같은 다른 인지 행동 치료적 개입을 사용할 수 있다. ERP는 단기적인 불안을 야기하지만, 행동을 유지하는 강화의 순환 고리를 끊음으로써 장기적으로는 강박 및 충동 증상을 감소시키는 데 효과적이다(Ma et al., 2013). 그러나 ERP는 그 사이에 불안의 수준을 높여 치료 거부나 중도 포기로 이어질 수 있기 때문에 일부 내담자에게는 어려운 방법일 수 있다(Franlklin & Foa, 1998).

　　수용전념 치료(ACT), 마음챙김 기반의 인지 행동 치료 등의 다른 대안적인 치료들 또한 OCD를 위해 사용되어 왔다(Eifeert & Forsyth, 2013; Fabricant, Abramowitz, Dehlin, & Twohig, 2013). 징후와 발현이 유사하기 때문에 OCD의 치료에 사용되는 CBT 개입이 BDD와 HD에도 흔히 쓰인다. 이는 주로 회피와 의례적 행동을 줄이기 위한 노출과 반응방지로 이루어진 행동적이고 인지적인 요소를 포함한다. 신체이형장애(BDD)에 대해 CBT를 사용하는 것은 집단과 개인 치료에 대한 연구 모두에서 일관되게 좋은 결과를 보여 왔다(Phillips, 2009; Wilhelm, Phillips, & Steketee, 2012).

　　ERP는 또한 BDD의 치료에 효과적인 것으로 나타났는데 특히 심상적 노출이라는 기술이 그렇다. 내담자는 그들의 강박에 기초한 짧은 이야기를 녹음하여 노출도구로 사용하고, 이를 통해 내담자가 전통적인 ERP로는 경험할 수 없는 공포를 유발하는 상황을 경험할 수 있도록 해 준다(Lovell & Bee, 2008). 인지적 재구조화와 행동 실험 또한 BDD의 주요 개입으로 나타났는데, 이 개입을 통해 내담자는 **왜곡된 신체 관련 사고의 합리성에 도전하는 법**을 배운다(Phillips, 2009).

　　마음챙김 기반의 CBT는 BDD에 효과적인 것으로 알려진 또 다른 치료 프로토콜이다(Follette, Heffner, & Person, 2010). 마음챙김 기반 CBT의 주요 목표는 불편한 생각과 느낌을 확대하지 않고 받아들이는 법을 배우는 것이다. 그 이론에 따르면, 많은 내담자의 불안과 걱정이 원치 않는 충동과 사고를 제거하고 통제하려는 데서 나온다. BDD에 적용하면, 내담자는 공공장소에 나가거나 거울을 보는 등 그들이 회피했던 행동을 수행할 것이고, 이러한 과정이 원치 않는 생각을 만들어내지만, 이러한 생각들이 내담자가 허용하고 있었던 불편함의 수준을 높일 필요가 없다는 것을 알게 된다. 또 다른 하나의 기술로는 내담자가 스스로의 경험을 영화처럼 보게 하는 것으로, 생각들이 그들 자신과 분리된 채로 그들의 마음속에서 흘러가는 경험을 하게 한다.

HD가 있는 내담자는 자신과 자신이 사랑하는 사람의 삶에 수집 행동이 미치는 부정적인 영향을 잘 깨닫지 못하기 때문에 종종 치료가 어렵다(Tolin, 2011). 흔히 그렇듯이, 내담자가 동물이나 수집된 물건을 통해 편안함을 느끼는 경우에 특히 더 그렇다. CBT 개입은 이러한 조건에 사용될 수 있는 가장 일반적인 상담 형태이다. 개입은 보통 수집을 이끄는 감정, 의사결정 기술, 잡동사니를 없애기 위한 가정방문, 이완 기술, 그리고 가족 혹은 집단 회기를 포함한다. 정신역동적 접근은 내담자의 수집행동에 영향을 줄 수 있는 과거의 요소를 탐색하는 데 도움이 될 수 있다. Steketee와 Tolin(2011)은 수집광(HD)의 특징인 과도한 획득행동에 초점을 맞춘 CBT의 수집광 특정 변형 치료를 제안했다. 이 치료에는 기술 훈련, 동기 강화 상담, 분류하고 버리는 연습, 인지적 재구조화가 포함된다.

◎ 약물 치료

OCD, BDD, HD가 있는 내담자는 강박사고 및 충동행동과 관련된 증상을 완화시키기 위하여 항우울제를 처방받을 수 있다(Eddy et al., 2004; Koran, Hanna, Hollander, Nestadt, & Simpson, 2007, Phillips, 2005; Phillips & Hollander, 2008; Saxena, 2011). 이 약물은 때로는 사고 자체를 감소시키는 데에도 효과적일 수 있다. SSRI를 사용하면, 뇌의 세로토닌 수준이 증가해 두뇌의 각 부분 간 의사소통을 정상화시켜 줄 수 있다. 항정신성 약물 또한 때때로 OCD의 치료에 사용되기도 한다.

T/C 모델을 사용한 강박 및 관련 장애의 사례개념화

이미 논의된 장애들과 마찬가지로, 왜곡된 인지는 OCD, BDD, HD의 일부분이다. 이러한 인지적 특성이 확인되면, **이건 적절한 도전 대상이 될 수 있다.** 반복적 사고와 충동은 종종 두려움에 기반을 두기 때문에, 기저의 두려움을 평가하는 것이 중요하다. 사례개념화는 이러한 장애의 인지적 요소뿐 아니라 행동적 징후까지 평가해야 한다.

때로는 이 장애들에 학습된 요소가 있을 수도 있기 때문에, 사례개념화는 내담자의 증상에 영향을 끼칠 수 있는 가족과 문화적 태도, 신념 또한 탐색해야 한다. **가족력을 확인함으로써** 내담자가 부모로부터 배웠을지 모르는 스트레스에 대한 반응과 부모에게서 넘겨받았을지 모르는 신념을 밝힐 수 있다. 예를 들어, 완벽주의적인 전통이 있는가? 혹은 통제를 매우 강조하는가?

HD로 고통받는 내담자는 보통 수집한 물건들이 가치가 있다고 여기기 때문에 변화를 어려워한다. 때때로 이는 자산적 가치에 대한 오해("이건 돈이 될 수 있어서 못 버리겠어요.")로 인한 것이기도 한데, 이는 과거 상실이 빈곤의 경험에 영향을 받았을 수 있다. 또 다른 내담자의 경우, 그 가치가 심리적이거나 정서적인 것이다. 왜냐하면 그 물건은 무언가 또는 누군가를 잃은 것을 상징하기 때문이다.("사별한 아내와 이 피자집에서 첫 번째 데이트를 했었기 때문에 이 피자 박스를 못 버리겠어요." 혹은 "이건 저희 아빠 거였어요.") 외부인에게는 수집된 물건이 큰 가치가 없어 보일 수 있지만, HD가 있는 내담자와 작업할 때는 증상을 둘러싼 맥락을 평가하는 것이 중요하다. 만일 외로움과 사회적 고립이 기여 요소라면, 개입에서는 주 호소 증상뿐만 아니라 이러한 문제를 다룰 수 있다. 수집과 강박, 강박장애에 대한 텔레비전 쇼와 영화의 보급은 내담자와 상담자 모두에 대한 고정관념을 만듦으로써 임상 장면을 복잡하게 만들었다.

BDD가 있는 내담자와 작업할 때는 문화적 · 성별 규범과 가치를 고려하는 것이 중요하다. 예를 들어, 신체 크기와 유형에 대한 규범은 여성과 남성에 따라, 문화적 집단에 따라 다르며, 성적 지향성에 따라서도 다를 수 있다. 물론 자살 사고에 대한 평가는 항상 사례개념화의 중요한 부분이다. 특히 BDD가 있는 내담자는 자살 생각의 위험이 높다.

이 장의 초반에 소개되었던 Sandy의 사례를 다시 살펴보고, **사례개념화를 해 보자.**

Sandy의 사례

◆ T/C 사례 개념화 모델 개요의 예시

(*추가 정보가 필요한 영역들)

① 주 호소 문제: 불안, 자녀의 안전에 관한 강박사고, 충동행동

② 내적 성격 구조와 행동

- **자기효능감**: 낮음, 아무것도 제대로 할 수 없고, 아이나 남편을 돌볼 수 없다고 느낌.
- **자존감**: 약하고 부서지기 쉽다고 느낌.
- **태도/가치/신념**: 세상을 안전하지 못한 곳으로 봄.
- **애착 유형**: 아버지와 불안정 애착.
- **생물학/생리학/유전적 특징**: 여성, 38세, 병력*, 불안의 가족력*.
- **정서**: 불안, 과민, 염려.
- **인지**: 그녀가 특정한 행동을 수행하지 않으면 자녀들에게 나쁜 일이 일어날 것이라고 믿음, 스스로가 약하고 부서지기 쉽다고 믿음, 타인이 어떻게 생각할지에 관해 염려함.
- **감정적 사고**: '내가 이걸 안 하면 나쁜 일이 일어날 거야.' '그런 생각을 그냥 멈춰.'
- **행동**: 충동, 의례화된 행동, 일상생활이 어려움.
- **징후학**: 속상함, 울음, 집중이 어려움, 수면*, 섭식*.
- **대처 기술과 변화에 대한 준비**: 남편이 지지적이지만 지쳐 있음, 다른 지지*, 행동 단계에 접어든 것으로 보임.

- **삶의 역할:** 두 자녀의 엄마이자 전업주부, 직업*.

③ 환경

- **관계:** 아버지와의 갈등적 관계,* 현재 남편과의 갈등*.
- **문화:** 가족 배경*.
- **가족 규범과 가치:** 원가족에서 여성이 남성을 따름.
- **사회적 영향***

④ 연대기

- **과거 영향:** 아버지가 학대하거나 비판했을 가능성, 어머니의 불안(모델링).
- **현재 영향:** 남편과의 갈등, 두 어린 자녀의 양육.
- **미래 목표:** 불안, 강박사고, 충동행동 없이 일상생활을 할 수 있게 되는 것, 남편
과의 관계 개선, 집과 업무에서의 자기효능감 향상.

> • **질문:** 이 사례개념화를 완성하기 위해서 당신이 더 묻고 싶은 것은 무엇인가?

상담의 핵심

- 강박 및 관련 장애는 강박장애(OCD), 수집광(HD), 신체이형장애(BDD), 발모
광(털 뽑는 것), 피부뜯기장애(피부를 뜯는 것)를 포함한다. DSM-5에서 소개 된
새로운 장애 범주이며, 이는 그들이 서로 관련되고 동반이환 수준이 높다는 의
견을 반영한 것이다.
- OCD가 있는 사람은 일상생활에서 정상적으로 기능하는 능력에 심각하게 영
향을 줄 수 있는 강박사고와 충동행동을 가지고 있으며, 침습적 사고(강박)와
반복적 행동(충동)을 중심으로 하는 특정한 증상들을 보인다.
- 강박은 침습적이며 불안이나 고통을 야기할 수 있는, 지속적이고 반복적으로
발생하는 사고나 충동, 심상으로 정의된다.

- 충동은 내담자가 통제를 위해 수행해야만 한다고 느끼는 반복적인 의식이나 행동 패턴으로 특징지어진다.
- BDD가 있는 내담자는 그들의 신체 또는 얼굴에 근본적으로 결함이 있다고 믿으며, 자신이 어떻게 보일지에 대해 지속적으로 집착하면서 외형에 몰두하게 되고, 타인이 자신의 외형을 부정적으로 인식하거나 자신에 대해 몰래 이야기 할까 봐 두려워한다.
- HD가 있는 내담자는 물건, 또는 어떤 사례에서는 동물을 수집하거나 보관하는 데 심각한 강박이 있으며, 이는 그들의 거주지나 직장에 지나친 수준의 혼란을 일으킬 수 있다.
- 이 장애가 있는 많은 내담자에게 불안 혹은 우울장애가 동반된다.
- OCD와 BDD는 유전적, 생물적, 환경적 요인의 결합에 영향을 받는 것으로 여겨진다.
- OCD와 BDD의 원인에 대한 환경적 이론은 강박사고를 일으키는 학습된 역기능적 신념에 초점을 맞추고 있다. 과민한 스트레스 반응, 비판적 양육, 낮은 자존감과 아동기 외상 사건 경험에 더해 **완고함**, 완벽주의, 통제 욕구와 같은 아동기와 청소년기에 학습된 핵심신념에 초점을 맞춘다.
- 상담 개입과 약물 치료 모두 OCD 및 관련 장애를 치료하는 데 효과적이라고 알려졌다.
- 인지 행동 치료는 특히 효과적인 것으로 밝혀졌으며, 약물 치료와 더불어 OCD, BDD, HD의 첫 번째 치료 선택지로 꼽힌다.
- 노출 및 반응방지는 내담자가 충동적 행동(충동)을 지연시키고 궁극적으로는 멈추면서 두려움과 직면하는 것을 포함한다.
- OCD, BDD, HD가 있는 내담자는 강박사고, 충동행동과 관련된 증상을 완화시키기 위해 항우울제를 처방받을 수 있다.

실습

수집광이 있는 내담자와 작업하기

수집광과 같은 리얼리티 텔레비전쇼는 수집광이 있는 내담자에 대한 고정관념과 오해를 낳았다. 상담자로서 우리의 내담자가 직면하는 문제에 대해 우리 자신이 갖는 편견, 가치, 선입견을 자각하는 것이 중요하다.

> ✎ **실습**: 개인 작업 후 대규모 집단 토론을 하시오.
>
> - **질문1**: 수집광이 있는 내담자를 생각하면 어떤 이미지가 떠오르는가?
> - **질문2**: 충분한 효과를 내기 위해서 상담자가 내담자의 집에 방문할 필요가 있다고 생각하는가, 아니면 상담실에서의 대화 치료 요소만으로도 똑같이 효과적일 수 있다고 생각하는가?
> - **질문3**: 수집광이 있는 내담자의 거주지에서 내담자와 함께 작업할 때 가장 어려운 점은 무엇인가? (동물의 존재, 위생상태, 냄새, 내담자의 정서 상태를 고려하라.)

상담자의 자기탐색: 신체이형장애가 있는 내담자와 작업하기

신체이형장애가 있는 내담자의 자기상에 대한 비합리적인 신념에 당신이 도전해야 할 때 직업은 어려워질 수 있다.

> ✎ **실습**: 개인 작업 후 대규모 집단 토론을 하시오.
>
> - **질문1**: 내담자가 집착하는 신체적 특징 중 당신이 **도전하기** 불편할 것 같은 신체적 특징 세 가지는 무엇인가?
> - **질문2**: 내담자가 당신과 성별이 다르면 이러한 **도전**이 더 혹은 덜 어려워질 것 같은가? 그 이유는 무엇인가?

강박장애는 언제 문제가 되는가

　　Doug는 지역 음식점에서 정규직으로 일하는 대학교 2학년생이다. 그는 압도되는 듯한 감정과 불안 때문에 상담을 찾았다. 그는 '경쟁에서 앞서 나가기 위해' 학교와 직장에서 해야 하는 일들의 목록을 길게 작성하여 갖고 있다. 그는 또한 과제를 잊거나 퇴근할 때 소등하는 것을 잊었을 까봐 자주 걱정한다. 가끔 그는 한두 번 등을 확인하고 나서야 집으로 돌아간다.

✎ **실습:** 개인 작업 후 대규모 집단 토론을 하시오.

- **질문1:** Doug는 강박장애(OCD) 진단기준을 충족하는가?
- **질문2:** OCD의 진단기준을 충족시키려면 Doug는 어느 정도의 혹은 어떤 추가적인 증상을 보여야 하는가?
- **질문3:** 만일 Doug가 OCD의 기준을 충족시키지 않는다고 당신이 결정을 내린다면, 여전히 이러한 증상을 상담 치료의 일부로 포함하겠는가? 그렇다면 이유는 무엇인가?

사례 개념화 연습

Benny의 사례

　　Benny는 14세 소년으로 당신이 상담자로 있는 지역 센터에 방문했다. 그의 엄마는 몹시 흥분한 상태로 상담 일정을 정하기 위해 전화했다. 그녀는 이제까지 정말 우수한 학생이었던 Benny가 최근 6달 동안 학교에 지각을 너무 많이 해서 올해 유급당할 처지에 놓여 있다고 했다. Benny는 언제나 불안한 아이였고, 그의 엄마는 그가 늘 미신을 믿는다고 이야기했다. 그는 6세 때 아이들이 "금 밟으면, 엄마 등이 부러지지."라고 노래 부르는 걸 듣고 길가의 어떤 금도, 심지어는 바닥 타일 사이의 금도 밟지 않으려고 했다.

　　Benny의 엄마는 아들이 시험에서 완벽하지 않은 점수를 받으면 분노하거나 절망하는 완벽주의자라고 말했다. 어릴 때, 그는 자신이 그리거나 색칠한 그림이 '충분히 좋지 않다며'

찢어 버리곤 했다고 말했다. Benny의 엄마는 그녀 자신의 어머니가 Benny와 비슷하다고 말했으며, 자신도 약간 완벽주의자라고 인정했다. 그녀는 이것이 아들에게 전해지지 않도록 노력했으며, 아이가 자신보다 훨씬 더 완벽주의인 것 같아 크게 실망하고 있다.

　Benny는 집을 나서기 전에 수행해야만 하는 정교하고 시간이 오래 걸리는 의식을 만들어냈다. 그의 충동 행동에는 이를 닦거나 머리를 빗는 횟수와 그가 방을 나서기 전에 딛는 발걸음의 수를 세는 것이 포함된다. 만일 정확하게 세지 못했다면, 처음부터 다시 시작해 그 과정을 반복하며, 그렇게 하지 않으면 그의 엄마, 아빠, 여동생에게 무언가 나쁜 일이 일어날 것이라고 확신하고 있다.

　Benny는 또한 세균에 대해 극도로 걱정하고 있으며, 손 세정제를 강박적으로 사용한다. 그는 언제나 세정제를 들고 다니며, 너무 많이 사용한 탓에 그의 손은 건조하고 갈라졌다. 그는 '세균이 너무 많을까 봐' 친구 집에도 가기를 꺼려 하며, 학교를 포함하여 집이 아닌 어느 곳의 화장실에도 가기를 거부한다. 가족은 연휴 기간에 휴가를 가고 싶어 하지만, Benny는 벌써부터 여행에서 호텔에 머물러야 한다는 사실에 속상해한다.

　속상한 건 그의 엄마뿐이 아니다. Benny는 '그 어떤 것도 제대로 해내지 못하는' 그의 무능력에 대해 눈에 띄게 우울해하기 시작했다. 그는 강박사고와 충동을 멈추고 싶어 하지만, 무력감을 느낀다. Benny는 지각으로 인해 떨어진 학점에 대해 굉장히 걱정하고 있다.

✎ **실습**: 소규모 집단 토론을 한 후 대규모 집단 토론을 하시오.

- **질문1**: 이 사례에 대한 당신의 사례개념화는 무엇인가?
- **질문2**: 이외에 어떤 것들을 알고 싶은가?
- **질문3**: 상담에서 Benny에게 가능한 세 가지 목표에는 어떤 것이 있겠는가?
- **질문4**: Benny를 돕기 위해 당신이 사용했으면 하는 상담 양식에는 무엇이 있는가?

더 나아가기

The Hoarding Handbook: A Guide for Human Service Professionals by Gail Steketee, Christiana Bratiotis, and Cristina Sorrentino Schmalisch (2011) Oxford University Press

Treatment for Hoarding Disorder: Therapist Guide (Treatments That Work) by Gail Steketee and Randy O. Frost (2013) Oxford University Press

Exposure and Response (Ritual) Prevention for Obsessive-Compulsive Disorder: Therapist Guide (Treatments That Work) by Edna B. Foa, Elna Yadin, and Tracey K. Lichner (2013) Oxford University Press

The Mindfulness Workbook for OCD: A Guide to Overcoming Obsessions and Compulsions Using Mindfulness and Cognitive Behavioral Therapy by Jon Hershifield and Tom Corboy (2013) New Harbinger

What to Do When Your Brain Gets Stuck: A Kid's Guide to Overcoming OCD (What-to-do Guides for Kids) by Dawn Huebner and Bonnie Matthews (Illustrator) (2007) Magination Press

The Broken Mirror: Understanding and Treating Body Dysmorphic Disorder by Katharine A. Philips (2005) Oxford University Press

Cognitive_Behavioral Therapy for Body Dysmorphic Disorder: A Treatment Manual by Sabine Wilhelm, Katharine A. Philips, and Gail Steketee (2012) Guilford Press

Body Dysmorphic Disorder: A Treatment Manual by David Veale and Fugen Neziroglu (2010) Wiley Publishing

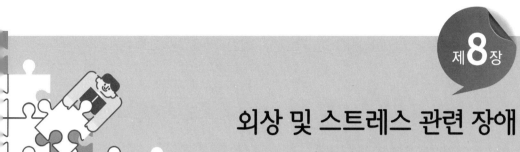

제 8 장

외상 및 스트레스 관련 장애

Sora의 사례 ✑

21세 한국계 미국인 학생 Sora는 룸메이트들의 재촉으로 대학 상담센터를 찾았다. 그녀가 수업에 결석하기 시작하면서, 그들은 모두 그녀를 걱정했다. 이전에 Sora는 3.88의 평점을 가진 뛰어난 학생이었다. 하지만 이번 학기에 그녀는 두 과목이 낙제를 받을 위기에 있다. 그녀는 앉아서 눈을 마주치지 않는다.

상담자: 친구들이 당신에 대해 매우 걱정하고 있는 것 같아요. 무슨 일인지 이야기해 줄 수 있나요?

Sora: 이야기해도 되는지 잘 모르겠어요. 이야기해야만 하는지도 잘 모르겠어요.

상담자: 비밀보장에 대해 다시 말해 줄까요?

Sora: (고개를 저으며) 아니요, 이해했어요. 어떤 뜻이냐면, 그것에 대해 생각하고 싶지 않아요. 그것에 대한 생각을 멈출 수가 없는 것 같은데, 그래도 생각하고 싶지 않아요.

상담자: '그것'이요?

Sora: (아래를 보며) 개강 첫 주에 어떤 일이 발생했어요. 그리고 그 일을 그냥 잊고 넘길 수가 없었어요. 새로운 남자랑 데이트를 했어요. 그리고 나, 그…… 그는 거절하는 것을 싫어했어요.

상담자: 그가 성폭행했나요?

Sora: (고개를 들고) 제가 소리 내서 그 단어를 말한 적은 없지만, 맞아요.

상담자: 정말 유감이에요. 정말 힘든 시간이었겠어요. 어떤 감정들이 들었는지 이야기해 줄 수 있나요?

Sora: 그것에 대해 생각하지 않으려고 노력했지만, 제가 노력하면 할수록 소용이 없는 것 같아요. 그 장면들이 계속 생각나요. 그리고 그 일이…… 그 일이…… 딱 그 순간의 일들이 온통 다시 일어나는 것만 같아요. 그가 보이고 파티에서 들었던 노래가 들리고 심지어 그가 뿌렸던 콜론 향도 나요.
(Sora는 더 이상 눈을 마주치지 않고 마치 다른 뭔가를 보고 있는 것처럼 표정이 망연하고 겁에 질려 보였다.)

상담자: Sora씨, 괜찮아요? 여기는 안전해요. 당신은 상담센터 안에 있는 제 사무실에 있어요.

Sora: 오, 미안해요.

상담자: 외상적 상황을 재경험하는 것은 드물지 않아요. 하지만 매우 고통스럽죠.

Sora: 계속 일어나요. 어떻게 멈춰야 할지 모르겠어요. 그것에 대해서 꿈도 꿔요. 무엇도 더 이상 안전해 보이지 않아요! 누구도 믿을 수 없어요. 심지어 어느 누구도 보고 싶지 않아요. 그리고 다시는 데이트를 하지 않을 거예요. 그것은 너무 위험해요.

상담자: 세상은 위험한 곳이라고 항상 그렇게 느껴 왔나요?

Sora: 아니요, 꼭 그렇지는 않아요. 부모님은 항상 그렇다고 이야기하셨지만 저는 믿지 않았던 것 같아요. 이 일이 생긴 후 많은 것을 보는 눈이 달라진 것 같아요. 모든 것을요.

상담자: 이런 생각과 감정에 어떻게 대처해 왔나요?

Sora: 사람들 사이에 섞여 있고 싶지 않아요. 방에 계속 있어요. 수업조차 가기 싫어요. 파티에 왔었던 사람 중 몇 명이 수업에 있을 거고 그들을 볼 수가 없어요. 정말로요. 다른 사람 방에도 가고 싶지 않아요. 특히 그 일이 일어났던 기숙사에 있는 사람들 방에요.

상담자: 그래서 당신이 해 왔던 많은 일을 피하고 있는 거군요.

Sora: 그런 것 같아요. 모든 사람이 저를 쳐다보는 것처럼 수치스러워요. 그리고 사람들을 곁눈질로 볼 때마다 계속 놀라요. 괴물처럼 보일 거에요.

상담자: 이런 감정을 다루는 데 도움을 주고 지원해 줄 사람이 있나요?

Sora: 없어요. 부모님께조차 이야기할 수 없어요. 아마도 부모님은 저와 의절할 거예요. 우리 가족은, 우리 문화에서는 남자와 밖에 나가서 술을 마시는 것을 용납하지 않아요. 저는 데이트를 하는 것도 전혀 용납되지 않았고, 기다려야만 했어요. 부모님께서 대학 졸업 후에 만날 남자를 정하셨었거든요. 모든 것이 제 잘못이에요. 부모님께서 매우 실망하실 거예요. 학교는 부모님의 모든 것이에요. 저는 부모님께서 항상 원하시던 대로 의사가 될거예요. 저를 도와줄 수 있나요?

도입

모든 사람은 살면서 스트레스 사건을 경험하지만 스트레스에 대한 반응은 모두 다르다. 비슷한 환경에서 일부 개인은 매우 강하게 반응할 수 있고 또 다른 개인은 덜 반응할 수도 있고 누군가는 아예 반응을 하지 않을 수 있다. 반응의 범위는 그 사람의 회복 탄력성 수준, 스트레스 경험 이력 그리고 삶에서 활용 가능한 자원과 지지를 포함하는 개인의 심리적 구성에 따라 다르다. 한 사람에게 심리적 외상이 되는 상황이 다른 사람에게는 외상성 상황이라고 지각되지 않을 수 있다. 하지만 외상성 사건으로 경험한다면 Sora가 설명한 것처럼 심각한 신체적, 정서적 그리고 심리적 고통을 느끼게 될 수 있다.

왜 외상성 사건은 그러한 영향을 미치는 것인가? 그 이유 중 한 가지는 이런 사건이 '평범한' 사건과 같은 방식으로 진행되지 않기 때문이다. 대신에, 그 사건은 이해하기 어려운, 또는 접근하기 어려운 언어 이전의 형태로 기억에 부호화된다. 이런 사건은 한 사람의 인생 이야기 속에 통합되기보다는 연대기 밖에 얼어붙은 채로 있어서 변경할 수도 없고 처리되지 않은 상태로 남게 된다. 이 장 뒷부분에서 다룰 몇

몇 상담 접근에서는 그 사람이 심리적 외상을 포함해 삶의 경험 전반을 이해하도록 도우면서 이러한 딜레마를 구체적으로 다룬다.

한 사람의 자기감 또한 외상에 의해 영향을 받는다. 주요 외상성 경험인 자연재난, 전쟁, 사고, 학대, 폭력 혹은 심각한 상해는 개인이 예상하지 못하고 통제할 수 없는 일들을 겪었을 때의 '타자성'을 만들어 낸다. 이혼, 중독 그리고 가난은 비슷한 영향을 줄 수 있다. 타자성은 수치를 불러일으켜, 외상 생존자로 하여금 다른 사람과 감정을 나누기 어렵게 만들고 고립을 강화시킨다. 치유는 정서를 표현하고 아픔을 공유하며 경험을 통해 의미를 찾는 기회에 달려 있다(Herman, 1992).

왜 일부 반응이 더 심각한 정신건강질환인 급성 스트레스장애(ASD) 혹은 외상후 스트레스장애(PTSD)로 발전하는지는 명확하지 않지만 외상성 사건과 관련된 심각한 반응도 정상이라는 점과 가끔 회복이 느리거나 산발적으로 일어날 수 있다는 점을 명심하는 것이 중요하다. 가장 일반적인 반응은 불안, 두려움, 악몽, 증폭된 각성 반응 그리고 화 혹은 과민성이다. 이런 정서적 반응은 공격, 철회 그리고 회피와 같은 행동으로 이끈다. 외상성 사건은 때때로 플래시백, 짧고 침습적인 심상 혹은 악몽을 통해서 재경험 되기도 한다. 많은 경우 사람들은 지속적으로 신경이 곤두서 있고, 느끼고 집중하거나 잠을 자는 데 어려움을 느낀다. 이런 거듭되는 각성 상태는 피로와 민감성을 초래하고 불안과 우울의 도미노 효과를 일으킬 수 있다.

외상 경험과 관련된 인지적 변화도 있다. 안전하고 안심할 수 있다고 생각했던 세상은 이제 위험하고 예상할 수 없다고 지각되면서, 안전과 자기효능감의 실제적 혹은 지각된 상실로 인해 기본적인 신념이 흔들린다. Sora는 성폭행 이후로 그녀의 친구들과 대학 캠퍼스에 대한 지각에 이러한 변화가 있다고 설명한다. 핵심적인 가치와 신념의 전면적인 재평가는 어떤 일이 일어났는가에 따라 영향을 받을 수 있다. 익숙한 신념 체계가 없어진 외상 생존자는 삶에서 다음에는 어떤 일이 일어날지 혼란스러울 수 있고 초점과 방향을 잃을 수 있는데, 이 모든 것은 그들을 불안과 우울에 민감하게 만든다.

사람들은 이런 정서적, 행동적 그리고 인지적 변화에 다양한 방법으로 반응한다. 몇몇은 원하지 않는 정서 혹은 생각을 억누르려고 하면서, 당연하게도 이전 상황으로 돌아가기를 바란다. 어떤 사람은 외상성 사건을 생각나게 하는 장소 혹은 사랑했던 사람을 피하는 것으로 반응하는데, 이는 점점 더 제한되고 고립된 삶으로 이끌 수 있다. 예를 들어, 촉발 요인을 회피하려고 한 Sora의 시도는 수업에 가지 않거나 친구들과 밖에 나가지 않게 했다. 많은 외상 생존자는 외상성 사건 발생에 대한 불공평함으로 당연하게도 세상에 대해 화를 느낀다.

어떤 사람은 외상을 떠올리게 하는 고통스러운 감정과 불안을 피하기 위한 시도로 알코올 혹은 다른 약물사용/남용을 통해서 자신을 치료할지도 모른다. 그들은 원래 즐겁다고 생각했던 활동에 관여하지 않으면서, 다른 사람들과 너무 다르게 느껴져서 그들과 어울리고 싶어 하지 않을 수 있다. 허리케인, 토네이도, 홍수, 혹은 전쟁과 같은 트라우마 경험 생존자는 본인은 살아남았는데 다른 사람은 그렇지 않은 것에 대해 의문을 가지면서 다시 인생을 '즐기는 것'에 대해 죄책감을 느낄 수 있다. 그들은 일어났던 일에 대해 부분적 혹은 전체적으로 그들 스스로에게 책임을 돌리거나, 더 이상 아무도 신뢰하지 못할 것 같다고 느끼면서 다른 사람을 탓할 수 있다. 만약 외상을 경험한 사람이 그들이 어떤 상황에 놓여있는지 아무도 이해할 수 없다고 믿는다면 가까운 관계가 멀어질 수 있다. 몇몇은 심지어 미쳐가거나 현실 감각을 잃고 있다고 느낄 수 있다.

비애와 우울 삽화는 외상성 사건에 대한 정상적인 반응이다. 의문점은 외상에 대한 정상적인 반응이 언제 정신건강 문제로 발전하는지 알아내는 것이다. 만약 어떤 사람이 상당한 시간이 흘렀는데도 우울해 보이고 인생에 다시 관여하지 못하고 단지 나아가지 못하는 것처럼 보인다면 치료가 필요할 수 있다. 다른 지표로는 시간이 지나도 희미해지지 않는 아픈 기억 혹은 심상과 안전감을 되찾지 못하는 것을 포함한다. DSM-5는 외상 및 스트레스 관련 장애에 반응성 애착장애, 탈억제성 사회적 유대감 장애, 외상 후 스트레스장애(PTSD), 급성 스트레스장애(ASD) 그리고 적응장애 등 다섯 가지 장애를 포함한다. 이번 장에서는 상담자가 가장 많이 접히는 스트레스 요인 관련 장애인 ASD와 PTSD에 대해 살펴본다.

급성 스트레스장애

급성 스트레스장애(ASD)는 외상성 사건에 노출된 후 바로, 그러나 PTSD로 진단되기 전에 발생하는 심각한 스트레스 반응을 설명하기 위해서 DSM-IV에 처음 포함되었다. 외상성 사건 이후 30일이 지나지 않았기 때문에 PTSD 진단기준에 맞지 않는 내담자를 포함하기 위해서 이 장애가 도입되었다. ASD의 진단기준은 PTSD의 진단기준과 비슷하다. 하지만 ASD 진단은 외상성 사건이 일어난지 1달 안에만 할 수 있고 진단기준이 해리 증상을 더 강조한다. 전문가들 사이에서 진단기준이 과연 심리적 외상의 비정상적 반응을 정확히 반영하는지와 이것이 과연 미래의 PTSD 진단을 예측하는 요인인지에 대해 논의되고 있다(Bryant, Friedman, Spiegel, Ursano, & Strain, 2011; Marshall, Spitzer, & Liebowitz, 1999).

Stephanie의 사례

Stephanie는 결혼했고 두 아이를 가진 32세의 어머니인데, 3주 전 심각한 교통사고를 겪었다. 출근길, 빙판에 그녀의 자동차가 통제할 수 없게 되어 미끄러졌고 트럭과 추돌했다. 경찰은 조스 오브 라이프(Jaws of Life: 사고 난 차 안에 갇힌 사람을 꺼내는 데 쓰는 공구)를 사용해 그녀를 꺼내기 전까지 90분 동안 그녀가 트럭 밑에 깔려 있었다고 보고했다. 그녀는 경미한 뇌진탕, 부러진 다리, 그리고 금이 간 갈비뼈로 인해 병원에 일주일 동안 입원했다.

Stephanie는 교통사고를 자세하게 기억하지 못하지만, 그녀의 감정이 하루 종일 '극도로 불안'하다고 설명한다. 그녀는 먹지도, 자지도 혹은 집중지도 못한다. 그녀는 지난주 동안 아침에 침대에서 일어나지 못했고 직장에 복귀할 수가 없어서 상담을 찾았다. 그녀는 심지어 차에 탈 때마다 강한 반응을 경험했는데, 이는 그녀가 정상적으로 기능하는 데 심각한 영향을 미쳤다.

그녀는 사고가 난 지 11일 후에 상담자를 찾았다.

상담자: 그동안 어떤 감정이었는지 이야기해 줄 수 있나요?

Stephanie: 설명하기 어려운데, 그냥…… 내가 나같지 않은 느낌이 들어요. 정상적인 느낌이 들지 않아요. 가끔 심지어 이게 진짜라고 느껴지지 않을 때도 있어요.

상담자: 그건 어떤 느낌인가요?

Stephanie: 이상해요. 어떤 것이냐면, 내가 다른 방에서 다른 사람의 관점으로 나 자신을 보고 있는 느낌이에요. 그리고 시간이 점점 느려지고 마치 아무것도 현실이 아닌 거 같아요.

상담자: 그건 당신이 경험했던 것과 같은 외상성 사건에 대한 일반적인 반응이에요.

Stephanie: 그럼 제가 미쳐 가는 것이 아니에요? 처음엔 뇌진탕 때문에 그런 줄 알았어요. 하지만 의사가 뇌진탕으로 인해서 그런 감정이 드는 것은 아니라고 이야기했어요.

상담자: 네. 하지만 당신이 힘든 시간을 보내고 있는 것 같아요. 이런 힘든 감정을 어떻게 다루시나요?

Stephanie: 주로 생각하지 않으려고 해요. 기억하고 싶지 않아요. 차에 타거나 운전에 대해 생각조차 하고 싶지 않아요. 왜냐하면 기억나게 하니까요. 이런 식으로 하다가는 직업을 잃을 거예요. 솔직하게 이야기하자면 그 누구도 만나고 싶지 않아요. 일어났던 일을 상기시킬까 봐 두려워요.

다양한 종류의 외상성 사건을 경험한 생존자에 대한 연구는 상당한 숫자인 6%에서 33% 정도가 결국 ASD 진단기준을 충족한다고 보고했다(Brewin, Andrews, Rose, & Kirk, 1999; Harvey & Bryant, 1998, 1999; Holeva, Tarrier, & Wells, 2001; Stabb, Grieger, Fullerton, & Ursano, 1996).

ASD의 첫 번째 진단기준은 그 개인이 실제적 또는 지각된 죽음의 위협, 심각한 부상, 혹은 성폭력에 노출되었어야 한다는 것이다. 이러한 노출은 다섯 범주로 나뉘는 정서적, 인지적 그리고 행동적 증상을 가져온다. 그 범주는 침습 증상, 부정적 기분, 해리 증상, 회피 증상, 각성 증상이다. 침습 증상은 외상성 사건에 대한 침습적이고 원치 않는 기억을 포함한다. 해리 증상은 외상성 사건에 대한 기억 상실과 해리를 포함하여 변화된 현실 감각으로 특징지어진다. 회피 증상은 외상성 사건의 재경험을 회피하기 위한 행동적 그리고 인지적 노력에 초점을 맞춘다. 각성 증상은 끝나지 않는 투쟁-도피 반응과 관련이 있고 수면장애, 과민성, 집중 문제 그리고 과각성을 포함한다(APA, 2013).

증상은 적어도 이틀, 최대 4주간 지속되어야 하며, 외상성 사건이 일어나고 4주 안에 나타나야 한다. Stephanie의 경우, 분명히 교통사고에 대해 강한 반응을 가지고 있었지만 PTSD를 진단하기에는 너무 이르다. 하지만 그녀는 ASD의 진단기준을 충족하고 증상에 대처할 수 있도록 도움을 받을 수 있다.

외상 후 스트레스장애

외상 후 스트레스장애(PTSD)는 과거 언젠가 일어났던 외상성 사건에 노출된 후 발병할 수 있는 심각한 장애이다. 사건의 예로는 성폭행, 자신 혹은 사랑하는 사람에게 일어난 심각한 부상, 자연 재난, 혹은 심각하고 지속적인 폭력 위협이 있다. 어떤 사람이 위기 혹은 응급 상황에 놓여 있다면 불안과 두려움을 경험하는 것은 당연히 정상적이다. 이 고통은 위기 상황에 대처하려는 몸의 정상적인 반응인 투쟁-도피 반응을 불러일으킨다. 위기가 지나간 후, 충격, 분노, 극심한 비애 같은 정서적 반응이 예상된다. 이런 반응은 정상적이고, 대부분의 사람에게는 시간이 지날수록 감소되고 결국에는 사라진다.

외상성 사건을 경험한 대부분의 사람은 PTSD로 발전되지 않는다(Breslau, Davis, Andreski, & Peterson, 1991; Galea, Nandi, & Vlahov, 2005). 하지만 일부 개인에게는 외상에 대한 정서적 반응이 남아 있고 증가되기도 하며 결국 정상적으로 기능하지 못하는 수준까지 심화된다. PTSD 증상은 외상성 경험의 장기적 영향이며 강한 두려움, 무력감, 그 사건의 재발에 대한 심각한 걱정을 포함할 수 있다.

PTSD에 대한 가장 대중적인 관심은 최근 전쟁에서 돌아온 군인을 둘러싸고 있지만, PTSD의 발병률은 사실 남성보다는 여성이 높다. 지금까지 수행된 가장 포괄적인 연구 중 하나에서는 미국 전 지역에 있는 지역사회로부터 5,877명을 인터뷰하여 얼마나 많은 사람이 살아가면서 PTSD를 진단받았는지 알아보았다. 모든 참가자(나이, 성별 상관없이)를 대상으로 했을 때, 인터뷰했던 사람 중 7.8% 정도가 살아가면서 어느 순간에는 PTSD를 경험했다고 밝혔다(Kessler, Sonnega, Bromet, Hughes, & Nelson, 1995).

연구자와 전문가는 왜 외상성 사건이 어떤 사람에게만 PTSD를 유발하고 다른 사람에게는 유발하지 않는지에 대해 확신하지 못한다. 유전, 생물학적 성향, 기질, 환경 그리고 가족 환경 모두가 영향을 미칠 수 있다(APA, 2013). 불행하게도, 과거 외상성 사건의 이력은 PTSD 발병 위험을 증가시킬 수 있다. 연구자들은 외상경험과 PTSD 진단 이후에 스트레스 사건에 대한 신체 반응이 변한다고 믿는다. 보통 스트레스 사건 이후에 신체는 다시 회복된다. 스트레스로 인한 스트레스 호르몬과 화학 물질은 정상적인 수준으로 돌아간다. 하지만 PTSD를 가진 개인은 신체에서 스트레스 호르몬과 화학물질을 계속 분비하고, 이는 각성의 순환으로 이끈다.

PTSD 진단을 내리려면, 증상은 심각한 부상, 죽음 혹은 부상 위협 그리고 성폭력과 같은 과거 외상성 사건과 관련이 있어야 한다. 이것은 사건을 목격하는 것, 직접 경험하는 것, 친한 친구 혹은 사랑하는 사람에게 그 일이 일어났음을 알게 되는 것, 혹은 그러한 사건과의 반복되는 직접 접촉(예를 들면, 응급 의료 요원)을 포함한다. 소셜 미디어와 전세계적으로 외상성 사건이 끊임없이 일어나는 시대에 이런 지속적인 노출의 영향은 기여 요인이 될 수 있다.

PTSD 증상은 크게 네 가지 영역으로 나눌 수 있다. 과각성, 재경험, 회피행동 그리고 관점과 사고의 부정적 변화이다. PTSD를 겪는 내담자는 한 달 이상 이 증상들을 보이며, 사건이 일어나기 전만큼 잘 기능하지 못한다(APA, 2013). 과각성 상태는 PTSD 내담자에게 전형적이며 과장되게 깜짝 놀라는 반응, 지속적인 불안, 근육 긴장, 과민성, 불면증, 자기파괴적 행동 그리고 집중하기 어려움 등 여러 증상이 함께 나타날 수 있다. 이 증상은 또한 과각성을 포함할 수 있는데, 이는 잠재적 위협 때문에 지속적으로 주변 환경을 살피는 것이 특징이다. 내담자는 주로 이런 증상이 외상성 사건을 상기시키는 뭔가에 촉발되는 것이 아니라 지속적으로 나타난다고 표현한다.

재경험 증상은 외상성 사건에 대한 생각 혹은 기억의 반추, 플래시백과 반복된 악몽과 같은 해리 증상, 그리고 어떤 것이 외상성 사건을 상기시킬 때 겪는 극심한 고통을 포함한다. 이 모든 증상은 내담자에게 침습적이며 원치 않은 것으로 경험되지만, 통제할 수 없다.

회피 증상은 외상의 재경험을 멈추기 위한 내담자의 시도이다. 이것은 환경적 촉발요소를 피하는 것뿐만 아니라 외상성 사건에 대해 생각조차 하지 않으려는 것을 포함한다. 내담자는 일어난 일에 대해서 생각하지 않으려고 혹은 그것을 떠올리게 하는 것을 피하려고 노력할 수 있다. 이 노력은 외상성 경험을 떠오르게 하는 사람, 사물 그리고 장소에 대한 회피와 관련될 수 있다. 확실히 회피행동은 부정적 결과를 가져올 수 있다. 예를 들면, 심각한 교통사고 경험이 있는 사람은 출근이나 이전에는 흔히 하던 일상생활도 하기 어렵게 될 수 있다.

PTSD는 인지적 그리고 정서적으로 내담자에게 부정적인 영향을 미친다. 이런 변화는 트라우마 사건에 대한 기억 상실, 낮아진 자존감, 기분문제, 중요한 활동에 대한 관심 부족으로 나타나고, 죄책감, 수치심 그리고 분노와 같은 감정을 포함한다. 내담자는 주로 인생을 즐기지 못하게 되거나 즐거움을 주던 사회적 모임에 참여하지 못하게 된다. 그들은 다른 사람들과 떨어져 있다는 느낌을 받고 스스로를 고립시키면서, 우울의 위험을 높일 수 있다.

우리는 이 증상 중 다수를 이 장 앞에 소개한 Sora의 사례에서 살펴보았다. 폭행이 몇 달 전에 일어났기 때문에, Sora는 PTSD의 진단기준에 부합한다.

동반이환

ASD 그리고 PTSD와 같은 외상 관련 장애는 물질남용 문제뿐만 아니라 기분장애와 불안장애의 증가와도 관련이 있다. PTSD를 겪는 사람의 대략 80%가 다른 정신건강장애를 함께 가지고 있으며, 다수가 하나 이상 가지고 있다(Kessler, Chiu, Demler, & Walters, 2005). PTSD 진단을 받은 남성은 여성보다 알코올을 남용할 가능성이 더 많다(Kessler et al., 1995).

PTSD의 동반이환 비율이 왜 그렇게 높은지에 대해서는 많은 이론이 있다. 한 가지 가설은 동반 장애 또한 외상성 사건에 대한 반응 혹은 결과로서 발달된다는 것이다. 또 다른 논리는 비슷한 증상이 많이 겹치고, 높은 공병률은 두 장애를 진단하기 위해 사용되는 증상들의 부차적인 결과로써 나타날 수 있다는 것이다(Brady, Killeen, Brewerton, & Lucerini, 2000). 설명이 어찌되었든 내담자가 외상 관련 장애를 가지고 있을 때 다른 문제들에 대해 평가해 보는 것은 중요하다.

문화적 고려사항과 인구요인

남성에게는 군대에서의 전투 그리고 심각한 부상을 당한 사람 혹은 죽은 사람을 보는 것이 PTSD 혹은 ASD 진단에서 가장 자주 나타나는 외상의 형태이다. 성폭행과 성추행은 여성에게 PTSD과 관련된 가장 흔한 외상성 사건이다. 종합적으로 여성은 남성보다 더 큰 영향의 심리적 외상을 경험하고 PTSD로 더 많이 발전하는 경향이 있다. 남성과 여성은 PTSD 유병률이 다른데, 인생의 어느 시점에 여성이 남성보다 두 배 정도 PTSD 진단을 받는다. 하지만 치료를 찾는 문화적 기대가 성별에 따라 다르다는 것을 염두에 두는 것도 중요한데, 남성은 도움의 필요성을 인정하고 도움을 받기로 더 주저하는 경향이 있다(APA, 2013).

아동은 외상적 경험 후에 성인보다 PTSD를 경험할 가능성이 낮으며, 특히 10세 이전의 아동이 그렇다(Gabbay, Oatis, Silva, & Hirsch, 2004).

전쟁, 기근 그리고 집단 학살과 같은 외상성 사건 노출의 비율은 PTSD의 상대적 위험과 함께 문화에 따라 다르다. 불안과 기분장애와 같이, 증상 표현 또한 문화마다 다른데, 이는 정서 표현에 대한 문화 규범 그리고 성별 규범에 달려 있다(APA, 2013).

병인과 위험요인

우리는 사람들 대부분이 외상성 사건 이후 ASD 혹은 PTSD 진단기준을 충족할 정도의 심각한 증상이 발생하지 않으리라는 것을 안다. 어떤 사람은 ASD 혹은 PTSD가 발병하고 다른 사람은 그렇지 않은 이유는 정확하게 알 수 없다. PTSD로 발전할 가능성은 외상적 경험의 심각성, 기간 그리고 직접성에 의해 결정된다고 알려져 있다(Hidalgo & Davidson, 2000). 외상성 사건 이전부터 있었던 개인적 특성(위험요인)과 사건 이후에 나타나는 자원(내적과 외적 모두)은 모두 매우 중요한 역할을 한다. 이런 성향은 위험요인으로 간주될 수 있다.

외상성 사건 이전 위험요인은 정신건강 문제 이력, 과거 외상성 사건 경험, 높은 스트레스 기저 수준을 포함한다. 외상성 사건과 연관된 위험요인은 부상의 심각성, 두려움과 불안의 심각도, 경험한 외상의 수준(예를 들면, 누군가 죽임을 당하는 것을 보는 것)을 포함한다. 사건 이후의 위험요인은 지지의 부족 또는 부재, 사랑하는 사람의 상실, 부상, 직장, 집 혹은 관계의 상실 등의 다른 스트레스 요인들을 포함한다(Brewin, Andrews, & Valentine, 2000).

특정 특성은 개인을 더 회복력 있게 만들기도 하고 외상 관련 장애 발생 가능성을 줄여 준다. 이는 가족, 친구 그리고 조직으로부터의 지지, 상담 혹은 지지집단과 같은 도움 추구, 일어난 일을 직면하는 자존감, 효율적인 대처 기술 보유 등을 포함한다.

치료적 개입

약물 치료 그리고 특정 유형의 상담을 포함하여 ASD와 PTSD를 효과적으로 치료할 수 있는 여러 치료법이 있다. 많은 내담자는 약물 치료와 상담을 병행한다(Wampold et al., 2010).

⚙ PTSD를 위한 상담 치료

◈ 인지 행동 치료

연구들로 입증되고 노출, 불안 감소 및 인지적 재구조화에 초점을 둔 여러 CBT 개입이 있다. 불안장애에서 사용되는 동일한 개입 중 다수가 PTSD에서도 효과가 있는 것으로 나타났다(Ponniah & Hollon, 2009). 인지 중심 개입은 내담자의 두려움과 불안을 마주하게 하고, 다시 생각해 보게 하고, 관리할 수 있도록 도와준다. 많은 전문가는 상대적으로 안전한 상담 관계에서 외상성 사건에 대한 일종의 노출을 사용한다. 이는 소크라테스식 대화법, 형상화, 글쓰기, 두려운 사물 혹은 상황의 노출 등을 포함한다. 그리고 나서 수치심과 죄책감을 줄이기 위해서 좀 더 현실적으로 사건에 대한 신념을 재해석하도록 내담자의 사고를 분석한다. 많은 내담자는 외상 경험 이후 부적절하게 스스로를 탓하거나 덜 가치 있다고 느낀다. 다음은 규정된 프로토콜이 있는 몇 가지의 구체적인 증거 기반 CBT 개입이다.

◆ 인지 처리 치료

인지 처리 치료(CPT)는 먼저 내담자를 이해하고 나서 외상성 사건에 부여한 의미를 수정하는 데 초점을 맞추는 CBT의 한 형태이다(Resick & Schnicke, 1993). 이 유형의 치료는 일반적으로 12회기 정도 진행하며, 미국 재향군인회에서의 사용을 포함하여 여러 다른 인구 집단에게 효과적이었다(Chard, 2005; Monson et al., 2006; Owens & Chard, 2001; Resick & Schnicke, 1993; Resick et al., 2008). CPT는 네 가지 주요 요소인 심리교육, 생각과 행동에 대한 자각 증진, 부적응적인 생각과 감정에 대한 도전 그리고 외상성 사건으로 인한 변화에 대한 이해가 있다.

CPT는 상담자가 내담자의 PTSD 증상을 이해하는 것과 증상을 완화하고 대처 방법 기술을 증진시키는 치료에 대해서 내담자에게 교육하는 것으로 시작된다. CPT 초기에는 종종 '영향 평가'라고 불리는 기술을 사용한다. 내담자는 왜 외상성 사건이 일어났는지, 그리고 외상성 사건이 어떻게 그들 자신, 다른 사람 그리고 세상에 대한 신념을 바꾸어 놓았는지에 대해 이해하는 바를 설명하도록 요구받는다. 이런 기술을 통해서 내담자는 자신의 생각, 특히 자아상과 외상성 사건과 관련하여 더 자각하게 된다. 예를 들어, 이 장의 첫 부분에서 만난 내담자 Sora는 "내가 파티에 가고 술을 마셔서 일어난 일이야. 자업자득이야. 내 잘못이야. 나는 다른 어떤 일을 당했다 해도 이상할 것이 없어."라는 생각을 가질 수 있다. 이런 종류의 생각은 CPT 단계 중에 밝혀지며 그다음 내담자는 외상성 사건이 현재 자신에게 어떻게 영향을 주는지 설명하게 된다. 내담자가 자기 자신에 대한 신념에 외상성 사건이 미친 영향을 더 자각하게 되면서, 상담자는 그 신념의 정확성에 대해 의문을 가지도록 부드럽게 도전한다.

신뢰, 안전 그리고 인간관계에 대한 내담자의 신념을 알아내는 것은 상담자에게 중요하다. Sora의 경우, 타인에 대한 그녀의 신념 또한 바뀌었다. CPT 관점에서 작업할 때, 상담자는 그러한 부정적인 신념에 대해 부드럽게 도전하는데, 이는 Sora가 철수하고 아무도 신뢰하지 않기보다는 신뢰할 누군가를 정하는 방법을 찾도록 도와준다. 목표는 일어났던 일에 대해서, 그것이 삶에 미치는 영향에 대해서 내담자가 다르게 생각하고 느끼도록 도와주는 것이다. 사건과 그 영향을 설명하는 이러한 과정은 대화 또는 내담자가 외상성 경험을 글로 써서 상담자에게 읽어 주는 방법으로 진행될 수 있다. 상담자는 내담자의 자신에 대한 부정적인 자동적 사고에 대해 의문을 갖게 도와주고, 경험에 대해 그들을 덜 쇠약하게 하는 새로운 이해를 가지게 한다. 과정 중 이 부분은 많은 내담자에게 도움이 된 것으로 나타났는데 이는 경험을 정상화하고 내담자로 하여금 그들의 반응이 흔히 있는 일임을 알도록 도와주기 때문이다. 그들은 외상성 경험 이후에 다른 사람들이 비슷한 경험을 가진다는 것을 배우게 된다.

◆ 스트레스 면역 훈련

스트레스 면역 훈련(SIT)은 PTSD를 다루는 첫 번째 인지 행동적 치료 중 하나였고, 내담자가 두려워하고 피하는 상황, 자극, 기억에 대한 반응을 관리하는 교육으로 구성된다(Meichenbaum, 1994). SIT는 PTSD와 다른 스트레스 관련 장애에 효과적인 것으로 나타났다(Ponniah & Hollon, 2009). SIT는 내담자에게 자신의 반응을 자기 감시하도록 가르치고, 그다음 내담자의 스트레스 반응을 재개념화하고, 마지막으로 스트레스에 대한 반응을 되돌아보는 심리교육을 계속한다. SIT는 그리고 나서 기술 습득과 스트레스 사건에 대한 더 적절하고 긍정적인 반응을 연습해 보는 것에 초점을 둔다. 불안의 신체적 징후(가파른 호흡과 심장박동 수 증가, 과호흡, 근육 긴장)과 관련하여, SIT는 호흡 관리와 점진적 근육 이완을 가르친다. 침습적인 생각 및 걱정과 관련하여, SIT는 환자에게 생각 패턴을 중단하고 긍정적 심상을 생각하는 법을 가르친다(Meichenbaum, 1994; Meichenbaum & Deffenbacher, 1988).

이런 SIT의 관점에서, Sora와 작업하는 상담자는 수업에 가거나 친구들과 어울려 노는 것과 같은 그녀의 일반적인 삶의 일부 측면들을 천천히 재개할 수 있게 하는 이완 기술을 가르치는 데 초점을 맞출 수 있다. 또한, 이런 이완 기술은 Sora가 심리적 외상을 재경험할 때 도움이 될 수 있는데, 회기에 일어난 상황처럼 외상적 기억에 빠져들지 않고 지금 여기에 정신을 집중하도록 해 준다.

◆ 지속적 노출 치료

지속적 노출 치료(PET)는 불안 반응이 줄어들 때까지 외상성 사건에 대한 기억이나 자극에 반복적으로 노출시키는 데 초점을 맞춘다. 이완 기술과 함께 생각,

감정 그리고 상황에 반복적으로 노출되면 결국 투쟁-도피 반응이 낮아진다(Foa, Hembree, & Rothbaum, 2007; Joseph, & Gray, 2008). 내담자는 외상적 경험을 상기시키는 자극에 대처할 준비가 되고, 그 자극을 계속 피하지 않아도 된다. CPT와 같이 PET에는 네 가지 요소가 있는데, 이 요소에는 교육, 이완 훈련, 외상적 경험에 대해 이야기하거나 상상하기 그리고 실제 생활 노출(in vivo)이 있다. 예를 들어, 상담자는 Sora를 성폭행이 일어났던 장소인 기숙사로 돌아가게 해서 이완 기술을 통해 두려움 반응을 없애도록 그녀와 함께 작업할 수 있다.

PET는 10회기에서 12회기 정도 진행 되고 실제 생활에서 내담자가 수행하고 상담자에게 보고하는 과제를 포함한다. 이 과정을 통해서 내담자는 스트레스를 받는 기억과 현재 촉발 요인에 대한 반응을 관리하는 법을 배우게 된다.

◆ 안구 운동 민감 소실 재처리 요법

안구 운동 민감 소실 재처리 요법(EMDR)은 Francine Shapiro(2001)에 의해 처음 개발되었고, 외상성 사건에 대해 상담자와 이야기하면서 내담자가 앞뒤로 움직이는 사물을 눈으로 따라 움직이는 활동을 포함한다. 비록 제한적이기는 하지만, 이 방법이 효과적이라는 일부 증거가 있다(Ponniah & Hollon, 2009). 이론은 빠른 눈 움직임이 외상 기억과 관련 감정에 대한 뇌의 능력을 증가시킨다는 것이다. 치료에는 이완 기술과 대처 전략이 포함된다.

EMDR은 내력과 치료 계획, 준비, 평가, 탈감각, 주입, 보디 스캔, 종결 그리고 재평가의 8단계로 구성된다. 첫 번째 단계는 외상에 관한 목표 기억, 심상과 신념을 확인하면서 내담자 정보를 모은다. 치료의 중심은 내담자가 통제된 안구 운동을 하면서 심상을 다시 떠올리는 동안의 탈감각과 재처리이다. 내담자는 또한 신체의 긴장 혹은 원하지 않는 감각에 초점을 둔다. 시간이 지남에 따라 EMDR은 개인이 자신의 외상적 경험에 대한 기억에 반응하는 방식을 바꿀 수 있다. 4회기에서 12회기 코스가 일반적이며, 이 치료는 외상의 재경험(해제 반응)을 촉진할 위험 때문에 논란이 많으며, 적절한 훈련 없이 진행돼서는 안 된다.

◆ 상담의 이야기 접근법

EMDR의 기반 중 하나는 외상 기억이 '일반적인' 사건과 같은 방법으로 기억되거나 진행되거나 저장되지 않는다는 발상이다. 그 기억은 시간의 흐름 밖에 존재하고 다른 자서전적 기억으로부터 고립된다. 이런 기억은 다른 인생의 이야기들과 동화되기 어렵게 비선형 형태로 부호화될 수 있다. 대신에 기억은 딱딱하게 얼어붙어서 수정 혹은 재평가되기 어려워진다.

이런 기억에 접근하고 재처리하는 또 다른 방법은 표현적 글쓰기와 이야기 치료이며, 이는 내담자가 외상경험의 의미를 창조하도록 도와준다(Stewart & Neimeyer, 2001). 1992년에 발행된 Judith Herman의 『**트라우마 그리고 회복**(Trauma and Recovery)』이라는 독창적인 책에서는 회복을 다음과 같이 정의한다.

> 외상적 기억의 다듬어지지 않은 파편들을 이야기 속에 엮어 내는 과정이며, 이를 통해 외상적 기억은 그 사람의 삶의 경험과 정체감을 구성하는 더 큰 이야기의 구조인 전설 속에 자리 잡을 수 있게 된다(p. 177).

심리적 고통은 인생 이야기의 일관성이 손상된 것으로 간주되고 인간은 의미를 만들어야하며, 상담은 의미 있는 이야기를 재구성하게 해 주는 일종의 이야기 바로 잡기로 간주된다.

이야기 치료는 변화를 만들기 위해서 상담자와 내담자가 구성하는 자서전적인 이야기를 사용하는데, 이는 회복의 매우 중요한 요소로서 듣는 과정을 포함한다. 내담자는 그들의 삶을 규정하고 제한하는 외상 이야기를 드러내고, 대안적인 이야기를 시도하며, 그리고 나서 자율적이고 진실된 방법으로 그들의 이야기를 다시 써 내려가도록 도움받는다.

내담자로 하여금 그들 자신의 이야기를 다시 작업할 수 있도록 도와주는 가장 효과적인 방법 중 하나는 그들을 '감독의 의자'에 앉히는 기술인데, 이는 내담자가 그들의 경험 밖으로 나가서 다른 관점으로 그들의 인생 이야기(외상적 장면을 포함하여)를 보도록 용기를 준다. 심상 노출과 재각본 치료를 사용하여, 아동기에 외상을 경험했던 내담자는 어른이 된 본인이 그 장면으로 들어가서 그들의 어린 자아를 구해주거나 편안하게 해 준다고 상상한다. 내담자는 자신의 이야기를 '영화화'하는데, 그들이 이야기를 진행하고, 적절하다고 생각하는 대로 환경과 등장인물과 사건을 변경한다. 때로는 사건과 실제로 연관된 억눌린 감정을 표현하게 하고 또 다른 때에는 보다 낙관적인 결말을 가지고 다시 쓰게 한다. 스스로를 힘이 없고 무기력한 피해자라고 인식하는 내담자의 인식을 녹이고 자율성을 되찾게 한다(Smucker & Niederee, 1995).

⚙ 급성 스트레스장애를 위한 상담 치료

CBT 개입은 외상 경험에 대한 노출 직후에 가장 효과적인 치료로 나타났다(Bryant, 2011). 이 개입의 목표는 급성 스트레스 반응의 증상을 줄이고 PTSD로 발전되는 것을 예방하도록 돕는 것이다. 이 개입에는 장기적 노출, 실제 상황(in vivo) 노출, 인지적 재구조화, 그리고 불안 관리와 같은 기술을 포함하며, 지지적 상담 한 가지만 하는 것보다는 더 효과적으로 나타났다(Bryant et al., 2008; Bryant, Sackville, Dang, Moulds, & Guthrie, 1999).

"심리 디브리핑"이라 불리는 초기 개입 치료는 응급 의료 요원을 치료하기 위해 처음 만들어졌고 심리교육과 디브리핑 기술들을 포함한다. 하지만 디브리핑에 대한 문헌 리뷰에서는 효과성에 대한 증거를 거의 밝혀내지 못했다(Ross, Bisson, Churchill, & Wessely, 2002). 이 개입의 기간이 길어지거나 더 관여되면 효과적일 가능성이 있지만, 현재까지는 이런 종류의 개입이 사용되어야 한다고 제안할 만한 증거가 없다.

⚙ 약물 치료

ASD와 PTSD를 치료하기 위해 사용되는 약물 중에서 SSRI가 가장 많이 고려되고 있다. 설트랄린(Zoloft)과 파록세틴(Paxil) 같은 몇 가지 약물은 PTSD를 치료하기 위한 약물로 미식품의약국으로부터 인가되었고(Schnurr & Friedman, 2008), 많은 연구에서 이 SSRI의 효과성을 보여 주었다(Brady et al., 2000; Davidson, Rothbaum, Van der Kolk, Sikes, & Farfel, 2001; Marshall, Beebe, Oldham, & Zaninelli, 2001; Martenyi, Brown, Zhang, Prakash, & Koke, 2002). 하지만 특히 여성과 관련하여 약물의 효과성에 의문을 품는 연구가 있다(Martenyi, Brown, & Caldwell, 2007; Schnurr & Friedman 2008).

상담자는 또한 구역질, 성욕 감소, 어지럼증, 피곤, 혹은 늦잠을 포함하는 SSRI의 부작용 가능성이 있다는 것을 명심해야 한다. 이 약물은 불안과 우울의 근본적인 증상을 본질적으로 치료하기 때문에, 이 장애들을 위해 사용되는 약물들과 유사하다.

T/C 모델을 사용한 외상 관련 장애의 사례개념화

ASD 혹은 PTSD를 겪는 내담자에 대한 사례개념화를 개발할 때, 내담자의 외상 이력을 아는 것은 매우 중요하다. 이전의 외상은 이후의 외상이 갖는 영향을 증폭시키는 경향이 있기 때문에, 과거의 상실과 외상에 대한 정보 수집은 필수적이다. 반면, 외상 이후에 내담자가 가지는 지지의 수준은 보호 요인이다. 그러므로 사례개념화는 내담자의 삶에서 지지나 자원의 역할을 할 수 있는 사람과 조직에 대한 이해가 포함되어야 한다. 유사하게, 자존감은 회복탄력성에 기여하므로 이 또한 평가되어야 한다.

ASD, PTSD와 관련된 인지적 요인은 세상을 위험한 장소라고 여기는 왜곡된 생각, 다른 사람에 대한 불신, 그리고 외상성 사건의 발생에 대한 수치심과 자기 비난을 포함한다. 덧붙여, 자기효능감은 회복에 도움이 되거나 방해가 될 것이고 종종 외상 경험에 의해 상당한 영향을 받기 때문에, 내담자의 자기효능감을 확실히 평가해야 한다. 내담자의 신뢰 체계는 외상성 사건에 의해 변화되었을 수 있다.

불면증, 과각성, 빠른 심박수, 근육 긴장, 그리고 과호흡 증후군과 같은 생리학적 증상은 흔하게 나타난다. 그리고 마지막으로 회피, 고립, 약물 남용 가능성과 같은 외상에 대한 행동 반응은 내담자의 삶에 영향을 미칠 수 있다.

이러한 고려사항을 염두에 두고, Sora의 사례로 다시 돌아가서 어떻게 사례개념화를 개발할 수 있는지 살펴보자.

Sora의 사례

◆ T/C 사례개념화 모델 개요의 예시

(* 추가 정보가 필요한 영역)

① 주 호소 문제: 불안, 고립, 악몽, 최근의 폭행, 침습적 사고 그리고 플래시백

② 내적 성격 구조와 행동
- **자기효능감**: 자기 비난, 자신의 안전을 지키는 데 무력감을 느낌.
- **자존감**: 낮음, 의사 결정에 있어 의구심을 가짐.
- **태도/가치/신념**: 성적 가치와 태도*.
- **애착 유형**: 불안정 애착/과잉보호의 가능성*.
- **생물학/생리학/유전적 특징**: 여성, 20, 병력*, 부모의 불안 이력 가능성*.
- **정서**: 불안, 우울, 무기력, 수치심.
- **인지**: 폭행이 자신의 잘못이라는 믿음, 세상은 안전하지 않은 장소라는 믿음, 타인에 대한 불신.
- **감정적 사고(Hot thoughts)**: '나는 누구도 믿을 수 없어.' '나는 누구와도 다시 사귀지 않을 거야. 그건 너무 위험해.' '이건 전부 내 잘못이야.' '부모님이 나를 죽이려고 할 거야.'
- **행동**: 사회적 상황을 회피함, 고립, 결석, 친구를 피함.
- **징후학**: 피곤, 악몽, 쉽게 놀람, 재경험.
- **대처 기술과 강점**: 뛰어난 학생임, 지지적인 룸메이트들.
- **변화에 대한 준비**: 행동 단계.
- **삶의 역할**: 학생, 딸, 친구, 의사가 될 것이라는 기대.

③ 환경
- **관계**: 부모와 친구들과의 접촉을 피함.

- **문화**: 한국 문화*.
- **가족 규범과 가치**: 부모가 연애 행동을 결정, 미성년자 음주, 여성의 성역할, 직업 선택에 있어 부모의 영향력, 교육적 가치*, 가족의 배경*.
- **사회적 영향**: 대학 환경.

④ 연대기
- **과거 영향**: 부모의 과보호 가능성, 과거의 연애 관계*, 과거의 친구 관계*.
- **현재 영향**: 불안, 플래시백, 어머니와의 관계*, 아버지와의 관계*.
- **미래 목표**: 사교 활동을 재개하기, 수업 복귀, 대인관계에 대한 편안함.

> • **질문**: 이 사례개념화를 완성하기 위하여 더 묻고 싶은 것은 무엇인가?

상담의 핵심

- 외상 경험의 가장 흔한 반응은 불안, 공포, 악몽, 증폭된 각성 반응, 분노 또는 과민성, 플래시백과 악몽 등으로, 이러한 반응은 공격성, 철수 그리고 회피와 같은 문제 행동을 야기할 수 있다.
- 외상 경험과 관련된 인지적 변화는 세상이 위험하고 예측할 수 없는 곳이라는 지각을 포함한다.
- 급성 스트레스장애(ASD)는 외상 사건에 노출된 직후(30일 이내), 외상 후 스트레스장애(PTSD)가 진단 가능하기 이전의 극심한 스트레스 반응을 설명한다.
- 외상 후 스트레스장애(PTSD)는 성폭행, 자신 혹은 사랑하는 사람의 심각한 부상, 자연재해, 혹은 심각하고 지속적인 폭행 위협을 포함하여 과거의 어떤 시점에 발생한 외상성 사건에 노출된 후에 발생할 수 있는 심각한 장애이다.
- 연구자들과 전문가들은 왜 외상성 사건이 어떤 사람에게는 PTSD를 일으키고 어떤 사람에게는 일으키지 않는지에 대해서는 확신하지 못하나 유전, 생물학적 성향, 기질, 환경, 과거의 외상 노출 그리고 가족의 상황 모두가 영향을 미

칠 것이라고 믿는다.

- 재경험 증상은 외상 사건에 대한 반추적 사고나 기억, 플래시백, 반복적인 악몽과 같은 해리 증상, 무언가가 외상성 사건을 떠올리게 했을 때의 극심한 고통을 포함한다.

- 회피 증상은 환경적 유발 요인을 멀리하려는 시도와 외상성 사건에 대해 생각조차 하지 않으려 하는 것과 같이 외상의 재경험을 멈추려는 내담자의 시도를 의미한다.

- PTSD로 고통을 겪는 사람의 약 80%가 불안 및 기분장애와 약물남용을 포함한 정신질환을 함께 가지고 있다.

- 연구를 통해 입증된 PTSD의 CBT 개입이 몇 가지 있으며, 이는 노출, 불안 감소, 인지적 재구조화에 초점을 둔다.

- CBT 개입은 외상 경험에 노출된 직후에(ASD) 가장 효과적인 치료로 알려져 왔다.

- ASD와 PTSD에 사용되는 약물 중 SSRI가 가장 많이 연구되었다. 그러나 상담자는 이 약물의 부작용 가능성을 인지해야 한다.

실습

실습 8-1   외상 피해자 상담하기

외상을 경험한 사람은 상담자를 믿고 마음을 여는 데 어려움이 있을 수 있다.

✎ **실습**: 개인 작업 후에 대규모 집단 토론을 수행하시오.

- **질문 1**: 신뢰와 라포를 형성하기 위해 사용할 수 있는 기술에는 무엇이 있는가?

실습 8-2 **외상 반응 간의 차이 구별하기**

인간은 외상에 대해 다양한 반응을 보인다.

✎ **실습:** 문제에 대한 답을 브레인스토밍하기 위하여 소규모 집단으로 작업하시오.

- **질문 1:** 외상성 사건에 대한 전형적인 반응 5~6개를 브레인스토밍해 보시오.
- **질문 2:** PTSD 혹은 관련 장애의 진단으로 이어질 수 있는 외상성 사건에 대한 비전형적인 반응 5~10개를 브레인스토밍해 보시오.
- **질문 3:** 무엇이 이 두 증상 목록을 구분 짓는가(심각성, 지속 기간, 영향 등)?

실습 8-3 **상담자의 자기 관리: 대리 외상**

내담자의 외상에 대한 이야기를 듣는 일이 특히 일정 기간 동안에는 상담자에게 어려울 수 있다.

✎ **실습:** 개인 작업 후에 대규모 집단 토론을 진행하시오.

- **질문 1:** 당신이 듣고 상담하기에 개인적으로 어려웠던 외상의 예는 무엇인가?
- **질문 2:** 이러한 특정 외상을 경험한 내담자를 효과적으로 상담하기 위해 당신이 할 수 있는 단계들은 무엇이 있는가?
- **질문 3:** 그 상담에서 당신이 압도되거나 대리로 외상을 경험하지 않기 위해 할 수 있는 단계들은 무엇이 있는가?

사례개념화 연습

Tony의 사례

Tony는 처음으로 상담에 온 40세의 이탈리아계 미국인 남성이다. 그는 세 달 전 식료품점에서 집으로 돌아오는 길에 총으로 위협당하며 강도를 당했다고 보고했다. 건장한 체격의 개인 트레이너인 Tony는 운동 삼아 가게에 걸어갔었고, 지름길로 집에 돌아오기 위해 큰길에서 벗어나 옆길로 향했다. 그가 모퉁이를 돌자마자 권총을 소지한 두 명의 남성이 그를 덮쳤고 그의 지갑과 시계 그리고 아이폰을 가져갔다. Tony가 그들에게 협조했음에도 불구하고 강도들 중 한 명이 도망가기 직전에 Tony의 머리를 총으로 가격했고, 이로 인해 그의 머리에 경미한 상처가 남았다.

상담자가 무슨 일이 있었냐고 묻자, Tony는 기억이 나지 않는다고 대답했다. 그는 자신이 강도를 당했고 경찰에 신고했다는 것을 알지만, 세부 사항들은 모호했다.

Tony: (화를 내며) 바로 전에 저는 멀쩡했어요, 아세요? 멀쩡했다고요! 제 일에만 신경쓰면서요! 그런데 갑자기 이 폭력배들이 제 뒤를 쫓아왔어요. 왜 하필 저죠? 정말로 제가 그들을 다시 찾는다면, 죽여 버릴 거예요.

상담자: 물론 그들이 한 짓은 잘못된 거예요. 불공평하죠. 이 사건이 당신에게 어떻게 영향을 미쳤을까요?

Tony: 아내와 계속 다투고 있어요. 아내가 이 사건이 제 잘못이라고, 제가 지름길로 왔기 때문이라고 생각한다는 것을 알 수 있어요. 그리고 체육관에서도 그래요. 제가 고객들, 특히 남자들에게 틱틱 대고 있어요. 그중 몇 명이 그 남자들을 떠올리게 하거든요.

상담자: 그 사람들이 무언가 당신을 폭발하게 하는 일을 하나요?

Tony: 그게 문제예요. 그 사람들은 그러질 않아요. 그냥 제가 발끈하는 거죠. 왜 그러는지도 모르겠어요. 난데없이 튀어나와서. 저번에는 5파운드짜리 아령을 방에 집어던졌어요.

상담자: 얼마나 오랫동안 이런 일이 지속되었나요?

Tony: 그날 밤 이후로요. 그전에는 이렇게 욱하지 않았는데, 지금은 그냥 계속 싸우고 싶어요.

상담자: 또 무슨 일이 있었나요?

Tony: 저 잠을 잘 못 자요. 계속 깨고, 이상한 꿈을 꿔요.

상담자: 악몽이요?

Tony: 그런 것 같아요. 전에는 그런 적이 없었는데, 뭐가 문제인지 모르겠어요.

상담자: 외상 경험 후에 악몽은 꽤 흔해요.

Tony: 그게 지금 제 상황인 건가요? 제가 그렇게 소심하게 굴지 말았어야 했다는 생각이 계속 들어요. 저는 이걸 극복해야만 해요. 그들은 저를 해치지도 않았어요. 제가 저항했어야 해요. 만약에 저희 아버지가 살아 계셨다면, 그렇게 병신 같이 굴었다고 저를 때렸을 거예요. 남자라면 같이 싸워야죠. 아버지는 사람들이 물건을 가져가게 두지 않았을 거예요.

상담자: 당신은 이런 모든 감정에 어떻게 대응하고 있어요?

Tony: 아마 술을 더 마시는 것 같아요. 우리 가족이 술을 많이 마시는 편이긴 하지만 지금은…… 더 많이 마셔요. 저는 더 이상 이 사건에 대해 생각하고 싶지 않은데, 때때로 제가 예측하지도 못한 순간에 그 생각들이 슬그머니 올라와요. 그게 너무 싫어요.

✎ **실습**: 소규모 집단 토론을 진행한 후에 대규모 집단 토론을 진행하시오.

- **질문 1**: 이 사례에 관한 당신의 사례개념화는 무엇인가?
- **질문 2**: 더 알고 싶은 것은 무엇이 있는가?
- **질문 3**: Tony의 상담에서 세 가지 가능한 목표는 무엇이 있는가?

더 나아가기

Principles of Trauma Therapy: A Guide to Symptoms, Evaluation, and Treatment: DSM-5 Update (2nd ed.) by John N. Briere and Catherine Scott (2014) SAGE

Cognitive-Behavioral Therapy for PTSD: A Case Formulation Approach by Claudia

Zayfert and Carolyn Black Becker (2008) Guilford Press

Trauma and Recovery by Judith Herman (1992) Basic Books

Trauma-Focused CBT for Children and Adolescents: Treatment Applications by Judith A. Cohen, Anthony P. Mannarino, and Esther Deblinger (2012) Guilford Press

Treating Complex Traumatic Stress Disorders (Adults): Scientific Foundations and Therapeutic Models by Christine A. Courtois and Julian D. Ford (2013) Guilford Press

A Terrible Thing Happened by Margaret M. Holmes (Author) and Cary Piollo (Illustrator) (2000) Magination Press

Eye Movement Desensitization and Reprocessing (EMDR): Basic Principles, Protocols, and Procedures (2nd ed.) by Francine Shapiro (2001) Guilford Press

Treating PTSD in Military Personnel: A Clinical Handbook by Bret A. Moore and Walter E. Penk (2011) Guilford Press

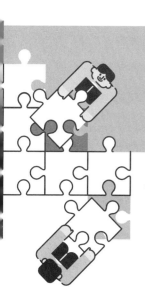

제**9**장

급식 및 섭식장애

사례: Northwest 고등학교 식당의 점심시간

10학년인 Katy, Jessica와 Haley는 점심식사 테이블에 앉아있다. Katy와 Jessica는 둘 다 눈에 띄게 말랐다. Haley는 보통의 체중이다. Katy는 샐러드를 골랐고 Jessica는 샌드위치를 반만 먹고 나머지 반은 버렸다. Haley는 스프 한 접시와 도리토스 한 봉지를 다 먹고 일어났다.

Haley: 금방 올게.

Katy와 Jessica는 Haley가 화장실로 향하는 모습을 지켜보았다.

Jessica: 쟤 토하러 가는 거야, 알지?

Katy: 괜찮을 거야. 쟤가 마르거나 그런 건 아니잖아.

Jessica: 맞아. 아, 내가 말랐더라면 좋았을걸. 나는 너무 뚱뚱해. 매일매일 점점 더 뚱뚱해지는 거 같아. 저 샌드위치를 먹는 게 아니었는데. Haley한테 배워서 이걸 토해 버리던지 해야겠다.

> Katy: 무슨 말인지 알아. 나는 거울 보는 게 너무 싫어. 내가 내 모습을 더 이상 안
> 봐도 되도록 방에 있는 거울을 다 치웠어. 그리고 Cosmo 잡지에 나온 Kate
> Moss 사진을 대신 걸어 놨어. 그걸 보고 내가 먹지 말고 러닝머신에 올라
> 가자고 생각하도록.
>
> Jessica: 야, 그 웹사이트 봤어? 거기에 살 빼는 데 좋은 방법들이 많이 올라와 있
> 어. 몇 개는 좀 역겹긴 해도, 설사약? 글쎄다…….
>
> Katy: 그게 날씬하게만 만들어 준다면야…….

도입

언젠가부터 거의 모든 사람이 몸매 유지하기, 더 건강하게 먹기 혹은 살빼기에
대해 걱정한다. 그러나 섭식장애를 앓는 사람은 이런 생각과 행동이 지나치고, 극
심하며 거의 끊임없다. 급식 및 섭식장애의 특징으로는 음식과 식단에 관련된 비정
상적인 행동, 감정, 인지가 있다. 이러한 행동은 사람이 음식과 필요한 영양소를 섭
취하거나 흡수하는 능력에 큰 영향을 준다. 그 결과, 그 사람의 신체 건강은 상당히
부정적인 방식으로 영향을 받는다. 이러한 행동과 신체적 결과는 체중, 체형 혹은
외모에 대한 많은 걱정과 밀접한 관련이 있다. 급식 및 섭식장애는 흔히 칼로리 계
산하기, 운동, 혹은 체중에 집착하기 부터 시작되며, 결국에는 정상을 벗어나 통제
가 불가능한 생각과 행동으로 이어진다.

일반적으로, 대부분의 섭식장애 증상은 음식, 운동, 신체 이미지 그리고 체중과
의 건강하지 않은 관계가 중심이 된다. 전형적인 생각과 신념으로는 낮은 자존감,
살이 찌는 것 혹은 과체중으로 여겨지는 것에 대한 두려움 그리고 자신의 행동에
대한 죄책감이 있으며, 흔한 행동으로는 음식과 먹는 것 숨기기, 사회적 만남 회피
(특히 먹는 것이 포함되어 있을 때), 잦은 체중 측정, 가능한 한 오래 안 먹고 버티기,
식사 거르기, 살을 빼기 위해 '유행하는 다이어트'를 지속적으로 시도하기가 있다.
전형적인 정서 양상으로는 정서 조절의 어려움, 불안, 우울과 사회적 상황에서의
상대적인 정서적 둔감성과 무감각을 포함한다.

섭식장애로 고통받는 사람은 종종 신체 이미지에 대한 비현실적인 자기 비난적 사고를 가지고 있으며, 정상적인 신체 기능을 망치고 일상 활동에 영향을 미치는 습관을 가지고 있다. 그러나 섭식장애는 단순히 음식과 체중에 관한 것이 아니다. 내담자는 고통 혹은 불안정한 정서를 관리하기 위한, 혹은 어떤 사건에 압도될 것 같을 때 통제감을 느끼기 위한 대처 기제로 음식을 사용할 수 있다.

섭식장애는 종종 그 사람의 일상 기능에 크게 영향을 미치는 심각한 신체적, 심리적 그리고 정서적 손상을 야기한다. 섭식장애는 종종 설명하기 복잡하고, 내담자뿐만 아니라 가족이나 사랑하는 사람에게도 파괴적일 수 있다.

2011년에 시행된 연구에 따르면(Wade, Keski-Rahkonen, & Hudson, 2011), 미국에서 일생 중 한때 섭식장애의 진단기준을 충족하는 사람이 대략 3,000만 명에 이른다. 더불어 전문가들은 보고되지는 않았지만, 증상이 심각하지 않더라도 상당한 손상을 야기하는 사례가 많을 것으로 본다. 청소년(13세에서 17세) 섭식장애(연구자들에 의하여 신경성 식욕부진증, 신경성 폭식증, 혹은 폭식장애의 진단에 부합한다고 정의된)의 평생 유병률은 2.7%로 추정된다(Merikangas et al., 2010). 미국의 젊은 여성의 경우, 12개월 동안의 신경성 식욕부진증의 유병률은 0.4%이며, 신경성 폭식증은 1%에서 1.5%이다(APA, 2013). 남성의 경우 이 두 장애의 유병률은 상당히 낮으며, 대략 10분의 1이다. 미국 성인(18세 이상)의 12개월 동안의 폭식장애 유병률은 여성이 1.6%이고 남성은 0.8%이다(APA, 2013).

장기간 섭식장애를 앓으면 여러 가지 심각한 건강 문제가 생긴다. 신경성 식욕부진증으로 인한 영양 부족은 혈압과 심박수 그리고 골밀도를 낮추며, 근육을 약화시키고, 내장 기관의 문제를 야기할 수 있으며, 전반적인 약화와 피로를 초래할 수 있다. 신경성 식욕부진증으로 인한 사망률은 한 해에 약 0.56%, 혹은 10년에 약 5.6%로 추정되며, 이는 다른 사망 원인으로 인한 15세에서 24세 여성의 연 사망률보다 약 12배 더 높다. 신경성 폭식증의 주요 특성인 폭식과 제거의 반복되는 순환은 심장과 다른 주요 장기에 부정적인 영향을 미칠 수 있는 전해질과 화학적 불균형을 야기할 수 있으며, 다른 문제로는 충치와 식도염 그리고 장과 위 질환이 있다. 폭식장애는 종종 만성비만과 유사한 건강 관련 문제를 가지며, 고 콜레스테롤과 고혈압, 트리글리세리드 수치의 상승 그리고 제2형 당뇨병의 가능성을 높일 수 있다(Arcelus, Mitchell, Wales, & Nielsen, 2011; Sullivan, 1995).

『정신질환의 진단 및 통계 편람 5판(DSM-5)』은 이식증, 되새김 장애, 회피적/제한적 음식섭취 장애, 신경성 식욕부진증, 신경성 폭식증, 폭식장애와 달리 명시된 급식 및 섭식장애 등의 일곱 가지 급식 및 섭식장애 진단을 포함한다. 이번 장에서는 상담자가 흔히 접하는 세 가지 진단인 신경성 식욕부진증, 신경성 폭식증 그리고 폭식장애에 대해 논의해 볼 것이다.

신경성 식욕부진증

신경성 식욕부진증(AN) 진단을 받은 사람은 뚱뚱한 것, 뚱뚱해지는 것 혹은 체중이 증가하는 것에 관한 비합리적인 공포를 가지고 있다. 이러한 걱정을 다루기 위해 그들은 칼로리 섭취의 제한, 단식, 혹은 특정 음식만 먹기와 같은 비정상적인 행동을 보인다. DSM-5의 진단기준에 부합하기 위해 개인은 다음의 세 가지 기준에 모두 부합해야 한다. 첫째, 체중을 감량하거나 증가하지 못하게 하도록 칼로리 섭취를 제한한다. 이러한 행위는 연령, 성별, 체형 그리고 신장을 고려하더라도 '현저한 저체중'을 초래한다. 둘째, 뚱뚱한 것과 체중이 증가하는 것에 대한 반복되는 사고와 높은 수준의 불안을 보인다. 마지막으로, 자신의 행동, 상태, 신체 이미지 그리고 자아상에 대한 부정확하고 비합리적인 시각을 가진다. 예를 들어, 그들은 자신이 살이 빠지고 있음에도 불구하고 살이 찌고 있다고 믿거나 혹은 건강하다고 여겨지는 것보다 훨씬 낮은 체중을 유지함에도 불구하고 자신이 과체중이라고 '느낄' 수 있다. 섭식장애가 일종의 대처 전략이기 때문에, 내담자는 자신의 신념 안에서 잘 방어되며, 그들의 왜곡된 믿음을 유지하기 위해서 현실을 왜곡하거나 부정할 수 있다.

신경성 식욕부진증에 대한 DSM-5의 진단은 또한 제한형, 혹은 폭식/제거형이라는 두 가지의 하위 범주로 구별된다. 제한형은 폭식 및 제거 행위를 정기적으로 하지 않는 사람의 경우이다. 다음에 논의되는 것처럼, 폭식 및 제거 유형은 체중 감량의 구체적인 진단기준을 포함하지 않는 신경성 폭식증과는 구별된다. DSM-5에서는 진단을 위해 현재의 심각도(BMI에 근거한), 부분 관해 또는 완전 관해와 같은 명시자를 포함한다(APA, 2013).

신경성 식욕부진증의 가장 명확한 증상은 체중 감소이다. 감소는 매우 빠르고 심각할 수 있으나, 반드시 일어나는 것은 아니다. 다른 신체적 증상은 오한, 실신, 어지럼증이나 저혈압, 월경불순(월경 주기의 중단), 심장 문제, 비정상적 혈액 검사, 변비와 탈수증을 포함할 수 있다. 가족 구성원이나 사랑하는 사람에 의해 관찰될 수 있는 행동으로는 가족 식사나 파티와 같은 음식이 있는 곳에서 먹지 않기, 유행하는 다이어트 하기, 단식 혹은 기이한 음식섭취, 강박적으로 운동하기, 체중 감소를 숨기기 위해 헐렁한 옷 입기, 이뇨제 혹은 설사약 사용, 그리고 왜곡된 신체상의 표현을 포함한다.

정서적으로, 내담자는 불안, 우울과 감정 기복의 신호를 보일 수 있다. 내담자는 타인의 평가에 지나치게 의존하며 완벽주의적 태도를 보일 수 있다. 섭식장애로 고통받는 사람은 사회적으로 고립될 수 있으며, 친밀한 관계를 피할 수 있다.

신경성 폭식증

신경성 식욕부진증과 유사하게, 신경성 폭식증(BN)으로 고통받는 사람은 대부분 체중이 증가하거나 뚱뚱해지는 것을 극도로 두려워하는 경향이 있다. 신경성 폭식증의 주요 진단기준은 비교적 짧은 시간 동안 상당히 많은 음식을 섭취하고(폭식), 스스로 구토를 유도하여 음식을 제거하는 것(제거)이다. 다른 제거 방법으로는 이뇨제, 다이어트 약 또는 설사약이 있다. 진단기준에 부합하기 위해서는 이러한 행동이 적어도 3달 동안 최소 일주일에 한 번은 발생해야 한다. 또한, 심각도와 관해 상태에 대한 명시자가 있다.

신경성 식욕부진증과 다르게, 체중 감소는 신경성 폭식증의 진단을 위한 필수적 요소는 아니다. 환자는 과체중, 저체중 혹은 정상체중일 수 있다. 가족 구성원이나 사랑하는 사람에 의해 발견될 수 있는 징후에는 지속적인 인후통, 어지럼증 혹은 현기증, 피로, 치아 문제, 심계 항진, 장 문제와 전해질 불균형을 포함한다. 개인은 가족 혹은 명절 식사, 식당, 화장실에 쉽게 갈 수 없는 장소에서의 식사를 거부할 수 있다. 이 장애를 앓는 많은 사람은 통제 불능이라고 느끼거나 자신의 감정이나 행동을 조절할 수 없다고 호소한다.

신경성 식욕부진증을 앓는 사람과 비슷하게, 신경성 폭식증을 앓는 내담자는 감정 기복, 불안, 우울을 경험할 수 있다. 그들의 자기효능감과 자존감은 종종 상당히 낮으며, 인정 혹은 지지에 대한 욕구가 있을 수 있다. 이들은 폭식과 제거 후에 엄청난 죄책감과 불안을 느끼는 경향이 있다.

폭식장애

폭식장애는 모든 문화와 인종 집단의 남성과 여성 모두에게서 발병이 증가하고 있다. 이러한 증가를 인정하여 폭식삽화로 특징지어지는 폭식장애가 DSM-5에 새로 추가되었다. 이 장애를 가진 사람은 비교적 짧은 시간 동안 그들이 아프거나 불편하다고 느낄 때까지 엄청난 양의 음식을 먹는다. 이러한 폭식은 빈번하게 발생하며, 삽화 기간 동안 자신이 먹는 것을 통제하거나 멈출 수 없다고 느낀다. 신경성 폭식증과 달리, 폭식장애를 가진 사람은 구토를 하지 않는다.

어떤 사람은 슬픔, 부적응 그리고 상실이나 고립의 감정과 같은 부정적인 감정에 대처하기 위해 폭식을 한다. 다른 사람은 극심한 다이어트를 통해 날씬해지고 싶은 욕구를 충족하고자 하는데, 이는 폭식으로 이어질 수 있다. 또한, 이는 다이어트, 극심한 배고픔, 폭식의 파괴적인 순환을 만들며, 이 순환은 수치심이나 심지어 부정적인 자아상을 야기하여 더 많은 다이어트의 단계로 이끌게 된다.

폭식장애일지도 모른다는 지표는 배가 불러도 먹는 것, 혼자 먹는 것, 공공장소에서는 조금 먹고 혼자 있을 때 폭식하는 것, 그리고 '요요' 다이어트를 하는 것을 포함한다. 이와 관련하여 감정 기복, 불안, 우울, 죄책감과 수치심 모두 발생할 수 있다. 폭식장애를 가진 사람은 통제 불능이라고 느끼며, 자신의 행동을 혐오하고 낮은 자존감과 자기효능감을 보일 수 있다.

동반이환

우울 및 불안장애는 흔히 섭식장애와 함께 발생하며(APA, 2013), 특히 청소년은 종종 기분장애 혹은 성격장애와 같은 장애가 동반된다(Swanson, Crow, Le Grange, Swendsen, & Merikangas, 2011). 우울장애는 종종 섭식장애 진단과 동반되며, 많은 경우 우울증이 처음에 환자들이 치료를 찾게 하는 두드러진 문제이다(Grubb, Sellers, & Waligroski, 1993; Zerbe, 1995). 양극성 장애 또한 폭식장애와 높은 공병률을 보이며, 특히 야간의 폭식과 관련된다(Kruger, Shugar, & Cooke, 1996).

강박적 성격 특성과 증상은 신경성 식욕부진증으로 진단받는 환자에서 자주 보고되는데, 특히 제한형에서 많이 발견된다. 일부 전문가는 강박장애(OCD)와 특정 섭식장애 간의 유사성이 강박장애가 섭식장애보다 우선함을 암시한다고 본다(Altman & Shankman, 2009; Thornton & Russell, 1997). Thornton과 Russell(1997)은 신경성 식욕부진증을 앓는 사람의 약 37%가 OCD를 동시에 앓고 있다는 사실을 발견했다. 그러나 신경성 폭식증을 앓는 사람은 3%의 훨씬 낮은 공병률을 보였다.

Yuaryura-Tobias, Neziroglu 그리고 Kaplan (1995)는 섭식장애, 또는 OCD와 섭식장애를 함께 진단받은 내담자를 치료하는 상담자에게 자해 행동의 가능성에 주의하고자 강조한다. 더불어, 자해 행동을 하는 내담자를 상담하는 상담자는 OCD와 섭식장애의 증상을 평가해 보아야 한다.

문화적 고려사항과 인구요인

연구에서 섭식장애가 산업화된 국가에서 주로 발생한다는 사실을 보여 주지만, 섭식장애는 여러 문화와 다양한 인구 집단 사이에서 발생한다(Crago, Shisslak, Estes, 1996; Wildes, Emery, & Simons, 2001). 최근의 메타분석 연구에서는 섭식장애가 모든 배경과 사회경제적 수준에서 분명히 나타나고 있지만, 백인과 높은 사회경제적 수준을 가진 사람이 더 많이 치료를 찾고, 임상적 상황에서 자신의 증상에 대해 더 많이 표현할 수 있기 때문에, 의학 전문가가 더 쉽게 진단할 수 있다(Wildes, Emery, & Simons, 2001). 최근에는 레즈비언, 게이, 양성애자와 트랜스젠더(LGBT) 청소년이 신체 이미지와 섭식장애에 더 예민할 수 있다는 최근 연구가 있다(Austin, Nelson, Birkett, Calzo, & Everett, 2013).

일반적으로 섭식장애는 주로 젊은 여성에게 영향을 미친다고 알려져 있다. 그러나 이제 섭식장애가 성별, 나이, 사회경제적, 인종적, 그리고 문화적 구분에 상관없이 영향을 미친다는 사실이 명확해졌다. NEDA(National Eating Disorders Association: 국립 섭식장애 협회)의 웹사이트는 섭식장애를 앓는 3천만의 미국인 중 3분의 1이 남자일 것이며 남성의 43%가 자신의 몸에 만족하지 않는다고 추정했다. **국제섭식장애학회지**(International Journal of Eating Disorders)의 2012년 조사에서는 50세 이상 여성의 13%가 몇 가지 섭식장애의 특성을 보였다고 보고했다(Shallcross, 2013).

상담자는 어떤 내담자가 섭식장애를 가질 것인가에 대해 구식 고정관념에 따라 예상하지 않도록 주의해야한다. 남성 내담자는 비현실적인 남성의 신체상을 고집하며, 날씬함보다는 '몸 키우기' 혹은 '근육질'이 되고 싶은 욕구에 집중할 수 있다. 남성에게는 제한적 섭취 대신에 과도한 운동과 운동 보조제 사용이 위험 신호일 수 있다. 섭식장애를 가진 남성 내담자와의 상담에서 또 다른 어려움은 남성에게 이 문제는 엄청나게 수치스러울 수 있다는 것이며, 이로 인해 철저한 평가가 반드시 필요하다(Birili, Zhang, & McCoy, 2012).

섭식장애는 주로 젊은 여성에게 발병한다는 고정관념 때문에 나이가 든 여성의 문제적 섭식 또한 종종 간과되어 왔다. 중년 여성 또한 갱년기에 의한 생리학적 변화, 성인자녀의 독립, 나이든 부모님의 부양 혹은 사망과 이혼으로 인한 상실과 같은 환경적 변화를 포함한 엄청난 스트레스 요인을 경험한다. 섭식장애는 나이든 여성에게 특히 위험할 수 있는데, 그들의 건강이 젊은 내담자보다 더 약할 것이기 때문이다.

최근까지 계속된 또 다른 고정관념은 유색인종이 아닌 백인 여성이 주로 섭식장애로 고통을 겪는다는 인식이다. 그러나 연구는 비록 소수인종의 내담자는 덜 진단되었을지라도 그 비율이 다르지 않다는 사실을 보여 준다(Shallcross, 2013). 소수인종의 내담자를 상담할 때, 편견, 인종차별, 사회화 그리고 각 문화 집단의 특정한 신체 관심사는 자아상에 영향을 미칠 수 있기 때문에 고려되어야 한다.

섭식장애에 있어 철저한 접수 평가와 사례개념화의 중요성은 아무리 강조해도 지나치지 않다. 내담자는 종종 자신의 문제적 섭식에 대해 수치스러워하며, 그렇기 때문에 다른 주제에 초점을 맞춘 주 호소 문제를 가지고 상담에 찾아올지도 모른다. 상담자는 접수의 과정으로 식사, 체중 문제 그리고 신체 이미지에 대해 물어봐야 한다.

병인과 위험요인

섭식장애는 대부분의 전문가가 다양한 원인과 영향이 있다고 보는 다면적 문제이다(APA, 2013). 확실히 비현실적인 마름에 대한 이상을 고수하는 것은 위험요인이다. 내담자가 마른 이상을 추구하고 불가능한 기준에 빗대어 자신의 가치를 평가할 때, 그 기준에 맞게 사는 데 실패하면 내담자는 우울과 부정적 자아상에 취약해진다. 불행히도, 심지어 6세가 되면 아동은 자신의 체중과 몸매에 대한 걱정을 표현할 수 있게 된다. 마름에 대한 이상에 맞춰야 한다는 압박은 이른 시기에 시작되는데, 연구자들은 6~12세 여아의 40~60%가 자신의 체중 또는 과체중이 되는 것을 걱정한다는 사실을 발견했다 (Cash & Smolak, 2011; Gustafon-Larson & Terry, 1992).

원래 섭식장애는 주로 체중 감량에 대한 비정상적인 충동, 제한적인 행동을 야기하는 환경적 스트레스 요인이나 신체상과 신체적 외형에 관련된 압박에 의해 유발된다고 알려져 있었다. 하지만 최근에는 유전적 요인과 생물학적 요인이 더 큰 역할을 하는 것으로 여겨지며, 오늘날 대부분의 전문가는 복잡하고 다면적인 생태학적 조망을 만드는 환경적, 인지적 그리고 생물학적 요인의 상호작용이 있다고 생각한다(Collier & Treasure, 2004). 섭식장애는 한 가지 원인으로 추적될 수 없으며, 유전적 취약성, 가족의 기준, 문화적 압력, 스트레스성 생활 사건 등의 내·외 환경적 영향이 결합되었을 때 발생한다. 사랑하는 사람의 죽음을 경험하거나 이혼으로 인한 분리 그리고 외상성 사건과 같은 상실은 이들이 제한적 식사를 통해 통제감을 되찾으려는 시도를 하게 만들 수 있다. 사춘기, 출가, 혹은 자녀의 독립과 같은 전환기 또한 섭식장애를 유발하는 위험요인일 수 있다.

섭식장애 위험요인에 대한 평가는 내담자의 원가정에 대한 정보를 비롯하여 환경적, 대인관계적 요인 모두를 포함해야 한다. 우리 중 대부분은 가정 내에서 외모의 행동에 관한 가치를 학습하고 기준을 내면화한다. 완벽주의적이며 타인에게 인정받는 것에 과도하게 집중하거나 강박적 성향을 가진 내담자는 섭식장애가 발전할 위험이 더 클 수 있다. 만약 내담자의 가족 내에서 소속감이 마름 혹은 '완벽함'으로 결정된다면, 비록 그것이 자기파괴적인 행동을 한다는 의미라 해도 내담자는 거기에 부합하고자 노력할 것이다.

치료적 개입

다학제적 접근을 가지고 '치료 팀'을 구성하기 위해 다른 치료 전문가들을 합류시키는 것은 중요하다. 연구에서는 효과적인 치료에 장기간의 상담 또는 영양과 의학적 개입을 혼합한 입원 치료를 포함한다고 제안한다(Grilo & Mitchell, 2010).

그러나 구체적인 개입은 치료 과정, 심각도와 장애의 신체적 영향에 따라 다양하며, 개인에게 맞게 이루어져야 한다.

심각성의 정도에 따라, 내담자의 주요 의료 서비스 제공자의 치료와 결부된 외래 환자 상담은 (개인이든 집단이든 가족이든 간에) 보통 개입의 첫 번째 단계이다. 또 다른 개입의 첫 단계로는 또래 지지 집단, 식단과 영양 상담 그리고 약물 치료를 포함한다. 입원, 부분적 입원 그리고 다른 종류의 입원 치료 모델은 두 번째 단계 치료의 선택 사항으로 고려되며, 주된 의학적 염려 또는 심각한 행동 문제를 보이거나 다른 치료 방법이 실패했을 때 사용된다. 입원은 일반적으로 개인의 섭식장애에 깔린 근원적인 문제를 다루기 위해 외래 환자 추적 치료와 요양 치료의 기간을 필요로 한다.

일반적으로 개입은 의학적 및 영양학적 문제, 행동(식습관과 운동습관, 제한적 영양섭취), 인지 및 기본적 신념(신체 이미지, 자기효능감)과 환경적 요인(가족 내 역동, 사회문화적 영향)을 포함하여, 장애를 지지하고 유지하는 역동에 집중해야 한다. 특히 초기 치료와 체중이 증가하는 단계 동안에 신경성 식욕부진증에 대한 초기 개입은 공감적인 이해와 심리교육, 행동변화에 대한 칭찬, 지도, 지지, 격려, 그리고 다른 긍정적 행동 강화 제공에 집중해야 한다는 근거가 있다(National Institute for Clinical Excellence, 2004). 아직 부모님 혹은 후견인과 함께 사는 어린 내담자의 경우 가족 기반 개입이 가장 효과적이라는 증거가 있다(Lock & Le Grange, 2012; National Institute for Clinical Excellence, 2004). 내담자의 체중이 조금 증가하고 의학적인 염려가 줄어든 후에, 상담 개입은 내담자의 병에 대한 그들의 경험과 인지적 재구조화, 신체 이미지 문제와 환경적 요인이 장애에 어떻게 영향을 미쳤는가에 집중하는 방향으로 바뀌어야 한다. 탐색해야 할 주제에는 감정 조절, 역행과 재발 위험을 다루는 방법, 대처 기술, 자기효능감 높이기를 포함한다. 상담자는 적절한 발달 등의 중요한 삶의 문제를 염두에 두면서 통합적 관점을 지녀야 한다(Lock&Le Grange, 2012).

어떠한 치료 양식을 가지던 간에, 주요 목표는 칼로리 섭취량과 영양에 대해 이야기하고, 부적응적이거나 파괴적인 행동을 다루고, 정체성, 자존감, 자아상과 같은 인지적 주제를 탐색하는 것이다.

◎ 상담 개입

Marjorie의 사례 ──────────────────── 🖋

52세의 아프리카계 미국인 여성인 Marjorie는 상담자를 찾아왔다. 그녀는 이유는 잘 모르겠지만 최근에 '울적한' 기분이 든다고 말했다. Marjorie는 매우 더운 날씨에도 불구하고 큰 사이즈의 셔츠와 레깅스를 입고 있었다. 그녀의 대부분의 몸은 옷에 가려져 있긴 했지만, 팔과 다리의 보이는 부분이 꽤 말라 보였다.

상담자: 최근에 몸무게가 줄었나요?

Marjorie: 잘 모르겠어요..아마도? 그건 좋은 거잖아요, 그렇죠?

상담자: 체중을 줄이려고 시도해 본 적이 있나요? 다이어트요.

Marjorie: (그녀는 웃었으나 억지웃음 같았다.) 나는 평생 다이어트를 해 왔어요.

상담자: 당신은 먹어도 되는 것과 먹으면 안 되는 것의 확고한 기준을 가지고 있나요?

Marjorie: 선생님이 뭘 이야기하는지 정확한 의미는 모르겠지만, 아마 그런 것 같아요.

상담자: 우리는 우리가 어떻게 보여야 하고 무엇을 먹어도 괜찮은지에 대해서 가족으로부터 배워요. 당신이 가지고 있는 몇 가지 예시를 알려줄래요?

Marjorie: 음…… 나는 설탕을 먹지 않아요. 그리고 선생님도 아시다시피 설탕은 거의 모든 것에 들어있어요. 나는 탄수화물을 먹지 않아요 이것들은 매우 좋지 않거든요. 그리고 나는 고기를 먹지 않아요. 호르몬 같은 것들 때문이에요. 그리고 나는 식사 사이에는 아무것도 먹지 않아요. 그리고 6시 이후에도 먹지 않죠. 이런 게 선생님이 물어보는 것들인가요?

상담자: 네, 맞아요. 굉장히 엄격해 보이네요. 혹시 당신의 가족에 대해 조금 이야기해 줄 수 있나요? 외모나 체중에 대해 당신의 가족들은 어떻게 가르쳤나요?

Marjorie: (그녀는 메마른 웃음을 지었다.) 그건 쉬운 질문이네요. 나는 어떠한 일이 있어도 외모를 지켜야 한다고 배웠어요. 화장을 하지 않은 모습을 들키지 말거라. 언제나 잘 차려입어라. 그리고 절대, 절대 뚱뚱해지지 말라고요!

상담자는 우리 모두가 가족으로부터 배운 이러한 메시지를 내면화하는 방식이 정상적이라는 것을 알려주며, 기대에 미치지 못한다는 느낌이 얼마나 어렵게 느껴질 수 있는지를 이야기했다. Marjorie는 울음을 터뜨렸다.

상담자: 당신의 인생에서 어떤 일이 일어나고 있는지 말해 줄 수 있나요? 52세라는 건 어떠하고, 어떤 종류의 변화를 겪는 중인가요?

Marjorie: 제 생각엔 선생님은 폐경에 대해 모를 것 같아요. 혹은 당신의 자녀가 커서 떠나고, 나라의 반 이상 떨어진 곳에 직업을 가지는 것도요.

상담자: 매우 큰일을 겪으시는 것 같아요. 그에 대해 조금 더 듣고 싶어요.

Marjorie와 작업한 상담자로부터 확인할 수 있듯이, 신경성 식욕부진증에서 가장 흔한 상담 개입은 관련된 행동을 나타나게 만든 핵심적인 심리적, 감정적 주제를 탐색하고 다루려고 노력하는 것이다. 신체 이미지, 자기효능감 그리고 자존감 등과 연관된 주제는 보통 초기 아동기의 경험에서 나타난다. 대부분의 상담 개입의 주요한 목표는 개인으로 하여금 자신의 믿음과 가치가 행동과 상태에 어떻게 영향을 미치고 있는지에 대한 통찰을 가질 수 있도록 돕는 것이다. 많은 개입은 그들의 제한하고 통제하는 행동의 유발 요인을 완화하기 위한 시도로, 개인의 비합리적인 신념에 도전하려 노력한다. 개입의 신조는 만약 개인이 그들 스스로를 보는 방법을 바꾼다면, 그들의 행동을 일으키는 동기가 사라진다는 것이다.

앞서 언급한 바와 같이, 몇몇 형태의 상담은 신경성 식욕부진증 치료에 흔히 사용된다. 섭식장애는 보통 기분 혹은 성격장애와 함께 발생하기에, 상담 개입은 보통 각 개인의 주 호소 문제에 맞춰져야 한다. 사실 현장에 있는 많은 사람이 섭식장애는 복잡해서 다방면의 접근이 필요하다고 말하고 있다(Costin, 2006). 이러한 복잡성은 효과적인 치료에 대한 연구를 어렵게 만든다.

◆ 인지 행동 기반 개입

CBT 개입은 섭식장애를 치료하는 데 많이 쓰이며, 내담자의 비합리적 신념, 부정적 자기상과 세계관 그리고 관련된 부적응적 행동에 초점을 맞춘다(Murphy, Stradbler, Cooper, & Fairburn, 2010; Waller et al., 2007). 비록 폭식장애와 신경성 폭식증을 위한 CBT 치료에 대해 연구가 더 많이 되어 왔으나, 연구에서는 CBT가 신경성 식욕부진증인 내담자에게도 효과가 있음을 보여 준다(Bowers & Ansher, 2008). 적어도 단기적으로는 체중 증가에 대한 강화를 제공하는 행동 기반 프로그램 또한 효과적인 것으로 보인다(Hsu, 1990).

강화된 인지 행동 치료(CBT-E) 혹은 섭식장애를 위한 초진단적 CBT와 같은 CBT의 몇 가지 특정 치료 모델은 신경성 식욕부진증과 신경성 폭식증 모두에 효과적인 것으로 나타났다(Fursland et al., 2012; Poulsen et al., 2014). CBT-E는 Christopher Fairburn(2008)에 의해 처음 제안되었고, 특별히 섭식장애를 가진 내담자를 위해 개발되었다. Fairburn은 대부분의 내담자가 신경성 식욕부진증이나 신경성 폭식증 진단에 깔끔하게 맞아 떨어지지 않기 때문에 상담자는 그들의 내담자가 보이는 전형적인 인지와 행동적 기반에 맞춰진 CBT 모델을 개발하는 것이 중요하다고 믿었다.

CBT-E는 섭식장애와 관련된 인지, 행동의 이해를 위해 평가와 내담자와의 협업을 진행하며, 체중 조절 및 외모의 과대평가, 궁극적으로 음식, 신체 이미지, 신체확인, 회피, 대처에 대한 신념과 행동의 수정에 대해 탐색한다(Fairburn, 2008). 치료의 첫 단계에서는 내담자가 하루에 세 끼를 먹고 몇 번 간식을 먹게 함으로써 섭식행동의 정상화를 시도한다. 이는 많은 섭식장애에서 나타나는 제한하기-굶기-폭식하기-수치심의 순환을 중단시킬 수 있다. 두 번째 단계에서, 내담자와 상담자는 함께 인지 치료 모델을 사용하며, 신체 이미지, 체중과 완벽주의에 대한 비합리적이고 역기능적인 신념을 확인한다. 마지막으로, 부정적인 감정과 스트레스성 생활사건을 다루기 위한 대안적 대처 전략이 개발된다.

◆ 가족 기반 개입

가족 치료 개입은 신경성 식욕부진증 치료에 자주 사용되며, 특히 아직 집에서 살고 있는 청소년과 젊은 성인에게 많이 쓰인다. 이 상담 방법은 가족 체계와 이 체계 내에서 내담자의 역할을 강조한다. 치료적 논의는 내담자가 맡은 구체적인 역할을 확인하는 것뿐만 아니라 가족의 역동과 가족 내에서 지속되는 내담자 질환의 역할에 초점을 맞춘다. 개입은 보통 집단 형식으로 진행되며 일부 회기는 내담자와 단독으로 진행하게 된다. 이는 가족들이 내담자의 문제행동을 지속하게 하는 그들의 역할을 깨닫게 하고, 내담자와 더욱 지지적으로 상호작용하는 방법을 상담자가 추천할 수 있게 하기 위해서이다(Lock& Le Grange, 2012). 섭식장애의 심리치료의 효과성을 면밀히 살피는 최근의 메타분석 연구들은 신경성 식욕부진증으로 진단된 청소년을 대상으로 한 가족 기반 치료의 효과성을 입증했다(Hay, 2013).

'모즐리 방법'은 보다 긍정적인 섭식행동을 지지하고 체중 증가를 돕기 위한 시도로 가족 구성원들이 내담자의 섭식에 직접적으로 관여하는 가족 기반 개입 모형이다. 이 방법은 세 단계로 이루어져 있다. 체중 복구, 내담자에게 섭식행동에 대한 주도권 돌려주기, 건강한 자아상과 정체성 확립하기(Treasure, Schmidt, & Macdonald, 2009)이다. 첫 번째 단계에서, 부모는 건강한 체중을 달성할 때까지 내담자의 섭식행동을 일시적으로 통제한다. 그 후, 점진적으로 부모는 내담자에게 통제권을 돌려준다. 일부 연구는 이러한 행동 기반 가족 개입이 내담자가 더 이상 집에 살지 않을 때 효과성이 지속되기 어려움에도 불구하고 때로는 효과적인 치료 개입이 될 수 있다고 말한다(Eisler et al., 2000; Lock, Couturier, & Agras, 2006).

◆ 정신역동적 개입

정신역동적 관점에서, 내적인 심리적 갈등과 문제적인 가족 역동은 신경성 식욕부진증과 같은 섭식장애의 기저에 있는 원인이라고 할 수 있다. 즉, 내담자는 이러한 갈등을 문제적인 섭식을 통해 대처하려고 한다는 것이다. 정신내적 갈등은 문제적인 섭식 행동으로 표현되는데, 이는 그 개인이 찾을 수 있는 가장 적응적인 방식이다. 그러므로 만약 내담자의 내적 갈등이 밝혀지거나 처리된다면, 증상의 필요성은 줄어들게 되어 문제적인 섭식행동이 줄어들게 된다(Gilbert, 2013).

모든 정신역동적 접근에서와 마찬가지로, 치료는 내담자의 과거 기록을 살피고,

내담자의 과거 경험이 현재의 증상에 어떠한 영향을 주는지, 어떻게 그들의 문제적 섭식이 하나의 대처 기제로서 기능하는지를 이해하도록 돕는데 초점을 둔다. 정신역동 상담이 섭식장애를 치료하는 데 효과적일 수 있다는 일부 연구가 있다(Haase et al., 2008; Leichsenring & Klein, 2014).

섭식장애와 애착에 관한 최근 연구는 섭식장애의 발달에 기여하는 불안정 애착과 정서 조절 사이의 관계를 시사한다(Tasca & Balfour, 2014; Thompson-Brenner, 2014). 섭식장애를 진단받은 사람 중 불안정 애착의 비율은 70~100%로 추정되며 (O'Shaughnessy & Dallos, 2009), 불안정 애착을 가진 여성은 사춘기에 체중 증가에 대한 문제적 반응을 보이는 것으로 밝혀졌다(Milan & Acker, 2014). 섭식장애에 대한 정신역동적 접근은 애착 유형뿐만 아니라, 가족력과 현재의 가족 역동에 대한 논의가 사례개념화 과정의 중요한 부분이라고 제안한다.

◆ 대인관계 치료

대인관계 치료 관점으로 작업하는 경우, 상담자와 내담자는 체중과 섭식 행동에 직접적으로 초점을 두기보다는 내담자의 대인관계를 향상시키기 위해 함께 작업한다. 내담자의 관계가 점점 더 강해질수록, 내담자는 관계를 통해 정서적 욕구를 충족시킬 수 있고, 그러므로 문제적 섭식 행동의 필요성이 줄어들게 된다.

◆ 동기강화 상담

더 최근에 사용되는 개입으로는 동기강화 상담(Motivational Interviewing: MI)이 있다. 일부 전문가는 MI 접근법이 신경성 식욕부진증으로 진단받은 환자에게 도움이 된다고 믿는데, 왜냐하면 그들은 종종 Prochaska의 모델의 초기 단계에서 치료에 오며 변화에 대해 양가감정이 있기 때문이다(제3장에서 설명된 것과 같이). MI 개입은 변화에 대한 동기가 가장 약할 때인 치료의 첫 단계에 사용하도록 권장한다. 개입은 확인하기, 공감하기, 저항 다루기, 허락 구하기를 포함한다(Treasure & Schmidt, 2008). 신경성 식욕부진증과 관련하여 이 개입을 지지하는 연구는 점차 증가하고 있다(Price-Evans & Treasure, 2011).

◆ **페미니스트 접근**

신경성 식욕부진증에 대한 인지 모델과 대조적으로, 페미니스트 모델은 섭식장애에서 개인이 아닌 시스템적 이유를 강조한다. 페미니스트 상담자는 섭식장애를 여성의 정체성과 성숙의 핵심적 속성들을 부정하는 상징적인 방법이자, 여성성 발달을 지지하지 않는 문화에 대한 저항으로 보았다(Steiner-Adair, 1991). 가족의 맥락 안에서, 어린 여성이 귀 기울여지거나 인정받지 못한다고 느낄 때 섭식장애는 귀 기울여지고 주목받는 한 가지 방법이 될 수 있다(Wastell, 1996).

◆ **거주시설 치료**

섭식장애 치료는 실무에서 특화된 영역이다. 특정한 훈련을 받은 상담자는 더욱 효과적인 경향이 있으며, 내담자에게 더 나은 결과를 가져온다. 하지만 전문가에게 의뢰하는 것이 현실적이지 않거나 불가능한 경우가 많기 때문에 모든 상담자는 섭식장애를 가진 내담자에 대한 평가와 작업에 대해 잘 알고 실제로 할 수 있어야 한다. 동시에, 내담자가 의학적으로 위험에 처해 있는 경우 입원이나 거주시설 안에서의 치료가 고려되어야 한다.

거주 치료 시설은 한 곳에서 완전한 일련의 치료서비스를 제공하며, 모든 다양한 유형의 섭식장애에 초점을 맞춘다. 이러한 시설은 보통 다양한 범위의 전문가를 포함한다(심리학자, 의사, 영양사, 명상과 이완 전문가, 피트니스 전문가).

신경성 식욕부진증을 지닌 사람이 심각하게 아프고 기준 체중에서 다시 체중이 감소하거나 적정 체중의 하위 15% 이하일 때, 또는 개인이 심각한 의학적 문제가 있을 경우 입원 치료가 필요할 수 있다. 입원 동안 신경성 식욕부진증을 지닌 내담자는 액체 보충제와 함께 규칙적인 식사를 하도록 장려되지만, 먹는 것을 거부하는 경우 비강영양튜브, 즉 코를 지나 식도로 내려가 위장으로 보내는 플라스틱 튜브를 통해 식사가 제공된다. 집단 및 개인 상담은 식이조절 치료와 의학적 치료를 보충한다. 동시에 입원치료는 몇 주, 아니면 몇 달 동안 지속되는데 현재 보험의 분위기에서는 입원의 목적을 몸무게를 늘리고 의학적으로 안정화를 꾀하는 것으로 보고 있다. 내담자는 안전하다고 판단되는 즉시 외래 치료로 전환된다.

현저한 저체중이거나 과체중인 사람은 외래 치료를 결정하기 전에 의학 전문가에 의해 평가받아야 하며 또한 치료를 통해 지속적으로 모니터링되어야 한다. 상담자는 섭식장애를 가진 내담자와 함께 작업할 때 다학제적 팀의 일원으로서 윤리적 책임을 지니며, 다학제적 팀에는 가능한 경우 의학 전문가, 이상적으로는 영양사가 포함될 수 있다.

◎ 신경성 폭식증과 폭식장애에 대한 특정 상담 개입

신경성 식욕부진증에서처럼, 신경성 폭식증과 폭식장애에 대한 상담 개입은 다양한 접근을 사용하며 상담 기반 개입은 대부분 인지 행동적 개입과 영양 상담에 초점을 두고 있다.

◆ 인지 행동적 접근

Hay(2013)에 의해 이루어진 최근의 메타분석에서는 CBT가 개인 및 집단의 전달 형태 모두에서 신경성 폭식증을 위한 1차 치료로서 효과적이라는 근거가 보고되었다. CBT 개입은 내담자의 비합리적이고 건강하지 못한 생각에 초점을 두며, 특히 폭식 사건 바로 직전과 직후의 생각에 초점을 둔다. 모든 CBT 기반 개입이 그러하듯 그들은 폭식 행동을 일으키거나 지속시키는 인지적, 행동적 요소 모두를 강조한다(Wilson, 1997; Wilson, Grilo, & Vitousek, 2007).

부정적인 생각을 완화하는 것과 함께, 이 개입은 내담자가 부정적인 감정을 견디도록 돕고, 스트레스, 음식, 대처에 대해 생각하는 방식을 변화시키기 위해 노력한다. 행동적 목표의 충족은 이 목표의 달성에 대해 내담자에게 보상하는 것뿐만 아니라 궁극적으로 치료의 주된 초점이 된다(Murphy, Straebler, Cooper, & Fairburn, 2010).

폭식장애를 치료하는 데 사용되는 상담 개입은 신경성 폭식증에 사용된 치료법과 비슷하다. CBT-E는 모든 섭식장애 진단에 사용되며(Fairburn, 2008), CBT는 개인과 집단 형태에서 모두 폭식장애에 효과적이고, 우울과 낮은 자존감과 같은 관련 증상에도 도움이 되는 것으로 나타났다(Abilés et al., 2013).

◆ 마음챙김 기반 개입

최근에는 마음챙김 기반의 개입이 폭식과 같은 비만 관련 섭식 행동의 치료에 효과적인 것으로 나타났다. 마음챙김 훈련은 내담자가 배고픔이나 포만감과 같은 신체의 생리적 단서를 판단하지 않으면서 집중하도록 독려한다. 내담자는 자신이 먹는 것에 집중하고, 먹는 것의 기쁨을 다시 찾도록 격려된다. 마음챙김 기반의 상담은 또한 춤, 움직임, 또는 요가와 같이 내담자가 자신의 신체를 수용하고 감사하도록 돕는 행동을 포함할 수 있다. 마음챙김은 또한 CBT 접근(O'Reilly, Cook, Spruijt-Metz, & Black, 2014)과 섭식 행동 및 신체 이미지에 대한 심리교육과 함께 혼합될 수 있다.

⚙ 약물 치료

이 책에서 다루어진 많은 다른 장애와는 달리, 신경성 식욕부진증을 치료하기 위한 약물에 대한 특정한 연구는 존재하지 않는다. 기분장애가 동반된 몇몇 내담자에게는 항우울제와 항불안제가 처방될 수 있다. 심각한 사례에서는 골밀도 감소 위험 등이 있을 수 있기 때문에 에스트로겐과 같은 약물이 처방될 수도 있다. 신경성 폭식증의 경우, 플루옥세틴(프로작)이 미국 식품의약품국(FDA)에서 승인받은 유일한 약이다. 플루옥세틴과 같은 항우울제는 폭식 삽화나 동반되는 우울증을 감소시킬 수 있다(Arnold et al., 2002).

T/C 모델을 사용한 섭식장애의 사례개념화

앞서 논의한 바와 같이, 섭식장애는 다양한 변인에 의해 영향을 받는 복잡한 인과를 가지고 있다. 따라서 철저한 평가와 포괄적인 사례개념화가 중요하다. T/C 모델이 강조하는 내적 및 외적 영향은 섭식장애를 지닌 내담자와 함께 작업할 때 유용하게 사용된다.

평가는 최근의 상실, 외상 경험, 스트레스성 생활 사건과 같은 환경적 요인을 포함해야 한다. 가족 관계와 갈등 또한 중요하게 이해해야 한다. 섭식장애를 치료하는 많은 접근은 애착 상태와 자존감과 소속감에 관한 신념을 포함하여 내담자의 가족력을 이해할 필요가 있다고 강조한다.

게다가, 가족뿐만 아니라 사회로부터 받아들여진 외모나 체중에 대한 문화적인 메시지까지 탐색되어야 한다. 사춘기 혹은 갱년기, 대학 입학 혹은 집에서의 분가, 직업 변화, 중년의 변화 같은 발달적 전환은 섭식장애를 발달시키는 위험 요소가 될 수 있다는 점을 명심해야 한다.

대부분의 접근은 섭식장애 행동을 압도적인 감정 혹은 통제의 상실 등을 다루기 위한 대처 전략으로 보고 있기 때문에 내담자의 정서 조절 능력과 스트레스 관리 능력 또한 평가에 포함해야 한다. 내담자의 섭식장애를 둘러싼 행동을 철저하게 이해하는 것 또한 필요하다. 폭식 행동이 있는가? 제거 행위가 있는가? 만약 그렇다면 어떻게 하는가(구토, 이뇨제, 설사약, 과한 운동 등)?

인지적 요인은 완벽주의, 낮은 자존감, 낮은 자기효능감, 강박적 사고, 왜곡된 신념과 지각을 포함하며, 강한 수치심도 보일 수 있다.

섭식장애는 심각한 신체적 결과를 가지고 올 수 있다는 점을 항상 기억해야 한다. 완전한 사례개념화는 의학적 검사, 현재의 생리적 증상, 체중 등을 포함한다.

이러한 일반적인 고려사항들을 염두에 두고, Rebecca라는 이름을 가진 내담자의 사례를 살펴보자.

Rebecca의 사례

Rebecca는 대학교 2학년이며, 과식에서 폭식증으로 바뀐 문제적 섭식 패턴 때문에 대학교 상담 센터를 찾았다. 그녀는 고등학교 때 폭식이 시작되었다고 했으며, 이는 그녀의 부모님이 이혼하고 그녀가 남자친구와 헤어졌을 무렵이라고 이야기했다. 치료를 통해 자신이 완벽주의적인 경향을 지니고 있고 인정할 수 있었던 Rebecca는 매우 성취 지향적이었으며, 그녀가 시도하는 대부분의 일에서 성공을 경험했고, 대학에서도 학업적 성공을 지속적으로 경험했다. 하지만 그녀는 불안, 우울과 싸우고 있었다.

Rebecca는 여자 사립학교 출신으로, 그곳에서 그녀는 운동신경, 리더십 기술, 지역사회 활동, 지성, 미모로 유명했다. 그녀는 그녀의 부모님이 술을 마신 뒤 가끔 조용한 이웃에 들릴 정도로 소리를 지르면서 싸우는 것에 극도의 수치심과 당황스러움을 느꼈고, 그녀는 이를 고등학교 때부터 대학에서까지 계속 숨겨 왔다. 부모님은 결국 이혼했지만, 부모님의 공개적인 다툼과 무질서한 행동에 관한 수치심은 여전히 남아 있었다. 그녀의 외적으로 보이는 완벽한 이미지는 수치심에 대한 방어라고 볼 수도 있다. 게다가, 그녀는 그녀의 어린 여동생에게 부모 역할을 대신하면서 부모의 폭력으로부터 동생을 지키기 위해 노력했다. 술에 취하지 않았을 때 부모님은 따뜻하고 사랑을 주었지만 Rebecca에게는 그러한 부모의 모습을 조화시키기가 힘들었다. 게다가, 부모님이 따뜻하고 사랑을 줄 때조차, 기저에는 서로에 대한 분노가 있었다. Rebecca는 이러한 잠재된 분노에 대해 인식하고 있었고 자신 및 타인의 분노 감정에 극도로 예민한 사람이 되었다.

Rebecca는 부모님이 이혼했을 즈음, 남자친구가 다른 여자와 바람을 피워 헤어진 후에 폭식을 시작했다. 그녀는 부모의 이혼으로 인해 힘들어 했으며, 동생의 정서적 안녕에 대해 염려했다. 그녀는 남자친구가 그녀의 '진정한 자기'를 보았고, 이는 그에게 너무 벅찼을 것이라고 느꼈다. Rebecca는 그녀의 부모님으로부터 정서 조절하는 방법을 배우지 못했기 때문에 폭식은 그녀의 정서를 다스리기 위한 한 가지 방법이 되어 갔다. 게다가 그녀는 자신의 섭식을 부모님의 알코올 남용과 비슷하게 중독이라고 간주했다. 그녀에게 있어서 치료를 받는다는 것이 어려운 일이었고, 그녀의 치료자는 'Rebecca가 '완벽한 환자'가 되려고 시도하는 바람에 치료에 어려움을 겪었다. 게다가, Rebecca는 치료자를 당혹스럽게 하거나 실망시키면 예전 남자친구와의 관계에서 그랬던 것처럼 버림받을까 봐 두려웠기 때문에 치료자에게 어떤 식으로든 부정적인 감정을 드러내도 된다고 믿게 되는 데 매우 오랜 시간이 걸렸다.

Rebecca는 고등학교 시절 운동과 교외 활동으로 인해 집을 떠나 있어서 폭식을 최소화할 수 있었고 그 덕분에 그녀의 체중에는 큰 영향이 없었다. 하지만 그녀가 대학에 갔을 때, 줄어든 의무와 함께 스케줄과 구조의 변화로 인해 생긴 자유 시간을 견디는 데 어려움을 느꼈다. 그녀의 폭식은 늘어났고 그녀의 체중 또한 늘어 갔다. 고등학교 때는 폭식에도 불구하고 날씬했던 Rebecca에게 이는 걱정하기에 충분한 일이었다. 그녀의 표면상으로 완벽했던 이미지에 문제가 생기고 사회문화적으로 이상적인 날씬함에서 멀어져 가면서, Rebecca는 폭식 후 제거 행동을 하기 시작했다. 제거 행동이 건강에 미치는 영향을 알고 있었기에 그녀는 두려워졌고, 결국 치료를 찾게 되었다.

치료 중에 Rebecca는 종종 그녀 스스로가 만들어 내는 과기능적인 의무, 그녀의 친구들을 챙겨 주는 것, 돌보는 것, 또는 친밀감을 얻고 슬픔을 감추기 위한 수단으로 맺는 남학생과의 관계에 집중했다. 그러나 관계가 더욱 깊어질수록 그녀가 견디기 힘든 친밀감 문제가 생겼다. Rebecca는 제거 행동을 피하기 위해 치료에서 논의된 행동적 전략에는 잘 반응했으며, 이를 멈추기 위해 충분히 동기를 부여받았다. 그러나 그녀는 감정을 조절하고 스스로에게 편안함을 주는 대처 전략이라는 무기가 없었기 때문에, 그녀의 폭식 행동은 극복하기에 더욱 오랜 시간이 걸렸다. 그녀는 부모님이 때로는 관심과 보살핌을 줄 수 있었기 때문에, 가족 역동과 관련된 주제를 처리하는 데 어려움을 느꼈다. 그러므로 그녀는 그들에 대한 분노와 의존성을 조화시키는 데 어려움을 느꼈다. 수업, 여름 아르바이트, 직업적 열망에 대한 결정은 부분적으로는 동생의 근처에 머무르는 방향으로, 그녀의 가장 최근 관계에 따라, 그리고 그녀가 '해야만' 한다고 생각하는 것들에 따라 (그녀 자신이 아닌 타인에 의해) 결정되었다. 정체성 발달은 치료 내내 주요한 주제였다.

Rebecca의 사례

◆ T/C 사례개념화 모델 개요의 예시

(*추가 정보가 필요한 영역)

① 주 호소: 문제적 섭식, 불안, 우울, 관계 문제

② 내적 성격 구조와 행동

- **자기효능감**: 완벽주의적 성향으로 인해 낮음.
- **자존감**: 복합적, 많은 성공 경험을 가지고 있으나 행동을 통제하지 못하여 부정적인 영향을 받음.
- **태도/가치/신념**: 성취 지향, 성취에 의해 동기화됨, 타인의 생각을 중요시함.
- **애착 유형**: 부모의 비일관성에 따른 불안정 애착의 가능성*.
- **생물학/생리학/유전적 특성**: 대학 나이의 여성, 의학적 문제*, 부모의 알코올 남용, 가족의 정신건강 문제 이력*.
- **정서**: 불안, 우울, 정서 조절을 할 수 없음.
- **인지**: 완벽주의적 생각, 그녀가 다른 사람을 쉽게 당혹스럽게 만든다는 믿음, 여동생을 보호하고자 하는 욕구, 진정한 자신의 모습을 타인에게 드러내지 않음.
- **감정적 사고**: '나의 부정적인 면을 타인에게 보이면 안 돼.' '아무도 믿을 수 없

어.' '남자에게 진짜 모습을 보이면 그들은 떠날 거야.' '나는 모든 것을 똑바로 해야 해.' '만약 사람들이 진짜 내가 누군지 안다면 그들은 나를 사랑하지 않을 거야.'

- **행동:** 폭식과 제한된 섭식, 과각성, 완벽주의적 행동.
- **징후학:** 제한된 섭식, 폭식, 체중 증가, 정서조절 곤란.
- **대처 기술과 강점:** 학업과 운동 재능, 친구*.
- **변화에 대한 준비:** 막 행동 단계로 접어듦, 변화에 동기화된 것으로 보임, 그러나 어떠한 변화를 만들어야 하는지에 대한 불확실성.
- **삶의 역할:** 학생, 딸, 언니, 운동선수*.

③ 환경
- **관계:** 부모*, 여동생*.
- **문화***
- **가족 규범과 가치:** 교육적 가치, 가족 가치*.
- **사회적 영향:** 여자 사립학교를 다녔음, 높은 사회경제적 위치.

④ 연대기
- **과거 영향:** 부모의 이혼, 부모의 다툼, 남자친구와의 이별, 고등학교 경험.
- **현재 영향:** 대학, 여동생과의 현재 관계, 부모.
- **미래 목표:** 보다 건강한 섭식 습관, 불안과 우울의 유의미한 감소, 이성 관계*.

> - **질문:** 이 사례개념화를 완성하기 위해 어떤 것을 더 질문하고 싶은가?

상담의 핵심

- 급식 및 섭식장애는 음식과 필요한 영양소를 섭취하거나 흡수하는 능력에 상당한 영향을 미치는 음식과 식단과 관련한 정상적이지 않은 행동, 감정, 인지

로 특정지어진다.

- 섭식장애를 지닌 내담자는 체중, 체형 혹은 외모에 대한 큰 걱정을 보인다.
- 급식 및 섭식장애는 보통 칼로리를 계산하거나, 운동 혹은 체중에 집착하는 것에서 시작하여 나중에는 상식과 통제에서 벗어난 생각과 행동을 보이게 된다.
- 미국에서 대략 3,000만 명의 사람이 일생에서 한 번은 섭식장애의 진단기준을 충족시킨다.
- DSM-5는 일곱 가지 급식 및 섭식장애를 포함한다. 이식증, 되새김 장애, 회피적/제한적 음식섭취장애, 신경성 식욕부진증(AN) 신경성 폭식증(BN), 폭식장애, 달리 명시된 급식 및 섭식장애 등이 있다.
- 신경성 식욕부진증, 신경성 폭식증, 폭식장애는 모두 심각한 의학적 문제를 나타낼 수 있으며 보통 치료에서 팀 접근이 필요하다.
- 신경성 식욕부진증(AN) 진단을 받는 개인은 뚱뚱한 것, 살이 찌는 것, 또는 체중이 느는 것에 대한 비합리적인 두려움을 가지고 있으며 칼로리 섭취를 제한하여 심각한 저체중을 유발할 수 있다.
- 신경성 식욕부진증을 가진 내담자는 뚱뚱한 것, 혹은 체중이 느는 것과 관련되는 반복적인 생각과 높은 수준의 불안을 끊임없이 지니고 있으며 그들의 행동, 상태, 신체 이미지, 자아상에 대해 부정확하고 비합리적인 관점을 지니고 있다.
- 신경성폭식증(BN)을 가진 내담자 또한 체중이 늘거나 뚱뚱해지는 것에 대한 두려움을 지니고 있다. 신경성 폭식증은 비교적 짧은 시간에 많은 양의 음식을 섭취하고(폭식) 스스로 구토를 하거나, 이뇨제, 다이어트 약, 설사약 등을 사용하여 그 음식물을 제거하는 행동(제거)으로 특징지어진다.
- 폭식장애를 가진 개인은 비교적 짧은 기간 내에 메스껍거나 불편하다고 느낄 때까지 엄청나게 많은 양의 음식을 섭취하고, 먹는 것을 통제하거나 멈출 수 없다고 느낀다.
- 우울과 불안장애는 보통 섭식장애와 함께 잘 발생한다.
- 섭식장애는 성별, 나이, 사회경제적 위치, 인종, 문화의 구분을 넘어서서 나타난다.
- 치료 개입은 의학 및 영양 문제, 행동(식습관과 운동 습관, 영양섭취 제한), 인지

와 기본적 신념(신체 이미지, 자기효능감), 환경적 요인(가족 역동, 사회문화적 영향)과 같이 질병을 유지하고 지지하는 역동에 초점을 맞춘다.

실습

윤리와 자기 인식

물론 상담자도 내담자와 마찬가지로 같은 문화적 메시지의 영향을 받는다. 섭식장애와 신체 이미지 문제를 지닌 내담자와 작업하는 것은 스스로에 대한 의심과 취약성을 불러일으킬 수 있다. 윤리적으로, 우리는 이러한 주제들을 자각하여 내담자에게 효과적인 상담을 제공하는 데 방해되지 않도록 해야 한다. 시간을 들여 자신의 과거 경험과 가치에 대해 살펴보아야 한다.

> ✎ **실습**: 개인적으로 작업한 후에 대규모 집단 토론을 하시오.
>
> - **질문1**: 당신의 원가족으로부터 내면화한 체형, 체중, 섭식에 대한 가치와 규범에는 무엇이 있는가?
> - **질문2**: 미디어로부터 받아들인 문화적 메시지에는 어떤 것이 있는가?
> - **질문3**: 당신의 몸/체중에 대해 불만족한 적이 있었는가? 만약 그렇다면 당신은 이러한 걱정에 어떻게 대처했는가?

소셜 미디어의 영향

소셜 미디어는 섭식장애와 싸우는 개인이 문제적 섭식을 다루는 타인과 연결될 수 있게 만든다. 어떤 경우에는, 내담자가 자신의 회복을 돕는 지지 집단을 찾을 수 있다. 다른 경우에는, 내담자는 제거와 제한 방법에 대해 도움이 되는 '힌트'를 제공하여 회복을 더 어렵게 만드는 집단을 찾을지도 모른다. 이 두 가지 집단에 대한 온라인 조사를 하고 어떤 것을 찾았는지 살펴보자.

✏ **수업 실습:** 소규모 집단에서 조사 결과에 대해 토론을 한 후, 대규모 집단 토론을 하시오.

실습 9-3 **사례개념화 연습**

다양한 유형의 섭식장애를 가진 내담자와 작업한 몇몇 상담자의 얘기를 들어봤으니, 이제 당신이 할 수 있는 것이 무엇인지 살펴볼 차례이다. 당신은 가장 효과적으로 진단하고 치료 계획에 협업하기 위해 다음 사례를 어떻게 개념화하겠는가?

Joe의 사례 ──────────────────────────────── 🖋

Joe는 21세 대학교 1학년으로, 그의 파트너인 Jacob이 그를 걱정하여 상담 센터에 오게 되었다. Joe는 작은 키에 호리호리한 체격이다. 그는 티셔츠와 청바지를 입고 있었으며 제법 건강해 보인다.

상담자: 나는 당신의 파트너가 당신을 걱정하는 것을 이해해요.

Joe: 나는 잘 모르겠어요. 나는 체육관에 자주 가죠. 맞아요. 그리고 건강하게 먹어요. 그래서 뭐요? 그는 내가 멋있어 보이는 게 싫은 걸까요?

상담자: 당신이 가장 신경 쓰는 부분이 그것인가요? 멋있어 보이는 것?

Joe: 제기랄, 맞아요. 나는 내가 괜찮아 보인다고 생각해 본 적이 한 번도 없어요. 나는 난쟁이고 그게 싫어요. 그리고 올해까지 나는 너무 뚱뚱했어요. 나는 그렇게 못생긴 느낌을 받고 사는 게 너무 힘들어요. 내가 남자와 오래 사귈 수 없는 것도 당연 하죠.

상담자: 그렇게 느끼는 것에 대해서 좀 더 이야기해 주세요.

Joe: 나는 평생 동안 그렇게 느껴 왔어요. 충분히 좋지 못하다. 나의 아버지는 내가 그가 한 것처럼 농구를 하길 원했죠. 하지만 나는 그걸 할 수가 없었어요. 아버지는 젊었을 때 모델 일도 했어요. 나는 언제나 내가 멋있어 보이길 그가 원했다는 것을 알고 있어요. 더 나아지기를. 엄마와 형도 똑같아요. 그들은 완벽해 보이죠. 나만 나쁜 유전자를 물려받았어요.

상담자: 그렇다면, 당신의 가족에게 '어울리는' 사람이 되려면 신체적으로 완벽해져

야한다는 메시지를 받은 거군요?

Joe: 정확히 맞아요. 나는 언제나 압박을 느꼈어요.

상담자: 당신 자신을 이러한 틀에 맞추기 위해서 어떤 일들을 해 왔나요?

Joe: 먹는 것을 통제했던 것 같아요. 거의 대부분 단백질과 지금 먹고 있는 보충제만 먹어요. 그리고 운동을 정말 많이 한 것 같아요.

상담자: 당신은 수업에 빠지기 시작했나요?

Joe: 아마도요. 나는 그저 이거 말고 다른 것들을 생각할 수 없어요. 이게 너무 중요해요!

상담자: 혹시 다른 걸 먹은 후 먹은 걸 보상하기 위해 무언가를 해야 한다고 생각한 적이 있었나요?

Joe: (눈을 피하며) 네. 요즘 들어 많이 그랬어요. 나는 먹은 후에 반드시 러닝머신을 뛰지 않으면 미칠 것 같아요. 나는 뱃살이 다시 찌는 것을 느낄 수 있어요. 내 생각에 가끔 지나칠 때도 있는 것 같아요. 한 번인가 두 번 기절한 적이 있었는데 이게 Jacob을 겁먹게 한 것 같아요.

상담자: 정말 무서울 것 같아요. 당신의 건강이 괜찮은지 보기 위해 건강 센터에 있는 의사를 만나 보시겠어요?

✎ 실습: 소규모 집단 토론을 한 후 대규모 집단 토론을 하시오.

- **질문1:** 이 사례에 대한 당신의 사례개념화는 무엇인가?
- **질문2:** 무엇을 더 알고 싶은가?
- **질문3:** 이 상담에서 Joe를 위한 세 가지 목표를 잡는다면 어떤 것이 있는가?
- **질문4:** 질문1과 질문 2의 답을 얻으면 어떤 개입을 시행할 수 있는가?

더 나아가기

Cognitive Behavior Therapy and Eating Disorders by Christopher Fairburn (2008) Guilford Press

Overcoming Binge Eating, Second Ecition: The Proven Program to Learn Why You Beinge and How You Can Stop by Christopher Fairburn (2013) Guilford Press

Beyond a Shadow of a Diet: The Comprehensive Guide to Treating Binge Eating Disorder, Compulsive Eating, and Emotional Overeating by Judith Matz and Ellen Franklel (2014) Routledge Press

Intergrated Treatment of Eating Disorders: Beyond the Body Betrayed by Kathryn Zerbe (2008) W.W.Norton

The Body Image Workbook: An Eight-Step Program for Learning to Like Your Looks by Thomas Cash (2008) New Harbinger

The Treatment of Eating Disorders: A Clinical Handbook by Carlos Grilo and James Mitchell (2011) Guilford Press

제**10**장

물질 관련 및 중독장애

Amy의 사례 ✎

48세인 Amy는 10대인 딸 2명을 둔 어머니이다. 그녀는 남편과 결혼하고 산 지 25년이 되었고 Atlanta 외곽 도시에 살면서 일을 하고 있다. Amy는 자기 자신을 걱정이 많은 사람이라고 설명한다. 그녀는 종종 직장에서나 자녀들에게 화를 내곤 한다. 그녀는 밤에 수면 문제를 겪으며 종종 수면 보조제를 복용하기도 한다. 그녀의 불안은 대부분 무능감과 일상의 과업을 감당할 수 없다는 생각에서 비롯된다. 그녀는 자신의 남편이 언젠가 떠날 것이며, 자녀들이 자신을 싫어하고, 자신이 무능해서 곧 회사에서 해고될 것이라고 생각한다. 그녀는 과거부터 최근까지 다양한 약물을 복용해 왔고, 최근에는 불안과 수면 문제로 주치의가 처방한 진정제를 남용하기 시작했다. 최근 몇 달간, 그녀는 여러 의사를 만났고 진정제를 위해 10개 이상의 처방을 받았다. 그녀는 압도되고 궁지에 몰린 느낌이 들어서 상담을 찾아왔다.

도입

정신 활성 물질의 사용은 우리 사회에 만연하다. 최근의 국가적 조사에서는 지난달에만 만 12세 이상 미국 2200만 인구의 9%가 불법약물을 사용한 것으로 추정했다(물질남용 정신건강 관리국: SAMHSA, 2012). 비슷한 연구에서도 54%의 만 12세 이상 미국인이 음주를 했으며, 24%가 지난달 폭음을 했다고 보고했다. 폭음은 한 자리에서 여자는 4잔 이상 마시는 것, 남자는 5잔 이상 마시는 것으로 정의된다(SAMHSA, 2011). 대부분의 주에서 만 12세 이상의 미국인 중 7%가 지난달에 불법 약물인 마리화나(marijuana)를 사용한 것으로 나타났다.

왜 물질 사용이 만연해질까? 연구에서는 대체로 약물이 사람의 기분을 좋게 하거나 더 나아지게 하는 데 사용된다고 제안한다. 어떤 물질은 자극을 추구하기 위해 사용되는데, 약물을 사용하면 감정이 고조되거나 다른 감정을 느끼기 때문이다. 다른 사람들은 증상 완화를 기대하고, 불안, 우울, 트라우마나 환경적 스트레스에 대처하기 위해 물질을 사용한다. 어떤 이유에서든 상담자는 몇 가지에 대해 알아 둬야 하는데, 첫째로 내담자는 물질을 사용함으로써 긍정적인 효과를 가질 수 있다는 점이다. 일반적으로 약물사용은 동기와 뇌의 쾌락 경로에 큰 영향을 미치며, 우리가 맛있는 음식을 먹거나 사랑에 빠지는 것과 같이 정상적인 쾌락 경험을 할 때 느끼는 감정과 같은 신경화학적 효과를 모방한다.

일부 개인의 경우 이러한 물질 사용이 결국 남용이나 중독으로 이어진다. 미국에서 12개월 동안 알코올 사용 장애 유병률은 만 12~17세에서 4.6%로 추정되며 만 18세 이상은 8.5%로 추정된다. 대마초 사용 장애는 만 12~17세가 3.4%, 만 18세 이상이 1.5%로 추정되고 있다(APA, 2013). 알코올과 대마초는 흔히 남용되는 물질이며, '고양감'을 주는 거의 모든 물질은 남용될 수 있다.

남용과 중독 문제는 심각한 건강, 대인관계, 일, 법적 문제를 야기한다. 미국에서만 물질 남용으로 인해 실직, 건강 문제, 치료 및 기타 손실에 드는 비용이 매년 4,840억 달러 이상 증가하는 것으로 추산된다(Office of National Drug Control Policy(ONDCP), 2001, 2004). 물질 남용은 개인뿐만 아니라 가족 체계 전체를 파괴한다. 불행히도 이 장애는 잘 고쳐지지 않는다. 물질 남용 정신건강 관리국

(SAMHSA, 2012)에서는 2011년에 12세 이상의 물질사용장애 치료가 필요한 사람이 2000만 명이 넘는다고 밝혔다. 이 중에서 약 2백만명만 치료시설 또는 정신 보건 전문가를 찾았다. 즉, 이 말은 중독의 기준에 부합하는 약 1800만 명 이상이 전문적인 도움을 찾지 않음을 의미한다.

대다수는 알코올과 의학적 목적을 위해 처방된 약물을 소비한다. 이러한 사용이 어떻게 중독으로 전환되며, 이는 왜 정신건강 장애로 간주되는가? 생리적 및 심리적 효과가 깨지기 어려운 그 순환에 기여한다. 심각한 물질사용은 생명 유지와 관련하여 뇌를 변하게 하고 뇌 화학물질은 역기능적이고 불균형적이게 된다. 일반적으로 물질에 중독된 사람은 물질을 사용하지 않을 때 '정상적'이라고 느끼지 못한다. '정상적'인 것에 대한 그들의 기준은 변경되고, 새로운 기준 이외의 것에 불편감과 혐오감을 느낀다. 우선순위는 더 많은 물질을 사용하는 것이 되며, 이는 전형적인 필요와 욕구를 대체하게 된다. 이러한 변화는 물질사용장애뿐만 아니라 다른 정신건강장애의 특징이 되는 행동적 증상으로 이어진다.

물질사용장애

DSM-5(APA, 2013)의 물질사용장애는 DSM-IV의 물질남용과 물질의존 진단을 대신한다. 전문가들은 물질남용과 물질의존의 차이를 두고 계속해서 토론했으나, 일반적으로 물질의존은 생리적 및 행동적 증상에 관한 것이며, 물질남용은 사회적 및 대인관계적 측면으로 정의된다. 일부 정신건강 전문가는 또한 생물학적 기반에서 물질의 필요성은 정상적으로 느끼고 기능하기 위한 것이라고 하며 생리적 중독과 심리적 중독을 구분한다. 심리적 중독은 현저하고 지속적인 부정적 결과에도 불구하고 물질의 사용이 끊임없이 증가된다는 특징을 보일 수 있다.

특정 물질이 DSM-5에서 구분된 진단 코드를 부여받지만 모두 같은 진단기준에 기반을 둔다. DSM-5에서는 알코올, 카페인, 대마초, 환각제, 흡입제, 아편, 진정제/수면제, 자극제, 담배와 도박(유일한 비물질 항목) 등의 항목이 포함된다. 대다수의 물질남용자는 물질을 복합적으로 사용한다는 점을 기억해야 한다.

표 10-1	DSM 물질사용장애 증상의 일반적 기술

1. 물질을 흔히 의도했던 것보다 더 많은 양 또는 더 오랜 기간 사용한다.
2. 물질사용을 줄이거나 멈추려는 지속적인 노력을 기울이지만 불가능하다.
3. 물질을 획득하고 사용하고 그 효과로부터 회복하는 데 많은 시간을 허비한다.
4. 물질을 사용하고 싶은 갈망이나 강렬한 욕구를 경험한다.
5. 물질사용으로 인해서 직장, 학교나 가정에서의 주된 역할, 의무를 수행하지 못한다.
6. 사회적 혹은 대인관계 문제를 야기하거나 악화시킴에도 불구하고, 물질을 계속 사용한다.
7. 물질사용으로 인해 중요한 사회적, 직업적 또는 여가 활동을 포기한다.
8. 신체적 위험이 존재하는 상황에서도 물질사용을 지속한다.
9. 물질에 의해 초래되거나 악화될 수 있는 지속적인 신체적 또는 심리적 문제에도 불구하고
   물질사용을 계속한다.
10. 같은 효과를 얻기 위해 현저하게 증가된 양의 물질이 필요하다(내성).
11. 금단 증상을 경험하면서, 더 많은 물질을 사용함으로 안도된다.

    물질장애의 증상은 물질사용과 관련된 문제와 명백한 부정적인 영향에도 불구하고 지속적으로 사용하는 것에 중점을 둔다. 이러한 문제는 해로운 생각, 파괴적 행동, 생리적 증상 등을 포함하며, 이는 결국 상당한 손상으로 이어진다. 〈표 10-1〉에 현재 사용되는 11개의 진단기준이 제시되어 있다. DSM-5는 증상이 얼마나 많이 나타나는지에 따라 심각도를 명시할 수 있도록 한다. 2-3개의 증상은 경도, 4~5개의 증상은 중등도, 6개 이상의 증상은 고도의 물질사용장애로 제안된다. 현저하고 지속적인 남용은 신체적인 의존과 뇌와 몸에 생물학적 변화를 초래한다.

동반이환

    국가 동반이환 조사(Kessler, Chiu, Demler, Merikangas, & WAalters, 2005)에서는 약물사용장애를 가진 사람의 70% 이상, 알코올사용장애를 가진 사람의 40% 이상이 한 가지 이상의 추가적 정신질환을 가지고 있는 것으로 나타났다. 이러한 동반이환은 물질사용장애를 가진 사람의 경과, 치료 계획과 내담자 예후에 중대한 영향을 미칠 수 있다. 범불안장애(GAD), 주요우울증과 같은 기분장애는 물질사용장애를 가진 사람에게 나타나는 가장 흔한 장애이다(APA, 2013; Kushner, Kruger, Frye, &

Peterson, 2008; Quello, Brady, & Sonne, 2005).

문화적 고려사항 및 인구요인

사회와 문화는 사용되는 물질의 종류, 물질에 대한 접근, 물질 사용 및 남용에 대한 태도에 영향을 미친다. 개인은 이용가능성, 가족과 친구의 사용 태도와 패턴, 소셜 미디어, 문화적 규범과 가치로부터 영향을 받는다. 이러한 문화적 차이가 존재함에도 불구하고, 알코올과 마리화나는 세계적으로 가장 많이 사용되고 남용되는 약물이다(APA, 2013; Smart & Ogbune, 2000). 남성은 여성에 비해서 음주 및 관련 질환의 비율이 더 높으나, 여성 중에 많이 마시는 사람은 간질환과 같은 신체적 결과에 더 취약하다. 사회경제적 수준은 약물사용의 유형이나 사용 패턴에 영향을 미칠수 있다.

몇몇 연구에서는 도시의 게이 청소년이 높은 비율로 알코올과 마약을 사용한다고 지적했다(Rotherman-Borus, Hunter, & Rosario, 1994). 그러나 다른 연구에서는 일반 청소년 역시 높은 비율을 보였다(Herdt, & Boxer, 1993). 1997년에 레즈비언, 게이, 양성애자 청소년을 상대로 한 다민족 연구에서는 93%의 여성, 90%의 남성이 물질사용을 자기 보고했으며, 알코올과 마리화나는 가장 높은 사용 빈도를 보였다(Rosario, Hunter & Gwadz, 1997). LGB 청소년은 다른 청소년과 같은 이유(시험 삼아, 독립성을 주장하려고, '사회적 윤활유' 역할)로 물질을 사용하며, 더 많은 사회적 고립과 편견, 차별을 경험할 수도 있다. 알코올과 약물사용은 낙인과 수치심을 다루고, 동성에게 느끼는 매력을 억누르고, 따돌림 또는 폭력에 대처하는 하나의 방법일 수도 있다(Zubernis, Synder, & McCoy, 2011).

DSM-5는 진단기준에 대한 몇 가지 변화를 담고 있다. 특히, 문화적 고려사항으로 인해 전 세계에 일률적으로 적용되기 힘든 법 집행과 같은 문제가 삭제된 반면, 약물에 대한 갈망이 증상 목록에 추가되었다.

병인 및 위험요인

뇌 보상 체계의 활성화는 물질사용장애의 발달의 핵심이다. 약물을 사용함으로서 얻는 보상의 감정은 엄청나서 물질을 사용하기 위해 다른 정상적인 활동을 무시할 수도 있다. 각 종류의 약물에 대한 화학적 매커니즘은 다를 수 있지만, 보상 체계의 활성화는 즐거움 또는 행복감을 유발하는 물질들과 유사하며, 이를 흔히 '고양감'이라고 일컫는다(APA, 2013). 중독성질환은 원인과 위험요인을 구분하기 어렵다. 어떻게 그리고 왜 심각한 중독으로 발전되는가는 생리학적 관점(때때로 의학 혹은 질병 모델이라고 불리는)과 심리사회적 관점에서 볼 수 있다. 한편 위험요인은 발달적 접근에서 가장 잘 이해할 수 있다. 먼저 우리는 중독의 유명한 몇 가지 인과모형을 살펴보고, 이어서 위험요인에 대해 논의할 것이다.

의학과 질병 모델은 물질사용과 함께 발생하는 화학적 변화에 초점을 맞추며, 이러한 결과는 주로 생물학적, 유전적 매커니즘 그리고 정도는 덜하지만 심리적 매커니즘에서 비롯된다고 주장한다. 물질 중독은 뇌와 신경 체계의 정상적 활동을 방해하는 정신활성 화학물질을 포함한다. 이는 뇌에 이미 존재하는 화학적 메신저를 모방하거나 뇌의 쾌락중추를 과부하 시킨다. 예를 들어, 마리화나와 헤로인은 뇌에서 자연적으로 생성되는 신경전달물질과 유사한 화학구조를 가지고 있다. 이 약물은 그렇지 않았다면 활성화되지 않았을 신경세포를 활성화하도록 신체를 오도한다. 코카인과 암페타민은 도파민 같은 신경전달물질을 과하게 분비하게 하거나 분해되지 못하게 막도록 뇌를 자극한다(Brick & Erickson, 2012). 시간이 흘러서 뇌는 도파민의 큰 증가에 적응하기 위해 도파민의 생산을 줄이거나 도파민 수용체의 숫자를 줄여 간다. 이는 중독자의 고양감이 떨어지는 때를 의미하는 크래시(cash)를 야기한다. 중독은 그 후 '고양감'을 얻기 위해 또는 심지어 정상이라는 느낌을 얻기 위해 점점 더 많은 물질을 필요로 하게 된다(Brick & Erickson, 2012)

중독에 대한 심리사회적 설명은 개인 간, 개인 내적 그리고 환경적 변인에 더 초점을 맞춘다. Thomas Szasz(2010)와 같은 일부 연구자는 약물을 섭취하는 것은 선택이며, 의식적인 의사결정이므로 중독은 '질병'이 될 수 없다고 주장한다. 이 이론을 '자유 의지' 모델이라고 하며 이론에서는 약물을 사용할지 혹은 결국 중독될지

여부를 생리학만으로 결정할 수는 없다고 가정한다. '쾌락 원칙' 모델이라 불리는 다른 관점에서는 물질사용이 쾌락을 증가시키고 불편함을 피하는 목적으로 학습된 반응이라는 이론을 제시한다(Bejerot, 1972). 이 모델은 쾌락 추구가 인간의 타고난 특성이며 물질 사용은 이 자연스러운 추동을 표현하는 학습된 행동이라고 믿는다.

실험적 모델(Peele & Brodsky, 1992)은 동료 영향, 가용성, 지각된 중요성, 사회적 결과와 같은 환경적 요인에 초점을 맞췄다. 이 모델은 중독을 질병 모델보다 시간 적이고 맥락적으로 정의한다.

중독 분야의 전문가들은 또한 문화적 신념이 특정 중독에 많은 영향을 줄 수도 있다는 점을 인정한다. 예를 들어, 많은 중동 지역 국가에서는 알코올 중독자가 거의 존재하지 않는데 이는 알코올이 불법이고 문화적으로 경시되기 때문이다.

중독에 대한 심리사회적 모델 중에서 가장 논란이 많은 모델은 '도덕 모델'이며, 이 모델은 중독을 개인의 흠이나 성격적 결함에 의한 결과로 보고 있다. 이 모델에 서는 중독이 성격적 결함이나 개인적 약점과 연결될 수 있고, 유전이나 생물학적 이유가 아니라고 가정한다. 도덕 모델은 보통 정신건강 장면에서 적용되지 않지만, 상담자는 내담자의 가족 구성원을 포함한 일부 사람들이 이 관점을 지닐 수 있음을 주의해야 한다.

상담자가 내담자의 이력과 위험요인을 탐색할 때, 심리적 또는 생리적 의존성은 일종의 발달 과정으로 볼 수 있다. 앞서 언급한 바와 같이 약물은 특정 이유로 사용 되며, 처음에는 사용의 결과가 일반적으로 긍정적이기 때문에 강화된다. 이러한 실 험 과정은 정기적 복용으로 이어지고 그 다음에는 과용, 결국은 의존에 다다른다. 초기 약물사용의 이유와 관련된 다양한 위험요인이 있을 수 있다. 증상을 완화시 키고 싶었던 사람은 높은 비율의 불안, 우울, 환경적 스트레스를 가졌을 수도 있다. '고양감'을 찾는 사람은 성격, 가족 가치, 사회 규범 및 과거 위험 감수 행동과 더 관 련이 있는 위험요인을 갖고 있을 수 있다.

또한, 그 사람이 발달 연속체 중 어디에 위치하는지에 따라 존재하는 위험요인 도 있다. 이용 가능성, 가족과 사회의 가치, 위험 감수, 스트레스 수준과 같은 요인 은 실험적 단계에서 더 강한 영향을 미치는 반면, 유전적 및 신경생물학적 변인은 의존과 관련하여 더 큰 역할을 할 수도 있다(Erickson, 2007). 모든 약물의 남용과 중 독이 약물을 사용하겠다는 의식적 선택에서 시작된다고 주장할 수 있다 해도, 어느 시점이 되면 물질 사용이 만성화 되고 병약해지는 방향으로 뇌의 변화가 일어난다.

유전학은 이러한 변화가 어떻게 발생하는지에 큰 역할을 할 수 있는데, 일부 내담자는 완전한 중독과 의존으로 빠르게 이행한다(Erickson, 2007). 물질사용의 이력과 경과를 이해하는 것은 가족과 의학적 배경 만큼이나 사례개념화 과정의 중요한 구성 요소이다. 상담의 초기 단계 동안 정보를 수집할 때, 어떻게 약물을 시작하여 현재 상태에 이르게 되었는지를 완전히 이해하기 위해 이러한 다양한 요인에 대해 논의하는 것은 중요하다. 또한, 모든 사람이 동일한 수순을 밟아 의존이 되는 것은 아님을 명심해야 한다. 어떤 사람은 다른 여러 물질을 오랫동안 사용한 이력이 있을 수 있고, 또 다른 사람은 '선택한 약물' 한 가지에 빠르게 의존하게 될 수도 있다.

특히 사례개념화와 관련하여, 중독으로 이끈 요인과 근본 원인에 대한 상담자 자신의 관점을 탐색하는 것은 반드시 해야 하는 일이다. 모든 사례가 서로 다름에도 불구하고, 이는 중독 치료에서 내담자가 자신의 질병에 대해 '이유'와 '방식'을 이해하도록 돕는 데 중요한 단계이다.

치료적 개입

물질사용장애는 다차원적이고, 만연하며 높은 공병률을 갖기 때문에 치료가 어려울 수 있다. 효과적인 치료는 대개 장애와 그 결과의 특정 양상이나 단계에 각각 초점을 맞추는 몇 가지 요소를 포함한다. 심각도에 따라 대부분의 내담자는 지속적인 효과를 얻기 위해 장기간의 강도 높은 반복 치료가 요구된다. 모두에게 효과적인 단일 치료는 없으며, 전체론적 접근이 가장 효과적이다. 이것을 염두에 둔 구체적인 증거 기반 개입이 추천된다.

중독된 내담자의 경우, 해독이 대개 치료의 첫 단계이다. 그러나 해독 하나만으로는 긍정적인 장기 효과로 이어지지 않는다. 해독 후의 전형적인 개입으로는 약물요법, 동기부여 면담, 개인 및 집단 상담, 기타 행동적 개입이 있다. 이 개입들의 후속 조치로는 재발 방지와 또래 지지 집단이 사용된다. 각 요소는 중요하며 선행 단계에서 이뤄진 작업을 토대로 한다. 물질사용장애는 재발이 빈번하여 내담자는 선행 치료 단계로 돌아가야 할 수도 있다.

가장 효과적인 치료 계획은 의학적 상태, 동반된 정신건강장애, 직장생활, 가족 문제를 포함한 내담자 삶의 다양한 측면을 다루는 것이다. 지역사회나 가족을 기반으로 한 지지집단의 지속적인 지지는 재발 방지에 매우 중요한 요소이다. 첫 물질 사용의 이유는 다뤄질 필요가 있고, 내담자는 새로운 대처 전략을 배워야 하며, 그렇지 않으면 대처 도구로 약물을 다시 사용하게 될 수도 있다.

SAMHSA(2009)은 증거 기반 프로그램 및 실무의 국가 등록 체계를 구축했는데 이는 중독 상담자를 위한 매우 좋은 자료이다. 이 온라인 데이터베이스는 연구로 입증되고 검토된 개입 방법을 담고 있다. 등록된 개입 중 일부는 특정 인구 집단을 위해 제안되지만, 다른 개입은 더 일반적으로 사용된다. 정신건강 상담 장면에서 특히 적용할 수 있는 일반적 접근에는 동기부여 면담, 동기 강화 치료, 재발 방지 치료, 12단계 촉진, 기술 훈련이 있다. 입원환자 치료 공동체, 가족 기반 개입, 12단계 개발 치료, 위험 관리 및 약물 치료 또한 논의된다. 다음 장에서 이러한 접근 중 몇 가지를 요약한다.

David의 사례

David는 지나친 물질의존, 특히 마리화나 남용 때문에 상담 받기를 원하는 24세의 대학교 4학년 학생이다. 그는 자신이 특정 방식으로 느낄 수 있다면 무엇이든 가리지 않고 사용하는 남용자라고 설명했다. 그는 "하루의 고단한 학교 생활에서 벗어나려고" 마리화나를 피우며, 모든 것으로부터 플러그를 뽑는 것이라고 묘사했다. David는 자신의 학업 과정을 해내는 데 지장이 있으며, 결과적으로 그는 학업에 계속 집중하기 위해 룸메이트의 ADHD 약물을 훔치거나 불법으로 구매했다. 지난 달에 그의 룸메이트는 몇 번 그를 도둑으로 몰았고 David는 지속적으로 그것을 부인했다. 주말에 David는 종종 친구들과 과음을 하고, 자주 필름이 끊겼다. 그는 대개 '누군가가 주는 것이면 무엇이든지' 다른 약물을 실험했다.

⚙ 상담 개입

인지 행동 및 행동 접근은 개인 단독 또는 집단 치료에 효과적이고, 다차원적 접근법의 구성 요소로도 효과적인 것으로 확인되어 왔다(Carroll & Onken, 2005; McHugh, Hearon, & otto, 2010, Miller, 2009). 이러한 접근은 동기 부여, 수반성 관리, 재발 방지 개입 등을 포함한다.

◆ 동기부여 개입

앞선 장에서 묘사된 것처럼 동기부여 개입(MI)은 변화에 대한 양가감정을 해결하는 것을 기초로 한다. MI는 내담자의 변화에 대한 동기를 유도하고 강화하기 위해 협력적 접근을 취하는 사람 중심적 상담 형태이다(Miller & Rollnick, 1992). 이 접근을 사용하는 상담자는 내담자의 방어와 저항으로 이어질 수 있는 충돌과 논쟁을 피하기 위해 조심한다. MI 기법은 대개 상담 초기 단계에 적용되며, 상담자가 문제를 보는 내담자의 관점에 대해 이해하도록 도와주고, 변화를 향한 내담자의 갈망을 판단하고, 희망을 불어넣어 주고, 긍정적인 변화의 가능성에 대한 내담자의 지각을 확장시킨다.

MI는 물질 사용을 멈추는 것에 관한 그들의 양가감정을 탐색하고 해결함으로써 상담자가 내담자의 내적 동기를 활용할 수 있게 해 준다. 내담자가 현재의 행동과 그들이 원하는 인생 간의 차이를 인정할 때 변화를 위한 근거가 생겨난다. 처음에는 약물사용이 그들의 삶을 향상시키기 위한 수단이거나 긍정적인 것으로 보일 수 있지만, 이제 그들은 그것이 초래한 손상과 그들의 삶에 끼친 피해를 볼 수 있을 것이다.

일부 특정 동기부여 면담 전략에는 논쟁적인 자세 피하기, 반영적 경청을 통해 공감 표현하기, 현재의 행동과 원하는 행동 간의 불일치를 지적하기, 변화할 수 있는 능력을 가지고 있다는 내담자의 믿음 강화하기, 타인과 그들의 감정에 대한 존중과 수용을 보여 주기 등이 있다. 상담자는 종종 내담자의 현재 생활과 내담자가 원하는 행동간 불일치를 탐색해야 한다. 상담자는 약물사용에 관한 비용편익 분석에 내담자를 참여시키면서, 저울이 비용 쪽으로 급격히 기우는 것을 내담자가 인정하기를 기대해 볼 수도 있다. 내담자가 스스로 변화를 원한다면, MI 전략은 강점을 탐색하고, 자기효능감을 증진시키며, 내담자의 기대를 향한 방향으로 전환된다.

◆ 수반성 관리

수반성 관리(CM)는 때때로 강화의 체계적 사용이라고 불린다. 이는 자발적 학습이론으로부터 파생됐으며 절제 행동을 격려하면서 강화를 사용하는 것이다(Petry, 2011). 이 강화는 절제의 긍정적 효과가 자리잡을 때까지 절제의 1차적 이득을 보충하도록 돕는다. 희망적인 것은 절제의 긍정적 이득은 궁극적으로 지각된 비용보다 크다는 점이다. 강화는 언어적 칭찬, 대중의 인정, 내담자가 원하지 않는 것의 제거(즉, 보호 관찰의 제거), 일정 형태의 보상과 같이 다양한 형태를 취할 수 있다. 병원 및 내원환자 시스템에서의 CM 개입의 예로는, 토큰 경제, 바우처 제도, 단계별 특권 제도가 있다. 바우처 제도의 예를 들자면 약물 선별 검사에서 음성이 나오면 영화표를 주는 것이다. CM 절차는 가변적, 안정적 또는 점증적 강화 계획을 통해 원치 않는 행동을 제거하고 원하는 행동을 증가시킬 수 있다. 불행히도, CM 개입은 대부분의 임상 환경에서 재정적 자원으로 인해 제한될 수 있다.

◆ 재발 방지

재발 방지(RP) 전략은 물질사용/남용에 대한 내담자의 내/외적 단서에 초점을 맞춘 인지 행동 접근법이다. RP의 목표는 변화를 이뤄내는데 전념한 후 첫 과실이 생기지 않도록 막고, 과실이 본격적인 재발로 확대되지 않도록 하는 것이다. RP 개입은 치료의 유지 단계에 주로 사용된다(Gorski & Grinstead, 2010).

상담자의 역할은 내담자에게 재발의 촉발 요소를 알게 하고 대안적인 행동 및 인지 반응을 개발하도록 돕는 것이다. RP는 약물사용을 촉발할 수 있는 고위험 상황(동네 술집에 가기, 금요일 밤, 여전히 약물을 사용하는 친한 친구 등)과 촉발요소가 되는 내적 심상("나는 무가치하다.", "내 상황은 절망적이다.")을 인식하고 방지하는데 중점을 둔다. 일반적인 기법으로는 내담자가 지각하는 물질사용의 긍정적 효과에 도전하기, 고위험 환경에서 정보에 입각한 선택을 할 수 있도록 심리교육을 제공하기 등이 있다(Carroll et al., 2006).

◆ 거주 치료

입원환자 거주 치료 프로그램이나 치료 공동체는 특히 치료에 처음 참여하는 환자, 동반이환이 있는 내담자 또는 심각도가 높은 내담자에게 매우 효과적인 개입이 될 수 있다. 거주 치료는 주로 내담자가 28일에서 12개월의 기간동안 "상주하는" 고도의 체계화된 프로그램이다. 치료 공동체는 집단 기반 개입 및 회복 중인 다른 내담자를 치료의 핵심 요소로 사용한다. 먼저 치료를 받고 있던 내담자는 다른 내담자의 약물사용에 관한 태도, 지각, 행동에 영향을 줌으로써 변화의 촉매제가 된다.

◆ 가족 기반 치료 개입

앞서 살펴본 바와 같이, 내담자의 가족 체계와 환경은 물질남용의 원인에 영향을 미치는 요인이며, 이 질병의 치료에서도 고려되어야 한다. 연구에서는 행동적 부모 훈련, 가족 기술 훈련, 가정 내 가족 지원, 단기 가족 치료, 가족교육 등과 같은 가족 기반 개입 효과성을 지지한다(Kumpfer, Alvarado, & Whiteside, 2003). 또한, 일반적으로 가족 기반 개입이 포함될 때 치료 계획이 더 효과적이라는 결과가 있다(Kumpfer, Alvarado, & Whiteside, 2003).

이 접근의 많은 예시 중 하나가 가족 행동 치료(FBT)이다. FBT는 성인과 청소년의 물질사용과 남용의 감소에 초점을 맞추는 동시에 가정 불화, 우울, 학교와 직장에서의 수행 그리고 행동 문제 등의 동반되는 주제를 다루는 행동 기반 상담 개입이다. 내담자는 최소 한 명의 중요한 타인과 함께 회기에 참여하며, 청소년의 경우에는 전형적으로 부모나 보호자가 함께 한다(Donohue et al., 2009).

◆ 12단계 기반 개입

12단계 모델은 1939년 익명의 알코올 중독자들(AA)에 의해 최초로 개발되었고, 『100명 이상의 남자가 알코올 중독을 회복한 이야기』에서 처음 출판되었으며(Wilson & Smith, 2001), 중독, 충동, 통제되지 않는 다른 행동으로부터 회복되는 과정을 정의했다. 여기에는 강한 영적 구성요소가 담겨있고, 중독성 행동이 통제될 수 없음을 인정하는 것, 거대한 힘이 지지의 근원임을 인식하는 것, 후원자의 도움을 받아 과거의 행동을 조사하는 것, 과거의 행실을 개선하는 것 등의 일련의 원칙을 기반으로 한다. 〈표 10-2〉는 순차적으로 수행되어야 하는 12단계의 과정을 보여 준다(Wilson & Smith, 2001). 일정 기간 동안 누군가가 자각하거나 통찰하게 된다면, 그들은 중독으로 고통받는 다른 사람을 돕거나 12단계 프로그램에 합류할 것으로 기대할 수 있다.

상담자가 이 12단계 기반 개입을 사용하지 않을 수는 있겠지만, 이 프로그램이 어떻게 기능하고 각 단계가 어떻게 구성되어 있는지 인식하는 것은 중요하다. 내담자는 아마도 입원 치료 과정 중에 이 프로그램을 접하게 되거나 치료를 보충하고 회복을 지지하는데 활용할 수 있다.

표 10-2 익명의 알코올 중독자들의 12단계
1. 우리는 알코올 앞에 무력하여, 현재 삶을 조절할 수 없게 되었음을 시인했다.
2. 우리보다 위대한 힘이 우리를 온건한 상태로 회복시킬 것이라고 믿게 되었다.
3. 우리가 신을 이해한 바와 같이 우리의 의지와 삶을 신의 가호에 맡기기로 결정했다.
4. 스스로 철저하고 두려움 없는 도덕률을 만들었다.
5. 우리의 잘못에 대한 정확한 본질을 신과 자신, 그리고 타인 앞에서 시인했다.
6. 신께서 이러한 모든 성격상의 결점을 제거해 주시도록 완전히 준비했다.
7. 신께서 우리의 단점을 없애 주시기를 겸손히 간청했다.
8. 우리가 해를 끼친 모든 사람의 명단을 만들어서 그들 모두에게 보상해 줄 준비가 되었다.
9. 어느 누구에게도 상처를 주지 않는 한에서, 가능한 어디서든 그 사람에게 직접 보상했다.
10. 계속해서 자신을 반성하여 잘못이 있을 때 즉각 시인했다.
11. 기도와 명상을 통해 우리가 신을 이해한대로 신과 의식적으로 접촉하고자 노력했다. 오직 그분의 의지와 그 일을 수행할 수 있는 힘을 알기만을 간청한다.
12. 이러한 조처의 결과로 영적으로 각성한 우리는 이 메시지를 알코올 중독자들에게 전달하고, 매사에 이 원칙을 실천하려고 노력했다.

◆ 위험 관리 접근

위험 관리 접근은 유해 요인 감소와 약물사용이 개인, 가족 또는 지역 사회에 미치는 영향을 줄이는 데 중점을 둔 여러 가지 치료 양식을 포함한다. 이 프로그램은 위해 감소 접근이라고도 불리며 주거 치료, 외래환자 치료, 공동체 기반 시설에서 쓰인다. 위해 감소의 주요 초점은 물질사용과 남용으로 인해 발생하는 부정적 영향 또는 내담자 삶의 의존성을 감소시키는 것이다. 이 접근 유형은 논란의 여지가 있을 수 있는데, 그 이유는 물질사용 중단에 꼭 초점을 맞추는 것은 아니기 때문이다. 이 접근의 예시는 헤로인 사용자에게 HIV 같은 전염성 질병에 걸릴 가능성을 낮추기 위해 깨끗한 바늘을 제공하는 것이 있다.

이 접근의 다른 예로는 위해 감소 치료(HRT)가 있다. HRT는 내담자가 사용하는 물질을 통해 구축되는 다면적 관계를 고려하여 환경적 맥락과 영향에 중점을 둔다. HRT는 물질사용장애에 대해 개인적 차원뿐만 아니라 사회적 및 직업적 차원까지 다룬다. 위해 감소 접근에서 종종 논란이 되는 부분은 개입의 목표 범위가 지속된 절제부터 통제되거나 안전한 사용에 이르기까지 다양할 수 있다는 점이다. HRT의 지지자들은 내담자가 원하는 치료 목표가 그들의 건강과 관계, 기능의 전반적인 수준을 향상시키기 위한 동기에 기반한다는 사실을 인정해야 한다고 주장한다.

◆ 약물 치료

금단과정에서 사용되는 약물 치료는 해독을 하는 동안 신체적 증상의 완화를 돕는다. 해독이 되고 나면, 정상적인 뇌 기능화와 신체적 갈망의 감소를 돕기 위해 다른 약물이 처방될 수 있다. 현재는 담배와 아편, 알코올 사용 그리고 자극제와 대마초처럼 최근 생겨난 물질의 중단을 돕는 약물치료가 있다. 이 약물치료 유형의 예시로는 헤로인 중독에 메타돈을 처방하는 것이 있다. 이는 내담자가 약물 추구 행동과 관련된 범죄 행위를 끊도록 도와주고 상담 기반 개입에 더 수용적이게 해 준다. 불안과 우울의 근본적인 증상에 대한 약물치료는 앞선 장에서 설명했다.

T/C 모델을 사용한 물질 관련 장애의 사례개념화

물질 관련 장애를 가진 내담자의 사례개념화는 내담자의 물질사용 이력 및 시간에 따른 사용 경과에 대한 철저한 이해를 포함해야 한다. 또한, 이는 물질남용의 가족력은 물론, 물질사용에 대한 가족 및 문화적 신념과도 관련이 있다. 과거와 현재의 스트레스 요인도 모두 평가되어야 한다.

내담자가 왜 물질사용을 시작했는지 이해하는 것이 대단히 중요하다. 물질사용을 통해 내담자가 얻은 긍정적인 이득을 이해함으로써 나중에 비용과 비교할 수 있다. 내적 성격 구조(Internal Personality Construct)에 관련하여, 약물사용에 영향을 미칠 수 있는 정서 조절 어려움과 불안·우울 문제를 고려할 필요가 있다. 내담자의 자기효능감 및 변화에 대한 준비 또한 고려할 결정적인 요인이다. 내담자의 주변 환경과 관련하여 또래 영향과 대인관계는 중요하게 평가되어야 한다.

가족 관계, 또래 및 영성을 포함한 지지체계와 지원은 회복과정과 재발 방지에 중요하며, 영성은 치료의 12단계 접근의 전통적인 구성 요소이다.

모든 물질 관련 장애에서 재발은 중요한 관심사이기 때문에, 평가는 물질사용의 촉발요소와 환경적 단서, 그리고 앞으로 실행될 수 있는 내담자의 대처 기술에 대한 이해를 포함해야 한다.

이러한 고려사항을 염두에 두고 물질 관련 장애와 일치하는 증상으로 상담에 온 또 다른 내담자를 살펴보자.

JJ의 사례

JJ는 북동부 대도시에서 태어난 15세 소년으로, 어머니, 새아버지 그리고 두 명의 이복 남동생과 함께 살고 있다. 그의 아버지는 알코올 중독자였고 때때로 JJ와 어머니를 학대했다. JJ가 7살 때 그의 아버지는 집을 떠나 버렸다. JJ의 새아버지는 전처와의 사이에서 두 명의 아이를 낳았고 영업 사원으로 일하며 대부분의 시간을 길에서 보냈다. JJ의 어머니가 JJ를 데리고 온 이유는 학교에서 심리 상담을 요구했기 때문이다. JJ는 도둑질을 하다가 걸렸고, 대마초를 소지한 것이 두 번이나 발견되었으며, 최근에 다른 학생에게 처방 약을 판매하다가 잡혔다. 학교 상담자는 JJ에게 학교보다 더 집중적인 치료를 제공할 수 있도록 당신에게 의뢰했다.

상담자: 무슨 일이 있었는지, 그리고 학교 상담 선생님이 네게 왜 도움이 필요하다고 느낀 건지 말해 줄 수 있니?

JJ: 리탈린(ritalin)을 판매한 것을 말씀하신 거예요? 제가 9살이었을 때 문제가 많았어요. 그래서 엄마가 저를 데리고 병원에 갔어요. 엄마가 의사에게 제가 통제 불능이라고 말했어요. 의사가 저보고 주의력결핍 과잉행동장애라고 했고 리탈린을 처방해 줬어요. 그게 조금은 도움이 된 것 같아요. 잘은 모르겠어요. 엄마에게는 리탈린을 복용한다고 말하지만, 사실은 제가 학교에서 다른 애들한테 이것을 팔고 있어요.

상담자: 네가 리탈린 복용을 멈춘 이유를 조금 더 이야기해 줄 수 있니?

JJ: 멈춘 이유는 돈이 필요하기 때문이에요. 제 새아버지는 저에게 아무것도 안 주시고 오로지 자신을 위해서만 쓰고 싶어 해요. 친구들과 노는데 쓸 돈을 버는 방법이 이것 외에 뭐가 있겠어요?

상담자: 꽤 어려운 것 같구나. 알코올 사용과 대마초 흡연에 대해서도 말했는데, 이에 대해서 좀 더 이야기해 줄 수 있니?

JJ: 제가 12살, 중학교 때부터 술을 마시고 대마초를 피우기 시작했어요. 저는 중학교 때 학교에 가기 싫었어요. 초등학교가 더 낫다는 말은 절대 아니에요. 모든 친구는 스포츠나 동아리에 참여하는 것에 대해 이야기하지만 저는 어머니와 새아버지로부터 담배와 마리화나를 훔칠 생각밖에 없었어요. 지금 저는 하루에 담배 반 갑과 두서너 개의 마리화나를 피워요. 아침에 학교 가기 전에 커피를 한잔하고 이게 다예요. 또 밤에 서너 병의 맥주를 마셔요. 주말은 제가 모든 것에서 벗어나고 싶은 시간이에요. 저는 많은 것을 가지고 놀아 봤어요. 선생님도 아시잖아요. 그냥 뭐가 있는지 알고 싶어서요. 마리화나, 코카인, 각성제 등 다 해 봤어요. 심지어 어떤 파티에서는 헤로인 주사를 맞은 적도 있어요. 별거 아니에요. 밖에 나가면 저는 이것을 다 섞어 보는 것을 좋아해요. 그날 하루가 어떤지 그리고 누구랑 같이 있는지에 따라서요. 제가 너무 많이 마시면 의식을 잃어요. 과다 복용하고 응급실에 가야했던 적도 몇 번 있었어요. 하지만 별거 아니더라고요. 지금 제가 살아 있잖아요. 각성제를 가장 좋아하기는 하는데…… 담배랑 커피를 빼면 어떤 약물이든 좋아하긴 하는데 각성제가 가장 좋아요.

상담자: 어머니와 새아버지에 대해서 좀 더 이야기를 해 줄래? 가끔 네가 그분들로부터 담배와 마리화나를 얻는다고 했지?

JJ: 새아버지가 집에 있을 때 그냥 술 마시고, 대마초를 피우면서 TV를 봐요. 별로예요. 항상 그래요. 그는 마약에 취하면 저와 엄마에게 괴성을 지르고 물건을 던져요. 새아버지는 항상 술을 마시는데, 최근에는 통제 불능이에요. 특히 주말에 새아버지의 아이들이랑 있을 때 더해요. 어머니도 굴뚝처럼 담배를 피우고 술을 마셔요. 이웃이 경찰에 신고한 적도 많았어요. 둘 다 만취했을 때 조심해야 해요. 욕과 저주가 날아다니거든요.

상황이 악화되면 그냥 제가 집에서 나와 여자친구의 집에 가요. 우리 집이
저는 싫어요. 하지만 저는 어린 동생들을 그 집에 남겨 두는 것도 싫어요.
개네는 그냥 아이들이잖아요, 그렇죠?

JJ의 사례

◆ T/C 사례개념화 모델 개요의 예시

(*추가 정보가 필요한 영역)

① 주 호소 문제: 알코올과 다수의 물질사용, 학업 문제, 법적 문제, 가족 불화,
주의력결핍장애 진단

② 내적 성격 구조와 행동

- **자기효능감**: 무력감, 약물에 의존한 대처.
- **자존감***
- **태도/가치/신념***
- **애착 유형**: 부모의 약물사용으로 인한 불안정 애착 가능성
- **생물학/생리학/유전적 특성**: 15세 남자, 어머니의 알코올 중독, 아버지의 알코
올 중독, 학대, 까다로운 기질, ADD 진단, 장기간의 다양한 물질사용, 의존
가능성.
- **정서**: 분노, 우울 가능성.
- **인지**: '일부 가족 구성원들이 나를 돌봐 주지 않는다.' '인생을 감당하기 어렵
다.' '나는 다른 아이들과 같지 않다……' '나는 뭔가 잘못됐어.' 학교를 좋아하
지 않고 학생으로서 유능감을 느끼지 못함. 약물사용/남용을 대수롭지 않게
여김.
- **감정적 사고**: '모든 것에서 벗어나고자 하는 욕구.', '부모가 나에게 관심이 없
다.' '나는 우리 집이 싫다.'

- **행동:** 알코올 사용, 다양한 약물사용, 새아버지와의 갈등, 학업 어려움.
- **징후학:** 우울, 불안, 약물남용
- **대처 기술과 강점***
- **변화에 대한 준비:** 사전 고려 단계.
- **삶의 역할:** 가족 체계 안의 역할 *, 형, 남자친구, 고군분투하는 학생.

③ 환경
- **관계:** 어머니와 새아버지와의 갈등, 동생들에 대한 애착, 여자친구와의 관계.
- **문화***
- **가족 규범과 가치:** 가정의 물질남용.
- **사회적 영향:** 물질남용하는 다른 친구로부터 받은 영향.

④ 연대기
- **과거 영향:** 어머니의 알코올 사용 이력, 아버지의 유기와 학대, ADD 진단.
- **현재 영향:** 새아버지와 어머니와의 갈등, 학업 어려움, 법적 문제.
- **미래 목표***

- **질문:** 이 사례개념화를 완성하기 위해 추가적으로 묻고 싶은 것은 무엇인가요?

상담의 핵심

- 정신활성 약물의 사용은 미국을 포함한 많은 문화권에서 만연하다. 최근 국가 조사에서 만 12세 이상의 미국인 중 약 9%(2천 2백만 명)가 지난달 불법 마약을 사용한 것으로 추정한다(SAMHSA, 2012). 연구자들은 일반적으로 이들이 기분을 좋게 하거나 나아지게 하기 위해 약물을 복용하는 것을 밝혀냈다.
- 일반적으로 물질사용은 맛있는 것을 먹거나 사랑에 빠지는 것과 같은 정상적인 쾌락 경험을 하는 동안 느끼는 감정을 포함한 뇌의 신경화학물질의 효과를

모방하고, 뇌의 쾌락 경로와 동기에 큰 영향을 미친다.

- 물질사용은 부분적으로 남용과 중독으로 변하는데 왜냐하면 심각한 물질사용은 중요한 방식으로 뇌를 변화시키고 뇌의 화학작용이 역기능적이고 불균형해지기 때문이다. 근본적으로, 중독된 사람은 물질을 사용하지 않으면 '정상'이라고 느끼지 못한다.

- DSM-5에서 물질사용장애는 DSM-IV의 물질남용과 물질의존을 대체한다.

- 전문가들은 물질남용과 물질의존의 차이에 대한 논의를 계속하지만 일반적으로 물질의존을 생리 · 행동적 증상으로 정의하는 반면, 물질남용을 사회 및 대인관계의 결과로 정의한다.

- 미국 NCS(national comorbidity survey, Kessler, Chiu, Demler, Merikangas, & Walters, 2005) 조사에서 약물사용장애를 가진 사람의 70% 이상, 알코올 사용장애를 가진 사람의 40% 이상이 적어도 하나의 다른 정신질환을 동반하는 것으로 나타났다.

- 사회 · 문화적 요인은 물질사용 및 남용의 유형, 접근 및 태도에 있어서 중요한 역할을 한다. 개인은 이용 가능성, 가족, 친구, 소셜 미디어, 문화적 규범과 가치에 의해 영향을 받는다.

- 비록 각 약물 종류의 화학적 메커니즘이 다소 차이가 있지만 흔히 "고양감"이라고 불리는 쾌감이나 도취감을 제공해 주는 보상 체계의 작동은 비슷하다.

- 의약이나 질병 모델은 중독 시 일어나는 화학적 변화에 중점을 두며, 중독은 주로 생물학, 유전적 메커니즘과 정도는 덜하지만 심리적 메커니즘에 기인한다고 주장한다.

- 중독에 대한 심리사회적 설명은 대인 간, 개인 내적, 그리고 환경적 변인에 초점을 맞추고 있다.

- 특히 사례개념화에 있어서 상담자는 중독으로 이어지는 근본 원인과 영향 요인에 관한 상담자 자신의 관점을 탐색해야 한다. 사례마다 서로 다르지만, 이는 중독치료에서 내담자가 자신의 장애의 '방식'과 '이유'에 대해 이해하도록 돕는 데 중요한 단계이다.

- SAMHSA에서 설립한 National Registry of Evidence-Based Programs and Practices(증거 기반 프로그램과 실행의 국가 등록소: NREPP)는 중독 관련 상담자

에게 엄청난 자원이다. 이러한 온라인 데이터베이스는 연구되고 검토된 개입을 담고 있다(제10장의 '더 나아가기' 참고).

- 정신건강 상담 장면에서 유용하고 효과적인 연구 기반 접근에는 동기부여 면담, 동기 강화 치료, 재발 방지 치료, 12단계 촉진 및 기술 훈련을 포함한다.

실습

실습 10-1   음주와 약물: 선입견 탐색하기

모든 사람은 자라면서 미디어에서나 친구와 가족 구성원들의 경험을 통해서 알코올 중독 혹은 중독이 무엇을 의미하는지 접하며 개념을 형성하게 된다.

✎ **수업 실습**: 10분 내로 다음 각 질문에 두세 가지 답을 적은 다음 소규모 집단으로 토론하시오.

- **질문1**: 당신은 사람들이 약물이나 알코올에 중독되는 이유에 대해 어떤 메시지를 받아들였는가?
- **질문2**: 사람들이 어떻게 그리고 왜 약물사용을 멈추는지(혹은 멈추지 못하는지)에 대한 당신의 생각은 어떠한가?

활동 10-2   사례개념화 연습

Kira의 사례

Kira는 구급차로 지역 병원의 약물의존 부서에 이송된 만 19세 대학생이다. 당신은 그녀가 약물 문제로 입원이 필요한지 혹은 추후 관찰을 위해 정신과로 이송할 필요가 있는지 확인하는 평가를 수행하도록 요청받았다. 당신이 Kira를 만났을 때 그녀가 맨발에 빈티지한 옷차림과 악세사리를 착용하고 그녀의 동공이 확장된 것을 발견했다. Kira는 정신건강 문제의 이력이 없고 전과도 없었다.

Kira는 자신이 장기간 약물을 사용했음을 인정한다. Kira는 마리화나를 13세부터 일상적으로 사용했다. 그녀는 주말시간을 주로 LSD, 엑스터시(XTC), 메스칼린, 환각버섯을 포함한 다양한 유형의 환각제를 사용하는 데 보낸다. 그녀는 빠르고 격양된 목소리로 다음과 같이 말한다.

Kira: 제 아버지는 직업 군인이었어요. 정말 별로예요. 우리는 거의 2년마다 이사를 했는데, 아시겠죠? 전혀 친구를 만들 수 없어요.

상담자: 많이 힘들었겠네요.

Kira: 네, 너무 외로워요. 아버지와 어머니는 제가 열 살 때 이혼했는데 그것도 저는 힘들었어요. 약물은 저를 더 재미있게 만들어 줘서 시작했어요. 꼭 다른 사람들이 제 곁에 더 있고 싶어하는 것 같았어요.

상담자: 외로움에도 도움이 됐나요?

Kira: 네, 아마도. 지루함에도요. 둘 다 더 나아지는 것 같아요. 그리고 저도 괜찮았어요. 저는 고등학교를 졸업했지만 그 후에 어떤 것을 원하는지 잘 몰랐어요. 어머니는 그때 재혼을 하기로 결정했고, 내게는 대학이나 가는 것이 좋겠다고 말했어요. 음. 대학으로 가 버리라는 것처럼······.

상담자: 정말 힘들었겠어요.

Kira: (어깨를 으쓱) 그러든가 말든가. 아무튼, 몇 시간 전에 저는 메탈리카 콘서트에 있었는데, 리드 보컬인 James가 저와 함께 이야기를 하고 있는 느낌이었어요. 그가 이 운동장을 떠나지 말라고 했으니까 저는 가만있었어요. 다른 사람들이 다 나갔고 차도 떠났지만 저는 떠날 수가 없었어요.

상담자: 그 후에 어떻게 됐나요?

Kira: 잘 모르겠어요. 그 다음에 저는 여기에 와 있었어요. 저는 못 견디겠다는 생각이 들었던 기억이 나고 실제로 정신을 잃었는데 특히 그때 내 손에서 휴대폰이 녹아내리기 시작했어요. 그게 녹기 전에 빨리 말을 해야 한다고 느꼈어요. 오늘 아침부터 있었던 일들이나 콘서트에서 발생한 일들이 잘 기억이 안나요. 제 자리로 가려고 발로 계단을 오르기가 어려웠던 기억이

나요. 우리 모두가 뭔가를 나눠 가진 기억이 나고, 정신을 차리고 보니 저는 안절부절못하기 시작했어요. 저는 계속 앉아 있을 수 없었어요.

상담자: 어떻게 느꼈었는지 자세히 말해 줄 수 있나요?

Kira: 처음에 저는 기분이 들떠서 모든 것에 몰입되었어요. 분위기가 환상적이었고, 소리를 눈으로 볼 수 있었어요. 제 눈 앞에 음악에 맞춰 춤추는 물결 무늬와 삼각형이 있었어요. 그러고는 그게 무서워졌어요. 나는 초조하고 불안해지기 시작했고, 배가 아팠어요. 밖이 덥진 않았지만 제 심장은 마구 뛰고 땀이 났어요. 사물이 흐릿했고 얼굴은 추해보이기 시작했어요. 그때 James가 제게 운동장을 떠나지 말라고 제 귀에 속삭였어요. 저는 혼자가 되었고 모든 사람이 다 갔어요. 저는 도움을 요청하기 시작했어요.

✎ **실습**: 소그룹 토론에 이어 대규모 집단 토론하시오.

- **질문1**: 이 사례에 대한 당신의 사례개념화는 무엇인가?
- **질문2**: 추가적으로 알고 싶은 또 다른 것들이 있는가?
- **질문3**: 상담에서 Kira를 위해 가능한 세 가지 목표는 무엇일 것 같은가?
- **질문4**: 질문 1과 질문 2에서 얻은 답변에 적용할 수 있는 개입 방법은 무엇인가?

더 나아가기

National Registry of Evidence-Based Programs and Practices by SAMHSA (2009) Government Printing Office. Retrieved from www.nrepp.samhsa.gov/

Principles of drug addiction treatment: A research based guide (3rd ed.) [NIH Pub Number: 12-4180]. Washington, DC: National Institutes of Health, U.S. Department of Health and Human Services.

Evidence-Based Treatments for Alcohol and Drug Abuse: A Practitioner's Guide to Theory, Methods, and Practice by Paul M.G. Emmelkamp and Ellen Vedel (2006) Routledge

Motivational Interviewing: Helping People Change (3rd ed.) by William R. Miller and Stephen Rollnick (2012) Guilford Press

The Mindfulness Workbook for Addiction: A Guide to Coping with the Grief, Stress and Anger that Trigger Addictive Behaviors by Rebecca E. Williams and Julie S. Kraft (2012) New Harbinger

Cognitive Therapy of Substance Abuse by Aaron T. Beck, Fred D. Wright, Cory F. Newman, and Bruce S. Liese (2001) Guilford Press

Addiction and Change: How Addictions Develop and Addicted People Recover by Carlo C. Diclemente (2006) Guilford Press

성격장애

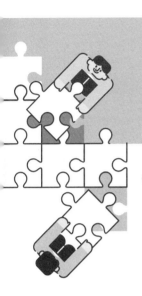

<u>도입</u>

성격은 사람의 존재를 구성하는 가치, 생각, 감정과 행동의 독특한 혼합체로 정의될 수 있다. 이는 우리가 바깥세상을 보고, 이해하고, 접근하는 방식을 형성한다. 하지만 한 개인의 세상에 대한 이해가 대다수의 시각과 다르다면 어떻게 될 것인가? 그 결과는 그 사람에게 힘들 수 있고, 다른 사람과 문제가 생길 수 있다. 한 개인의 세계관이 규범에서 충분히 벗어나면 성격장애로 진단을 받을 수 있다.

앞에서도 언급했듯이, '정상적'인 것이 무엇인지는 사회적, 문화적 맥락에 따라 정의된다. 성격적으로 어려움을 가진 내담자와 작업할 때 이 점을 명심해야 한다. 어떤 문화권에서는 기능적이라고 간주되는 특성이 다른 문화권에서는 병리로 정의될 수 있다.

임상가들과 연구자들은 성격장애를 서로 다른 방식으로 이해하고 다룬다. 일부에서는 성격을 특성이론의 관점으로 보고, 성격은 만연하고 바꿀 수 없으며 치료가능성이 낮다고 한다. 특성 기반 치료 접근은 내담자로 하여금 잘 변하지 않는 성격 특성에 대처하는 효과적인 방법을 찾을 수 있도록 도와주고, 성격장애를 치료하는 것보다 특정한 증상을 다루는 데 초점을 둔다. 또 다른 일부에서는 경계성 성격장애 치료를 위한 변증법적 행동 치료와 같이 특정 성격장애에 대해 경험적으로 입증된 치료에서 설명하는 효과를 강조한다. 이장에 포함된 개입은 어느 정도의 변화가 가능하다고 가정하고 있다.

『**정신질환의 진단 및 통계 편람** 5판(DSM-5)』이 나올 때까지 성격장애는 DSM-IV에서 축2에 기록했으며, 지금까지 우리가 토론한 모든 축1에 속한 장애들과 달리 분류되었다. DSM-5는 5축 체계를 중단하고 대신 일부증상을 공유하는 성격장애들을 하나의 군집으로 묶었다. 성격장애는 현실을 정확히 인식하고, 다른 사람들과 관계를 맺는 능력의 만성적인 결함을 특징으로 한다. 성격장애를 가진 개인은 해롭고 경직된 방식의 사고와 행동을 보이며, 특히 사회적 상황에서 더욱 그렇다. 사고와 행동의 경직성은 일상의 스트레스와 문제를 다루기 어렵게 만든다. 성격장애를 가진 사람은 타인과 파괴적인 관계를 맺고, 이는 일상에서 혼돈을 일으킨다.

추정치가 다양하지만 연구에서 미국 성인 인구의 약 9~14%가 성격장애의 진단기준에 부합한다고 제안한다(Grant et al., 2004; Lenzenweger, Lane, Loranger, & Kessler, 2007). 그중에서 가장 두드러진 성격장애는 강박성, 편집성, 반사회성 성격장애이다. 이 장애의 특징은 보통 청소년기나 초기 성인기에 분명해진다(Lenzenweger, 2008). 어떤 성격장애 유형은 나이가 들면 완화되지만 또 다른 성격장애는 그렇지 않다(APA, 2013).

성격장애는 의미 있고 만족스러운 관계, 직업적 성공을 이루는 능력과 심지어 삶의 어느 측면에라도 만족감을 느끼는 능력까지도 상당히 제한할 수 있다. 그러나 성격장애를 가진 많은 사람이 치료를 찾지 않는데, 왜냐하면 이들은 보통 그들의 생각과 행동이 '정상적'이라고 지각하거나 그들이 통제할 수 없는 타인이나 환경적 압력의 부정적인 영향으로 인한 것이라고 인식하기 때문이다. 그들이 치료를 찾는다면 보통 관계나 일에 관한 문제가 발생했을 가능성이 크다.

DSM-5에서는 열 가지의 성격장애를 기술하고 있지만, 장애들은 비슷한 특징의 세 군집으로 나누어져 있다. 각 군집의 증상과 각 성격장애는 다소 차이가 있지만, 그들을 아우르는 공통 주제가 있다. 성격장애를 가진 사람은 이들이 속한 문화권에서 수용되는 범위를 벗어나는 비전형적인 패턴의 생각, 행동과 내적 경험을 보인다(APA, 2013). 이는 많은 다른 상황과 장면에서도 입증되어야 한다. 이 증상에는 잦은 기분 변화, 충동 조절 곤란, 타인에 대한 불신, 즉각적인 만족추구 등을 포함한다. 불행하게도 이러한 증상들은 친구를 만들기 어렵게 하며, 문제적인 관계와 사회적인 고립을 초래한다. 또한, 성격장애를 가진 사람은 알코올 및 약물남용, 도박, 성적 활동 등 위험하거나 파괴적인 행동에 종종 빠져든다. 하나의 확인된 성격장애를 가진 사람은 적어도 하나의 추가적인 성격 장애 증상을 동반할 수 있다.

◆ 군집 A

군집 A 성격장애는 편집성 성격장애, 조현성 성격장애, 조현형 성격장애를 포함한다. 이 장애들은 이상하고 기이하게 생각하고 행동하는 것이 특징이다. 편집성 성격장애는 타인에 대한 만연한 불신과 의심이 주된 증상이다. 이들은 타인이 자신을 신체적이나 정신적으로 해치고 싶어 한다고 믿는다. 편집성 성격장애로 진단 받은 사람은 타인에 대한 극단적인 의심과 불신과 같은 생각으로 인해 일반적인 사건이나 아무 의미 없는 대화에서도 다른 의미가 숨겨져 있는지 의심하며, 종종 자신의 성격과 평판이 공격 당한다고 느낀다. 이러한 생각 때문에 악의를 품고, 배우자나 다른 중요한 타인에게 부정한 행위에 대해 추궁하며, 다른 사람에게 속마음을 털어놓기 꺼린다.

군집 A에서 다음 장애는 분열성 성격장애이다. 이 진단은 지속적이고 만연한 사회적 고립, 타인과의 거리와 사회적 관계의 결핍이 특징이다. 분열성 성격장애를 가진 사람은 감정의 부재가 두드러지며 친밀한 관계에 대한 욕구가 없어 보인다. 그들은 다른 사람과의 신체적 또는 사회적 접촉에 흥미도 욕구도 없어 보이고, 냉담해 보이고, 이 세상으로부터 동떨어진 것처럼 보인다. 분열성 성격장애를 가진 사람은 다른 사람들이 어떻게 생각을 하거나 뭐라고 하는지에 대해 관심이 없고 고독한 삶을 선택한다.

군집 A의 마지막 장애는 분열형 성격장애이다. 분열형 성격장애의 주된 특징은 사회적 관계의 결핍과 정상적인 사회적 단서에 대한 이해력 결여이다. 정서 표현의 결여, 이상하고 특이한 사고, 관계사고(모든 사건과 사람들의 대화를 자신과 관련 짓는 잘못된 신념)가 주 증상이다. 이 성격장애로 고통받는 사람은 관계에 대한 약간의 욕구가 있다 해도, 기이하고 이상하게 보여서 친구가 거의 없을 것이다.

Jerry의 사례-편집성 성격장애 ✎

Jerry는 58세이고 대도시 외곽에서 혼자 거주하고 있다. 그는 최근에 직속상관과 관리자와 말다툼을 한 이후 지역 식료품 가게에서 직장을 잃었다. 그는 다른 일을 구하는 것에 대해 걱정이 되어 지역건강기관에 상담과 다른 서비스를 찾아갔다. Jerry는 또한 심각한 두통과 불안으로 인한 수면 문제가 있다고 보고한다.

Jerry는 '잡화 가게 사장은 나를 괴롭히고 있다'고 믿고 '부유한 사업가'가 나라의 모든 문제의 근원이라고 생각한다. 그는 자신의 실직이 '관리자'가 그의 개인적인 관점을 좋아하지 않고, 그가 식료품 가게의 노동조합에 가입하고 '중대한 변화'를 가져오는 것을 두려워하기 때문이라고 주장한다. Jerry는 생산매니저가 그의 동료를 고용해서 자신을 감시하고 자신이 일을 더 이상 못하도록 비방한다고 고발했다. Jerry는 그들이 그의 근무 시간에만 녹화할 수 있게 가게의 카메라를 변경했다고 하고, 그의 동료가 녹음기를 가져와 Jerry가 식료품 가게에 대한 부정적인 발언을 하게끔 시도했다고 믿는다. 그는 이 상황이 다른 직장에서도 반복될 거라고 믿고 "모든 회사에게 나를 고용하지 말라고 했다는 소문이 돌아서" 다른 일을 구할 수 없다고 믿는다. 그는 자신이 구직을 막는 특별한 "블랙리스트"에 올라있다고 믿는다.

Jerry는 자신이 지금까지 살아오면서 삶에서 당한 많은 것들을 당할 이유가 없는 희생자라고 묘사한다. 그는 항상 부당한 이유로 비난받았고 고등학교 때부터 문제 학생이라는 낙인이 찍혔다고 한다. Jerry는 그의 형, John에게 속마음을 털어놓곤 했지만 최근 John이 부모님을 설득해 돈을 다 John에게 물려주도록 유언을 바꾸게 하고 있다고 확신한다. Jerry의 부모님은 수시로 연락을 주지만 그는 부모님이 John을 더 좋아하는 것을 걱정하며 그들이 자신에 대한 관심을 표현할 때마다 그들을 믿지 못한다.

Jerry는 이십대 초반에 결혼했지만 5년 후에 이혼 했다. 그는 과거의 결혼생활을 비참했다고 묘사했고 그의 전 아내가 계속 부인하고 있음에도 불구하고 분명히 여러 차례 바람을 피웠다고 확신한다. 그는 더 이상 어떤 여자도 믿지 못하겠다고 하고 고립감과 외로움을 느낀다고 한다.

◈ 군집 B

군집 B 성격장애는 지나치게 극적인 감정 표현과 연관된 눈에 띄고 강렬한 인지와 행동으로 구별된다. 이 군집의 첫 번째 장애는 반사회성 성격장애이며, 이전에는 사회 병리적 성격장애라고 불리기도 했다. 반사회성 성격장애의 핵심적 특징은 타인에 대한 지속적인 무시이다(APA, 2013). 증상에는 사회 규범이나 법적제한에 대한 준수의 실패, 공격적이고 충동적인 행동, 자신의 행동에 대한 양심의 가책 결여 등이 있다. 이 진단을 내리려면 내담자는 만 18세 이상이어야 하며, 더 어린 내담자는 품행장애의 진단기준을 충족할 수 있다. 이 장애로 고통 받은 사람은 훔치고, 사기를 치고, 거짓말을 하고, 다른 사람의 돈이나 개인 재산을 빼앗고, 가짜 이름을 사용한다. 그들은 책임감이 없는 편이고, 하나의 직업을 유지하기 어려우며, 금전적 의무나 가족에 대한 의무를 이행하기 어렵다. 그들은 자신이나 타인의 안전에 대한 염려가 부족하기 때문에 과속으로 운전하거나 마약을 거래하는 등 위험한 행동을 하게 된다.

Tammy의 사례-경계성 성격장애(BPD)

Tammy는 17세 고등학생이고 최근에 응급 상황으로 병원을 방문한 후 2주간 입원 치료를 받고 퇴원했다. 그녀의 부모님은 그녀를 위해 외래환자 상담을 찾고 있다. 그녀는 자살 충동으로 팔과 다리에 몇 군데 심각한 자해를 하여 응급실에 입원했다. 그녀의 부모님은 그녀가 SNS에 올린 자살을 암시하는 자해 사진들을 보고 조치를 취했다. Tammy의 남자친구는 최근에 그녀와 헤어졌는데 Tammy의 부모님은 이 사건으로 인해 Tammy가 자살 생각과 행동을 했다고 생각한다. Tammy의 부모님은 그가 Tammy에게 나쁜 영향을 주었다며 걱정했는데, 헤어진 후에도 Tammy는 남자친구가 "완벽하다"며 둘은 "운명적 관계"라고 주장했다.

Tammy의 부모님은 Tammy가 영리하고 좋은 학생이었지만, 최근에 학교나 과제에 관심이 없어졌다고 한다. 그들은 Tammy가 계속 정서 조절과 경계에 문제가 있었지만, 지금과 같은 수준은 아니었다고 했다. 그녀는 항상 예술적이고 표현력이 풍부하고 다양한 교외 활동에 참여했다. 그러나 고등학교에 입학한 후, Tammy는 알코올이나 다른 마약을 포함한 위험한 행동들을 하기 시작했다. Tammy는 자주 외박을 하거나 학교가 끝나도 집에 안 들어오곤 했다. 그녀의 부모님은 한밤중에 Tammy가 교외나 멀리 있는 바닷가에서 데리러 오라고 전화했던 사건들을 언급했다. 만약에 거절하거나 시간이 좀 걸린다고 말하면 Tammy는

'히스테리' 상태가 되며 큰 소리로 비명을 지르면서 부모님이 그녀에게 관심이 없거나 사랑하지 않는다고 한다. Tammy의 부모님은 지쳤고 고통스러워하면서 딸을 어떻게 도와줘야 할지 모르겠다고 한다. 그녀는 지난 6개월 동안 미성년자 음주, 공공장소에서 나체 노출, 상점에서 물건 훔치기 등으로 기소됐다.

Tammy의 부모님은 또한 Tammy가 어렸을 때 보모에게 학대를 당한 적이 있다고 상담자에게 말했다. 집에서는 이 사건에 대해서 대화를 나누지 않고 있으며, 그녀의 부모님은 그녀가 이 사건을 기억하는지 확신할 수 없다고 했다. Tammy는 Ross라는 이름을 가진 남동생이 한 명 있고, Ross는 2년 전에 주의력결핍장애(ADD)로 진단받았다. Ross는 학교나 사회성에 있어서 심각한 문제를 가지고 있기 때문에 Tammy의 부모님은 Ross를 데리고 전문가들에게 많이 찾아갔다.

상담자가 Tammy를 만났을 때 그녀는 남자친구와의 헤어짐으로 인해 그녀가 얼마나 힘들어 하는지 모든 사람이 이해해주면 좋겠다고 말한다. 그녀는 그가 소울메이트이고, 그가 없으면 살 수가 없다고 한다. 그녀는 누구도 그녀를 이해하지 못하며 그녀의 친구들은 단지 지나치게 걱정하는 것이라고 말한다. 그녀는 예전에 만나본 치료사도 그녀를 이해하지 못했고, 그녀가 "다른 사람의 통제 없이 원하는 대로 할" 수 있기까지 기다리지 못했다.

B군에서 다음 성격장애는 경계성 성격장애이다. Tammy의 사례에서 봤듯이, 이 장애는 불안정한 대인관계, 정서적 불안정성의 만성적인 패턴으로 설명된다. 경계성 성격장애를 지닌 내담자는 이상화와 평가절하를 오가며 실제 혹은 상상 속의 유기를 피하려고 필사적인 노력을 한다(APA, 2013). 또한, 이들은 정서를 조절하려는 시도로 물질남용, 무질서한 식습관, 성적 행위 그리고 들치기 같은 불법 행위 등의 잠재적 위험 행위에 몰입하는 경향이 있다. 자살과 자해 행동 또한 일반적이며, 이는 자신의 감정을 통제하기 위한 시도, 혹은 보살핌을 얻거나 사람들이 자신을 버리지 못하게 하기 위한 수단으로 설명된다. 이들은 매우 불안정한 자기상을 갖고 있으며, 이는 타인이 자신을 어떻게 생각하는지에 대한 지각을 예측하는 것으로 보인다. 경계성 성격장애 내담자는 그들이 통제권이 거의 없을 때 분노가 폭발한다. 이러한 감정 폭발은 대개 유기에 대한 공포와 만성적 공허감에서 기인한다.

다음 유형인 연극성 성격장애는 과도하게 주의를 끌려는 행동이나 정서 표현으로 특징지어진다. 연극성 성격장애 내담자는 그들이 관심의 중심에 있지 않거나 다른 사람들로부터 찬사받지 못한다고 여겨질 때 분노하고 불편해진다. 그들의 행동은 전반적으로 성적으로 도발적이고, 과장되며, 극적이거나 부적절하다는 인상을 줄 수 있다. 그들은 외모에 과도한 관심을 갖고, 그들이 어떻게 보이는지에 돈과 시간을 과하게 사용하며, 밝은 머리색이나 독특한 의상과 같이 눈에 띄는 행동을 할 것이다.

마지막 유형은 자기애성 성격장애이다. 주요 특징은 팽창된 자기감과 타인의 인정과 칭찬에 대한 요구를 포함한다. 자기애성 성격장애가 있는 사람은 자신을 우월하게 여기고, 타인을 폄하하며, 종종 타인의 감정을 알아차리지 못한다. 이들은 자주 권력, 성공, 바람직성을 추구하거나 이에 대한 환상을 갖고, 종종 자신의 업적과 능력을 과장한다. 그러나 거만함의 이면에는 전형적으로 자기의심과 애정에 대한 욕구가 자리 잡고 있다.

◈ 군집 C

C군 성격장애는 불안, 두려움과 회피행동으로 특징지을 수 있다. C군의 첫 번째 장애는 회피성 성격장애이다(AvPD). 회피성 성격장애는 만성적인 수줍음, 부적절감, 거절에 대한 민감성으로 표현할 수 있다. 회피성 성격장애를 지닌 사람은 사회적 상황에서 매우 소심하고 과민하며, 비난에 매우 민감하다. 그들은 매우 낮은 자존감과 자기효능감을 지니고 있으며, 사소한 부정적 지적도 심각하게 부정적으로 받아들인다. 회피성 성격장애를 지닌 사람은 건설적인 비판을 흡수하기 어려울 수 있으며, 그들이 판단되거나 평가될 수 있는 활동에 참여하지 않는다.

의존성 성격장애(DPD)는 타인에게 보호, 안전, 개인적 욕구를 과하게 의존한다. 뒤에 나오는 Linda의 사례에서와 같이, 의존성 성격장애를 지닌 사람은 다른 사람들이 자신보다 더욱 임무를 완벽하게 해내고, 목표를 성취하고, 삶의 스트레스 요인을 잘 다룰 수 있다고 본다. 이러한 의존은 타인에게 온순하고 복종적이게 하며, 때로는 가까운 관계에서의 학대나 부당한 대우를 참아 내게 한다. 또한 얽혀 있던 관계가 끝나면 다른 관계를 가능한 한 빨리 시작하려는 강렬한 욕구를 지닌다.

강박성 성격장애(DCPD)는 완벽주의, 규칙에 대한 집착, 사고의 경직성, 통제에 대한 집착이 특징이다. 강박성 성격장애는 강박장애(OCD)와 비슷한 증상이 많다. 그러나 강박장애를 지닌 내담자는 그들의 침습적인 사고와 강박성이 원치 않는 것이라고 호소하는 반면, 강박성 성격장애를 지닌 사람은 자신의 생각이나 행동이 비정상적이라고 생각하지 않는다. 강박장애 환자처럼, 그들은 특정한 일상패턴과 의식을 지녔을 것이며, 이것이 일상적인 방해로 인해 이뤄지지 못하거나 어긋나면 엄청난 불안이 일어난다. 강박성 성격장애 내담자는 높은 성취를 지향할 수 있으나, 완벽주의적 성향이 과업을 완수하는 능력을 저해할 것이다. 그들은 완전히 통제할 수 없는 상황에는 가담하지 않을 것이다. 이러한 모든 증상은 직장을 유지하거나 가까운 개인적 관계를 형성할 때에는 잘 드러나지 않을 수 있다. 다른 증상에는 경직된 가치 체계, 광신주의, 사소한 부분에 대한 집착, 물건을 버리지 못하는 것 등을 포함한다.

강박성 성격장애로 진단받은 사람은 종종 자신이 타인에게 어떤 인상을 주는지에 대한 이해가 부족하고 어떤 일이 자신이 생각한 방향대로 명확하게 되어나가지 않으면 좌절한다. 그들은 타인이 무언가를 하는 것을 원치 않는데, 이는 그것이 올바르게 되지 않을 거라고 믿기 때문이다. 그들은 일이나 학교에 몰두되어 있으며 휴식시간이나 개인의 삶을 배제하면서 '잘 해내려' 한다.

Linda의 사례-의존성 성격장애(DPD) ──────────

Linda는 24년의 결혼이 최근 파경에 치달은 후 상담을 받고자 했다. 그녀는 남편 Jerry와 휴가철 이후 헤어졌고 화해하리라는 기대는 거의 없다. 이별은 Linda를 비탄에 빠뜨렸다. 그녀는 남편이 떠난 후 극도의 불안감을 느꼈고, 제대로 자거나 먹지 못했다. 결국 그녀는 이미 성인이 된 딸의 도움을 받기 위해 이사했다. 그녀는 전문가로부터 조언을 얻을 수 있다는 점에서 상담을 받는 것에 대해 굉장히 기뻐했고, 상담자에게 "내가 무엇을 하면 되는지 알려 달라."며 애원했다. 그녀는 지난 20년 간 직업을 갖지 않았기 때문에 어떤 일을 해야 좋을지 상상조차 하지 못했다.

Linda는 그녀의 남편이 '고지식하고 질 나쁜' 사람이었다고 묘사했다. Jerry는 가끔 언어폭력을 가하기도 했으나, Linda의 가사 능력에 대해서는 인정했다. Jerry는 오랫동안 Linda가 은행 계좌에 접근하거나 자동차를 운전하지 못하게 했다. 그녀가 운전하도록 허락된 시간은 오직 파티나 바에서 만취한 Jerry를 데리러 가야 할 때뿐이었다. Linda는 쇼핑을 하거나 아이들을 어딘가 데려다줘야 할 때를 제외하곤 결혼 생활 중에 집 밖에 거의 나가지 않았다. 두 자녀는 이제 성인이 되었고 자신들의 아이를 키우고 있다.

Linda는 딸의 이웃과 데이트하기 시작했다고 마지못해 털어놓았다. Linda의 딸은 이를 탐탁지 않게 여겼는데, 그 이웃이란 사람이 외톨이로 지내며 술을 너무 많이 마신다고 알려졌기 때문이다. 그와의 관계에 대해 얘기하며, 그녀는 자기 혼자만으로는 별 쓸모가 없고, 스스로 삶을 관리할 수가 없다고 주장했다.

동반이환

성격장애는 흔히 다른 정신건강 문제와 함께 발생하거나, 다른 정신건강 문제의 원인이 된다. 예를 들어, 경계선 성격장애환자의 80%는 여타 정신질환의 진단기준을 충족시킨다(Kessler, Chiu, Demler, & Wlaters, 2005). 이러한 공존장애는 특히 증상이 중복될 때 성격장애의 규명과 치료를 어렵게 한다. 여성은 우울증, 불안장애, 섭식장애가 함께 발생하는 경향이 높다. 남성은 물질남용 장애를 동반할 가능성이 높다.

문화적 고려사항 및 인구요인

'정상'이 무엇을 의미하는지는 물론 사회적이고 문화적인 구성 개념에 의해 정의된다. 환경은 성격이 형성되는 데 큰 역할을 한다. 특정 가족 체계에서 정상으로 보이는 것이 다른 가족 체계나 사회에서 보기엔 비정상적일 수 있다. 문화와 양육 또한 자기에 대한 정의, 기대, 표현에 일정한 역할을 한다(Alarcon, foulks, & Vakkur, 1998). 그러므로 이 장애를 진단할 때 양육, 환경, 문화를 고려해야 한다.

병인과 위험요인

비록 성격장애의 정확한 원인은 완벽히 이해되지 않지만, 유전과 아동기 경험이 주요한 역할을 하는 것으로 보인다. 연구자들은 성격장애 발달에 취약한 유전적 특성이 있다고 믿는다. 이러한 고유 특성은 '본성 대 양육(nature versus nurture)' 논쟁에서 본성 요소에 해당한다. 양육 요소는 개인이 성격을 발달시켜 온 경험과 가정환경을 의미한다.

성격장애와 관련된 위험요인은 이 이론을 지지하며, '본성'과 '양육' 범주로 나뉜다. 여기에는 아동기의 외상적 경험, 방임, 극단적 혼돈, 낮은 사회경제적 지위, 정신질환 가족력이 포함된다. 성격장애의 뿌리는 흔히 아동기에 시작되어 청소년기에 지속해서 발달된다. 결론적으로 아동기 품행장애 진단은 차후의 성격장애 발달의 위험요인이다(Courtney-Seidler, Klein, & Miller, 2013).

치료적 개입

성격장애는 치료가 힘들기로 악명 높다. 치료법의 선택은 내담자 유형, 성격장애의 종류, 공존장애, 일반적인 기능 수준에 따라 결정된다. 성격장애 내담자는 기분장애를 겪는 사람보다 더 장기간의 많은 치료를 필요로 할 수 있다. 이는 성격장애가 더 지속적이면서 심신을 쇠약하게 할 수 있기 때문이다(Bateman & Tyrer, 2004). 성격장애는 만성적인 경향이 있고, 심지어 남은 성인기 내내 지속되기도 하므로 많은 내담자가 정신의학자, 사회복지사, 결혼 및 가족 치료사 등 건강 전문가의 도움을 받는다. 약물, 상담, 입원 및 부분 입원 치료 등 몇 가지 치료 양식이 성격장애 치료에 이용된다.

많은 내담자가 처음부터 성격장애 치료를 요청하지는 않는다는 점을 명심해야 한다(Crits-Christoph & Barber, 2002). 대다수 내담자가 기분장애나 불안장애를 가지고 있기 때문에, 처음 치료를 찾는 이유는 감정이나 물질남용 문제이다(Kessler, Chiu, Demler, & Walters, 2005). 연구들이 보여 왔듯, 성격장애의 공존장애는 치료가 힘들고 그 결과가 긍정적이지 않은 경우가 많으므로 보다 정확한 진단이 중요하다. 성격장애에 대한 상담 기반 개입에 관한 연구는 작은 표본 크기, 복잡한 치료, 불완전한 평가법, 단일 성격장애에만 맞춰진 초점, 혼재 변수 등의 문제로 제한적이다 (Bateman & Tyrer, 2004). 그럼에도 불구하고 인지 행동 치료(CBT)과 정신역동적 개입이 가장 효과적이라는 증거가 발견되어 왔다(Matusiewicz, Hopwwod, Banducci, & Lejuez, 2010).

⚙ 상담 치료

성격장애의 상담 치료는 증상 완화에 초점을 맞추는 데서 시작한다. 우울과 불안 관련 증상은 해당 장에서 다룬 상담 개입으로 치료될 수 있다. 약물 치료를 함께 하면 일부 증상은 대체로 완화될 수 있다(Perry, Banon, & Ianni, 1999). 그러나 이러한 개입은 성격 구조를 바꾸는 데는 소용이 없다. 성격은 일평생 동안 형성되며, 이를 재구성하는 데는 보다 광범위한 치료 및 상당한 통찰력과 변화하려는 동기가 필요하다. 연구들은 이처럼 고질적인 장애를 치료하기 위해서는 장기간 개입이 필요하다고 본다.

성격장애 내담자와의 작업은 특별히 어려울 수 있다. 그들은 본인의 생각이나 행동이 부적응적, 비정상적이라거나 그들이 가진 문제의 원인이라고 보지 않기 때문이다. 상담자는 지속적으로 내담자의 생각과 행동이 그들이 겪는 부정적 결과의 원인이라는 점을 주지시킬 필요가 있다. 집단 및 가족 개입 또한 내담자가 자신의 위험한 사고방식과 행동을 직면하는 데 도움이 된다.

◆ 인지 행동 치료

인지 행동적 접근은 성격장애 치료에 수년 간 사용되어 왔다(Beck, Freeman, & Davis, 2004; Linehan, 1993). 인지 행동 치료(CBT) 관점에서 성격장애는 세상, 자기 자신, 또는 타인에 대한 비합리적 생각과 부적응적 신념에서 기인한다. 그러한 생각은 문제적 행동, 정서 조절 곤란, 대처 기술 부재 등으로 이어진다. 이전 장에서 논의한 바와 같이, 생각과 행동은 맥락적이고 환경적인 요인을 통해 강화된다 (Bateman & Fonagy, 2000; Bateman, & Tyrer, 2004; Beck, Freeman, & Davis, 2004).

연구자들은 성격장애 치료에 있어 CBT 프로토콜의 효과성을 연구해 왔다. 여기에는 인지적 재구조화, 행동 수정, 노출, 심리교육, 기술 훈련 등의 기술이 포함된다. 성격장애 치료를 위한 CBT는 또한 내담자-상담자 관계의 역할에 초점을 맞추는데, 그 관계란 지지적, 협력적이어야 하며 명확히 정의된 경계선을 갖고 있어야 한다. CBT는 특히 회피성 또는 의존성 성격장애 내담자 치료에 추천된다. 두 성격장애 환자는 자신의 능력에 대한 비합리적인 생각과 부적응적인 신념을 가지고 있기 때문이다. 최근에는 Aaron Beck과 동료들이 더 넓은 범위의 성격장애에 적용할 수 있도록 인지적 치료 접근을 성공적으로 확장했다(Beck & Freemdman, 1990).

성격장애와 관련된 증상, 특히 자해 및 자살 행동과 관련된 증상을 치료하기 위한 CBT 프로토콜이 연구되어 왔다. 증거 기반 개입의 예로 Manual-Assisted 인지 행동 치료(MACT), 인지 분석 치료, 문제 해결 치료(PST) 등이 있다. 이러한 프로토콜의 목적은 자기효능감을 높이고, 합리적 문제 해결 훈련을 제공하고, 충동성과 회피적 행동을 줄이는 데 있다(Evans et al., 1999; D'Zurilla & Nezu, 2010).

◆ 변증법적 행동 치료

변증법적 행동 치료(DBT)는 인지 행동 치료의 특수한 형태로서 전통적 CBT와 동양철학적 요소를 혼합한 것이다. 이 치료는 원래 경계성 성격장애나 자살, 자해 행동 문제를 겪는 사람을 위해 개발되었다. 이후에는 우울증이나 물질남용 등 다양한 장애의 치료에도 활용되었다. DBT의 주 요소 중 하나는 마음챙김, 감정 조절, 대인관계 효율성, 고통 감내 등 중요한 삶의 기술을 가르치는 것이다. 전반적으로 DBT는 자기 삶에 대해 극단적으로 생각하거나 행동하는 사람이 균형을 찾도록 도와준다(Linehan, 2000). DBT는 또한 내담자가 스트레스를 견디고, 감정을 조절하고, 관계를 개선하도록 대처 기술을 가르친다(Schell, 2000).

◆ 정신역동적 접근

정신역동적 접근은 성격장애 치료에 드물게 사용된다. 정신역동적 접근은 내담자의 무의식적 생각과 행동을 깨닫게 하고, 무엇이 내담자에게 동기를 부여하는지 이해하고, 대인관계에서의 갈등을 해결하는 데 초점을 맞춘다. 부적응적 행동, 기대, 신념을 가진 사람(자기애성 또는 강박성 성격)에게는 정신분석적 접근이 성공적인 것으로 보인다(Leichsenring & Leibing, 2003).

◆ 페미니스트 접근

특정 성격장애, 특히 경계성 성격장애(BPD)는 무엇을 성별 특정적 행동과 특성으로 볼 수 있는지에 따라 다양하게 특징지어지며, 여성이 남성보다 BPD 진단을 많이 받는다. 페미니스트 상담자는 기존 이론들이 자가진정능력과 정서조절능력 발달의 결함에 중점을 두고 BPD를 설명하고, 기존 이론들에 의문을 제기한다. 이에 따라 내담자의 자기진정 및 분노를 다스리는 방법을 개발하는 치료를 중심으로 하는 것에 의문을 제기한다. 페미니스트의 관점에서 BPD 증상은 남성 규범적 관점에서 정신건강이 어떻게 나타나야 하는지에 대한 사회적 구성개념의 결과로 간주하며, 그 증상은 상호연결성에 대한 평가절하 및 독립성에 대한 과대평가에 맞선 반응으로 본다. 페미니스트 상담자는 BPD 내담자의 유기에 대한 두려움을 병리화하기보다는 연결성을 중요시하는 점을 정상화하기 위해 사회문화적 기대와 개인의 심리적 요구 모두를 탐색할 것이다(Wastell, 1996).

페미니스트 관점에서 이장 초반에 다룬 사례의 Tammy의 행동은 학대의 반복을 막으려고 관계 형성을 거부하는 방어기제로 이해될 것이다. 그리고 그녀의 자해는 어쩔 줄 몰라 하는 부모에게 보여 주고 인정받으려는 시도로 이해할 수 있다.

◆ 입원 및 거주 치료 프로그램

성격장애 내담자가 보이는 증상과 부적응적 행동이 심해질 경우 입원치료가 필요할 수 있다. 정신과 입원은 최후의 수단이지만 내담자가 자신이나 타인을 해할 위험이 있거나 스스로를 돌보지 못할 때 추천된다. 정신과 입원 치료는 내원, 부분 또는 종일 입원, 거주 치료 등 단계가 있다. 주간 또는 부분주간 치료 프로그램은 성격장애 치료에 효과적이다. 이 형태의 프로그램은 집중 치료를 제공하는데, 개별 치료, 집단 치료, 약물 관리, 가족 기반 접근, 사회 및 직업 치료 등이 있다(Bateman & Fonagy, 1999). 치료기관에 머무는 기간은 경우에 따라 다르다. 수개월 이상이 될 수 있으며, 단계별로 재활시설 또는 외래치료 프로그램 등으로 치료 수준을 낮춰간다. 프로그램은 그 치료 접근에 따라 다르므로 내담자를 의뢰하기 전에 구체적인 프로그램을 자세히 알아볼 필요가 있다(de Beaurepaire, Honig, & MacQueen, 2011).

◆ 집단상담

집단상담은 사회적 상호작용에 대한 왜곡된 생각이나 회피적 행동을 가지고 있는 내담자에게 효과적인데, 그들의 사회성 기술을 개발하는 데 도움이 되기 때문이다. 이 형태의 상담은 연극성 성격장애나 반사회성 성격장애를 가진 환자의 치료에 추천된다. 이러한 내담자는 다른 구성원들이 내담자가 보이는 행동에 이의를 제기함으로써 도움을 얻는다. 그러나 너무 많은 성격장애 내담자가 있으면 집단이 불안정해질 수 있으며, 이로 인해 보편화와 화합을 이루지 못할 수 있다(Bateman & Tyrer, 2004; Blum et al., 2008).

◆ 가족 치료

가족 치료는 내담자의 증상이 가족 체계에 심각한 악영향을 주었을 때 추천된다. 성격장애에 환경 요소가 크게 작용하므로 가족 개입은 역기능적 가족 증상을 보이는 내담자에게도 추천된다(James & Vereker, 1996).

⚙ 약물 치료

식약청은 성격장애의 구체적인 치료를 위한 어떤 약물도 허가하지 않는다. 그러나 몇 가지 유형의 정신의학적 약물이 다양한 관련 증상에 도움이 될 수 있다. SSRI와 같은 항우울제는 우울, 과민, 무기력함으로 고통받는 내담자에게 유익할 것이다. 항불안 약물은 불안, 불면, 홍분으로 고통받는 내담자에게 쓰일 수 있다. 기분 안정제는 감정 기복 수준을 낮추고, 불안정감을 경감하는 데 도움이 될 수 있다. 항정신병 약물은 현실 검증력의 상실과 연관된 증상을 지닌 내담자에게 처방될 수 있을 것이다. 처방하는 의사는 약물에 대해 조언할 때 내담자의 증상과 그들의 성격장애에 적용 가능한 군집 특성을 고려할 것이다.

T/C 모델을 사용한 성격장애의 사례개념화

　성격장애의 진단을 포함한 사례개념화를 발전시킬 때, '정상'이 무엇을 의미하는지는 사회문화적 구성개념에 의해 정의된다는 것을 명심하라. 환경이 성격 발달에 큰 역할을 하므로, 행동에 대한 문화적 및 가족 규범을 조심스럽게 고려하여 평가해야 한다. 특정 가족 체계에서 정상으로 여겨지는 것이 다른 가족 혹은 사회 전체에서는 역기능적일 수 있다. 문화와 양육 또한 정체성과 자기감의 발달에 중요한 역할을 한다.

　성격장애의 페미니스트 개념화는 성별규범이 다양하고, 적절하거나 부적절한 행동의 정의에 영향을 줄 수 있음을 상기시킨다.

　또한 많은 성격 장애는 최적의 기능을 방해하는 문제적 신념과 왜곡된 사고와 같은 인지적 구성요소를 가지고 있다.

　이 장의 앞에서 만났던 Jerry의 사례를 다시 살펴보자.

Jerry의 사례

◆ T/C 사례개념화 모델 예시

(*추가정보가 필요한 영역)

① 주 호소 문제: 실직, 고립, 편집적 사고, 수면 문제

② 내적 성격 구조와 행동
- **자기효능감**: 희생자라고 느낌, 집단으로 공격당한다고 느낌, 이에 대해 아무것도 할 수 없다는 무력감.
- **자존감***
- **태도/ 가치/ 신념**: 삶에서 당한 많은 것을 당할 이유가 없음, '개인적 관점' 때문에 해고당했다고 여김, 여자, 부모, 동료와 가족 구성원을 믿을 수 없음.

- 애착 유형: 부모와 갈등 관계*.
- 생물학/생리학/유전적 특성: 58세 남성, 병력*, 가족력*, 기질(부정적 영향*), 과거의 결혼과 이혼*.
- 정서: 분노, 불안.
- 인지: 사람들은 그를 가만히 두지 않고 감시하고 험담한다는 신념, 동료직원과 전 부인과 가족 구성원을 비롯하여 다른 사람을 믿을 수 없다는 신념, 그에게 일어난 일들을 당할 이유가 없음.
- 감정적 사고: '식료품점 주인은 나를 가만히 두질 않아.' '내 직장 동료는 나를 감시하고 나를 비난할 잘못들을 수집하고 있어.' '나를 고용하지 말라는 말이 돌아서 나는 직업을 구할 수 없어.'
- 행동: 업무 갈등, 가족 갈등, 수면의 어려움, 두통.
- 징후학: 두통, 수면의 어려움.
- 대처기술과 강점*
- 변화에 대한 준비: 고려 단계(변화에 대해 양가적임, 고려해 볼 의향이 있지만, 절망적임).
- 삶의 역할: 직장인.

③ 환경
- 관계: 부모, 상사, 직장 동료, 형, 전부인과의 갈등*.
- 문화: 가족 배경*.
- 가족 규범과 가치*
- 사회적 영향*

④ 연대기
- 과거 영향: 이른 결혼과 이혼, 직장 갈등과 실직 이력, 고등학교 때 '문제아'
- 현재 영향: 해고, 부모님과 형과의 갈등
- 미래 목표: 직업적 성공, 가족과의 갈등 감소, 고립 감소

상담의 핵심

- 성격은 사람의 존재를 구성하는 가치, 사고, 감정, 행동의 독특한 혼합물로 정의될 수 있다. 이는 우리가 바깥세상을 바라보고, 이해하고 관계를 맺는 방식을 형성한다.

- 성격장애는 현실을 정확하게 지각하고 타인과 관계 맺는 능력의 만성적인 결함으로 설명된다. 성격장애가 있는 사람은 특히 사회적 상황에서 해롭고 경직된 방식으로 사고하고 행동한다.

- 성격장애는 의미 있고 만족스러운 관계, 직업적 성공, 삶의 특정 영역에서 만족감을 느끼는 능력을 상당히 제한할 수 있다.

- DSM-5에는 성격장애가 열 가지로 구분되어 있으나 비슷한 특성에 기반을 두고 세 군집으로 묶었다.

- 각 군집의 증상과 각 성격장애는 조금씩 다르지만, 공통적인 주제와 증상을 갖고 있다. 이는 감정기복, 충동 조절 곤란, 타인에 대한 불신, 즉각적 만족 추구를 포함한다.

- A군 성격장애에는 편집성, 조현성, 조현형을 포함하며 전형적으로 특이하고 기묘한 사고와 행동이 나타난다.

- B군 성격장애에는 반사회성, 연극성, 경계성을 포함하며, 과하게 극적인 정서 표현과 연관된 눈에 띄고 강렬한 인지와 행동으로 특징지어진다.

- C군 성격장애는 불안, 공포, 회피적인 행동이 특징이며, 회피성, 의존성, 강박성을 포함한다.

- 성격장애는 종종 다른 정신건강 문제와 함께 발병하거나 다른 정신건강 문제의 원인이 된다.

- 성격장애와 관련된 위험요인은, 아동기의 외상 경험, 방임 혹은 극단적인 혼란, 낮은 사회경제적 지위, 정신질환의 가족력을 포함한다.

- 성격장애가 있는 내담자는 치료가 어려우며, 치료에 필요한 중요한 자원을 구하기 어려울 수 있다. 성격장애는 지속적이고 심신을 쇠약하게 하기 때문에 기분장애보다 더욱 길고 많은 치료를 필요로 할 수 있다.

- 치료를 찾는 많은 내담자가 처음부터 성격장애를 치료하려고 오는 것이 아님을 명심해야 한다.
- 성격장애를 위한 상담치료는 주로 우울 및 불안과 연관된 증상에 초점을 맞춰서 증상 완화와 함께 시작된다.

실습

활동 11-1 성격이란 무엇인가

'성격'이라는 개념은 우리가 스스로를 어떻게 보는지를 통합한 것이다. 그렇다면 성격이란 무엇인가?

> ✎ **활동**: 학생들은 개인 작업에 이어 대규모 집단 토론 하시오.
>
> - **질문1**: 성격을 어떻게 정의하겠는가?
> - **질문2**: 성격은 어떻게 발전하며 본성과 양육이 미치는 영향의 균형은 어떠한가?
> - **질문3**: 성격 구조가 변하는 것은 얼마나 어려운가?

활동 11-2 만약 사람들이 실제로 당신의 내담자를 괴롭힌다면 어떻게 될까

현실과 현실에 대한 지각은 때로 구별하기 어렵다. 우리는 오직 내담자가 주는 정보만을 가지고 상담자로서 무엇이 현실이고 아닌지 결정해야 한다.

> ✎ **활동**: 학생들은 소규모 집단 토론에 이어 대규모 집단 토론하시오.
>
> - **질문1**: 내담자의 이야기가 사실에 근거한 것인지 편집적 사고에서 기인한 것인지 어떻게 결정하겠는가?
> - **질문2**: 내담자의 현실 검증에 도전하는 것은 언제 유익하며, 언제는 도움이 되지 않는가?

사례개념화 연습

다음 Christopher의 사례를 보라.

> **✎ 활동:** 소규모 집단 토론에 이어 대규모 집단 토론하시오.
>
> - **질문1:** 이 사례에서 당신의 사례개념화는 무엇인가?
> - **질문2:** 당신이 더 알고 싶은 것은 무엇인가?
> - **질문3:** Christopher의 상담에 있어서 세 가지 가능한 목표는 무엇인가?
> - **질문4:** Christopher를 돕기 위해 당신이 적용하고자 하는 상담 양식은 무엇인가?

Christopher의 사례 ────────── ✑

Christopher는 최근 음주운전으로 기소되어 상담을 받게 되었다. 그는 자신은 정말 술고래가 아니고 이는 모두 큰 오해였기 때문에 자신이 치료하기 쉬운 내담자일 것이라고 했다. 그는 그 밤의 사고에 대해 자신이 갔던 5성급 레스토랑과 그가 데이트했던 모델과 그가 그때 몰았던 BMW 5시리즈에 대해 상당히 세부적으로 묘사했고, 음주에 대해서는 많은 세부 정보를 생략했다.

Christopher는 작은 사업의 소유주이자 운영자이며 생계를 위해 그의 판매 능력과 카리스마에 의지하고 있다. 그는 사립 고등학교를 다녔으며 마케팅학위를 위해 명망 있는 작은 문과 대학을 나왔다. 그는 증권 중개인으로서의 경력을 쌓기 위해 노력해 왔으나 최근 사고로, 그가 설명하길, '많은 좋은 사람들로 하여금 이 사업에서 손을 떼게' 만들었다. 그의 부모는 그의 사업 프랜차이즈를 위해 자금을 댔으며, 이에 Christopher는 복잡한 마음과 부담을 느낀다고 설명한다.

Christopher: 저는 좋은 직원을 찾을 수 없어요. 뭐라고 말해야 할까요? 저는 계속 사람들을 해고했고, 그 후 그들을 대체하기 위해 조건에 맞는 지원자들을 찾기가 힘들어요.

상담자: 음주운전 기소 건에 대해 더 얘기해 주실 수 있나요? 이 보고서에는 당신이

합법적인 선을 넘었다고 되어 있네요.

Christopher: (비웃으며) 보세요. 저는 훌륭한 운전자에요. 심지어 경주용 차를 몰았어요. 솔직히 저는 취해도 대부분의 취하지 않은 사람들보다 훨씬 나은 운전자에요.

상담자: 왜 경찰관이 당신을 세웠다고 생각하나요?

Christopher: 아마 단지 제 차를 질투했거나 그 달의 자신의 할당량을 채운 거겠죠. 들어 보세요. Mr. Jones, 맞나요? 저는 당신이 부여받은 의무 회기수를 한 절반 정도로 줄이도록 판사에게 요청할 수 있는지 궁금하네요. 저는 제가 대학에 갔을 때처럼, 다른 사람들이 걸리는 시간의 절반 동안 마칠 수 있을 거라고 확신해요.

상담자: 제가 알기로는 그건 제 권한 밖의 일이에요.

Christopher: (인상을 찌푸리며) 저는 상담의 요점을 정말로 모르겠어요. 이것은 마음이 약한 사람을 위한 거잖아요. (멈췄다가) 그래도 제가 말을 해야 한다면, 아주 오래전 고등학교 때로 돌아갈 수 있을 거예요……

더 나아가기

CBT for Personality Disorders by Henck van Bilsen and Brian Thomson (2013) SAGE

Personality Disorders: Toward the DSM-5 by William T. O'Donohue, Katherine Alexa Fowler, and Scott O. Lilienfeld (2007) SAGE

Skills Training Manual for Treating Borderline Personality Disorder by Marsha M. Linehan (1994) Guilford PRess

The Personality Disorders Treatment Planner by Neil R. Bockian and Arthur E. Jongsma, JR. (2001) Wiley

Doing Dialectical Behavior Therapy: A Practical Guide (Guides to Individualized Evidence-Based Treatment) by Kelly Koerner (2011) Guilford Press

Treating Personality Disorders in Children and Adolescents: A Relational Approach by Efrain Bleiberg (2004) Guilford Press)

전형적인 아동기 발병 장애

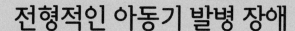

도입

당신은 상담자로서 선호하는 인구집단의 내담자가 있을 수 있다. 어쩌면 당신은 복잡한 인지와 감정 기복이 함께 나타나는 청소년에 더 관심이 있을지도 모른다. 또는 중학생과 함께 작업하느니 차라리 직업을 아예 바꾸는 편이 낫다고 생각할 수도 있다. 우리 중 일부는 중장년층과 작업하기를 희망할 수 있는데, 중장년층은 문화권마다 급증하고 있고, 노화에 따른 삶의 변화와 도전의 방향을 찾도록 도와줄 수 있는 숙련된 상담자를 필요로 한다. 또 다른 상담자는 아동과 작업하길 원할 수도 있다.

현실적으로 우리 중 자신이 궁극적으로 일하게 될 곳이 어디인지, 자신의 전문적인 관심 대상이 누가 될지에 대해서 제대로 아는 사람은 거의 없다. 이 책은 당신이 다양한 연령대와 발달 단계, 문화적 배경과 호소 문제를 가진 여러 유형의 내담자와의 상담을 준비하는 데 도움이 되도록 하는 데 목적이 있다. 이 장에서 우리는 아동기에 발생하는 가장 일반적인 몇 가지 장애에 초점을 두었다. 본격적인 시작에 앞서, 이와 같은 특정한 인구집단의 내담자와의 작업은 어떤 점에서 다를 것 같은

지 스스로에게 질문해 보기 바란다.

일반적으로 아동기 또는 청소년기에 진단되는 정신건강 문제는 크게 아동기 발병 장애와 학습장애, 이렇게 두 가지 주요 범주로 나뉜다. 이 장애들은 대개 유아기, 아동기 또는 청소년기에 처음 진단되며, 정신질환의 진단 및 통계 편람 5판(APA, 2013)의 여러 섹션에 기술되어있다. 이 책에서는 상담 장면에서 자주 만나고 치료해야 할 장애에 초점을 두었다. 이 책의 다른 장에서 설명한 바와 같이, 이는 결코 어떤 문제가 더 심각한지에 대해 평가하는 것이 아니라 상담 장면에서 자주 만나게 되는 내담자의 호소 문제에 초점을 두고자 하는 것이다. 여기에는 DSM-5의 파괴적, 충동 조절 및 품행장애 장에서 다루는 적대적 반항장애(ODD)와 품행장애(CD)뿐만 아니라 신경발달장애 장에서 다루고 있는 자폐스펙트럼장애(ASD)와 주의력결핍 과잉행동장애(ADHD) 등이 포함된다.

자폐스펙트럼장애

자폐스펙트럼장애(Autism Spectrum Disorder: ASD)는 일반적으로 자폐증으로 불리며, 타인과 환경을 이해하고 상호작용하는 아동의 능력에 심각한 영향을 미칠 수 있는 복합적이고 다양한 신경발달장애군을 아우른다. '스펙트럼'이라는 포괄적인 용어의 사용은 포함된 증상 및 심각성의 광대한 범위를 설명한다. DSM-5 이전에는 자폐성 장애, 소아기 붕괴성 장애, 달리 분류되지 않는 전반적인 발달장애(PDD, NOS), 아스퍼거 증후군은 모두 별도의 진단기준이 있는 개별적인 진단 범주였다.

DSM-5에서는 ASD의 핵심적인 특징으로서 사회적 의사소통의 결함과 반복적/제한적 행동이 확인된 최근 연구를 반영했다. 연구자들은 새로운 진단기준이 자폐증으로 잘못 진단되는 아동의 수를 감소시킬 수 있을 것이라고 예상한다(Ozonoff, 2012). 또한, DSM-5에서는 사회적(실용적) 의사소통장애(Social Communication Disorder: SCD)라는 새로운 진단명을 추가했다. ASD의 진단기준을 충족시키지 않는 몇몇 환자는 언어를 실용적이고 사회적으로 사용하는 능력의 손상으로 정의되는 SCD의 기준을 충족시킨다. SCD를 가진 개인은 일상생활에서 적절한 사회적 언어 및 비언어적 의사소통을 하는 데 어려움을 겪는다. 예를 들면, 상황 변화에 맞춰 의사소통 방식을 바꾸거나, 추론에 어려움을 겪거나, 대화의 규칙을 따르는 능력이 저하될 수 있다. 사회적 관계와 사회적 대화를 이해하는 능력에도 부정적인 영향을 준다. SCD 진단을 내리기 전에 반드시 ASD의 진단을 배제해야 한다.

DSM-5에서 ASD의 새로운 범주는 DSM-IV에서의 자폐증, 아스퍼거 증후군, 달리 분류되지 않는 전반적 발달장애의 진단을 포함하고자 했다. 비록 아스퍼거 증후군은 더 이상 DSM에서 진단되지 않지만, 일부에서는 자폐스펙트럼장애의 경미한 정도를 표현하는 용어로 계속해서 사용하고 있다. 전문가들 사이에서는 아스퍼거 증후군을 독립적인 진단으로 사용하지 않는 것이 스펙트럼의 마지막에 있는 높은 기능 수준을 가진 개인의 능력에 적합한 서비스를 제공하는 데에 영향을 미칠 수 있다는 점에서 약간의 우려를 가지고 있다. DSM-5에서의 또 다른 변화로는 ASD 진단기준에서 언어 발달 지연을 삭제한 것이다.

더불어, DSM-5에서는 ASD의 발병 연령 기준이 더욱 넓어졌는데, 이는 증상이 유아기부터 나타나야 하지만, 사회적 요구가 개인의 대처 능력을 넘어설 때까지는 증상이 완전히 드러나지 않을 수도 있다는 점을 고려한 것이다(Lai, Lombardo, Chakabarti, & Baron-Cohen, 2013). DSM-5에서는 어떤 증상은 사회적 요구가 증가하는 청소년기나 성인기까지 명백하게 드러나지 않는다는 점을 인정함으로써 유아기에 진단을 요구하기보다는 성인기의 진단을 가능하게 한다. 초기 발달 시기에 증상이 있어야 하지만, 이것은 이후에 상황적 요구가 대처 기술을 넘어설 때까지는 눈에 띄지 않을 수 있다. 발달 이력 및 지연과 퇴행 또한 DSM-5 진단기준에 의해 고려되는 부분이다.

ASD는 의사소통 기술 및 상호 간 의사소통의 결함, 반복적인 행동 패턴과 신경학적, 발달적 지연으로 특징지어진다. 비록 모든 ASD 진단이 조금씩 다 다르지만, 이 장애로 고통받는 아동은 전형적으로 친구관계를 형성하고 유지하거나 사회적 상호작용을 시작하는 것에 흥미를 거의 보이지 않으며, 자신의 주변에 어떤 일이 일어나건 관심이 없고, 한 가지 대상이나 사고에 몰두할 수 있다. ASD는 또한 지적 장애, 운동 협응 문제, 기타 건강 문제(수면과 위장 기능장애)와 관련될 수 있다. 한편, ASD를 가진 사람 중 일부는 시각적 기술, 음악, 수학 또는 예술과 같은 영역에서 두각을 나타내기도 한다.

ASD의 발병률은 지난 수십 년 동안 급격하게 증가했는데, 가장 최근의 연구에서는 대략 88명 중 1명의 아이가 잠재적으로 진단기준을 충족한다고 보고했다(Volmar, Paul, Rogers, & Pelphrey, 2014). 좀 더 보수적인 추정치에 따르면, ASD의 유병률이 아동과 성인의 1%에 달하며(American Psychiatric Association, 2013), 이는 ASD가 가장 흔히 나타나는 발달장애 중 하나라는 사실을 보여 준다. 최근 급증하는 수치가 ASD에 대한 인식의 증가 때문인지, 낮아진 진단기준 때문인지, 아니면 진짜 유병률의 증가 때문인지는 명확하지 않다. 장애는 대개 생후 12~24개월 사이의 이른 시기에 나타난다(APA, 2013). ASD는 그 심각도에 따라 해당 아동과 가족에게 충격적인 진단이 될 수 있다.

DSM-5는 ASD의 진단기준을 2개의 일반적 범주로 분류하는데, 하나는 다양한 맥락에서 사회적 의사소통과 상호작용의 지속적인 결함이고, 또 하나는 제한적이고 반복적인 행동 패턴이다.

사회적인 의사소통과 상호작용의 결함은 일반적인 발달 지연으로 설명될 수 없고, 사회적, 정서적 상호성의 문제로 인한 것이다. 예를 들면, 정상적인 대화를 주고받거나 친구 관계를 맺고 유지하는 데 어려움이 있다. 이는 관심사나 감정의 공유가 적고, 사회적 상호작용을 전혀 시작하지 못하는 것처럼 보일 수 있다. ASD로 진단받은 개인은 (비정상적인 눈 맞춤, 얼굴 표정, 보디랭귀지와 같은) 비언어적 의사소통의 결함이 있어야 한다. 또한, 이들은 사회적 상호작용에 분명히 비정상적으로 접근하고, 관계를 맺고 유지하는 데 어려움을 보인다. 아동은 정서를 거의 또는 전혀 드러내지 않거나, 가상 놀이를 하는 것에 어려움이 있거나, 대인관계 의사소통에 거의 흥미를 보이지 않을 수 있다. 안타깝게도, 이러한 결핍은 친구를 사귀고, 언어적 및 비언어적 신호를 이해하고, 다양한 사회적 맥락에 맞게 행동하는 데 어려움을 겪게 할 수 있다.

두 번째 진단기준은 제한적이고 반복적인 패턴, 관심행동, 활동에 초점을 맞춘다. 전형적으로 나타나는 행동에는 반복적인 말이나 사물의 사용, 움직임을 포함한다. 예를 들면, 크기 순서대로 장난감을 진열하거나 교사의 지시를 수차례 반복해서 말하는 것이 있다. 아동은 매우 제한적이고, 엄격하고, 경직되며 변화에 매우 저항적일 수 있다. 또한, 이들은 매일 점심마다 같은 것을 먹겠다거나 화장실에 갈 때나 자기 전에 일정한 의식을 하겠다고 고집을 부릴 수 있다. 일부 아동은 오직 한

과목 또는 한 가지 주제를 학습하는 것에만 흥미를 느낄 수 있다. 더불어 ASD를 가진 개인은 감각 자극에 매우 과민하거나 둔감할 수 있다. 예를 들면, 아동은 고통에 무관심해 보이거나, 큰 소음이나 강렬한 색감에 심각한 반응을 보일 수 있다. 또는 아동은 환경의 감각적인 측면에 매우 강한 관심을 보일 수 있고, 그로 인해 특정 물체를 과도하게 냄새 맡거나 만질 수 있고, 빛이나 회전하는 물체에 매혹될 수 있다.

DSM-5에서 심각도와 명시자는 ASD진단을 고려할 때 염두에 두어야 할 중요한 개념이다. 심각도 척도는 ASD가 일상적인 기능에 미치는 영향을 보다 잘 설명하도록 설계되었으며, 개인이 필요로 하는 보살핌과 지원 수준을 나타낸다. 실무자는 심각도 척도가 ASD로 진단된 개인을 위한 직장시설과 보다 지지적인 업무 환경을 구현하는 데 도움이 되리라 기대한다.

심각도에는 지원이 필요한 수준, 많은 지원을 필요로 하는 수준, 상당히 많은 지원을 필요로 하는 수준의 세 가지 수준이 있다. 심각도 1수준의 예를 들면, 아동이 완전한 문장으로 의사소통을 할 수 있지만, 또래와의 의사소통과 대화 주고받기에 어려움을 겪고, 또래와 사회적으로 어울리는데 어려움을 겪는다. 또한, 아동은 멈추기 어려운 의식과 반복적 행동의 문제를 가질 수 있다.

2수준은 언어적 및 비언어적인 사회적 의사소통 기술에 분명한 결함이 있는 것이 특징이다. 아동은 단순한 문장만 구사할 수 있고, 사회적인 상호작용 능력이 제한되고 둔화되며, 일상의 관찰자에게도 눈에 띄고 기능을 방해하는 뚜렷한 반복행동을 보일 수 있다.

3수준은 언어적, 비언어적 의사소통에 있어 심각한 결함으로 특징지어진다. 아동은 거의 또래와 상호작용을 시작하지 않으며, 일상생활에서 상당한 도움을 필요로 한다. 반복적인 행동과 의식에 개입하면 상당한 고통을 받는다. 명시자에는 지적 손상을 동반하거나 동반하지 않는 경우, 언어 손상을 동반하거나 동반하지 않는 경우, 알려진 의학적·유전적 상태 또는 환경적 요인과 연관된 경우 등이 있다.

이와 대조적으로, 사회적 의사소통장애는 실용적 언어 사용 능력의 손상, 낮은 수준의 의사소통 능력과 사회적 참여를 포함하지만, ASD의 진단을 야기하는 제한적이고 반복적인 행동과 흥미는 나타나지 않는다.

◎ 동반이환

ASD는 지적 손상과 언어적 문제를 동반하는 경우가 많다. 또한, ASD를 가진 사람 중 대다수는 또 다른 정신건강 관련 진단을 받을 수 있다(van Steensel, Bögels, & de Bruin, 2013; Volkmar, Paul, Rogers, & Pelphrey, 2014). 특정한 학습장애, 섭식과 수면 문제, 발달적 협응장애는 흔히 함께 발생하는 장애이다(APA, 2013).

ASD는 ADHD의 과잉행동, 부주의, 주의산만과 같은 몇 가지 증상이 중복된다. 이런 경우, ADHD로 진단하려면 그러한 증상들이 ASD와 그 발달 단계에서 예상되는 수준을 넘어서야 한다. 두 장애의 진단기준을 모두 충족할 경우에만 두 장애를 모두 진단할 수 있다.

◎ 문화적 고려사항과 인구요인

비록 문화마다 의사소통 방식과 유아기 발달에 대한 기대가 다를 수 있지만, ASD를 가진 사람은 어떤 문화적 배경에서도 규준을 벗어났다고 여겨진다. DSM-5는 사회적 상호작용에 대한 다양한 규준을 고려하고, 개인의 행동과 의사소통 양식이 그 사회문화적 집단의 규준에서 벗어났을 경우에만 진단한다. 특정한 인구집단, 특히 낮은 사회경제적 지위에 있는 사람이나 건강에 대한 적합한 케어를 받는 데 어려움이 있는 사람은 인식과 진단이 지연될 수 있다. 초기 개입이 치료의 핵심이라고 여겨지기 때문에 이것은 매우 중요한 고려사항이 된다.

ASD는 여아에 비해 남아에서 4~5배 더 많이 나타난다. 이러한 차이에 특정한 인과 관계는 없으나 일부 전문가는 그 이유를 여아에 대한 과소 진단 경향이 있기 때문이라고 본다(Volkmar, Paul, Rogers, & Pelphery, 2014). DSM-5는 남성과 여성에 대해 동일한 ASD 진단기준을 사용하지만, 일부 연구자는 성별에 따른 기준이 더 정확한 진단을 내리게 해준다고 보며, 이를 통해 여성에 대한 잠재적 과소 진단을 해명할 수 있을 것으로 믿는다. 일부 연구자는 남성의 높은 발병률이 태아의 테스토스테론 수준이나 뇌 구조의 성차와 관련된다고 보기도 한다(Baron-Cohen et al., 2011).

남성 편향에 대해 제시된 대안적 설명은 여성, 특히 가벼운 증상을 가진 경우에는 경계선 성격장애나 거식증처럼 환경이나 다른 사람을 통제하려는 과도한 시도와 관련된 다른 질환으로 오진하기 때문이라는 것이다(Baron-Cohen et al., 2011). 또한, 여성이 사회적 순응을 학습하도록 동기화되어 있다면 진단이 잘 내려지지 않을 수 있다(Baron-Cohen et al., 2011).

◎ 병인과 위험요인

ASD의 원인은 정확히 밝혀지진 않았지만, 낮은 출산율, 조산, 고령의 부모, 태아 시기의 발암물질 노출을 포함하여 진단과 관련한 위험요인에 대한 많은 이론이 있다. 한때 주요 매체에서 인기 있었던 백신접종이 ASD와 관련이 있다는 믿음은 많은 연구와 메타분석 결과를 통해 사실이 아닌 것으로 증명되었다(Volkmar, Paul, Rogers, & Pelphrey. 2014). 증상과 심각도의 다양성을 고려하면, 유전, 뇌 발달과 환경적 요인 등의 복합적인 원인이 작용할 가능성이 높다. 연구들은 바이러스 감염, 임신 기간 동안의 합병증과 오염물질과 같은 문제가 기여 요인인지를 알아보는데 중점을 두고 있다.

일부 아동은 환경적 요인으로 더 악화될 수 있는 유전적 취약성을 갖고 있다. ASD와 관련하여 뇌의 화학작용과 발달에 영향을 주고, 뇌의 미세한 균형과 정상적인 발달에 차질을 빚는 몇 가지 유전자가 있는 것으로 보인다. 이 유전자는 유전되거나, 트라우마나 다른 요인들에 의해 문제가 생길 수 있다. 많은 연구에서 ASD진단을 받은 아동의 가까운 친척 중에 자폐증 증상과 유사한 성격적 특성을 가진 사람을 포함하여 자폐성 증후군 또는 그 증상이나 특성을 가진 사람이 있다는 사실이 밝혀져 왔다(Pickles et al., 2000). 최근 연구에서 특정한 다중 유전적 영향이 명확히 규명되지 않은 ASD 사례 중 85%에서 가족의 약 4분의 1이 임상적 또는 준임상적인 자폐적 특성을 가지고 있다는 사실이 밝혀졌다(Constantino, Zhang, Frazier, Abbachhi, & Law, 2010; Virkud, Todd, Abbzcchi, Zhang, & Constantono, 2009).

◎ 치료적 개입

연구는 초기 개입이 핵심이라는 점을 보여 준다. 초기 개입에는 보통 여러 가지 교육적, 보상적(아동이 자신의 강점을 필요한 부분에 적용할 수 있도록 지원), 행동적 개입이 있다(Handleman & Harris, 2000; National Research Counsil, 2001). 이러한 서비스에는 일반적으로 의사소통, 대근육 및 소근육 운동 기술과 사회적 상호작용에 대한 도움이 포함된다. ASD로 진단받거나 ASD로 발전할 가능성이 높은 아동은 장애인교육법(IDEA)을 통해 서비스를 받을 수 있다. 따라서 다른 전문가와 개입에 관해 협력하고, 가족이 지역사회 내에서 필요한 자원을 찾도록 돕는 것이 중요하다.

대부분의 치료는 증상 제거와 발달 및 의사소통 기술을 지원하는 데 초점을 둔다(Sicile-Kira, 2014). 교육적 개입은 학업 및 인지적 전략을 개선하는 데 집중하며, 학교 기반의 환경에서 실시된다. 건강 개입의 결합은 일반적으로 말과 언어로 제공되는 치료, 작업 및 물리치료사가 제공하는 치료를 포함하며, 청각 및 감각 통합, 음악 치료와 언어 치료를 포함하기도 한다.

행동적 개입은 자해 또는 반복적인 움직임과 같이 일상의 기능을 저해하는 행동을 최소화하는 데 초점을 둔다. 상담자는 아동이 사회적 상황에서 어떻게 행동해야 하는지를 가르치거나, 사회성 기술을 발달시키거나, 가족이 구조화된 환경과 대처 전략을 개발하도록 돕는 일에 개입할 가능성이 높다. 이러한 개입에는 대부분 응용행동 분석(ABA)의 원칙이 사용되지만, 구체적인 방법이나 환경의 특성에 따라 다양할 수 있다. 연구되어 온 ABA 개입 중 한 가지 예로 중심축 반응 훈련(PRT)이 있다. PRT는 자기 관리, 정서 조절, 동기와 사회적 상호작용의 행동적 단서를 포함하는 아동발달의 '중심이 되는' 영역에 집중하는 놀이 기반의 개입이다. PRT는 자연스럽게 발생하는 강화와 동기적인 전략을 강조한다. 이와 같이 중요한 발달적 장애물을 목표로 삼음으로써 PRT의 효과는 다른 환경적 장면에서도 일반적으로 나타날 것으로 보인다(Koegel & Koegel, 2005, 2012). PRT 전략은 조기 치료 덴버모델(ESDM:the Early Start Denver Model)이라 불리는 초기 개입 접근의 핵심적인 구성 요소이다.

UCLA의 Lovaas가 강조한 ABA와 조기 치료 덴버모델(ESDM)은 어느 정도 인기를 얻어 왔고, 연구를 통해 효과성이 입증된(Rogers & Dawson, 2009a, b, c; Rogers,

Dawson, & Vismara, 2012), 구체적으로 매뉴얼화된 개입 방안이다. 구체적인 개입은 사회성 기술을 강조하며, 사회 상황 이야기, 모방, 공동 주의 훈련, 또래 훈련과 놀이 치료를 포함한다.

개입은 강도가 높고, 포괄적인 경향이 있으며, 다수의 다양한 전문적인 도움을 포함한다. 일부는 전문화된 프로그램이나 센터를 통해 이루어질 수 있고, 다른 경우는 집, 기관 또는 학교에 기반을 두고 있다.

주의력결핍 과잉행동장애

대부분의 아동이 몸을 잠시도 가만히 두지 못하거나, 주의집중을 어려워하거나 앉아서 한 가지 일에 몰두하기 어려워할 때가 있을 것이다. 주의력결핍 과잉행동장애(Attention Deficit Hyperactivity Disorder: ADHD)로 고통받는 아동에게는 이러한 행동이 지속적으로 나타나며 통제할 수 없는 것처럼 보인다. 부주의와 과잉 행동은 일상생활의 기능을 저해하며 아동의 기능 수준과 학교생활 적응에 심각한 영향을 미칠 수 있다.

진단기준을 살펴보면, ADHD는 아동기에 시작된다. 이 장애는 대부분 학교교육을 받기 시작한지 몇 년 내에 진단되지만, 청소년기나 성인기까지 진단되지 않는 경우도 있다. 그렇지만 이런 경우에도 살펴보면, 증상은 훨씬 이전부터 시작되었음을 알 수 있다. 아동기에 ADHD로 진단된 아동의 30~70%는 성인기까지 증상이 지속된다는 연구결과에 주목할 필요가 있다(Kessler et al., 2006). 상담자는 삶의 대부분을 ADHD로 고생해 온 성인 내담자를 만날 수도 있고, 성인이 될 때까지 어떤 치료도 받지 못한 성인 내담자를 만날 수도 있다. 보통 오랜 시간 ADHD로 분투해 온 개인은 그동안 '바보 같다' '게으르다'라는 말을 여러 차례 들어 왔을 수 있으며, 그로 인해 자존감에 부정적인 영향을 받아 왔을 수 있다.

Gabby의 사례

Gabby는 학교 적응에 어려움을 겪는 8세 3학년 학생이다. 지금까지는 학교에서 잘 생활하는 것처럼 보였지만, 3학년이 되자 그녀의 어려움이 드러나기 시작했다. 그녀는 자신의 과제물을 찾지 못하거나 집에서 해야 할 숙제를 잊어버린다. 그녀는 자신이 해야 할 일을 끝내지 못하며, 읽기 과제를 할 때에도 끝까지 과제를 읽는 데 실패한다. 그녀의 선생님은 그녀의 집중력 결핍, 집단 활동의 어려움, 세부적인 것에 대한 부주의 등에 대해 알고 있다. 그녀는 개인 작업이나 시간이 적게 걸리는 일은 해낼 수 있지만, 친구들과 함께 하는 활동에서는 금방 산만해진다. 또한 질문을 받으면 장황하게 말하는 경향이 있으며 주제를 갑자기 바꾸기도 한다.

선생님은 Gabby의 행동과 주의력 결핍에 대한 우려를 부모에게 전했다. 그녀의 부모는 그녀가 1학년일 때 문제가 있다는 것을 처음 알게 되었다. 그녀는 부주의해 보였고, 부모에게 숙제에 대해 말하지 못했다. 그녀의 부모는 그녀에게 반복해서 설명을 해 주었지만, 그녀는 귀담아 듣지 않을 때가 많았다. 그녀는 어떤 책도 끝까지 읽지 못했으며, 책을 절반도 읽기 전에 다른 책으로 옮겨 갔다. 그녀는 오빠 두 명과 여동생 한 명이 있으며 오빠 중 한 명은 ADHD 진단을 받았다.

Gabby는 학교를 좋아하고, 열심히 노력한다고 말하지만, 학교에서 지시를 따르지 못하거나 "파악하지" 못했다. 그녀는 체육, 미술, 음악 같은 보다 활동적인 수업을 좋아하는 반면 수학과 영어는 어려워한다. 친한 친구가 몇몇 있고, 이야기를 나누고 게임을 하는 것을 좋아한다. 또한 춤추기를 좋아하고 축구팀에도 속해 있다.

ADHD는 대개 12세 이전에 진단을 받으며, 조사에서는 ADHD가 전체 아동의 대략 5%에 이르는 것으로 나타났다(APA, 2013). 많은 부모나 양육자가 자녀의 과잉행동을 처음으로 발견하지만, 이를 나이 어린 아동의 정상적인 행동과 구별하는 것은 어려운 일이다. DSM-5의 진단기준은 두 가지 중요한 영역으로 나뉜다. 첫 번째 기준은 지속되는 부주의의 패턴이 특징이고, 두 번째는 과잉행동과 충동성에 초점을 둔다.

부주의와 주의산만은 여러 가지 형태로 나타난다. 아동은 부주의한 실수를 자주 하고, 단순한 과제를 손쉽게 조직화하거나 완수하는 것에도 어려움을 겪는다. 아동은 지시를 따르기 힘들어하며, 그들에게 직접 말을 할 때조차도 귀 기울이지 않는 것처럼 보일 수 있다. 또한, 일상과업이나 숙제 같은 일들을 잘 잊어버리고 완수하기 어려워 하며, 물건을 제자리에 두지 않고 쉽게 잃어버린다. 이러한 문제로 인해 아동은 학교생활에 온전히 참여하는 데 어려움을 겪는다. 특히 학교에서 복잡하고 시간이 걸리는 과제를 수행해야 할 때(아동의 학년이 올라가면서 이러한 과제를 수행해야 하는 경우가 더 많아지게 되면) 더욱 힘들 수 있다.

다른 진단기준은 충동적인 행동과 과잉행동에 초점을 둔다. 아동은 잠시도 가만히 있지 못하며, 신체의 움직임을 통제할 수 없는 것처럼 보인다. 때때로 두드릴 물건을 찾거나 반복적인 움직임으로 교실의 다른 학생들을 시끄럽게 하거나 산만하게 만들기도 한다. 그들은 교사나 다른 학생들을 방해하는 경향이 있으며, 자신의 차례를 기다리기 어려워한다. 그들은 명백한 이유 없이 그들의 자리나 장소를 이탈하거나, 상황에 적절하지 못하게 어딘가에 올라가거나 뛰어다니는 행동을 한다. ADHD를 가진 많은 아동은 교실에서 부적절한 이야기를 하는데, 이 또한 충동성을 통제할 수 없기 때문에 생기는 문제이다. 교사나 부모는 그들을 "끊임없이 움직이고" "에너지가 넘치며" "통제불능"이라고 묘사할 수도 있다.

◎ 동반이환

ADHD로 진단된 아동의 약 60%는 다른 정신건강 장애 진단을 충족시킨다 (Pliszka, 2011). 가장 흔히 나타나는 공존장애는 불안이나 우울과 같은 기분장애, 품행장애, 언어와 의사소통장애이다. 이처럼 다른 진단들이 ADHD와 관련된다는 점을 염두에 두는 것은 중요한데, 이는 ADHD의 증상이 범불안장애(GAD)나 양극성장애와 같은 특정 불안장애나 기분장애와 유사해 보일 수 있기 때문이다. DSM-5 이전에는 자폐스펙트럼 장애로 진단된 개인의 경우 ADHD 진단을 내리지 않았다. 그러나 현재 DSM-5에서는 만약 두 가지 질환에 대한 진단기준을 모두 충족한다면, 두 장애를 모두 가졌다고 진단하는 것을 허락한다.

◎ 문화적 고려사항과 인구요인

가정의 사회경제적 수준이 더 높은 아동이 ADHD 진단을 많이 받는 것으로 나타났다. 연구에 따르면 소수집단 자녀의 부모는 치료를 받으러 올 가능성이 낮으며, 그로 인해 그들의 자녀가 제대로 된 진단과 효과적인 치료를 받지 못하는 현실적인 문제가 생길 수 있다(Livingston, 1999; Taylor & Leitman, 2003). 이러한 장애물에는 낙인에 대한 두려움, 정신건강 문제 관련 지식의 부족, 오진에 대한 두려움과 언어 관련 문제가 포함된다(Hervey-Jumper, Douyo, Falcone, & Fransco, 2008).

또한 성별과 관련하여 진단 수준의 유의미한 차이가 발생하는 이유에 대한 많은 이론이 있다. ADHD를 가진 여아는 ADHD를 가진 남아에게 주로 관찰되는 폭력적이고 공격적인 행동은 자주 보이지 않는다. 대신 부주의와 관련된 증상이 종종 나타나며 바쁜 교사는 이러한 미묘한 신호를 쉽게 놓칠 수 있다(Hinshaw, 2002).

◎ 병인과 위험요인

이번 장에서 다룬 모든 장애와 마찬가지로, ADHD도 구체적인 원인은 잘 알려져 있지 않다. 그러나 강한 유전적 요소가 있다는 점과 ADHD가 대물림될 가능성이 높다는 점은 명백하다. 연구에 따르면, ADHD를 가진 부모의 자녀는 부모와 같은 진단을 가질 가능성이 50%를 넘는다(APA, 2013). 또한, 연구에서는 ADHD를 가진 아동과 성인이 행동을 조절하는 불규칙적인 신경 경로뿐만 아니라 도파민과 같은 신경전달물질이 비정상적인 수준을 보이는 경향이 있음을 보여 준다(APA, 2013). 신경전달물질 수준은 주의력, 학습, 움직임, 수면, 정서와 같은 주제와 관련이 있다. 그러나 많은 사례에서, 유전적인 연관성이 발견되지 않는다.

ADHD 진단 가능성에 기여하는 공통적인 환경적 요인도 있는 것으로 보인다. 여기에는 임신 중의 흡연, 약물 복용이나 음주, 조산 또는 출생 시 저체중, 의학적 주제와 관련된 출생 또는 초기 뇌의 손상이 포함된다. 이에 더해, 납이나 PCB와 같은 환경적인 독소가 ADHD 발병에 높은 위험과 관련되어 있다는 증거가 있다.

⚙ 치료적 개입

ADHD에 적용되는 상담 개입에는 전형적으로 행동적, 인지 행동적, 가족 기반, 이완 기법이 있다(National Institute of Health, 2008). 대부분의 연구에서는 자극제와 같은 약물이 ADHD의 주요 증상을 치료하는 데 가장 효과적이라고 제안한다. 비록 행동 기법이 단독으로 사용될 때는 증상에 미치는 영향이 제한적이지만, 이는 파괴적 행동을 감소시킬 수 있고, 사회적 기술 및 부모-자녀 관계를 개선할 수 있다(Brown et al., 2005)

한 가지 기법을 단독으로 사용하는 것보다는 약물 치료, 가족, 학교 기반 그리고 행동 기법과 같은 여러 접근을 포함하는 개입이 더 큰 효과를 보인다(Brown et al., 2005). CBT 기법은 성인 대상으로 더 자주 사용되고 있고, 더 어린 연령 집단에서는 덜 효과적이라는 점에 주목할 필요가 있다(Roman, 2010).

◆ 행동 치료

행동 기반 치료는 부모, 교사, 또는 다른 양육자에게 수반성 관리 프로그램과 강화 계획을 시행하도록 훈련하는데 초점을 둔다. 부모는 일반적으로 표준적인 행동 기법에 대한 읽기 자료와 설명을 제공받는 부모교육 프로그램에 참여한다. 일부 연구는 행동 기법이 ADHD 치료에 효과적이라고 제안한다(Fabiano et al., 2009; Daley et al., 2014). 개입은 일반적으로 일상패턴을 형성하는 것, 조직화 개입과 행동 강화를 포함한다. 환경적 개입은 선택 제한하기, 주의집중을 방해하는 요소 줄이기, 과제의 단위화 그리고 부모와 교사의 상호작용 전략 변화시키기를 포함한다. 전형적인 행동적 개입은 목표와 강화를 중심으로 삼으면서 훈육은 필요할 때만 사용한다.

상담자와 학교 상담자는 종종 교실에서 사용할 수 있는 행동 전략을 가르치기 위해 상담 모형으로 교사와 함께 작업한다. 일상 보고 카드 시스템(daily report card system)은 아동이 교실 안에서 특정한 목표 행동을 하면 토큰이나 점수를 받게 되는 시스템으로, ADHD를 가진 아동을 위해 흔히 사용되는 행동 프로그램이다.

◈ 인지 행동 개입

CBT 개입은 감정 조절, 자기대화, 자기지시, 자기점검, 그리고 문제 해결 전략에 집중한다. 이전 장에서 다뤄졌던 CBT 개입과 마찬가지로, 이 개입의 주된 목표는 자기조절, 탈비극화 그리고 자기강화를 알려주는 것이다. 상담자는 일반적으로 이 목적을 모델링, 역할놀이, 그 밖의 인지 기법(인지적 재구조화, 사고 중지와 사고 대체, 점수 매겨 보기, 수반성 관리)의 연습을 통해 성취할 수 있도록 노력한다. 예를 들어, 아동은 '나는 나를 전혀 통제할 수 없고, 모두가 나를 쳐다본다'는 생각을 멈추고, '나는 내가 무엇을 하는지 되돌아볼 수 있고, 단지 선생님 말씀을 약간 놓친 것뿐이다'와 같이 좀 더 효과적인 감정 조절적 생각으로 대체하도록 도울 수 있다.

이 개입은 ADHD를 가진 개인이 과업을 유지하는 내적 단서가 부족하거나, 환경적 단서를 받아들이는 능력이 결핍된 경향이 있다고 가정한다. 인지 행동 개입이 1980년대와 1990년대에는 ADHD 환자에게 흔히 사용되었지만, 좀 더 어린 연령에게 하는 CBT는 그 효과성을 지지하는 강력한 연구가 없어서 점차 사용이 줄어들고 있다.

◈ 약물 치료

ADHD를 가진 개인에게 애더랄이나 리탈린과 같은 자극제는 가장 잘 알려져 있고 널리 쓰이는 치료제이다(Greenhill & Ford, 2002). 일반적으로, 이러한 자극제 약물은 행동 치료 또는 인지 행동 치료와 함께 쓰인다. 일반적인 믿음과는 달리, ADHD 진단을 받은 모든 아동이 자극제 약물을 처방받는 것은 아니지만, ADHD 아동의 70~80%는 이러한 약물에 긍정적으로 반응하여 집중력에 도움을 얻을 수 있다. 하지만 행동 관리와 학업 성취에 대한 유의미하고 장기적인 효과의 증거는 혼재되어 있다(Prasad et al., 2013).

적대적 반항장애

　모든 아동은 엄마가 슈퍼마켓에서 좋아하는 시리얼을 사 주지 않아서 성질을 부리거나 통제력을 잃는 안 좋은 날이 있을 수 있다. 하지만, 일부 아동에게는 이러한 짜증스런 기분과 잦은 분노가 예외라기보다는 규칙일 수 있다. 적대적 반항장애(Oppositional Defiant Disorder: ODD)는 거의 모든 상황에서의 과민성 및 부정적 성향이 특징이며, 이는 잦은 말싸움과 분노 폭발에서 알 수 있다. 종종 이러한 폭발은 교사, 부모 그리고 양육자와 같은 권위자를 향해 있다. 다른 때에는 또래를 짜증나게 하려는 목적을 지닌 행동이 될 수도 있다. ODD를 가진 아동은 쉽게 공격적으로 변하고, 또래에 대한 질투, 복수, 남탓, 불안정성, 곁에 있기 어려움 등의 특징으로 설명될 수 있다(Essau, 2014).

Drew의 사례

　7세인 1학년 아동 Drew는 여러 사건으로 인해 학교 상담자와 교장선생님에게 보내졌다. 그 중 가장 최근의 사건은 도망 사건이었다. 그는 쉬는 시간이 끝났음에도 불구하고 교실로 돌아오지 않고 놀이터로 가 버렸다. 이 사건 후에 그는 학교 상담실에 갔지만 상담자의 존재를 인정하지 않으며 말하기를 거부했다. 그의 교사들은 좌절감을 나타내며, 그들이 시도했던 개입이 거의 효과가 없었다고 느낀다. 그는 '타임아웃(time-out)'을 거부했고, 훈육을 받을 때는 "친구들과 점심을 못 먹게 되더라도 상관없어. 나도 어차피 쟤네들 싫어해."와 같은 발언을 쏟아 낸다. 교사들은 그의 폭발적이고 파괴적인 행동이 다른 아이들의 학습에 부정적인 영향을 끼친다고 생각한다.

　Drew는 거의 끊임없이 또래와 말다툼을 하고, 다른 친구들의 규칙위반을 잡아내는 데 집착한다. 학교에서 거의 쉬지 않고 말을 하고, 학교 버스 안이나 쉬는 시간처럼 덜 구조화된 환경에서는 더 많은 말을 한다. 또한 교사들이 만들어 놓은 규칙과 수업 중 받는 지시 사항을 무시한다. 그는 어떤 것에 대해서도 책임을 지지 않으며, 자신이 선생님에게 질책받았던 행동을 똑같이 하는 다른 학생을 비난 한다.

　Drew는 4세 때 부모가 이혼했고, 현재 두 명의 형과 어머니와 함께 살고 있다. 그의 어머니는 그를 "통제할 수 없다." "자기 아버지나 나에 대한 존중이 없다."라고 설명한다. 어머니가 집에서 그를 질책하거나 벌을 주려고 할 때, 그는 TV나 컴퓨터 사용이 금지되도 상관없다고 말한다. 어머니 말에 따르면 그는 항상 형들 방에 들어가면 형들에게 허락을 구하지 않고 물건을 가져간다고 한다. 부른다고 해서 온 적이 거의 없으며, 때때로 동네 다른 집이나 놀이터로 한 번에 몇 시간씩 '도망치기도' 한다. 또 어떨 때는 "내가 아빠 집에 있을 때는, 밤 9시까지 안 자도 된다고 했어. 그래서 아빠가 더 좋아."라고 말하며, 어머니와 아버지를 다투게 만들기도 한다.

마침내 Drew가 학교 상담자에게 마음을 터놓자, 이내 목소리가 커지고 지나치게 감정적인 모습을 보인다. 자신을 이해할 수 있는 사람은 아무도 없으며, 자신은 학교나 좋은 성적을 받는 것에는 관심 없다고 말한다. 그는 자신의 형들이 자신을 괴롭힌다고 말하고, 어머니는 위압적이고, 지배적이라고 묘사한다. 또한, 학교에서 겪는 어떤 어려움도 자신의 잘못이 아니라고 하고, 그 누구도 자신을 좋아하지 않는다고 말한다. 그에게 다르게 행동하거나 바꾸고 싶은 것이 있냐고 물을 때면, 그는 "내가 왜 변해야 해요? 그건 내 잘못이 아니에요!"라고 대답한다.

앞의 증상 목록을 보면 이러한 아동이 가족, 친구 그리고 학교 시스템에 상당한 고통을 줄 수 있다는 점은 분명하다. 결론적으로, ODD 아동은 친구를 사귀거나, 학교시스템에서 성공적으로 기능하기 어려울 수 있고, 이로 인해 스스로도 상당한 스트레스를 경험하게 된다.

ODD는 비교적 흔한 아동기 장애로, 미국병존질환조사(NCS-R)에 따르면 6~10% 사이의 유병률을 보인다(AAA, 2013; Nock, Kazdin, Hiripi & Kessler, 2007). ODD는 여아보다는 남아에게 흔히 진단되며, 어린 아동에게 더 자주 진단되는데, 이는 아마도 정상적인 10대가 보일 수 있는 행동에 잘못된 꼬리표를 붙이는 것을 피하기 위해서이다(Essau, 2014).

ODD 진단을 위한 DSM-5 기준을 충족하기 위해서, 아동은 다음 행동 중 네 가지의 행동을 정기적으로 보여야 한다. 증상에는 성인과의 논쟁, 자주 욱하고 화를 냄, 권위자의 요구나 규칙을 무시하거나 거절함, 고의적으로 타인을 귀찮게 함, 자주 화를 내고 크게 분개함, 자주 과민하고 쉽게 짜증을 냄, 악의에 차 있거나 앙심을 품음, 자신의 실수나 잘못된 행동을 남의 탓으로 돌림 등이 있다. 부정적인 성향과 반항은 종종 고집, 지시에 대한 저항, 타협이나 공유 거부를 통해 표현된다. 반항의 예로는 제한과 경계를 끊임없이 시험하기, 언쟁, 무시, 결과나 책임을 수용하지 않기를 포함한다.

이후에 살펴볼 품행장애에서 나타나는 더 심한 공격성과 신체적인 성향은 대개 ODD에서 나타나지 않지만, 언어적 또는 신체적 적대감을 통해 공격성이 드러날 수 있다. 이러한 행동이 진단기준을 충족하기 위해서는 적어도 증상이 6개월 동안 지속될 필요가 있고, 증상으로 인해 개인의 사회적, 학업적, 직업적 기능에 심각한 손상을 초래해야 한다. 거의 모든 사례에서 아동은 자신을 제멋대로 군다거나 잘못했다고 보지 않고, 자신의 행동에 대해 자신을 압박하는 권위적 대상의 비합리적인 요구에 대한 타당한 반응으로 본다는 점을 명심해야 한다.

◎ 동반이환

연구들은 ODD 진단을 받은 인구의 대략 15~20%가 ADHD 진단기준을 충족시킨다고 밝혔다. 불안(14%)과 우울장애(9%) 또한 ODD와 높은 상관을 갖고 있다(Angold, Costello, & Erkanli, 1999). 품행장애(CD)를 지닌 아동의 대부분은 ODD와 비슷한 행동으로 시작한다. 연구에 따르면, ODD를 지닌 아동의 대부분은 품행장애(CD)로 발전되지는 않지만, ODD는 보통 아동기에 발병하는 품행장애(CD)의 전조로 나타난다고 한다(APA, 2013).

◎ 문화적 고려사항과 인구요인

ODD는 모든 경제적 수준에서 나타나긴 하지만, 사회경제적 지위가 낮은 집단에서 더욱 많이 나타난다(Loeber, Burke, Lahey, Winters, & Zera, 2000). 그 이유는 어린 나이에 의학적 및 정신의학적 치료의 접근이 제한적일 뿐만 아니라, 다음에서 검토될 위험요인에 자주 노출되기 때문이다.

또한 연구에 따르면, 우울이나 불안장애를 갖고 있는 소수 집단의 아동이 CD나 ODD로 오진단이 되기도 하는데, 이는 부분적으로는 행동에 대한 편견이나 고정관념 때문일 수 있다. 예를 들어, 정서나 불안장애를 지닌 아동 또한 과민 반응을 나타낼 수 있고, 위험하다고 인지한 상황에서 책임을 거부할 수도 있다. 결과적으로 이것이 반항 행동으로 잘못 해석될 수도 있다(Lau et al., 2004).

⚙ 병인과 위험요인

이 장에서 논의되는 대부분의 장애와 같이, 연구자들은 ODD를 야기하는 특정한 환경적 촉발 요인이나 근본원인을 찾아내지는 못했다. 대부분의 전문가는 아이의 기질, 인지나 의사소통 발달의 지연, 부모의 일관적이지 않거나 부족한 지지와 지도, 이전의 학대나 방임 경험 및 뇌 화학물질의 불균형과 같이 ODD를 야기하는 여러 가지 생물학적, 환경적 위험요인이 있다고 보았다. 아동의 일관성이나 안전감에 영향을 미치는 환경적 스트레스 요소는 아동의 파괴적인 행동을 증가시키는 역할을 할 수도 있다. 부모의 이혼, 경제적 문제, 잦은 이사와 전학, 양육자의 변화가 그 예이다.

ODD는 생물학적 위험요인과 아동의 환경에서 해로운 측면을 고려하는 생물심리사회적 모델의 맥락에서 가장 잘 설명될 수 있다. 일부 전문가는 ODD를 지닌 아동이 권위적 대상의 요구에 따르기 위한 실행 기능(예: 문제 해결, 작업 기억, 과제 완수)에 요구되는 인지적, 감정적 능력이 부족하다고 주장했다. 이러한 결핍은 아동의 감정 조절 능력을 약화시키고, 이에 따라 아동은 문제 해결이나 대처 능력뿐만 아니라 이성까지 잃게 된다(McKinney & Renk, 2007).

⚙ 치료적 개입

상담 치료는 주로 행동적 접근, 인지 행동적 접근, 또는 가족 접근을 포함한다. 개인 상담 개입은 주로 아동의 감정 조절, 감정의 건강한 표현, 상황을 좀 더 현실적으로 볼 수 있게 도와주는 인지적 재구조화에 초점을 맞춘다.

행동 기반 개입은 부절적한 행동을 소거하고 좀 더 적절하고 적응적인 행동을 학습하는 것을 강조한다. 양육자와 부모에게 강화 기법을 알려주고, 적절할 때 사용할 수 있는 처벌 기법도 교육한다. 궁극적으로 적절한 행동이 습관화되고, 아이의 일상환경 속에서 자연스럽게 강화되는 것을 목적으로 한다.

가족 기반 개입은 부모 훈련, 의사소통, 가족 역할 그리고 행동적 개입에 중점을 둔다. 부모는 원치 않은 행동을 소거하고 긍정적 행동을 강화하는 방법뿐만 아니라 행동 계약을 시행하는 법을 배운다. 상담자는 양육자가 일관적으로 2차적 이득(적절한 보상)을 사용할 필요성과 궁극적으로 아동이 1차적 이득(환경으로부터 자연스럽게 발생되는 보상)을 얻는 것의 중요성을 강조한다. 다시 말해서, 이러한 새롭고 적절한 행동이 강화되어 습관화되기를 바란다. 예를 들어, 만약 아동이 수업에서 좀 더 오래 앉아 있을 수 있다면, 그는 선생님의 질문에 맞게 대답할 수도 있다. 그러면 선생님은 칭찬을 하게 되고 이는 아동이 적절한 행동을 계속 할 가능성을 높인다.

구체적인 가족 개입 중 하나인 부모-자녀 상호작용 치료(PCIT)는 부모-자녀 상호작용 패턴과 부모-자녀 관계 향상에 초점을 맞춘다. PCIT는 두 단계로 나뉘져 있는데, 부모-자녀 관계 발달과 훈육 훈련이다. 첫 번째 단계의 목표는 상호작용 놀이를 통해 다정하고 양육적인 부모-자녀 유대를 발전시키는 것이다. 두 번째 단계의 목표는 주로 행동 강화와 기술 개발에 초점을 맞춘다. 회기들은 일방경과 헤드셋 오디오 장치를 이용하여 행동 치료자가 행동기법을 가르치는 부모 코칭으로 구성되어 있다(Bodiford McNeil, Hembree-Kigin, & Anhalt, 2011).

비록 약물 치료는 일반적으로 ODD 치료에 사용되지 않지만, ADHD나 범불안장애(GAD)와 같은 공존장애를 가진 아동에게는 약물 치료를 실시하기도 한다.

품행장애

어떤 상담전문가든 청소년이 규칙을 어기고, 경계를 시험하고, 문제를 일으키는 것이 흔한 일이라고 말한다. 하지만 일부 아동과 청소년은 지속적으로 타인의 권리를 침해하고 사회적 규범이나 법에 위배되는 행동도 보인다. 품행장애(Conduct Disorder: CD)는 장기간의 반사회적 행동, 기존 규칙과 사회적 규범 무너뜨리기, 법의 위반을 예로 들 수 있다. 대부분의 전문가는 품행장애가 ODD와 비슷하지만 훨씬 더 심각하고, 반사회적 성격장애의 전조가 될 수 있다고 여긴다(Murphy, Cowan, & Sederer, 2001).

품행장애를 지닌 아동은 CD 진단과 연관된 행동으로 인해 또래, 타인, 기관으로 부터 자주 비행청소년, '나쁜' '범죄형'으로 비춰진다. 품행장애는 아동의 나이와 장애의 심각도에 따라 다양한 증상이 나타나지만, 다음과 같이 네 가지의 행동적 범주로 나눌 수 있다. 이 범주에는 사람과 동물에 대한 공격성, 재산 파괴, 사기 또는 절도, 심각한 규칙 위반이 있다. 파괴적 행동의 예로는 방화와 공공기물파손이 있다. 공격적 행동에는 따돌림, 동물학대, 언쟁, 그리고 성행위 강요를 포함한다. 기만적 행동으로는 거짓말, 사기, 물건 절도, 그 밖의 다른 범죄 행위를 포함한다. 규칙 위반의 예로는 무단결석, 가출, 나이에 적합하지 않은 활동을 포함한다.

Ryan의 사례

Ryan는 여러 차례 구속 경험이 있는 15세 고2 학생이다. 최근에 연루된 사건은 어머니의 신용카드를 훔쳐서 친구들과 함께 흥청거리며 쇼핑을 했던 일이다. 어머니는 경찰을 불렀고, 이로 인해 Ryan은 6개월 동안 소년원에 있었으며, 현재 가석방되었다. 상담에서 그에게 나타난 문제로는 보호관찰의 제한, 폭력적인 분노 폭발, 알코올과 다른 약물사용과 남용 그리고 불안과 우울한 기분을 포함한다.

어렸을 때, Ryan은 이 마을 저 마을로 이사를 다니면서 여러 학교로 전학을 다녔다. Ryan은 4명의 여자 형제와 2명의 이복 여자 형제가 있다. Ryan이 6세 때 부모가 이혼했고, 그는 어머니와 3명의 여자 형제와 함께 살고 있다. Ryan은 자신의 아버지를 '술에 취해 화나 있는 사람'으로 표현했고, Ryan이 더 어렸을 때는 그를 때리곤 했었다고 말한다. 어머니 역시 알코올과 약물 중독자였지만, 이 시점에서는 끊은 것으로 보인다. Ryan의 어머니 또한 양극성 장애로 진단받았고, 병원에서 약을 처방받아 복용하고 있다. Ryan은 친할아버지와 굉장히 친밀했는데, Ryan이 12세 때 자동차 사고로 돌아가셨다.

Ryan은 여러 차례 정학을 당했고, 최근에는 학급 친구들을 괴롭히고, 마리화나를 소지하며, 학급 친구들과 여러 차례 싸워서 학교에서 퇴학당했다. 그의 학교 기록은 그가 수업을 빠지고, 수업과목에 낙제하고, 교사와 언쟁을 했던 이력을 보여 준다. 그는 여러 사건으로 인해 체포되었는데, 한 번은 방화, 두 번째는 난동 때문이었다.

Ryan의 어머니는 Ryan이 어딜 가는지, 무엇을 하는지에 대해 지속적으로 거짓말을 했다고 보고했다. 최근 사건 후에 어머니는 더 이상 Ryan이 자신과 여자 형제들과 함께 사는 것을 원하지 않았다. 어머니는 Ryan이 '늘 해서는 안될 일을 먼저 한 다음에 해야 할 일을 한다'고 말한다. Ryan은 매우 어린 나이에 담배와 술을 시작했다. 어머니는 Ryan이 처음으로 법적인 문제를 일으켰던 순간에 대해 Ryan이 10세 때 가게에서 놀이 카드와 사탕을 훔쳤을 때였다고 보고했다.

품행장애 아동은 대인관계, 약물과 알코올 사용, 학업문제의 측면에서 더 많은 어려움을 가지고 있다. 법적 체계도 더 자주 개입되며, 개입이 이뤄지지 않을 시에는 그들이 더욱 나락에 빠질 위험이 있다(Boesky, 2002).

품행장애의 평생 유병률은 대략 10%이다. ODD와 마찬가지로 여성보다는 남성이 더 많이 진단받는다(남성 12%, 여성 7.1%). 구체적인 연구에 따르면, 일종의 성행위를 강요했다는 응답이 0.3%인데 비해 반복적인 무단 외박이 전체 응답의 33%로 큰 비중을 차지한다는 점은 흥미로운 결과이다(Nock, Kazdin, Hiripi, & Kessler, 2006).

⚙ 동반이환

CD로 진단된 사람은 특히 약물남용과 충동 조절장애와 같은 적어도 하나의 다른 장애의 진단기준을 충족시킬 위험성이 상당히 높다(APA, 2013). 일부 연구에서는 ADHD와 50%의 높은 상관이 있다고 제안한다(Nock, Kazdin, Hiripi, & Kessler, 2006). CD 진단을 받은 사람 중 30~40%는 기분장애를 동반할 가능성이 있다. 또한, 대부분 학업 문제와 학습장애를 함께 갖고 있을 수 있다. 적어도 60%가 정신건강 문제나 학습장애를 추가적으로 가질 수 있기 때문에, 치료에 있어서 의료, 교육, 지역사회, 정신건강 서비스를 포함하는 종합적인 접근을 취하는 것이 중요하다.

⚙ 문화적 고려사항과 인구요인

품행장애는 사회적 혼란과 범죄율이 높은 지역에서 더 자주 진단된다(Loeber et al., 2000). 품행장애 증상은 규칙 위반, 타인의 권리 침해 그리고 사회적 규범 위반을 중심으로 한다. 이는 누가 이런 사회적 규범과 법칙이 적절한지 결정하고, 사회적 규범과 법칙이 무너지는 경우를 어떻게 판단하는지, 환경과 가난이 어떤 영향을 끼치는지 대한 의문을 남긴다.

품행장애도 ODD처럼 소수 문화에서 불안이나 우울장애를 가진 아동의 행동이 단지 저항적이라는 이유로 잘못 귀인된다면 CD로 오진될 가능성이 있다(Lau et al., 2004).

⚙ 병인과 위험요인

품행장애는 유전적, 생물학적, 환경적 그리고 사회적 영향의 상호작용을 수반한다. CD 발병에 단일 요인은 없다. 연구들은 CD의 소인으로 유전적이고 생물학적인 영향을 제안하는데, 이는 행동장애가 가족 내에서 집단으로 나타나는 경향이 있기 때문이다. 일부 연구는 품행장애를 지닌 개인이 더 낮은 기준치의 자율신경시스템을 물려받을 수도 있으며, '살아 있음' 또는 정상적이라고 느끼기 위해 더 높은 수준의 자극을 필요로 할 수 있음을 밝혔다. 이러한 유전적 소인은 이 장애와 연관된 높은 수준의 감각 추구 행동을 설명할 수 있다(Davidge et al., 2014; Lahey, Hart, Pliszka, Applegate, & McBurnett, 1993). 품행장애를 지닌 아동은 안정 시 심박수가 낮다(Mawson, 2009). 이러한 낮은 각성 수준은 최적의 각성 상태에 도달하기 위한 감각 추구와 파괴적인 행동으로 이어지거나, 다른 아동에게 있어 이런 행동을 억제시키는 죄책감이나 불안의 수준을 낮출 수도 있다(van Goozen, Snoek, Matthys, Rossum, & Engeland, 2004).

환경적 요인은 부모의 정신건강 문제와 물질남용, 혼란스러운 가족 환경, 어린 시절의 학대와 방임을 포함한다(APA, 2013). 또 다른 위험요인은 아동이 행동과 결과 사이의 관계를 배우지 못하게 만들고, 어쩔줄 몰라하거나 무지한 부모로 인해 짜증과 불복종이 강화되는 비일관적 양육태도로 보인다. 과민하고 달래기 어려운 유아기의 기질 패턴 역시 위험요인이다. 마지막으로, 사회적 위험요인은 구조의 부족, 지역사회의 폭력성, 부모의 지도 부재 그리고 역기능적 가족 환경을 포함한다.

⚙ 치료적 개입

품행장애 아동의 치료는 복잡하고 어렵다. 행동의 심각성에 따라 치료는 여러 환경 속에서 다양하게 이루어질 수 있다. 치료의 어려움을 가중시키는 것은 아동의 비협조적인 태도, 그리고 때로는 일부 성인에 대한 불신과 두려움이다. 종합적인 치료 계획을 발전시킬 때, 아동·청소년 정신과 의사는 장애의 원인을 이해하기 위해 아동, 가족, 교사, 지역사회(법 시스템 포함)에서 얻은 정보와 기타 의학적 전문지식을 사용할 수도 있다.

우리가 이 책에서 전반적으로 강조해 왔듯이, 모든 환자와 모든 상황은 다르다. 특정한 문제와 각 아동 및 가족 상황의 심각성을 다루기 위해 개인에게 맞춰진 치료 계획이 개발되어야 한다.

◈ 상담 개입

행동 개입과 상담은 아동이 적절하게 분노와 공격성을 조절하고 표현할 수 있도록 돕기 위해 자주 사용된다. 부모는 종종 행동 관리와 교육 프로그램뿐만 아니라 장애가 가족 구조에 가져올 수 있는 혼돈에 대처하는 방법을 훈련받는다. 높은 공병률로 인해, 개입에는 약물 치료뿐만 아니라 공존 질환에 대한 전형적인 치료도 포함될 수 있다. 관련 증상의 심각성으로 인해 치료의 과정이 단기간인 경우는 거의 없고, 종합적인 접근이 필요할 수도 있다.

Eyberg, Nelson 그리고 Boggs(2008)는 파괴적 행동장애를 위한 16개 증거 기반 치료를 정리했는데, 이는 친사회적이고 순응적인 행동의 강화 증가, 파괴적 행동에 대한 적절한 처벌 사용, 예측 가능하고 일관되게 강화와 처벌을 적용하도록 하는 부모 훈련에 초점을 맞추는 것을 포함한다. 이러한 개입을 성공으로 이끄는 다른 요인으로는 부모의 물질남용 중단과 같이 부모 자신의 행동을 변화하고자 하는 의지가 있다.

◈ 가족 기반 개입

인기 있는 접근 중 하나는 부모 관리교육(PMT)이다(Feldman & Kazdin, 1995; Kazdin, 2005). 이 많이 연구된 증거 기반 접근에서는 부모가 자녀의 문제 해결, 감정 조절 그리고 충동 조절을 돕는 방법을 교육받는다. PMT 개입은 주로 훈육 연습에 관여하면서 부적응적인 부모-자녀 상호작용에 초점을 맞추며, 이 개입에서 조작적 조건 형성의 원칙은 매우 중요한 역할을 담당한다. 상담자는 근본적인 개념,

사회적 학습 원칙과 행동적 기법, 부모를 위한 모델링 행동, 구체적인 조건 형성 기법을 실행하도록 코치하는 교육 세션을 제공한다.

다체계적 치료(Henggeler & Lee, 2003)는 아동과 그 가족의 심리사회적 기능을 향상하기 위해 고안된 또 다른 증거 기반의 통합적 가족 기반 치료법이다.

행동 가족 치료는 또 다른 증거 기반 접근이며, 이는 수년간 ODD와 CD 진단을 받은 아동에게 사용되어 왔다(Eyberg, Nelson, & Boggs, 2008). 행동 가족 치료 기법은 조형법, 강화, 행동적 수반성, 그리고 행동 계약을 포함한다. 상담 과정은 라포 형성, 문제 행동의 확인, 목표의 개발, 보상과 처벌의 선택 그리고 마지막으로 행동 계약의 형성이라는 여러 단계를 포함한다. 행동 가족 치료에서는 가족 체계까지 수정하려는 시도로 가족 환경, 아동의 기질, 비생산적인 행동, 부정적인 강화를 모두 다룬다.

◆ 기타 치료적 접근

집단 자기주장 훈련은 중학생을 대상으로 학교 기반 집단에서 효과적으로 사용되고 있다(Huey & Rank, 1984).

품행장애가 심하고 지속적일 때나 가족이 치료에 전념할 수 없거나 안 하고 싶어 할 때, 아동이나 가족의 안전을 지킬 수 있는 대안적인 공간이 필요할 수도 있다. 늘 그렇듯, 최소 제한 환경은 가능한 한 짧은 시간 동안에만 사용되어야 한다. 치료적 위탁 돌봄이나 임시돌봄 또한 하나의 선택지가 될 수 있다.

연구들은 위험에 처한 아동에게 초기 발달 과정에 전달된 다각도의 심리사회적 개입이 가장 효과적이라는 사실을 보여 준다. 예방과 초기 개입의 중요성은 아무리 강조해도 지나치지 않다(Connor et al., 2006).

품행장애와 적대적 반항장애의 약물 치료는 잘 연구되지 않았지만 최근 연구에 따르면, 약물 치료는 증거 기반 심리사회적 개입이 효과가 없을 경우에만 사용되어야 하며, 이 장애들의 치료에 단독으로는 사용되면 안 된다고 제안한다(Connor, 2002: Connor et al., 2006). 반면 약물 치료는 동반장애의 치료에는 도움이 될 수 있으며, 이를 통해 아동은 CD/ODD를 위한 심리사회적 개입에서 효과를 얻을 수 있다.

T/C 모델을 사용하여 사례개념화할 때 고려사항

이 장에서 설명된 장애들은 다양한 병인과 치료가 있다. 부모 갈등, 이혼, 가난, 위험한 지역과 같은 환경적 스트레스 요소가 파괴적 행동장애의 발달에 상당한 영향을 줄 수 있다는 점을 명심해야 한다. 또한, 문제 해결, 감정 조절, 대처 기술의 부재도 중요한 부분이다. 기질도 하나의 요인이 될 수 있으며, 따라서 개인의 환경적·인지적·행동적 영향을 모두 평가하는 것이 중요하다.

물론 아동·청소년과 함께 작업할 때마다 가족의 역할은 중요하다. 가족 규범, 가치, 훈육 방식 및 상호작용 패턴의 철저한 평가는 사례개념화 과정의 필수적인 요소이다.

이제 다양한 아동기 발병장애에 대한 연구와 진단 범주를 살펴보았으니, 다른 사례 예시와 사례개념화에 대해 살펴보자.

Phillip의 사례

Phillip은 최근에 가족 주치의로부터 ADHD 진단을 받고 약을 처방받은 12세 남아이다. 부모님이 Phillip의 집과 학교에서의 행동에 대해 도움을 얻기 위해 찾아왔다. 아버지는 자신 또한 ADHD 진단을 받았으며, 자신이 보기에 Phillip이 자신과 비슷한 점이 많다고 이야기한다. Phillip은 학교와 집에서 어수선하고 정리정돈이 되지 않는 모습을 보인다. 어머니는 Phillip이 지시 사항을 전혀 따르지 않는 '야생의 아이'라고 묘사한다. Phillip에게는 2명의 동생이 있으며, 어머니는 동생들도 잠시도 말을 듣거나 앉아 있지 못한다고 말한다. 어머니는 집안 환경에 대해 '애들끼리 싸우면 정신이 하나도 없어요. 우리는 앉아서 가족 식사를 하거나 영화를 보거나 조용히 책을 읽을 수가 없어요.'라고 묘사한다. 아버지는 Phillip에 대해 '멍하고', '자기만의 작은 세계에 빠져 있다'고 묘사한다.

Phillip의 교사는 그가 종종 자기 주변에 어떤 일들이 벌어지고 있는지 인지하지 못하는 것 같다고 보고한다. 그는 시종일관 공상에 잠기며, 교사나 친구에게 반응을 보이지 않는다고 한다. 교사가 그에게 지금 무슨 생각을 하고 있는지 물어보면, 그는 "저도 몰라요."라고 대답한다. Phillip은 특히 자기 동기부여나 쓰기 숙제에 어려움이 있다. Phillip은 정리정돈이 극도로 안 되며, 잃어버린 숙제, 연필, 점심 도시락을 찾는 데 많은 시간을 소비한다. 부주의한 실수를 하고, 지시 사항을 이야기할 때 귀담아듣지 않는 것 같다. 5분 이상 지속되는 어떠한 활동을 완수하라고 하면, Phillip은 금방 산만해지며 다른 사람들까지 산만하게 만들기도 한다.

Phillip은 종종 자신의 외투나 점심 도시락 가방을 제자리에 두지 않는다. 그리고 어디로 가라거나 어떤 것을 하라는 등의 단순한 지시 사항을 따르는 데 어려움이 있다. 그는 친하게 지내는 친구가 없어 보이며, 쉬는 시간이나 점심시간 동안 목적 없이 주변을 방황하거나 공상에 잠긴다. 과제를 제시간에 지시에 따라 완성하는 데 어려움이 있으며, 수업 시간에 맞는 책을 가지고 오는 것을 잊기도 한다. Phillip은 자신이 받는 특별한 관심에 대해 분개하며 교사나 주변사람들이 그를 그냥 혼자 내버려 두기를 원한다.

Phillip은 교실에서 뒤쪽에 앉기를 좋아하며, 만약 허락된다면 그는 대부분의 시간을 공책에 낙서 하거나 창밖을 멍하니 쳐다보는 데 소비할 것이다. 상담자의 사무실에 있는 동안 내내 Phillip은 사무실 의자를 돌리거나 움직였다. 상담자는 늘 Phillip에게 질문을 몇 번씩 되풀이해야 했고, Phillip의 부모는 작업이 진행될 수 있도록 Phillip을 계속해서 재촉해야만 했다.

Phillip의 사례

◆ T/C 사례개념화 모델 예시
(*더 탐색해야 할 문제들에 표시)

① 주 호소 문제: 지시에 따르기 힘듦, 부주의, 산만함, 학업 문제

② 내적 성격 구조와 행동
- 자기효능감: 낮음.
- 자존감: 낮음*.
- 태도/가치/신념: 교육에 대한 낮은 가치 부여.

- **애착유형:** 부모가 관여하고 염려함*.
- **생물학/생리학/유전적 특성:** 남성, 12살, 형제들도 주의집중 문제가 있음, 아버지도 ADHD가 있음, 현재 자극제를 처방 받음.
- **정서:** 산만함, 짜증, 우울증 가능성.
- **인지:** 혼자 남겨져야 한다는 믿음.
- **감정적 사고:** '날 혼자 내버려 둬요.'
- **행동:** 물건을 잃어버림, 정리정돈이 안 됨, 멍함, 목적 없이 방황함, 가만히 앉아 있지 못함, 고립됨.
- **징후학:** 짜증, 산만함, 사회적 고립.
- **대처 기술과 강점:** 대처 기술이 거의 없음, 지지적인 부모님.
- **변화에 대한 준비:** 사전 고려.
- **삶에서의 역할:** 학생, 형제, 아들.

③ 환경
- **관계:** 부모와의 갈등관계, 친구가 거의 없음.
- **문화***
- **가족 규범과 가치:** 가족은 조직화되고 조용한 것을 중시함.
- **사회적 영향:** 조직화와 조용함에 대한 학교와 사회의 가치.

④ 연대기
- **과거 영향:** 과거 학교 경험*.
- **현재 영향:** 우울한 기분, 집중력 부족, 부모님과 형제들과의 관계 갈등*.
- **미래 목표:** 학교와 가정에서의 집중력 증가, 학업적 성공 경험, 친밀한 친구 관계 형성, 높은 자기효능감 형성, 가족과의 관계 개선.

상담의 핵심

- 자폐스펙트럼장애(ASD)는 일반적으로 자폐증으로 불리며, 아동의 타인 및 환경과 상호작용하고 이해하는 능력에 심각한 영향을 미칠 수 있는 복잡하고 다양한 신경 발달장애를 아우른다.
- ASD는 의사소통 기술과 상호간 의사소통의 결함, 반복적인 행동 패턴 그리고 신경상 및 발달상의 지체로 특징지어진다.
- ASD의 사례 수는 지난 수십 년간 급격히 증가해 왔으며, 가장 최근의 연구는 88명의 아동 중 1명은 잠재적으로 ASD의 진단을 받을 수 있다고 보고했다.
- DSM-5는 ASD에 대한 진단 범주를 두 가지 일반적인 범주로 분류하는데, 하나는 다양한 상황에서 상호작용 및 의사소통의 지속적인 결함이고 또 하나는 제한적이고 반복적인 행동 패턴이다.
- 비록 문화들 간에 의사소통 방식과 유아기의 발달에 대한 기대가 서로 다를 수 있겠지만, ASD를 가진 사람은 어떤 맥락에서도 규범을 벗어난다고 여겨질 것이다.
- ASD의 심각성과 광범위하게 다양한 증상을 고려하면, 유전, 뇌 발달 그리고 환경적 요인을 포함하는 병인의 복잡한 그림이 그려질 가능성이 높다.
- ASD에 대한 연구에서는 초기 개입의 중요성과 주로 교육적 개입, 보상적 개입(아이들이 필요한 영역을 다루기 위한 강점 영역을 사용하도록 도와줌), 행동적 개입이 수반된다는 점을 보여 준다.
- 주의력결핍 과잉행동장애(ADHD)는 보통 12세 이전에 진단되며 대략 5%의 아동에게 영향을 끼친다.
- ADHD의 진단 범주는 2개의 주요한 영역으로 나뉜다. 첫 번째 범주는 지속적인 부주의 패턴으로 특징지어지고, 두 번째 범주는 충동성과 과잉행동에 초점을 맞춘다.
- ADHD로 진단받은 아동 중 약 60% 정도는 불안, 우울과 같은 기분장애, 행동장애, 언어 및 의사소통장애와 같은 다른 정신건강장애의 진단기준을 충족한다.
- 연구에 따르면, ADHD에는 강력한 유전적 소인이 존재하며, 대물림되는 경우

가 매우 많다는 사실을 보여 준다.

- ADHD 치료에 적용되는 상담 개입은 일반적으로 행동적, 인지 행동적, 가족 기반, 이완 기법을 포함한다.
- 적대적 반항장애(ODD)는 거의 모든 상황에서의 과민 반응, 부정적인 성향으로 특징지어지며, 이는 빈번한 감정 폭발과 언어적 비난으로 증명된다.
- ODD에 대한 DSM-5 진단기준을 충족시키기 위해서는 아동은 반드시 다음의 행동들 중에서 네 가지를 규칙적으로 보여야 한다. 진단기준에는 성인과 논쟁함, 자주 욱하고 화를 냄, 적극적으로 권위적 대상의 요구나 규칙을 무시하거나 거절함, 고의적으로 타인을 귀찮게 함, 자주 과민하고 쉽게 짜증을 냄, 악의에 차 있거나 앙심을 품음, 자신의 실수나 잘못된 행동을 남의 탓으로 돌림 등이 있다.
- 연구에 따르면, ODD로 진단받은 사람 중 15%에서 20%는 ADHD의 기준을 충족하는 것으로 나타났다.
- 대부분의 전문가는 아동의 기질, 인지 및 의사소통 발달 지연, 부모 지지나 지도의 비일관성 또는 부재, 과거의 학대나 방임, 뇌의 화학적 불균형 가능성 등을 포함하여 ODD 진단에 대해 보다 많은 환경적이고 생물학적인 위험 요소가 기인한다고 본다.
- 품행장애(CD)는 장기간 지속되는 반사회적 행동, 기존 규칙이나 사회 규범 무너뜨리기, 법 위반이 전형적인 예이다.
- CD로 진단받은 사람은 특히 물질남용 및 충동 조절장애와 같은 적어도 하나 이상의 다른 장애 진단기준을 충족할 확률이 상당히 높다.
- ODD와 CD의 치료를 위해 쓰이는 상담 개입은 일반적으로 행동에 기반을 두며 분노와 공격성을 적절하게 표현하고 조절하는 데에 초점을 둔다.

실습

언어와 의사소통 방식이 발달적으로 적합한지 확인하기

✎ **활동**: 소규모 집단 토론 이후 대규모 집단으로 작업한다.

- **질문 1**: 아동이나 청소년과 상담할 때, 당신은 당신의 상담 초점을 특정한 구성 요소로 바꾸었는가(예: 행동에 초점 맞추기)? 그 이유는 무엇인가?
- **질문 2**: 당신은 평소 성인 상담에서는 사용하지만 아동 상담에서는 사용하지 않는 단어나 문장이 있는가? 그것은 무엇인가?(5~10개 정도)
- **질문 3**: 당신은 아동과 상담할 때 비언어적 의사소통 방식을 바꾼 것이 있는가? 만약 있다면 어떻게 바꾸었는가?

부모님, 양육자, 가정 환경과 협력하여 작업하기

✎ **활동**: 소규모 집단 토론 이후 대규모 집단으로 작업한다.

- **질문 1**: 아동과의 작업이 상담자로서 당신의 역할에 대한 접근 방법을 어떻게 바꾸는가?
- **질문 2**: 당신은 부모 혹은 양육자와 어떻게 상담 하는가? 이 때 잠재적인 장점과 단점에는 어떤 것들이 있는가?
- **질문 3**: 부모면담은 일반 상담과정과 어떤 유사점과 차이점이 있는가?

아동 혹은 청소년에 대한 상담 개입

> ✎ **활동**: 개별 작업 이후 대규모 집단 토론함.
>
> - **질문 1**: 당신의 견해로 볼 때, 어떤 종류의 개입이 어린 아동과 상담할 때 더 유용하다고 생각되는가? 청소년의 경우는 어떤가?
> - **질문 2**: 당신은 T/C 사례개념화 모델을 사용하여 아동과 상담할 때 어떤 구성요소에 더욱 초점을 맞출 것인가? 청소년과 할 때는 환경, 인지, 행동 중 어떤 요소를 강조할 것인가? 그 이유는 무엇인가?
> - **질문 3**: 아동과의 상담에서 당신은 어떤 강점 영역에 초점을 맞출 것인가?

T/C 모델을 사용한 사례개념화 연습

Bill의 사례 ✎

16세인 Bill은 학교에서의 몇 가지 사건 때문에 어머니와 함께 상담실을 방문했다. 마지막 사건은 너무 심각해서 Bill은 학교로 돌아가기 전에 정신건강 평가와 전문가 소견을 받아야 했다. Bill은 학교에 무기를 들고 와서 학교로부터 무기한으로 정학 처분을 받았다. 또한 과거에 마리화나 소지, 친구와의 싸움, 교사 폭행, 화장실에서 위법 행위 등으로 정학 처분을 받은 적이 있었다. 어머니는 Bill이 때때로 며칠씩 집을 나가고, 어머니의 말이나 요청을 하나도 듣지 않으며, 어머니 지갑에서 돈을 훔친 적도 있다고 보고했다. 그녀는 어찌할 바를 몰라 했고, Bill에게 어떻게 해 줘야 하는지 알 수가 없다.

Bill은 모든 것이 그를 화나게 한다고 말한다. 그는 '폭발하여' 어머니와 싸움을 한 뒤에는 집을 며칠 동안 나간다고 말한다. 아버지는 수감 중이고, Bill과 중요한 관계를 맺었던 경험이 없다. Bill은 어머니가 주말과 밤에 일을 나가는 것과 어머니가 일을 나갔을 때 2명의 동생을 돌봐야 하는 것에 대해 불평한다.

> ✎ **활동**: 소규모 집단 토론 이후 대규모 집단으로 작업한다.
>
> ● **질문 1**: 이 사례에 대해 당신은 어떻게 사례개념화를 했는가?
>
> ● **질문 2**: 당신이 알고 싶은 또 다른 것들에는 무엇이 있는가?
>
> ● **질문 3**: Bill과 상담할 때 가능한 3가지 목표로는 무엇이 있는가?

더 나아가기

Treatment of Autism Spectrum Disorders: Evidence Based Intervention Strategies for Communication and Social Interactions edited by Patricia Prelock and Rebecca McCauley (2012) Brookes

Autism Spectrum Disorders: From Theory to Practice by Laura Hall (2012) Pearson

The SAGE Handbook of Emotional and Behavioral Difficulties edited by Philip Garner, James Kauffman, and Julian Elliot (2014) SAGE

Driven to Distraction: Recognizing and Coping with Attention Deficit Disorder by Edward M. Hallowell and John J. Ratey (2011) Anchor

The ADHD Workbook for Kids: Helping Children Gain Self-Confidence, Social Skills, and Self-Control by Lawrence Shapiro (2010) Instant Help

Parenting Children with ADHD: 10 Lessons That Medicine Cannot Teach (APA Lifetools) by Vincent J. Monastra (2005) American Psychological Association

Mastering Your Adult ADHD: A Cognitive Behavioral Treatment Program Therapist Guide (Treatments That Work) by Steven Safren, Carol Perlman, Susan Sprich, and Michael Otto (2005) Oxford University Press

Oppositional Defiant Disorder and Conduct Disorder in Children by Walter Matthys and John Lochman (2011) Wiley

Conduct and Oppositional Defiant Disorders: Epidemiology, Risk Factors, and Treatment edited by Cecilia A. Essau (2014) Routledge

사례개념화와 상담 및 심리치료의 실제

사례개념화의 실제

사례개념화와 T/C 모델

이 책의 마지막 부분에 이르렀을 즈음, 당신은 도움을 구하러 온 내담자를 효과적으로 진단하고 치료하기 위해 사례개념화의 과정 및 T/C 모델을 활용하는 방법을 철저히 이해하고 있어야 한다. 상담자로서 당신의 전문가적 정체성의 중요한 요소는 당신이 어떻게 사례개념화를 하는가, 그리고 도움을 주는 과정에서 당신의 역할을 어떻게 알아차리는가이다. 이 직업의 역사와 다양한 전문가들이 어떻게 특수성을 유지하면서 통합되는지를 배우는 과정에서 당신이 얻은 배경지식이 상담자로서 당신의 자리를 찾을 때 잘 정의된 전문가적 정체성의 기반을 제공한다.

당신이 볼 수 있듯이, 상담은 예술이자 과학이다. 진단은 치료와 직결되지 않으며, 상담자가 맥락을 고려하도록 상기시키는 것은 사례개념화 과정이다. T/C 모델이 명확하게 해 주듯이, 맥락은 내담자가 최적의 발전을 이루는 데 방해하는 요소뿐만 아니라 모든 개개인이 상담 장면에 가지고 오는 강점과 지지도 의미한다. 치료의 계획과 과정은 『정신질환의 진단 및 통계 편람(DSM)』의 증상 기준뿐 아니라 대처 기술, 성격적 특성, 삶의 경험과 변화에 대한 준비도와 같은 내담자의 변인에 영향을 받는다. DSM 하나만 사용하는 것보다, T/C 모델은 당신이 내담자에게 던질 질문을 생각해내고 내담자의 답변을 이해하도록 도와주는 더 미묘하고 섬세한 평가방법이다. 그리고 이 교재와 T/C 모델은 당신이 효과적인 상담자가 되게끔 정보를 모으고, 가설을 세우고, 치료 전략을 계획하는 데 필요한 도구를 제공한다.

CACREP와 같은 승인기관은 근거 기반 치료의 필요성을 강조하는데, 결과적으로 이 교재는 가장 자주 마주하는 정신건강 질환들에 대해 추천되는 치료 방법에 대한 논의를 포함한다. 추가적으로, 보험회사, 의료보장 환경, 또는 상담자들이 종종 근무하는 다른 관리기관과 효과적으로 작업하기 위해서는 근거 기반 치료를 이해하는 것이 필수적이다.

앞으로 나아가기: 실제에서의 T/C 모델

사례개념화와 평가는 초기 회기와 진단을 하고 나면 끝나는 것이 아니다. T/C 모델은 지속적인 평가와 개입의 효과성에 대한 평가를 가능하게 함으로써 치료 단계와 그 이후에도 가치가 있다. 초기의 사례개념화는 이미 적용된 개입의 효과성을 측정하는 데 매우 유용하다. 비록 이 교재에서 구체적인 평가를 설명하지는 않지만, 당신의 사례개념화 능력은 당신이 무엇을 평가해야 하는지 이해하게 해 줄 것이고, 이러한 목적으로 사용될 수 있는 효과적인 구조화된 평가가 있다.

T/C 모델의 적용은 당신이 사례개념화에 접근하는 방법과 사례개념화를 운용하는 방식에 보다 목적성을 가질 수 있도록 도우며, 이는 자연스럽게 개입 전략과 평가로 흘러갈 것이다. 더욱이, 모델의 폭넓음과 그것의 구조화된 질문은 성찰적인 상담자로 성장하는 데 도움이 될 것이다.

물론 도전은 효과적인 상담의 중요한 요소이고, T/C 모델 또한 이러한 과정을 촉진한다. T/C 모델을 사용한 사례개념화의 명확한 표현은 상담자가 내담자의 생각에서 가능한 왜곡을 명확히 알아차리고 도전하도록 돕는다. 예를 들어, T/C 모델에서 설명된 영역들을 활용하면 개인의 내적인 구성개념이 환경적 정보들과 맞아 떨어지지 않을 때 도전의 초점을 알 수 있다.

마지막으로, T/C 모델은 상담자가 더욱 목적성을 갖도록 도울뿐 아니라, 협력의 도구로서의 기능도 할 수 있다. 내담자와 함께 사례개념화를 공유하고 구성하는 것은 내담자가 변화를 이루는 데 있어 더욱 목적성을 갖도록 돕는다. 따라서 T/C 모델의 개념화를 공유하면 내담자에게 거울과 같은 효과가 나고, 상담 과정을 나아가게 하는 '아하'하는 순간을 촉진하고 더 많은 통찰을 얻게 된다. 명확한 사례개념화는 또한 상담자의 이해를 점검하는 방법을 제공하고, 필요하다면 내담자에게 개념화를 바로잡게 허락한다.

상담이라는 직종은 도전적이면서도 보람이 있다. 상담자로서의 우리는 다른 사람들로 하여금 그들이 될 수 있는 최선의 모습이 되도록 도울 수 있는 특권을 누린다. 우리는 또한 가장 최신의 정보와 효과적인 도구를 사용하여 우리의 내담자를 돕기 위해 최선을 다할 윤리적인 책임이 있다. T/C 모델은 당신이 내담자를 도울수 있도록 하는 강력한 도구이다. 이 모델은 당신이 던지는 질문을 형성하고, 목표를 향한 다리 역할을 하며, 당신과 내담자가 DSM 진단을 넘어서 강점과 대처전략을 평가할 수 있게 해준다. T/C 모델은 당신의 내담자가 경험을 전체적이고 종합적으로 이해하고 더욱 통합적인 자기 이야기를 엮어내도록 돕는데 있어 당신이 내담자와 협력하는 수단이 될 수 있다. 이 모델은 비이론적이기 때문에, 이것은 각 진단에 각기 다른 사례개념화 모델을 적용하기 보다는, 서로 다른 진단을 일관되게 볼수 있는 도구를 제공한다. 마지막으로, T/C 모델의 사용은 당신이 보다 성찰적이고 목적성을 갖춘 상담자가 되도록 격려하고, 지속적인 평가와 측정을 할 수 있는 구조화된 틀을 제공한다.

당신이 상담자로서의 길을 걸어가면서, 이 교재와 T/C 모델은 당신의 모든 과정과 현장 경험을 다양한 인구와 장면에 대한 의미 있는 상담 접근 방식과 다양한 정신건강 문제에 통합할 수 있는 틀을 제공한다. 상담자로서 당신의 훈련과 교육 및현재의 이론, 실제, 연구에 기반하여 T/C 모델을 활용함으로써 다른 돕는 직종의 전문가들이 사례를 개념화하는 방법과 상담전문가로서의 당신이 구별된다. 우리는 상담전문가로서 활동하는 당신이 여정을 완수하는 과정에 행운이 깃들기 바란다.

실습

내담자와 함께 작업하기

✎ **활동**: 개인 작업 이후 대규모 집단 토론하시오.

- **질문1**: 상담자로서 훈련받으면서, 통합적인 사례개념화를 하는 것과 관련하여 미처 깨닫지 못했던 점은 무엇인가? 당신이 묻거나 다루기 꺼려졌던 주제가 있었는가?

내담자가 얼버무릴 때

내담자가 신뢰나 라포가 아직 형성이 안 되었든, 내담자의 방어이든, 당신의 질문을 회피하는 방법을 찾을 수 있다.

✎ **활동**: 소규모 집단 브레인스토밍 이후 개인별 토론하시오.

- **질문1**: 내담자가 문제의 답을 회피하는 방법에 대해 브레인스토밍해 보라.
- **질문2**: 당신이 내담자의 세계를 정확하게 알기 위한 정보를 얻기 위해 이러한 방해물을 움직일 수 있는 전략에는 어떤 것이 있는가?

사례개념화와 개입

✎ **활동**: 개인 작업 이후 대규모 집단 토론하시오.

- **질문1**: 치료 개입 단계에서, T/C 모델에서 당신이 중점을 둘 특정 영역이 있는가? 그 이유는 무엇인가?
- **질문2**: 내담자가 변화에 대해 어떤 것이 자신의 능력 범위 안에 있고 어떤 것이 능력 밖에 있는지 결정할 때, 당신은 어떠한 도움을 주는가?

실습 13-4 사례개념화와 슈퍼비전

수차례의 수퍼비전은 사례개념화와 치료 결과에 대한 평가와 관련이 있다.

✎ **활동**: 대규모 집단 토론하시오.

- **질문1**: T/C 모델을 이 과정에서 어떻게 사용하겠는가?

실습 13-5 더 나아가기

이 글은 당신의 전문가적 발달의 가장 시작점이다. 당신이 앞으로 나아가기 위해서 계획한 발전적인 길들에 대해 시간을 가지고 고려해 보라.

✎ **수업실습**: 개별 활동 이후 대규모 집단 토론하시오.

- **질문1**: 당신이 일하고 싶은 특정 대상이나 장면이 있는가?
- **질문2**: 어떤 이유로 그 특정 대상이나 장면에서 일해보고 싶은가?
- **질문3**: 그 대상과 작업하기 위해 무엇이 더 준비되어야 한다고 생각하는가?

실습 13-6 마지막 생각

이 과정을 시작할 때로 돌아가서 생각해 보자.

✎ **활동**: 개별 작업 이후 대규모 집단 토론하시오.

- **질문1**: '사례개념화'에 대해 당신이 알던 내용은 무엇이었는가?
- **질문2**: 이 책을 읽은 후 '사례개념화'에 대한 당신의 이해가 어떻게 바뀌었는가?

참고문헌

Abilés, V. V., Rodríguez-Ruiz, S. S., Abilés, J. J., Obispo, A. A., Gandara, N. N., Luna, V. V., & Fernández-Santaella, M. C. (2013). Effectiveness of cognitive-behavioral therapy in morbidity obese candidates for bariatric surgery with and without binge eating disorder. *Nutricion Hospitalaira, 28*(5), 1523-1529.

Abramowitz, J. (1997). Effectiveness of psychological and pharmacological treatments for obsessive-compulsive disorder: A quantitative review. *Journal of Consulting and Clinical Psychology, 65,* 44-52.

Abramowitz, J. (2006). The psychological treatment of obsessive-compulsive disorder. *Canadian Journal of Psychiatry, 51*(7), 407-416.

Abramowitz, J., Deacon, B., & Whiteside, S. (2011). *Exposure therapy for anxiety: Principles and practice.* New Yor, NY: Guilford Press.

Abramowitz, J., Franklin, M., Schwartz, S., & Furr, J. (2003). Symptom presentation and outcome of cognitive-behavioral therapy for obsessive-compulsive disorder. *Journal of Consulting and Clinical Psychology, 71*(6), 1049-1057.

Alarcon, R., Foulks, E., & Vakkur, M. (1998). *Personality disorders and culture: Clinical and conceptual interactions.* New York, NY: John Wiley.

Alexopoulos, G. S., Raue, P., Kiosses, D. N., Mackin, R. S., Kanellopoulos, D, McCulloch, C., & Areán, P. S. (2011). Problem solving therapy and supportive therapy in older adults with major depression and executive dysfunction: Effect on disability. *Archives of General Psychiatry, 68*(1), 33-41.

Alloy, L. B., Abramson, L. Y., Walshaw, P. D., Gerstein, R. K., Keyser, J. D., Whitehouse, W. G., & Harmon-Jones, E. (2008). Behavioral approach system (BAS)-relevant cognitive styles and bipolar spectrum disorders: Concurrent and prospective associations. *Journal of Abnormal Psychology, 118*(3), 459–471.

Altman, S. E., & Shankman, S. A. (2009). What is the association behavior obsessive-compulsive disorder and eating disorders? *Clinical Psychology Review, 29,* 638–646.

Altschuler, I. L., Kupka, R. W., Hellemann, G., Frye, M. A., Sugar, C. A., McElroy, S. L., & Suppes, T. (2010). Gender and depressive symptoms in 711 patients with bipolar disorder evaluated prospectively in the Stanley Foundation Bipolar Treatment Outcome Network. *American Journal of Psychiatry, 167*(6), 708–715.

American Counseling Association. (2009). *20/20 statement of principles advances the profession.* Retrieved from http://www.counseling.org

American Counseling Association. (2010). *20/20: A vision for the future of counseling: Background.* Retrieved from http://www.counseling.org

American Counseling Association. (2014). *Code of ethics and standards of practice.* Alexandria, VA: Author.

American Mental Health Counselors Association. (2010). *Code of ethics of the American Health Counselors Association* (2010 rev.). Alexandria, VA: Author.

American Psychiatric Association (APA). (2000). *Diagnostic and statistical manual of mental disorders* (4th ed., text rev.). Washington, DC: Author.

American Psychiatric Association. (APA). (2002). *Practice guidelines for the treatment of patients with bipolar disorder* (2nd ed.). Washington, DC: Author, Steering Committee on Practice Guidelines.

American Psychiatric Association. (2013). *Diagnostic and statistical manual of mental disorders* (5th ed.). Arlington, VA: Author.

American Psychiatric Association. (2013). *Division 12, Society of Clinical Psychology.* Retrieved from http://www.div12.org

Anand, A., Verhoeff, P., Seneca, N., Zoghbi, S. S., Seibyl, J. P., Charney, D. S., & Innis, R. B. (2000). Brain SPECT imaging of amphetamine-induced dopamine release in euthymic bipolar disorder patients. *American Journal of Psychiatry, 157,* 1108–1114.

Anderson, H. (1997). *Conversations, language, and possibilities.* New York, NY: Basic Books.

Angold, A., Costello, E., & Erkanli, A. (1999). Comorbidity. *Journal of Child Psychology & Psychiatry, 40,* 57–87.

Antony, M. (2011). Recent advances in the treatment of anxiety disorders. *Canadian*

Psychology, 52, 1-9.

Antony, M., & Stein, M. (Eds.). (2009). *Oxford handbook of anxiety and related disorders*. New York, NY: Oxford University Press.

Arcelus, J., Mitchell, A. J., Wales, J., & Nielsen, S. (2011). Mortality rates in patients with anorexia nervosa and other eating disorder. *Archives of General Psychiatry, 68*(7), 724-731.

Areán, P. A., Raue, P., Mackin, R. S., Kanellopoulos, D., McCulloch, C., & Alexopoulos, G. S. (2010). Problem-solving therapy and supportive therapy in older adults with major depression and executive dysfunctional. *American Journal of Psychiatry, 167*(11), 1391-1398.

Arkowitz, H., Westra, H., Miller, W., & Rollnick, S. (2007). *Motivational interviewing and the treatment of psychological problems*. New York, NY: Guilford Press.

Arnold, L. M., McElroy, S. L., Hudson, J. I., Wegele, J. A., Bennet, A. J., & Kreck, P. E. (2002). A placebo-controlled randomized trial of fluoxetine in the treatment of binge-eating disorder. *Journal of Clinical Psychiatry, 63*, 1028-1033.

Arnow, B. A., & Constantino, M. J. (2003). Effectiveness of psychotherapy and combination treatment for chronic depression. *Journal of Clinical Psychology, 59*(8), 893-905.

Arredondo, P., & Perez, P. (2003). Expanding multicultural competence through social justice leadership. *The Counseling Psychologist, 31*, 282-289.

Arredondo, P., & Toporek, R. (2004). Multicultural counseling competencies=ethical practice. *Journal of Mental Health Counseling, 26*(1), 44-55.

Arts, B., Jabben, N., Krabbendam, L., & Van, O. J. (2011). A 2-year naturalistic study on cognitive functioning in bipolar disorder. *Acta Psychiatrica Scandinavica, 123*(3), 190-205.

Aubrey, R. F. (1977). Historical development of guidance and counseling and implications for the future. *Personnel and Guidance Journal, 55*, 288-295.

Austin, S., Nelson, L., Birkett, M., Calzo, J., & Everett, B. (2013). Eating disorder symptoms and obesity at the intersections of gender, ethnicity, and sexual orientation in U.S. high school students. *American Journal of Public Health, 103*(2), 16-22.

Aviram, A., & Westra, H. (2011). The impact of motivational interviewing on resistance in cognitive behavioural therapy for generalized anxiety disorder. *Psychotherapy Research, 21*(6), 698-708.

Baldwin, S. A., Berkeljon, A., Atkins, D. C., Olsen, J. A., & Nielsen, S. L. (2009). Rates of change in naturalistic psychotherapy: Contrasting dose-effect and good-enough level models of change. *Journal of Consulting and Clinical Psychology, 77*(2), 203-211.

Barker, R. (2003). *The social work dictionary* (5th ed.). Washington, DC: NASW Press.

Baron-Cohen, S., Lombardo, M. V., Auyeung, B., Ashwin, E., Chakrabarti, B., & Knickmeyer, R. (2011). Why are autism spectrum conditions more prevalent in males? *PLOS Biology, 9*(6).

Barrett, P., Duffy, A., & Dadds, M. (2001). Cognitive-behavioral treatment of anxiety disorders in children: Long-term (6-year) follow-up. *Journal of Consulting and Clinical Psychology, 69,* 135-141.

Bateman, A., & Fonagy, P. (1999). Effectiveness of partial hospitalization in the treatment of borderline personality disorder: A randomized controlled trial. *Americal Journal of Psychiatry, 156,* 1563-1569.

Bateman, A., & Fonagy, P. (2000). Effectiveness of psychotherapeutic treatment of personality disorder. *British Journal of Psychiatry, 177,* 138-143.

Bateman, A., & Tyrer, P. (2003). Psychological treatment for personality disorders. *Advances in Psychiatric Treatment, 10,* 378-388.

Bauer, M. S., McBride, L., Williford, W. O., Glick, H., Kinosian, B., Altshuler, L., ⋯ Sajatovic, M. (2006a). Collaborative care for bipolar disorder: Part I Intervention and implementation in a randomized effectiveness trial. *Psychiatric Services, 57*(7), 927-936.

Bauer, M. S., McBride, L., Williford, W. O., Glick, H., Kinosian, B., Altshuler, L., ⋯ Sajatovic, M. (2006b). Collaorative care for bipolar disorder: Part II Impact on clinical outcome, function, and costs. *Psychiatric Services, 57,* 937-945.

Beck, A. T. (1976). *Cognitive therapy and the emotional disorder.* New York, NY: International Universities Press.

Beck, A. T., & Freedman, A. (1990). *Cognitive therapy of personality disorders.* New York, NY: Guilford Press.

Beck, A. T., Freeman, A., & Davis, D. (2004). *Cognitive therapy of personality disorders.* New York, NY: Guilford Press.

Beck, A. T., Rush, A. J., Shaw, B. F., & Emery, G. (1979). *Cognitive therapy of depression.* New York, NY: Guilford Press.

Beck, J. (1995). *Cognitive therapy: Basics and beyond.* New York, NY: Guilford Press.

Beck, J. (2011). *Cognitive therapy: Basics and beyond*. New York, NY: Guilford Press.

Beers, C. W. (1908). *A mind that found itself: An autobiography* (2nd ed.). (Original work published 1906). New York, NY: Project Gutenberg.

Beesdo, K., Knappe, S., & Pine, D. (2009). Anxiety and anxiety disorders in children and adolescents: Developmental issues and implication for DSM-V. *Psychiatric Clinics of North America, 32*(3), 483-524.

Beidel, D., & Alfano, C. (2011). *Child anxiety disorders: A guide to research and treatment*. (2nd ed.). New York, NY: Routledge Taylor & Frances.

Bejerot, N. (1972). *Addiction: An artificially induced drive*. Springfield, IL: Charles C. Thomas.

Betan, E., & Binder, J. (2010). Clinical expertise in psychotherapy: How expert therapists use theory in generating conceptualizations and interventions. *Journal of Contemporary Psychotherapy, 40*, 141-152.

Birli, J., Zhang, N., & McCoy, V. (2012). Eating disorders among male college students. *VISTAS Online, 4*(101), 1-15. Retrieved from http://www.counseling.org/knowledge-center/vistas

Blum, N., St. John, D., Pfohl, B., Stuart, S., McCormick, B., Allen, J., ⋯ Black, D. (2008). Systems training for emotional predictability and problem solving (STEPPS) for outpatients with borderline personality disorder: A randomized controlled trial and 1-year follow-up. *American Journal of Psychiatry, 165*, 468-478.

Bodiford McNeil, C., Hembree-Kigin, T., & Anhalt, K. (2011). *Parent-child interaction therapy*. New York, NY: Springer.

Boesky, L. M. (2002). *Juvenile offenders with mental health disorders: Who are they and what do we do with them?* Lanham, MD: American Correctional Association.

Bohlmeijer, E., Smit, F., & Cuijpers, P. (2003). Effects of reminiscence and life-review on late-life depression: A meta-analysis. *International Journal of Geriatric Psychiatry, 18*(12), 1088-1094.

Bolton, J. M., Robinson, J., & Sareen, J. (2009). Self-medication of mood disorders with alcohol and drugs in the National Epidemiologic Survey on Alcohol and Related Conditions. *Journal of Affective Disorders, 115*(3), 365-375.

Bottlender, R., Rudolf, D., Strauss, A., & Moller, H. (2001). Mood-stabilizers reduce the risk of developing antidepressant-induced maniform states in acute treatment of bipolar I depressed patients. *Journal of Affective Disorders, 63*(1-3), 79-83.

Bowden, C. L., Grunze, H., Mullen, J., Brecher, M., Paulsson, B., Jones, ⋯ Svensson, K.

(2005). A randomized, double-blind, placebo-controlled efficacy and safety study of quetiapine or lithium as monotherapy for mania in bipolar disorder. *Journal of Clinical Psychiatry, 66*(1), 111-121.

Bowen, M. (1978). *Family therapy in clinical practice.* Northvale, NJ: Jason Aronson.

Bowers, W., & Ansher, L. (2008). The effectiveness of cognitive behavioral therapy on changing eating disorder symptoms and psychopathy of 32 anorexia nervosa patients at hospital discharge and one year follow-up. *Annals of Clinical Psychiatry, 20,* 79-86.

Bozikas, V. P., Tonia, T., Fokas, K., Karavatos, A., & Kosmidis, M. H. (2006). Impaired emotion processing in remitted patients with bipolar disorder. *Journal of Affective Disorders, 91*(1), 53-56.

Brady, K., Killeen, T., Brewerton, T., & Lucerini, S. (2000). Comorbidity of psychiatric disorders and posttraumatic stress disorder. *Journal of Clinical Psychiatry, 61*(7), 22-32.

Brady, K., Pearlstein, T., Asnis, G., Baker, D., Rothbaum, B., & Sikes, C. (2000). Efficacy and safety of sertraline treatment of posttraumatic stress disorder: A randomized controlled trial. *Journal of the American Medical Association, 283,* 1837-1844.

Breslau, N., Davis, G., Andreski, P., & Peterson, E. (1991). Traumatic events and posttraumatic stress disorder in an urban population of young adults. *Archive of General Psychiatry, 48,* 216-222.

Brewin, C. R., Andrews, B., Rose, S., & Kirk, M. (1999). Acute stress disorder and posttraumatic stress disorder in victims of violent crime. *American Journal of Psychiatry, 156,* 360-366.

Brewin, C. R., Andrews, B., & Valentine, J. (2000). Meta-analysis of risk factors for posttraumatic stress disorder in trauma-exposed adults. *Journal of Consulting Clinical Psychology, 68*(5), 748-766.

Brick, J., & Erickson, C. (2012). *Drugs, the brain, and behavior: The pharmacology of drug use disorders.* New York, NY: Routledge Press.

Brickman, P, Rabinowitz, V., Karuza, J., Coates, D., Cohen, E., & Kidder, L. (1982). Models of helping and coping. *American Psychology, 37,* 368-384.

Bridge, J. A., Iyengar, S., Salary, C. B., Barbe, R. P., Birmaher, B., Pincus, H. A., Ren, L., & Brent, D. A. (2007). Clinical response and risk for reported suicidal ideation and suicide attempts in pediatric antidepressant treatment, a meta-analysis of randomized controlled trials. *Journal of the American Medical Association,*

297(15), 1683-1696.

Briggs-Gowan, M., Carter, A., Clark, R., Augustyn, M., McCarthy, K., & Ford, J. (2010). Exposure to potentially traumatic events in early childhood: Differential links to emergent psychopathology. *Journal of Child Psychology and Psychiatry, 51*(10), 1132-1140.

Bronfenbrenner, U. (1979). *The ecology of human development: Experiments by nature and design.* Cambridge, MA: Harvard University Press.

Brott, P. E., & Myers, J. E. (1999). Development of professional school counselor identity: A grounded theory. *Professional School Counseling, 2,* 339-349.

Brown, P., Amler, R., Freeman, W., Perrin, J., Stein, M., & Feldman, H. (2005). Treatment of attention-deficit/hyperactivity disorder: Overview of the evidence. *Pediatrics, 115,* 749-757.

Brown, T., & Barlow, D. (1992). Comorbidity among anxiety disorders: Implications for treatment and DSM-IV. *Journal of Consulting and Clinical Psychology, 60*(6), 835-844.

Brown, T., Campbell, L., Lehman, C., Grisham, J., & Mancill, R. (2001). Current and lifetime comorbidity of the DSM-IV anxiety disorders in a large clinical sample. *Journal of Abnormal Psychology, 110*(4), 585-599.

Bryant, R. (2011). Acute stress disorder as a predictor of posttraumatic stress disorder: A systematic review. *Journal of Clinical Psychiatry, 72*(2), 233-239.

Bryant, R., Friedman, M., Spiegel, D., Ursano, R., & Strain, J. (2011). A review of acute stress disorder in DSM-5. *Depression and Anxiety, 28*(9), 802-817.

Bryant, R., Mastrodomenico, J., Felmingham, K., Hopwood, S., Kenny, L., Kandris, E., ··· Creamer, M. (2008). Treatment of acute stress disorder: A randomized controlled trial. *Archives of General Psychiatry, 65*(6), 659-667.

Bryant, R., Sackville, T., Dang, S., Moulds, M., & Guthrie, R. (1999). Treating acute stress disorder: An evaluation of cognitive behavior therapy and supportive counseling techniques. *American Journal of Psychiatry, 156*(11), 1780-1786.

Budd, R., & Hughes, I. (2009). The dodo bird verdict: Controversial, inevitable and important: A commentary on 30 years of meta-analyses. *Clinical Psychology and Psychotherapy, 16,* 510-522.

Buhrke, R. A., & Douce, L. A. (1991). Training issues for counseling psychologists in working with lesbian women and gay men. *The Counseling Psychologist, 19,* 216-234.

Bureau of Labor Statistics. (2013). *Occupational outlook handbook: Mental health counselors and marriage and family therapists* (2012-2013 ed.). Washington, DC: U.S. Department of Labor. Retrieved from http://www.bls.gov/ooh. community-and-social-service/mental-health-counselors-and-marriage-and-family-therapists.htm

Bystritsky, A., Khalsa, S., Cameron, M., & Schiffman, J. (2013). Current diagnosis and treatment of anxiety disorders. pharmacy and therapeutics. *Journal of Pharmacy and Therapeutics, 38*(1), 30-38.

Calabrese, J. R., Hirschfeld, R. M., Frye, M. A., & Reed, M. L. (2004). Impact of depressive symptoms compared with manic symptoms in bipolar disorder: Results of a U.S. community-based sample. *Journal of Clinical Psychiatry, 65*(11), 1499-1504.

Cape, J., Whittington, C., Buszewicz, M., Wallace, P., & Underwood, L. (2010). Brief psychological therapies for anxiety and depression in primary care: Meta-analysis and meta-regression. *BMC Medicine, 8*(38).

Carkhuff, R. R., & Anthony, W. A. (1979). *The skills of helping: An introduction to counseling.* Amherst, MA: Human Resource Development Press.

Carlfred, B., & Broderick, C. B. (1993). *Understanding family process: Basics of family systems theory.* Thousand Oaks, CA: SAGE.

Carroll, K. M., Easton, C. J., Nich, C., Hunkele, K. A., Neavins, T. M., Sinha, R., ⋯ Rounsaville, B. J. (2006). The use of contingency management and motivational/skills-building therapy to treat young adults with marijuana dependence. *Journal of Consulting and Clinical Psychology, 74,* 955-966.

Carroll, K., & Onken, L. (2005). Behavioral therapies for drug abuse. *The American Journal of Psychiatry, 168*(8), 1452-1460.

Carthy, T., Horesh, N., Apter, A., & Gross, J. (2009). Patterns of emotional reactivity and regulation in children with anxiety disorders. *Journal of Psychopathological Behavior Assessment, 32,* 23-36.

Cash, T., & Smolak, L. (2011). *Body image: A handbook of science, practice and prevention.* New York, NY: Guilford Press.

Cass, V. C. (1979). Homosexual identity formation: A theoretical model. *Journal of Homosexuality, 4,* 219-235.

Cassano, P., & Fava, M. (2002). Depression and public health, an overview. *Journal of Psychosomatic Research, 53,* 849-857.

Castonguay, L. G., & Beutler, L. E. (2006). *Principles of therapeutic change that work.*

New York, NY: Oxford University Press.

Castonguay, L. G., Constantino, M. J., McAleavey, A. A., & Goldfried, M. R. (2010). The therapeutic alliance in cognitive-behavioral therapy. In J. C. Muran & J. P. Barber (Eds.), *The therapeutic alliance: An evidence-based approach to practice and training* (pp. 150-171). New York, NY: Guilford Press.

Cath, D., van Grootheest, D., Willemsen, G., van Oppen, P., & Boomsma, D. (2008). Environmental factors in obsessive-compulsive behavior: Evidence from discordant and concordant monozygotic twins. *Behavioral Genetics, 38*(2), 108-120.

Centore, A. J., & Milacci, F. (2008). A study of mental health counselors' use of and perspectives on distance counseling. *Journal of Mental Health Counseling, 30*(3), 267-282.

Chard, K. M. (2005). An evaluation of cognitive processing therapy for the treatment of posttraumatic stress disorder related to childhood sexual abuse. *Journal of Consulting and Clinical Psychology, 73*, 965-971.

Charney, D. (2003). Neuroanatomical circuits modulating fear and anxiety behaviors. *Acta Psychiatrica Scandinavica, 417*, 38-50.

Cherian, A., Math, S., Kandavel, T., & Reddy, Y. (2014). A 5-year prospective follow-up study of patients with obsessive-compulsive disorder treated with serotonin reuptake inhibitiors. *Journal of Affective Disorders, 152-154*; 387-394.

Chickering, A., & Reisser, L. (1969). *Education and identity.* San Francisco, CA: Jossey-Bass.

Churchill, R., Hunot, V., Corney, R., Knapp, M., McGuire, H., Tylee, A., & Wessely, S. (2001). A systematic review of controlled trials of the effectiveness and cost-effectiveness of brief psychological treatments for depression. *Health Technology Assessment, 5*(35), 1-173.

Clark, D. M., Fairburn, C. G., & Wessley, S. (2007). Psychological treatment outcomes in routine NHS services: A commentary on Stiles et al. (2007). *Psychological Medicine, 38*, 629-634.

Clarkin, J. F., Glick, I. D., Haas, G. L., Spencer, J. H., Lewis, A. B., Peyser, J., ⋯ Lestelle, V. (1990). A randomized clinical trial of inpatient family intervention V. results for affective disorders. *Journal of Affective Disorders, 18*(1), 17-28.

Cochran, S. V., & Rabinowitz, F. E. (1998). *Men and depression: Clinical and empirical perspectives.* San Diego, CA: Academic Press.

Colangelo, J. L. (2009). The American mental health counselors association: Reflection on

30 historic years. *Journal of Counseling & Development, 87,* 234–240.

Coleman, H. L. K. (1998). General and multicultural counseling competency: Apples and oranges? *Journal of Multicultural Counseling and Development, 26*(3), 147–156.

Collier, D., & Treasure, J. (2004). The aetiology of eating disorders. *The British Journal of Psychiatry, 185*(5), 363–365.

Colom, F., Vieta, E., Martinez–Aran, A., Reinares, M., Goikolea, J. M., Benabarre, A., ⋯ Corominas, J. (2003). A randomized trial on the efficacy of group psychoeducation in the prophylaxis of recurrences in bipolar patients whose disease is in remission. *Archives of General Psychiatry, 60*(4), 402–407.

Colombo, C., Benedetti, F., Barbini, B., Campori, E., & Smeraldi, E. (1999). Rate of switch from depression into mania after therapeutic sleep deprivation in bipolar depression. *Psychiatry Research, 86,* 267–270.

Comas–Diaz, L. (2006). Cultural variation in the therapeutic relationship. In C. D. Goodheart, A. E. Kazdin, & R. J. Sternberg (Eds.), *Evidence-based psychotherapy: Where practice and research meet* (pp. 81–105). Washington, DC: American Psychological Association.

Connor, D. (2002). *Aggression and antisocial behavior in children and adolescents: Research and treatment.* New York, NY: Guilford Press.

Connor, D., Carlson, G., Chang, K., Daniolos, P., Ferziger, R., Findling, R., ⋯ Steiner, H. (2006). Juvenile maladaptive aggression: A review of prevention, treatment, and service configuration and a proposed research agenda. *Journal of Clinical Psychiatry, 67*(5), 808–820.

Consoli, A., Bouzamondo, A., Guile, J. M., Lechat, P., & Cohen, D. (2007). Comorbidity with ADHD decreases response to pharmacotherapy in children and adolescents with acute mania: Evidence from a meta–analysis. *Canadian Journal of Psychiatry, 52,* 323–328.

Constantino, J. N., Zhang, Y., Frazier, T., Abbacchi, A. M., & Law, P. (2010). Sibling recurrence and the genetic epidemiology of autism. *American Journal of Psychiatry, 167,* 1349–1356.

Conway, K. P., Compton, W., Stinson, F. S., & Grant, B. F. (2006). Lifetime comorbidity of DSM–IV mood and anxiety disorders and specific drug use disorders: Results from the national epidemiologic survey on alcohol and related conditions. *Journal of Clinical Psychiatry, 67*(2), 247–257.

Corey, G. (2009). *Theory and practice of counseling and psychotherapy.* Belmont, CA:

Brooks/Cole.

Cormier, S., & Cormier, B. (1998). *Interviewing strategies for helpers: Fundamental skills and behavioral interventions* (4th ed.). Pacific Grove, CA: Brooks/Cole.

Cosgrove, V. E., Roybal, D., & Chang, K. D. (2013). Bipolar depression in pediatric populations. *Paediatric Drugs, 15*(2), 83-91.

Costin, C. (2006). *Eating disorders sourcebook: A comprehensive guide to the causes, treatments, and prevention of eating disorders.* New York, NY: McGraw Hill.

Council for Accreditation of Counseling and Related Educational Programs (CACREP). (2009). *2009 standards for accreditation.* Alexandria, VA: Author.

Courtney-Seidler, E., Klein, D., & Miller, A. (2013). Borderline personality disorder in adolescents. *Clinical Psychology: Science & Practice, 20*(4), 425-444.

Crago, M., Shisslak, C. M., & Estes, L. S. (1996). Eating disturbances among American minority groups: A review. *International Journal of Eating Disorders, 19,* 239-248.

Crethar, H. C., Torres Rivera, E., & Nash, S. (2008). In search of common threads: Linking multicultural, feminist, and social justice counseling paradigms. *Journal of Counseling and Development, 86,* 269-278.

Crits-Christoph, P., & Barber, J. P. (2002). Psychological treatments for personality disorders. In P. E. Nathan & J. M. Gorman (Eds.), *A guide to treatments that work.* New York, NY: Oxford University Press.

Crits-Christoph, P., Gallop, R., Temes, C. M., Woody, G., Ball, S. A., Martino, S., & Carroll, K. M. (2009). The alliance in motivational enhancement therapy and counseling as usual for substance use problems. *Journal of Consulting and Clinical Psychology, 77,* 1125-1135.

Cuijpers, P., Berking, M., Andersson, G., Quigley, L., Kleiboer, A., & Dobson, K. (2013). A meta-analysis of cognitive behavioural therapy for adult depression, alone and in comparison with other treatments. *Canadian Journal of Psychiatry, 58*(7), 376-385.

Cuijpers, P., Brannmark, J. G., & Van Straten, A. (2008). Psychological treatment of postpartum depression: A meta-analysis. *Journal of Clinical Psychology, 64*(1), 103-118.

Cuijpers, P., Dekker, J., Hollon, S. D., & Andersson, G. (2009). Adding psychotherapy to pharmacotherapy in the treatment of depressive disorders in adults: A meta-analysis. *Journal of Clinical Psychiatry, 70,* 1219-1229.

Cuijpers, P., Driessen, E., Hollon, S. D., van Oppen, P., Barth, J., & Andersson, G. (2012). The efficacy of non-directive supportive psychotherapy for adult depression: A meta-analysis. *Clinical Psychology Review, 32,* 280-291.

Cuijpers, P., van Straten, A., & Smit, F. (2006). Psychological treatment of late-life depression: A meta-analysis of randomized controlled trials. *International Journal of Geriatric Psychiatry, 21,* 1139-1149.

Cuijpers, P., van Straten, A., Warmerdam, L., & Smits, N. (2008). Characteristics of effective psychological treatments of depression: A metaregression analysis. *Psychotherapy Research, 18*(2), 225-236.

Culver, J. L., Arnow, B. A., & Ketter, T. A. (2007). Bipolar disorder: Improving diagnosis and optimizing integrated care. *Journal of Clinical Psychology, 63*(1), 73-92.

Cummings, N. A. (1990). The credentialing of professional psychologists and its implication for the other mental health disciplines. *Journal of Counseling and Development, 87,* 234-240.

Cyranowski, J. M., Frank, E., Young, E., & Shear, M. K. (2000). Adolescent onset of the gender difference in lifetime rates of major depression. *Archives of General Psychiatry, 57,* 21-27.

Daley, A. (2008). Exercise and depression: A review of reviews. *Journal of Clinical Psychology in Medical Settings, 15,* 140-147.

Daley, D., van der Oord, S., Ferrin, M., Danckaerts, M., Doepfner, M., Cortese, S., & Sonuga-Barke, E. (2014). Behavioral interventions in attention-deficit/hyperactivity disorder: A meta-analysis of randomized controlled trials across multiple outcome domains. *Journal of the American Academy of Child & Adolescent Psychiatry, 53*(8), 835-847.

Daniels, L. G. (2002). The relationship between counselor licensure and aspects of empowerment. *Journal of Mental Health Counseling, 24,* 213-223.

Dattilo, F., & Norcross, J. (2006). Psychotherapy integration and the emergence of instinctual territoriality. *Archive of Psychiatry and Psychotherapy, 8*(1), 5-6.

Davidge, K., Athinson, L., Douglas, L., Lee, V., Shapiro, S., Kennedy, L., & Beitchman, J. (2004). Association of the serotonin transporter and 5HT1D genes with extreme, persistent, and prevasive aggressive behavior in children. *Psychiatric Genetics, 14,* 143-146.

Davidson, J., Rothbaum, B., Van der Kolk, B., Sikes, C., & Farfel, G. (2001). Multicenter double-blind comparison of sertraline and placebo in the treatment of posttraumatic stress disorder. *Archives of General Psychiatry, 58,* 485–492.

Davies, D., Matthews, G., Stammers, R., & Westerman, S. (2013). *Human performance: Cognition, stress and individual differences.* New York, NY: Psychology Press, Taylor and Francis.

Dawis, R. V. (1992). The individual differences tradition in counseling psychology. *Journal of Counseling Psychology, 39,* 7–19.

de Beaurepaire, R., Honig A., & MacQueen, G. (2011). Effectiveness of outpatient, day hospital, and inpatient psychotherapeutic treatment for patients with cluster B personality disorders. *Current Medical Literature: Psychiatry, 22*(2), 74–75.

de Graaf, R., Bijl, R. V., Ravelli, A., Smit, F., & Vollenbergh, W. (2002). Predictors of first incidence of DSM–III–R psychiatric disorders in the general population: Findings from the Netherlands Mental Health Survey and Incidence Study. *Acta Psychiatrica Scandinavica, 106,* 303–313.

Dell'Osso, B., Buoli, M., Baldwin, D., & Altamura, A. (2010). Serotonin norepinephrine reuptake inhibitors (SNRIs) in anxiety disorders: A comprehensive review of the clinical efficacy. *Human Psychopharmacology, 25,* 17–29.

Delong, P., & Berg, I. K. (2008). *Interviewing for solutions* (3rd ed.). Belmont, CA: Thompson Brooks/Cole.

Demant, K. M., Almer, G. M., Vinberg, M., Kessing, L. V., & Miskowiak, K. W. (2013). Effects of cognitive remediation on cognitive dysfunction in partially or fully remitted patients with bipolar disorder: Study protocol for a randomized controlled trial. *Trials, 14,* 378.

deShazer, S. (1991). *Putting difference to work.* New York, NY: Norton.

deShazer, S., & Dolan, Y. (2007). *More than miracles: The state of the art of solution focused brief therapy.* New York, NY: Haworth Press.

Devane, C. L., Chiao, E., Frnaklin, M., & Kruep, E. J. (2005). Anxiety disorders in the 21st century: Status, challenges, opportunities, and comorbidity with depression. *American Journal of Managed Care, 12,* S344–353.

Dimeff, L., & Linehan, M. (2001). Dielectical behavior therapy in a nutshell. *The California Psychologist, 34,* 10–14.

Dobson, K. S. (1989). A meta–analysis of the efficacy of cognitive therapy of depression. *Journal of Consulting and Clinical Psychology, 57,* 414–419.

Dobson, K. S., Hollon, S. D., Dimidjian, S., Schmaling, K. B., Kohlenberg, R. J., Gallop, R. J… . Jacobson, N. S. (2008). Randomized trial of behavioral activation, cognitive therapy, and antidepressant medication in the prevention of relapse and recurrence in major depression. *Journal of Consulting and Clinical Psychology, 76,* 468–477.

Donohue, B., Azrin, N., Allen, D., Romero, V., Hill, H., Tracy, K., ⋯ Van Hasselt, V. (2009). Family behavior therapy for substance abuse: A review of its intervention components and applicability. *Behavior Modification, 33,* 495–519.

Duncan, B., Miller, S. D., Hubble, M., & Wampold, B. E. (Eds.). (2010). *The heart and soul of change: Delivering what works* (2nd ed.). Washington, DC: American Psychological Association.

Duncan, B. L., Miller, S. D., & Sparks, J. A. (2004). *The heroic client: A revolutionary way to improve effectiveness through client-directed, outcome-informed therapy.* San Francisco, CA: Jossey–Bass.

Duran, E., Firehammer, J., & Gonzalez, J. (2008). Liberation psychology as the path toward healing cultural soul wounds. *Journal of Counseling and Development, 86,* 288–295.

Dworkin, S. H. (2001). Individual therapy with lesbian, gay and biesexual clients. In R. M. Perez, K. A. DeBord, & K. J. Bieschke (Eds.), *Handbook of counseling and psychotherapy with lesbian, gay and bisexual clients* (pp. 157–182). Washington, DC: American Psychological Association.

D'Zurilla, T., & Nezu, A. (2010). Problem–solving therapy. In K. S. Dobson (Ed.), *Handbook of cognitive-behavioral therapies* (3rd ed., pp. 197–225). New York, NY: Guilford Press.

Eddy, K., Durta, L., Bradley, R., & Westen, D. (2004). A multidimensional meta–analysis of psychotherapy and pharmacotherapy for obsessive–compulsive disorder. *Clinical Psychology Review, 24,* 1011–1030.

Egan, G. (1970). *Encounter: Group processes for interpersonal growth.* Pacific Grove, CA: Thomson Brooks/Cole.

Egan, G. (1975). *The skilled helper: A model for systematic helping and interpersonal relating.* Monterey, CA: Thomson–Brooks/Cole.

Egan, G. (2007). *The skilled helper* (8th ed.). Belmont, CA: Thomson–Brooks/Cole.

Ehlers, A., Bisson, J., Clark, D. M., Creamer, M., Pilling, S., Richards, A., ⋯ Yule, W. (2010). Do all psychological treatments really work the same in posttraumatic stress disorder? *Clinical Psychology Review, 30,* 269–276.

Eifert, G., & Forsyth, J. (2005). *Acceptance and commitment therapy for anxiety* disorders: A practitioner's treatment guide to using mindfulness, acceptance, and values-based behavior change. Oakland, CA: New Harbinger.

Eisena, J., Manceboa, M., Pintoa, A., Colesb, M., Paganoa, M., Stouta, R., & Rasmussena, S. (2006). Impact of obsessive-compulsive disorder on quality of life. *Comprehensive Psychiatry, 47*(4), 270-275.

Eisler, I., Dare, C., Hodes, M., Russell, G., Dodge, E., & Le Grange, D. (2000). Family therapy for adolescent anorexia nervosa: The results of a controlled comparison of two family interventions. *Journal of Child Psychology and Psychiatry, and Allied Disciplines, 41*(6), 727-736.

Elkin, I., Shea, M. T., Watkins, J. T., Imber, S. D., Sotsky, S. M., Collins, J. F… . Parloff, M. B. (1989). National institute of mental health treatment of depression collaborative research program: General effectiveness of treatments. *Archives of General Psychiatry, 46*, 971-982.

Elliott, R., Bohart, A. C., Watson, J. C., & Greenberg, L. S. (2011). Empathy. *Psychotherapy, 48*, 43-49.

Ellis, A. (1961). *A guide to rational living.* Englewood Cliffs, NJ: Prentice-Hall.

Elvins, R., & Green, J. (2008). The conceptualization and measurement of therapeutic alliance: An empirical review. *Clinical Psychology Review, 28*, 1167-1187.

Emmelkamp, P., & Beens, H. (1991). Cognitive therapy with obsessive-compulsive disorder: A comparative evaluation. *Behaviour Research and Therapy, 29*(3), 293-300.

Erford, B. T. (2011). *Transforming the school counseling profession.* Columbus, OH: Pearson Merrill Prentice Hall.

Erickson, C. (2007). *The science of addiction: From neurobiology to treatment.* New York, NY: W. W. Norton.

Eriksen, K., & Kress, V. E. (2006). The DSM and the professional counseling identity: Bridging the gap. *Journal of Mental Health Counseling, 28*(3), 202-217.

Erikson, E. (1994). *Identity and the life cycle.* New York, NY: W. W. Norton.

Essau, C. (2014). *Conduct and oppositional defiant disorders: Epidemiology, risk factors, and treatment.* New York, NY: Routledge Press.

Evans, K., Tyrer, P., Catalan, J., Schmidt, U., Davidson, K., Dent, J., … Thompson, S. (1999). Manual-assisted cognitive-behaviour therapy (MACT): A randomized controlled trial of a brief intervention with bibliotherapy in the treatment of recurrent deliberate self-harm. *Psychological Medicine, 29*(1), 19-25.

Eyberg, S., Nelson, M., & Boggs, S. (2008). Evidence-based psychosocial treatments for children and adolescents with disruptive behavior. *Journal of Clinical Child & Adolescent Psychology, 37,* 215-237.

Fabiano, G., Pelham, W. E., Coles, R., Gnagy, E., Chronis, A., & O'Connor, B. (2009). A meta-analysis of behavioral treatments for attention-deficit/hyperactivity disorder. *Clinical Psychology Review, 29,* 129-140.

Fabricant, L. E., Abramowitz, J. S., Dehlin, J. P., & Twohig, M. P. (2013). A comparison of two brief interventions for obsessional thoughts: Exposure and acceptance. *Journal of Cognitive Psychotherapy, 27*(3), 195-209.

Fairburn, C. (2008). *Cognitive behavior therapy and eating disorders.* New York, NY: Guilford Press.

Fancher, R. T. (1995). *Cultures of healing: Correcting the image of American mental health care.* New York, NY: W. H. Freeman.

Farber, B. A., & Doolin, E. M. (2011). Positive regard and affirmation. *Psychotherapy, 48,* 58-64.

Farber, B. A., & Lane, J. S. (2002). Positive regard. In J. C. Norcross (Ed.), *Psychotherapy relationships that work: Therapist contributions and responsiveness to patients* (4th ed., pp. 175-194). New York, NY: Oxford University Press.

Feldman, J., Kazdin, A. E. (1995). Parent management training for oppositional and conduct problem children. *The Clinical Psychologist, 48*(4), 3-5.

Field, T., Hernandez-Reif, M., & Diego, M. (2006). Intrusive and withdrawn depressed mothers and their infants. *Developmental Review, 26,* 15-30.

Findling, R. L., Correll, C. U., Nyilas, M., Forbes, R. A., McQuade, R. D., Jin, N., ⋯ Carlson, G. A. (2013). Aripiprazole for the treatment of pediatric bipolar I disorder: A 30-week, randomized, placebo-controlled study. *Bepolar Disorders, 15,* 138-149.

Foa, E., Hembree, E., & Rothbaum, B. (2007). *Prolonged exposure therapy for PTSD: Emotional processing of traumatic experiences therapist guide.* New York, NY: Oxford University Press.

Follette, V., Heffner, M., & Person, A. (2010). *Acceptance and commitment therapy for body image dissatisfaction: A practitioner's guide to using mindfulness, acceptance & values-based behavioral change strategies.* Oakland, CA: New Harbinger.

Fong, M. L., & Cox, B. G. (1983). Trust as an underlying dynamic in the counseling process: How clients test trust. *Personnel and Guidance Journal, 62,* 163-166.

Food and Drug Administration (FDA). (2008). *Information for health care professionals: Suicidality and antiepileptic drugs.* Washington, DC: Government Printing Office. Available from http://www.fda.gov

Fornaro, M., Filippo, G., Albano, C., Fornaro, S., Rizzato, S., Mattei, C., ⋯ Fornaro, P. (2009). Obsessive-compulsive disorder and related disorders: A comprehensive survey. *Annals of General Psychiatry, 8*(13).

Fox, R. C. (2000). Bisexuality in perspective: A review of theory and research. In B. Greene & G. L. Croom (Eds.), *Education, research and practice in lesbian, gay, bisexual and transgendered psychology* (pp. 161-206). Thousand Oaks, CA: SAGE.

Frank, E., Kupfer, D. J., Thase, M. E., Mallinger, A. G., Swartz, H. A., Fagiolini, A. M., ⋯ Monk, T. (2005). Two-year outcomes for interpersonal and social rhythm therapy in individuals with bipolar I disorder. *Archives of General Psychiatry, 62*(9), 996-1004.

Franklin, M., Abramowitz, J., Bux, D., Jr., Zoellner, L., & Feeny, N. (2002). Cognitive-behavioral therapy with and without medication in the treatment of obsessive-compulsive disorder. *Professional Psychology: Research & Practice, 33*(2), 162.

Franklin, M., & Foa, E. (1998). Cognitive-behavioral treatment of obsessive compulsive disorder. In P. Nathan & J. Gorman (Eds.), *A guide to treatments that work* (pp. 339-357). Oxford, England: Oxford University Press.

Friedlander, M. L., Escudero, V., Heatherington, L., & Diamond, G. M. (2011). Alliance in couple and family therapy. *Psychotherapy, 48,* 25-33.

Friedman, M. A., Detweiler-Bedell, J. B., Leventhal, H. E., Horne, R., & Keitner, G. I., & Miller, I. W. (2004). Combined psychotherapy and pharmacotherapy for the treatment of major depressive disorder. *Clinical Psychology: Science and Practice, 11,* 47-68.

Frost, R., & Hartl, T. (1996). A cognitive-behavioral model of compulsive hoarding. *Behavioral Research Therapy Journal, 34*(4), 341-350.

Fursland, A., Byrne, S., Watson, H., La Puma, M., Allen, K., & Byrne, S. (2012). Enhanced cognitive behavior therapy: A single treatment for all eating disorders. *Journal of Counseling & Development, 90*(3), 319-329.

Gabbay, V., Oatis, M. D., Silva, R. R., & Hirsch, G. (2004). Epidemiological aspects of PTSD in children and adolescents. In R. R. Silva (Ed.), *Posttraumatic stress disorder in children and adolescents: Handbook.* New York, NY: Norton.

Galea, S, Nandi, A., & Vlahov, D. (2005). The epidemiology of post-traumatic stress disorder after disasters. *Epidemiological Review, 27,* 78-91.

Garnets, L., Hancock, K. A., Cochran, S. D., Goodchilds, J., & Peplau, I. A. (1991). Issues in psychotherapy with lesbians and gay men. *American Psychologist, 46,* 964-972.

Gaydukevych, D., & Kocovski, N. L. (2012). Effect of self-focused attention on post-event processing in social anxiety. *Behaviour Research and Therapy, 50,* 47-55.

Geddes, J. R., Burgess, S., Hawton, K., Jamison, K., & Goodwin, G. M. (2004). Long-term lithium therapy for bipolar disorder systematic review and meta-analysis of randomized controlled trials. *American Journal of Psychiatry, 161*(2), 217-222.

Gelso, C. J., & Hayes, J. A. (2002). The management of countertransference. In J. C. Norcross (Ed.), *Psychotherapy relationships that work: Therapist contributions and responsiveness to patients* (pp. 267-284). New York, NY: Oxford University Press.

Germer, K., Siegal, R., & Fulton, P. (Eds.). (2005). *Mindfulness and psychotherapy.* New York, NY: Guilford Press.

Gilbert, N. (1977). The search for professional identity. *Social Work, 22,* 401-406.

Gilbert, S. (2013). *Therapy for eating disorders: Theory, research and practice.* Thousand Oaks, CA: SAGE.

Gilligan, C. (1982). *In a different voice: Psychological theory and women's development.* Cambridge, MA: Harvard University Press.

Gladding, S. T. (1997). *Community and agency counseling.* Upper Saddle River, NJ: Merrill Prentice Hall.

Gladding, S. T. (2008). *Group work: A counseling specialty* (5th ed.). Upper Saddle River, NJ: Merrill/Prentice Hall.

Gladding, S. (2009). *Counseling, a comprehensive profession.* Upper Saddle River, NJ: Pearson.

Gladding, S. T., & Newsome, D. W. (2010). *Clinical mental health counseling in community and agency settings.* Upper Saddle River, NJ: Pearson.

Glickman, N. S. (2009). Adapting best practices in CBT for deaf and hearing persons with language and learning challenges. *Journal of Psychotherapy Integration, 19,* 354-384.

Gloaguen, V., Cottraux, J., Cucherat, M., & Blackburn, I. M. (1998). A meta-analysis of the effects of cognitive therapy in depressed patients. *Journal of Affective Disorders, 49,* 59–72.

Godart, N., Flament, M., Perdereau, F., & Jeammet, P. (2002). Comorbidity between eating disorders and anxiety disorders: A review. *International Journal of Eating Disorders, 32,* 253–270.

Goldberg, J. F., & Chengappa, K. N. (2009). Identifying and treating cognitive impairment in bipolar disorder. *Bipolar Disorder, 11,* 123–137.

Goldberg, J. F., & Harrow, M. (2011). A 15–year prospective follow–up of bipolar affective disorders: Comparisons with unipolar nonpsychotic depression. *Bipolar Disorder, 13,* 155–163.

Goldfried, M. R., Pachankis, J. E., & Bell, A. C. (2005). A history of psychotherapy integration. In J. C. Norcross & M. R. Goldfried (Eds.), *Handbook of psychotherapy integration* (2nd ed., pp. 24–60). New York, NY: Oxford University Press.

Goldstein, A. P., & Higginbotham, H. N. (1991). Relationship–enhancement methods. In F. H. Kanfer & A. P. Goldstein (Eds.), *Helping people change* (4th ed., pp. 20–69). New York, NY: Pergamon.

Goodwin, F., & Jamison, K. (2007). *Manic-depressive illness: Bipolar disorders and recurrent depression* (2nd ed.). Cambridge, England: Oxford University Press.

Goodyear, R. K. (2000). An unwarranted escalation of counselor–counseling psychologist professional conflict: Comments on Weinrach, Lustig, Chan, and Thomas (1998). *Journal of Counseling and Development, 66,* 402–405.

Gorski, T., & Grinstead, S. (2010). *Relapse prevention therapy workbook* (Rev. ed.). Independence, MO: Herald.

Grant, B. F., Hasin, D., Stinson, F., Dawson, D., Chou, S., Ruan, W., & Pickering, R. (2004). Prevalence, correlates, and disability of personality disorders in the United States: Results from the national epidemiologic survey on alcohol and related conditions. *Journal of Clinical Psychiatry, 65*(7), 948–958.

Greenberg, D., Stravynski, A., & Bilu, Y. (2004). Social phobia in ultra–orthodox Jewish males. Culture–bound syndrome or virtue? *Mental Health, Religion and Culture, 7,* 289–305.

Greenberg, D., & Padesky, C. (1995). *Mind over mood: Change how you fell by changing the way you think.* New York, NY: Guilford Press.

Greenhill, L., & Ford, R. (2002). Childhood attention–deficit/hyperactivity disorder: Pharmacological treatments. In P. E. Nathan & J. M. Gorman (Eds.), *A guide to treatments that work* (2nd ed., pp. 25-55). New York, NY: Oxford University Press.

Grilo, C., & Mitchell, J. (2010). *The treating of eating disorders: A clinical handbook.* New York, NY: Guilford Press.

Grubb, H., Sellers, M., & Waligroski, K. (1992). Factors related to depression and eating disorders: Self-esteem, body image, and attractiveness. *Psychological Reports, 72,* 1003-1010.

Guerney, B. G., Jr. (1977). *Relationship enhancement: Skill-training programs for therapy, problem prevention, and enrichment.* San Francisco, CA: Jossey-Bass.

Guindon, M. H. (2011). *A counseling primer: An introduction to the profession.* New York, NY: Routledge.

Gustafson-Larson, A. M., & Terry, R. D. (1992). Weight-related behaviors and concerns of fourth-grade children. *Journal of American Dietetic Association, 92*(7), 818-822.

Haase, M., Frommer, J., Franke, G., Hoffman, T., Schulze-Muetzel, J., Jager, S., & Schmitz, N. (2008). From symptom relief to interpersonal change: Treatment outcome and effectiveness in inpatient psychotherapy. *Psychotherapy Research, 18*(5), 615-624.

Hamacheck, D. E. (1988). Evaluating self-concept and ego development within Erikson's psychosocial framework: A formulation. *Journal of Counseling and Development, 66,* 354-360.

Handleman, J., & Harris, S. (Eds.). (2000). *Preschool education programs for children with autism* (2nd ed.). Austin, TX: Pro-Ed.

Hanrahan, F., Field, A., Jones, F., & Davey, G. (2013). A meta-analysis of cognitive therapy for worry and generalized anxiety disorder. *Clinical Psychology Reviews, 33,* 120-132.

Hansen, J. T. (2000). Psychoanalysis and humanism: A review and critical examination of integrationist efforts with some proposed resolutions. *Journal of Counseling & Development, 78,* 21-28.

Hansen, J. T. (2003). Including diagnostic training in counseling curricula: Implications for professional identity development. *Counselor Education & Supervision, 43,* 96-107.

Harmon, C., Hawkins, E. J., Lambert, M. J., Slade, K., & Whipple, J. L. (2005). Improving outcomes for poorly responding clients: The use of clinical support tools and feedback to clients. *Journal of Clinical Psychology/InSession, 61,* 175–185.

Harrow, M., Goldberg, J. F., Grossman, L. S., & Meltzer, H. Y. (1990). Outcome in manic disorders: A naturalistic follow-up study. *Archives of General Psychiatry, 47,* 665–671.

Harvey, A. G., & Bryant, R. A. (1998). The relationship between acute stress disorder and posttraumatic stress disorder: A prospective evaluation of motor vehicle accident survivors. *Journal of Consulting and Clinical Psychology, 66,* 507–512.

Harvey, A. G., & Bryant, R. A. (1999). Acute stress disorder across trauma populations. *Journal of Nervous and Mental Disease, 187,* 443–446.

Hay, P. (2013). A systematic review of evidence for psychological treatments in eating disorders: 2005–2012. *International Journal of Eating Disorders, 46*(5), 462–469.

Hayes, S., & Smith, S. (2005). *Get out of your mind and into your life: The new acceptance and commitment therapy.* Oakland, CA: New Harbinger.

Haynes, D. T., & White, B. W. (1999). Will the "real" social work please stand up? A call to stand for professional unity. *Social Work, 44,* 385–392.

Helms, J., & Cook, D. (1999). *Using race and culture in counseling and psychotherapy.* Boston, MA: Allyn & Bacon.

Henggeler, S., & Lee, T. (Ed.). (2003). *Evidence-based psychotherapies for children and adolescents.* New York, NY: Guilford Press.

Herbert, J. D., & Forman, E. M. (Eds.). (2011). *Acceptance and mindfulness in cognitive behavior therapy: Understanding and applying the new therapies.* Hoboken, NJ: Wiley.

Herdt, G., & Boxer, A. (1993). *Children of horizons: How gay and lesbian teens are leading a new way out of the closet.* Boston, MA: Beacon Press.

Herman, J. (1992). *Trauma and recovery.* New York, NY: Basic Books.

Herr, E. L. (1985). AACD: An association committed to unity through diversity. *Journal of Counseling and Development, 63,* 395–404.

Hershenson, D. B., & Berger, G. P. (2001). The state of community counseling: A survey of directors of CACREP-accredited programs. *Journal of Counseling and Development, 79,* 188–193.

Hershenson, D. B., Power, P. W., & Waldo, M. (1996). *Community counseling: Contemporary theory and practice.* Needham Heights, MA: Allyn & Bacon.

Hervey-Jumper, H., Douyo, K., Falcone, T., & Franco, K. N. (2008). Identifying, evaluating, diagnosing, and treating ADHD in minority youth. *Journal of Attention*

Disorders, 11(5), 522-528.

Hettema, J., Neale, M., & Kendler, K. (2001). A review and meta-analysis of the genetic epidemiology of anxiety disorders. *American Journal of Psychiatry, 158*(10), 1568-1578.

Hian, L. B., Chuan, S. L., Trevor, T. M., & Detenber, B. H. (2004). Getting to know you: Exploring the development of relational intimacy in computer-mediated communication. *Journal of Computer Mediated Communication, 9*, 1-24.

Hibbeln, J. R., Nieminen, L. R. G., Blasbalg, T. L., Riggs, J. A., & Lands, W. E. M. (2006). Healthy intakes of n-3 and n-6 fatty acids: Estimations considering worldwide diversity. *Journal of Clinical Nutrition, 83*, 14835-14935.

Hidalgo, R., & Davidson, J. (2000). Posttraumatic stress disorder: Epidemiology and health-related considerations. *Journal of Clinical Psychiatry, 61*, 5-13.

Hinshaw, S. (2002). Preadolescent girls with attention-deficit/hyperactivity disorder: I. Background characteristics, comorbidity, cognitive and social functioning, and parenting practices. *Journal of Consulting and Clinical Psychology, 70*(5), 1086-1098.

Hirshfeld-Becker, D., Masek, B., Henin, A., Blakely, L., Rettew, D., Dufton, L., & Biederman, J. (2008). Cognitive-behavioral intervention with young anxious children. *Harvard Review of Psychiatry, 16*(2), 113-125.

Hoffman, D. L., Dukes, E. M., & Wittchen, H. (2008). Human and economic burden of generalized anxiety disorder. *Depression & Anxiety, 25*(1), 72-90.

Hoffmann, S., Ssnaani, A., & Hinton, D. E. (2010). Cultural aspects in social anxiety and social anxiety disorder. *Depression & Anxiety, 27*(12), 1117-1127.

Hoffmann, S., & Smits, J. (2008). Cognitive-behavioral therapy for adult anxiety disorders: A meta-analysis of randomized placebo-controlled trials. *Journal of Clinical Psychiatry, 69*, 621-632.

Holeva, V., Tarrier, N., & Wells, A. (2001). Prevalence and predictors of acute stress disorder and PTSD following road traffic accidents: Thought control strategies and social support. *Behaviour Therapy, 32*, 65-83.

Horvath, A. O., & Bedi, R. P. (2002). The alliance. In J. C. Norcross (Ed.), *Psychotherapy relationships that work: Therapist contributions and responsiveness to patients* (pp. 37-70). New York, NY: Oxford University Press.

Horvath, A. O., Del Re, A. C., Fluckiger, C., & Symonds, D. (2011). Alliance in individual psychotherapy. *Psychotherapy, 48*, 9-16.

Hoshmand, L. (1991). Clinical inquiry as scientific training. *Counseling Psychologist, 19*, 431–453.

Houenou, J., Frommberger, J., Carde, S., Glasbrenner, M., Diener, C., Leboyer, M., & Wessa, M. (2011). Neuroimaging-based markers of bipolar disorder: Evidence from two meta-analyses. *Journal of Affective Disorders, 132*(3), 344–355.

Hsu, L. (1990). *Eating disorders*. New York, NY: Guilford Press.

Hubble, M. A., Duncan, B. L., Miller, S. D., & Wampold, B. E. (2010). Introduction. In B. L. Duncan, S. D. Miller, B. E. Wampold, & M. A. Hubble (Eds.), *The heart and soul of change: Delivering what works in therapy* (2nd ed., pp. 23–46). Washington, DC: American Psychological Association.

Huey, W., & Rank, R. (1984). Effects of counselor and peer-led group assertive training on black adolescent aggression. *Journal of Counseling Psychology, 31*(1), 95–98.

Huppert, J., & Roth, D. (2003). Treating obsessive-compulsive disorder with exposure and response prevention. *The Behavior Analyst Today, 4*(1), 66–70.

Hypericum Depression Trial Study Group. (2002). Effect of hypericum perforatum (St. John's wort) in major depressive disorder: A randomized controlled trial. *Journal of the American Medical Association, 287*(14), 1807–1814.

Imel, Z. E., Wampold, B. E., Miller, S. D., & Fleming, R. R. (2008). Distinctions without a difference: Direct comparisons of psychotherapies for alcohol use disorders. *Journal of Addictive Behaviors, 22*(4), 533–543.

Inskipp, F. (2006). Generic Skills. In C. Feltham and I. Horton (Eds.), *Sage Handbook of Counseling and Psychotherapy* (2nd ed.). Thousand Oaks, CA: SAGE.

IsHak, W. W., Brown, K., Aye, S. S., Kahloom, M., Mobaraki, S., & Hanna, R. (2012). Health-related quality of life in bipolar disorder. *Bipolar Disorders, 14*, 6–18.

Ivey, A. E. (1971). *Microcounseling: Innovations in interviewing training*. Springfield, IL: Charles C Thomas.

Ivey, A. E., D'Andrea, M., Ivey, M. B., & Simek-Morgan, L. (2007). *Counseling and psychotherapy: A multicultural perspective* (6th ed.). Boston, MA: Allyn & Bacon.

Ivey, A. E., Gluckstern, N. B., & Ivey, M. B. (1993). *Basic attending skills* (3rd ed.). North Amherst, MA: Micotraining.

James, A., & Vereker, M. (1996). Family therapy for adolescents diagnosed as having borderline personality disorder. *Journal of Family Therapy, 18*, 269–283.

Jané-Llopis, E., & Matytsina, I. (2006). Mental health and alcohol, drugs and tobacco: A review of the comorbidity between mental health disorders and the use of alcohol, tobacco and illicit drugs. *Drug and Alcohol Review, 25,* 515-536.

Joesch, J., Golinelli, D, Sherbourne, C., Sullivan, G., Stein, M., Craske, M., & Roy-Byrne, P. (2013). Trajectories of change in anxiety severity and impairment during and after treatment with evidence-based treatment for multiple anxiety disorders in primary care. *Depression & Anxiety, 30*(11), 1099-1106.

Johnson, D. W. (2006). *Reaching out: Interpersonal effectiveness and self-actualization* (9th ed.). Boston, MA: Allyn & Bacon.

Johnson, S. L., Cuellar, A. K., Ruggero, C., Winett-Perlman, C., Goodnick, P., White, R., & Miller, I. (2008). Life events as predictors of mania and depression in bipolar I disorder. *Journal of Abnormal Psychology, 117*(2), 268-277.

Johnson, S. L., & Miller, I. (1997). Negative life events and time to recovery from episodes of bipolar disorder. *Journal of Abnormal Psychology, 106,* 449-457.

Johnson, S. L., Sandrow, D., Meyer, B., Winters, R., Miller, I., Solomon, D., & Keitner, G. (2000). Increases in manic symptoms following life events involving goal-attainment. *Journal of Abnormal Psychology, 109,* 721-727.

Joseph, J., & Gray, M. J. (2008). Exposure therapy for posttraumatic stress disorder. *Journal of Behavior Analysis of Offender and Victim: Treatment and Prevention, 1*(4), 69-80.

Judd, L. L., Schettler, P. J., & Akiskal, H. S. (2002). The prevalence, clinical relevance and public health significance of subthreshold depressions. *Psychiatric Clinics of North America, 25,* 685-698.

Kahn, M. (1991). *Between therapist and client: The new relationship.* New York, NY: Freeman.

Kaplan, D. M. (2002). Celebrating 50 years of excellence! *Journal of Counseling and Development, 80,* 261-263.

Kaplan, D. M. (2014). An overview of the revised ACA Code of Ethics. *Counseling Today, 57*(1), 20-21.

Kaplan, D. M., & Gladding, S. T. (2011). A vision for the future of counseling: The 20/20 principles for unifying and strengthening the profession. *Journal of Counseling and Development, 89,* 367-372.

Karver, M. S., Handelsman, J. B., Fields, S., & Bickman, L. (2006). Meta-analysis of therapeutic relationship variables in youth and family therapy: The evidence for different relationship variables in the child and adolescent treatment outcome literature. *Clinical Psychology Review, 26,* 50-65.

Kaslow, N. J., Broth, M. R., Smith, C. O., & Collins, M. H. (2012). Family-based interventions for child and adolescent disorders. *Journal of Marital and Family Therapy, 38,* 82-100.

Kaye, W., Bulik, C., Thornton, L., Barbarich, N., & Masters, K. (2004). Comorbidity of anxiety disorders with anorexia and bulimia nervosa. *American Journal of Psychiatry, 161*(12), 2215-2221.

Kazdin, A. (2005). *Parent management training: Treatment for oppositional, aggressive, and antisocial behavior in children and adolescents.* New York, NY: Oxford University Press.

Kazdin, A. E. (2008). Evidence-based treatment and practice. *American Psychologist, 64,* 146-159.

Kazdin, A. E., Hoagwood, K., Weisz, J. R., Hood, K., Kratochwill, T. R., Vargas, L. A., & Banez, G. A. (2010). A meta-systems approach to evidence-based practice for children and adults. *American Psychologist, 65,* 85-97.

Kessler, R. C., Adler, L., Barkley, R., Biederman, J., Conners, C. K., Demler, O., ··· Zaslavsky, A. M. (2006). The prevalence and correlates of adult ADHD in the United States: Results from the National Comorbidity Survey Replication. *American Journal of Psychiatry, 163,* 716-723.

Kessler, R. C., Berglund, P., Demler, O., Jin, R., & Walters, E. (2005). Lifetime prevalence and age-of-onset distributions of DSM-IV disorders in the National Comorbidity Survey Replication (NCS-R). *Archives of General Psychiatry, 62*(6), 593-602.

Kessler, R. C., Chiu, W., Demler, O., & Walters, E. (2005). Prevalence, severity, and comorbidity of twelve-month DSM-IV disorders in the National Comorbidity Survey Replication (NCS-R). *Archives of General Psychiatry, 62*(6), 617-627.

Kessler, R. C., Chiu, W. T., Jin, R., Ruscio, A. M., Shear, K., & Walters, E. E. (2006). The epidemiology of panic attacks, panic disorder, and agoraphobia in the National Comorbidity Survey Replication. *Archives of General Psychiatry, 63,* 415-424.

Kessler, R. C., Sonnega, A., Bromet, E., Hughes, M., & Nelson, C. B. (1995). Posttraumatic stress disorder in the National Comorbidity Survey. *Archives of General Psychiatry, 52,* 1048-1060.

Kieseppa, T., Partonen, T., Hauldea, J., Kaprio, J., & Lonnqvist, J. (2004). High concordance of bipolar I disorder in a nationwide sample of twins. *American Journal of Psychiatry, 161,* 1814-1821.

Kilbourne, A. M., Post, E. P., Nossek, A., Drill, L., Cooley, S., & Bauer, M. (2008).

Improving general medical care for patients with bipolar disorder: A randomized controlled pilot study. *Psychiatric Services, 59*, 760–768.

Kirmayer, L. J. (2001). Cultural variations in the clinical presentation of depression and anxiety: Implications for diagnosis and treatment. *Journal of Clinical Psychiatry, 62*(Suppl. 13), 22–28.

Kocovski, N., Fleming, J., & Rector, N. (2009). Mindfulness and acceptance-based group therapy for social anxiety disorder: An open trial *Cognitive and Behavioral Practice, 16*, 276–289.

Koegel, R., & Koegel, L. (2005). *Pivotal response treatments for autism: Communication, social, and academic development.* Baltimore, MD: Paul H. Brookes.

Koegel, R., & Koegel, L. (2012). *The PRT pocket guide: Pivotal response treatment for autism spectrum disorders.* Baltimore, MD: Paul H. Brookes.

Kohut, H. (1971). *The restoration of the self.* New York, NY: International Universities Press.

Kohut, H. (1984). *How does analysis cure?* Chicago, IL: University of Chicago Press.

Kolden, G. G., Klein, M. H., Wang, C. C., & Austin, S. B. (2011). Congruence/genuineness. *Psychotherapy, 48*, 65–71.

Koran, L., Hanna, G., Hollander, E., Nestadt, G., & Simpson, H. (2007). Practice guideline for the treatment of patients with obsessive-compulsive disorder. *The American Journal of Psychiatry, 164*(7), 5–53.

Kraft, D. P. (2011). One hundred years of college mental health. *Journal of American College Health, 59*, 477–481.

Kraus, R. (2004). Ethical and legal considerations for providers of mental health services online. In R. Kraus, J. Zack, & G. Strickler (Eds.), *Online counseling: A handbook for mental health professionals.* New York, NY: Elsevier.

Krugers, S., Shugar, G., & Cooke, R. (1996). Comorbidity of binge eating disorder and the partial binge eating syndrome with bipolar disorder. *International Journal of Eating Disorders, 19*, 45–52.

Krupnick, J. L., Sotsky, S. M., Simmens, S., Moyer, J., Elkin, I., Watkins, J., & Pilkonis, P. A. (1996). The role of the therapeutic alliance in psychotherapy and pharmacotherapy. *Journal of Consulting and Clinical Psychology, 64*, 532–539.

Kumpfer, K., Alvarado, R., & Whiteside, H. (2003). Family-based interventions for substance use and misuse prevention. *Substance Use and Misuse, 38*(11–13),

1759-1787.

Kupfer, D. J. (2005). The increasing medical burden in bipolar disorder. *Journal of the American Medical Association, 293,* 2528-2530.

Kupka, R. W., Altshuler, L. L., Nolen, W. A., Suppes, T., Luckenbaugh, D. A., Leverich, G. S., ⋯ Post, R. M. (2007). Three times more days depressed than manic or hypomanic in both bipolar I and bipolar II disorder. *Bipolar Disorder, 9,* 531-535.

Kushner, M., Krueger, R., Frye, B., & Peterson, J. (2008). Epidemiological perspectives on co-occurring anxiety disorder and substance use disorder. In S. H. Stewart & P. J. Conrod (Eds.), *Anxiety and substance use disorders: The vicious cycle of comorbidity* (pp. 3-17). New York, NY: Springer.

LeFleur, L. B. (2007). *Counselors' perceptions of identity and attitudinal differences between counselors and other mental health professionals* (Doctoral dissertation, Paper 554). New Orleans, LA: University of New Orleans Theses and Dissertations.

Lahey, B., Hart, E., Pliszka, S., Applegate, B., & McBurnett, K. (1993). Neurophysiological correlates of conduct disorder: A rationale and a review. *Journal of Clinical Child Psychology, 22,* 141-153.

Lai, M., Lombardo, M., Chakrabarti, B., & Baron-Cohen, S. (2013). Subgrouping the autism "spectrum": Reflections on DSM-5. *PLOSBiology, 11*(4), 1-7.

Lam, D. H., Hayward, P., Watkins, E. R., Wright, K., & Sham, P. (2005). Relapse prevention in patients with bipolar disorder: Cognitive therapy outcome after 2 years. *The American Journal of Psychiatry, 162,* 324-329.

Lam, D. H., Watkins, E. R., Hayward, P., Bright, J., Wright, K., Kerr, N., ⋯ Sham, P. (2003). A randomized controlled study of cognitive therapy of relapse prevention for bipolar affective disorder: Outcome of the first year. *Archives of General Psychiatry, 60,* 145-152.

Lambert, M. J. (1992). Psychotherapy outcome research: Implications for integrative and eclectic therapists. In J. C. Norcross & M. R. Goldfried (Eds.), *Handbook of psychotherapy integration,* (pp. 94-129). New York, NY: Basic.

Lambert, M. J. (2011). Psychotherapy research and its achievements. In J. C. Norcross, G. R. Vandenbos, & D. K. Freedheim (Eds.), *History of psychotherapy* (2nd ed., pp. 299-332). Washington, DC: American Psychological Association.

Lambert, M. J. (2013). Outcome in psychotherapy: The past and important advances. *Psychotherapy, 50*(1), 42-51.

Lambert, M. J., & Anderson, E. M. (1996). Assessment for the time-limited psychotherapies. *Annual Review of Psychiatry, 15,* 23-47.

Lambert, M. J., & Archer, A. (2006). Research findings on the effects of psychotherapy and their implications for practice. In C. D. Goodheart, A. E. Kazdin, & R. J. Sternberg (Eds.), *Evidence-based psychotherapy: Where practice and research meet* (pp. 111-130). Washington, DC: American Psychological Association.

Lambert, M. J., & Barley, D. E. (2002). Research summary on the therapeutic relationship and psychotherapy outcome. In J. C. Norcross (Ed.), *Psychotherapy relationships that work: Therapist contributions and responsiveness to patients* (pp. 17-32). Oxford, England: Oxford University Press.

Lambert, M. J., & Cattani-Thompson, K. (1996). Current findings regarding the effectiveness of counseling: Implications for practice. *Journal of Counseling & Development, 74,* 601-608.

Lambert, M. J., & Ogles, B. M. (2004). The efficacy and effectiveness of psychotherapy. In M. J. Lambert (Ed.), *Bergin and Garfield's handbook of psychotherapy and behavior change* (5th ed., pp. 139-193). New York, NY: Wiley.

Lau, A,. Garland, A., Yeh, M., McCabe, K., Wood, P., & Hough, R. (2004). Race/ethnicity and inter-informant agreement in assessing adolescent psychopathology. *Journal of Emotional and Behavioral Disorders, 12*(3), 145-156.

Lazarus, R. (1966). *Psychological stress and the coping process.* New York, NY: McGraw-Hill.

LeDoux, E. (2000). Emotion circuits in the brain. *Annual Review of Neuroscience, 23,* 155-184.

Leibenluft, E. (1996). Women with bipolar illness: Clinical and research issues. *American Journal of Psychiatry, 153,* 163-173.

Leichsenring, F., & Klein, S. (2014). Evidence for psychodynamic psychotherapy in specific mental disorders: A systematic review. *Journal of Analytical Psychology, 59*(4), 596-599.

Leichsenring, F., & Leibing, E. (2003). The effectiveness of psychodynamic therapy and cognitive behavior therapy in the treatment of personality disorders: A meta-analysis. *American Journal of Psychiatry, 160*(7), 1223-1232.

Lenzenwerger, M. (2008). Epidemiology of personality disorders. *Psychiatric Clinics of North America, 31*(3), 395-403.

Lenzenwerger, M., Lane, M., Loranger, A., & Kessler, R. (2007). DSM-IV personality disorders in the National Comorbidity Survey Replication. *Biological Psychiatry,*

62(6), 553-564.

Leon, A., Portera, L., & Weissman, M. (1995). The social costs of anxiety disorders. *British Journal of Psychiatry, 27,* 19-22.

Levav, I., & Rutz, W. (2002). The WHO world health report 2001: New understanding— New hope. *Israel Journal of Psychiatry & Related Sciences, 39,* 50-56.

Levitt, H., Butler, M., & Hill, T. (2006). What clients find helpful in psychotherapy: Developing principles for facilitating moment-to-moment change. *Journal of Counseling Psychology, 53,* 314-324.

Lewis, J., Beavers, W., Gossett, J., & Phillips, V. (1976). *No single thread: Psychological health in family systems.* Oxford, England: Brunner/Mazel.

Lewis-Fernandez, R., Hinton, D. E., Laria, A. J., Patterson, E. H., Hofmann, S. G., Craske, ⋯ Liao, B. (2009). Culture and the anxiety disorders: Recommendations for DSM-V. *Depression and Anxiety, 0,* 1-18.

Linehan, M. (1993). *Cognitive-behavioral treatment of borderline personality disorder.* New York, NY: Guilford Press.

Linehan, M. (2000). The empirical basis of dialectical behavior therapy: Development of new treatments versus evaluation of existing treatments. *Clinical Psychology: Science and Practice, 1,* 113-119.

Lisanby, S. H. (2007). Electroconvulsive therapy for depression. *New England Journal of Medicine, 357,* 1939-1945.

Litrownik, A., Netwon, R., Hunter, W., English, D., & Everson, M. (2003). Exposure to family violence in young at-risk children: A longitudinal look at the effects of victimization and witnessed physical and psychological aggression. *Journal of Family Violence, 18*(1), 59-73.

Livingston, R. (1999). Cultural issues in diagnosis and treatment of ADHD. *Journal of American Academy of Child and Adolescent Psychiatry, 38,* 1591-1594.

Livneh, H., & Sherwood, A. (2001). Application of personality theories and counseling strategies to clients with physical disabilities. *Journal of Counseling & Development, 69,* 528-538.

Lock, J., Couturier, J., & Agras, W. (2006). Comparison of long-term outcomes in adolescents with anorexia nervosa treated with family therapy. *Journal of the American Academy of Child and Adolescent Psychiatry, 45*(6), 666-672.

Lock, J., & Le Grange, D. (2012). *Treatment manual for anorexia nervosa: A family-based approach* (2nd ed.). New York, NY: Guilford Press.

Loeber, R., Burke, J., Lahey, B., Winters, A., & Zera, M. (2000). Oppositional defiant and conduct disorder: A review of the past 10 years, part I. *Journal of the American Association of Child and Adolescent Psychiatry, 39*(12), 1468-1484.

Lolich, M., Vazquez, G. H., Alvarez, L. M., & Tamayo, J. M. (2012). Psychosocial interventions in bipolar disorder: A review. *Actas Espanola de Psiquiatria, 40*(2), 77-85.

Lovell, K., & Bee, P. (2008). Implementing the NICE OCD/BDD guidelines. *Psychology and Psychotherapy: Theory, Research, and Practice, 81*, 365-376.

Luborsky, L., Singer, B., & Luborsky, L. (1975). Comparative studies of psychotherapies: Is it true that "everybody has won and all must have prizes?" *Archives of General Psychiatry, 32*, 995-1008.

Lumley, J., Austin, M. P., & Mitchell, C. (2004). Intervening to reduce depression after birth: A systematic review of the randomized trials. *International Journal of Technology Assessment in Health Care, 20*, 128-144.

Luoma, J. B., Martin, C. E., & Pearson, J. L. (2002). Contact with mental health and primary care prior to suicide: A review of the evidence. *American Journal of Psychiatry, 159*(6), 909-916.

Lutz, W., Leon, S. C., Martinovich, Z., Lyons, J. S., & Stiles, W. B. (2007). Therapist effects in outpatient psychotherapy: A three level growth curve approach. *Journal of Counseling Psychology, 54*, 32-39.

Lynch, R. K., & Maki, D. (1981). Searching for structure: A trait-factor approach to vocational rehabilitation. *Vocational Guidance Quarterly, 30*, 61-68.

Lyseng-Williamson, K. A. (2013). Oral olanzapine: A guide to its use in adults with schizophrenia or bipolar I disorder. *Drugs & Therapy Perspectives, 29*, 291-296.

Ma, J., Wang, C., Li, H., Zhang, X., Zhang, Y., Hou, Y., & Hu, X. (2013). Cognitive-coping therapy for obsessive-compulsive disorder: A randomized controlled trial. *Journal of Psychiatric Research, 47*(11), 1785-1790.

MacCluskie, K. C., & Ingersoll, R. E. (2001). *Becoming a 21st century agency counselor: Personal and professional explorations.* Belmont, CA: Wadsworth.

Mackin, P., Targum, S. D., Kalali, A., Rom, D., & Young, A. H. (2006). Culture and assessment of manic symptoms. *British Journal of Psychiatry, 189*, 379-380.

Malkoff-Schwartz, S., Frank, E., Anderson, B. P., Hlastala, S. A., Luther, J. F., Sherrill, J. T., ··· Kupfer, D. J. (2000). Social rhythm disruption and stressful life events in the onset of bipolar and unipolar episodes. *Psychological Medicine, 30*, 1005-1016.

Manji, H. K., Chen, G., Shimon, H., Hsiao, J. K., Potter, W. Z., & Belmaker, R. H. (1995). Guanine nucleotide-binding proteins in bipolar affective disorder. Effects of long-term lithium treatment. *Archives of General Psychiatry, 52,* 135-144.

March, J., Silva, S., Petrycki, S., Curry, J., Wells, K., Fairbank, J., ⋯ Severe, J. (2004). Fluoxetine, cognitive-behavioral therapy, and their combination for adolescents with depression: Treatment for adolescents with depression study (TADS) randomized controlled trial. *Journal of the American Medical Association, 292*(7), 807-820.

Martin, D. J., Garske, J. P., & Davis, M. K. (2000). Relation of the therapeutic alliance with outcome and other variables: A meta-analytic review. *Journal of Consulting and Clinical Psychology, 68,* 438-450.

Marchand, W. R., & Yurgelun-Todd, D. (2010). Striatal structure and function in mood disorders: A comprehensive review. *Bipolar Disorders, 12*(8), 764-785.

Marshall, R., Beebe, K., Oldham, M., & Zaninelli, R. (2001). Efficacy and safety of paroxetine treatment for chronic PTSD: A fixed-dose, placebo-controlled study. *American Journal of Psychiatry, 158,* 1982-1988.

Marshall, R., Spitzer, R., & Liebowitz, M. (1999). Review and critique of the new DSM-IV diagnosis of acute stress disorder. *American Journal of Psychiatry, 156,* 1677-1685.

Martenyi, F., Brown, E., & Caldwell, C. (2007). Failed efficacy of fluoxetine in the treatment of posttraumatic stress disorder: Results of a fixed-dose, placebo-controlled study. *Journal of Clinical Psychopharmacology, 27,* 166-170.

Martenyi, F., Brown, E., Zhang, H., Prakash, A., & Koke, S. (2002). Fluoxetine versus placebo in posttraumatic stress disorder. *Journal of Clinical Psychiatry, 63,* 199-206.

Martin, D. J., Garske, J. P., & Davis, M. K. (2000). Relation of the therapeutic alliance with outcome and other variables: A meta-analytic review. *Journal of Consulting and Clinical Psychology, 68,* 438-450.

Matusiewicz, A., Hopwood, C., Banducci, A., & Lejuez, C. (2010). The effectiveness of cognitive behavioral therapy for personality disorders. *Psychiatric Clinics of North America, 33*(3), 657-685.

Mawson, A. (2009). On the association between low resting heart rate and chronic aggression: Retinoid toxicity hypothesis. *Progress in Neuro-pychopharmacology & Biological Psychiatry, 33*(2), 205-213.

McAuliffe, G. J., & Lovell, C. W. (2006). The influence of counselor epistemology on the helping interview: A qualitative study. *Journal of Counseling and Development, 8,* 308-317.

McCormack, P. L., & Wiseman, L. R. (2004). Olanzapine: A review of its use in the management of bipolar I disorder, *Drugs, 64*(23), 2709-2726.

McHugh, R. K., Hearon, B., & Otto, M. (2010). Cognitive behavioral therapy for substance use disorders. *Psychiatric Clinics of North America, 33,* 511-525.

McIntyre, R. S., Konarski, J. Z., Soczynska, J. K., Wilkins, K., Panjwani, G., Bouffard, B., ··· Kennedy, S. H. (2006). Medical comorbidity in bipolar disorder: Implications for functional outcomes and health service utilization. *Psychiatric Services, 57,* 1140-1144.

McIntyre, R. S., Soczynska, J. K., Beyer, J. L., Woldeyohannes, H. O., Law, C. W., & Miranda, A. (2007). Medical comorbidity in bipolar disorder: Re-prioritizing unmet needs. *Current Opinion, 20*(29), 406-416.

McKinney, C., & Renk, K. (2007). Emerging research and theory in the etiology of oppositional defiant disorder: Current concerns and future directions. *International Journal of Behavioral Consultation & Therapy, 3*(3), 349-371.

McNally, R. J. (1997). Atypical phobias. In G. C. L. Davey (Ed.), *Phobias: A handbook of theory, research and treatment* (pp. 183-199). Chichester, England: Wiley.

Meekums, B. (2005). Creative writing as a tool for assessment: Implications for embodied working. *The Arts in Psychotherapy, 32,* 95-105.

Meichenbaum, D. (1994). *A clinical handbook/practical therapist manual for assessing and treating adults with post-traumatic stress disorder.* Waterloo, Ontario: Institute Press.

Meichenbaum, D., & Deffenbacher, J. L. (1988). Stress inoculation training. *Counseling Psychologist, 16,* 69-90.

Merikangas, K. R., Akiskal, H. S., Angst, J., Greenberg, E. E., Hirschfeld, R. M. A., Petukhova, M., & Kessler, R. C. (2007). Lifetime and 12-month prevalence of bipolar spectrum disorder in the National Comorbidity Survey Replication. *Archives of General Psychiatry, 64,* 543-552.

Merikangas, K. R., He, J., Burstein, M., Swanson, S. A., Avenevoli, S., Cui, L., ··· Swendsen, J. (2010). Lifetime prevalence of mental disorders in U.S. adolescents: Results from the National Comorbidity Study-Adolescent Supplement (NCS-A). *Journal of the American Academy of Child and Adolescent Psychiatry, 49*(10), 980-989.

Merikangas, K. R., Jin, R., He, J. P. P., Kessler, R., Less, S., Sampson, N., & Zarkov, Z. (2011). Prevalence and correlates of bipolar spectrum disorder in the World Mental Health Survey Initiative. *Archives of General Psychiatry, 68*(3), 241–251.

Messer, S. B. (1992). A critical examination of belief structures in integrative and eclectic psychotherapy. In J. Norcross & M. R. Goldfried (Eds.), *Handbook of psychotherapy integration* (pp. 130–165). New York, NY: Basic Books.

Messer, S. B. (2007). Integration and eclecticism in counseling and psychotherapy: Cautionary notes. *British Journal of Guidance and Counselling, 17*(3), 274–285.

Meyer, B., Johnson, S. I., & Winters, R. (2001). Responsiveness to threat and incentive in bipolar disorder: Relations of the BIS/BAS scales with symptoms. *Journal of Psychopathology and Behavioral Assessment, 23,* 133–143.

Miklowitz, D. J. (2008). Adjunctive psychotherapy for bipolar disorder: State of the evidence. *American Journal of Psychiatry, 165*(11), 1408–1419.

Miklowitz, D. J., George, E. L., Richards, J. A., Simoneau, T. L., & Suddath, R. L. (2003). A randomized study of family-focused psychoeducation and pharmacotherapy in the outpatient management of bipolar disorder. *Archives of General Psychiatry, 60*(9), 904–912.

Miklowitz, D. J., & Goldstein, M. J. (1990). Behavioral family treatment for patients with bipolar affective disorder. *Behavior Modification, 14*(4), 457–489.

Miklowitz, D. J., Otto, M. W., Frank, E., Reilly-Harrington, N. A., Kogan, J. N., Sachs, G. S., ⋯ Wisniewski, S. R. (2007). Intensive psychosocial intervention enhances functioning in patients with bipolar depression: Results from a 9-month randomized controlled trial. *American Journal of Psychiatry, 164*(9), 1340–1347.

Miklowitz, D. J., & Scott, J. (2009). Psychosocial treatments for bipolar disorder: Cost-effectiveness, mediating mechanisms, and future directions. *Bipolar Disorder, 11*(2), 110–122.

Milan, S., & Acker, J. C. (2014). Early attachment quality moderates eating disorder risk among adolescent girls. *Psychological Health, 29*(8), 896–914.

Miller, P. (Ed.). (2009). *Evidence-based addiction treatment.* Burlington, MA: Academic Press.

Miller, R. C., & Berman, J. S. (1983). The efficacy of cognitive behaviour therapies: A quantitative review of research evidence. *Psychological Bulletin, 94,* 39–53.

Miller, S. D., Duncan, B. L., Sorrell, R., & Brown, G. S. (2005). The partners for change outcome management system. *Journal of Clinical Psychology/InSession, 61,* 199–

208.

Miller, W., & Rollnick, S. (1992). *Motivational interviewing: Preparing people to change addictive behavior.* New York, NY: Guilford Press.

Miler, W., & Rollnick, S. (2002). *Motivational interviewing: Helping people change.* New York, NY: Guilford Press.

Mohr, D. C. (1995). Negative outcome in psychotherapy: A critical review. *Clinical Psychology: Science and Practice, 2,* 1-27.

Monson, C. M., Schnurr, P. P., Resick, P. A., Friedman, M. J., Young-Xu, Y., & Stevens, S. P. (2006). Cognitive processing therapy for veterans with military-related posttraumatic stress disorder. *Journal of Consulting and Clinical Psychology, 74,* 898-907.

Moscovitch, D., Antony, M., & Swinson, R. (2009). Exposure-based treatments for anxiety disorders: Theory and process. In M. Antony & M. Stein (Eds.), *Oxford handbook of anxiety and related disorders* (pp. 461-475). New York, NY: Oxford University Press.

Murphy, M., Cowan, R., & Sederer, L. (2001). *Disorders of childhood and adolescence* [Blueprints in Psychiatry Series, 2nd ed.]. Malden, MA: Blackwell Science.

Murphy, R., Straebler, S., Cooper, Z., & Fairburn, C. (2010). Cognitive behavioral therapy for eating disorders. *Psychiatric Clinic of North America, 33*(3), 611-627.

Myers, J. E., Sweeney, T. J., & White, V. E. (2002). Advocacy for counseling and counselors: A professional imperative. *Journal of Counseling & Development, 80,* 394-402.

Namjoshi, M. A., Risser, R., Shi, L., Tohen, M., & Breier, A. (2004). Quality of life assessment in patients with bipolar disorder treated with olanzapine added to lithium or valproic acid. *Journal of Affective Disorders, 81*(3), 223-229.

National Institute for Clinical Excellence. (2004). *Eating disorders: Core interventions in the treatment and management of anorexia nervosa, bulimia nervosa and related eating disorders: Clinical guideline 9.* London, England: Author.

National Institute of Health. (2008). *Attention deficit hyperactivity disorder (ADHD)* [Publication No. 08-3572]. Washington, DC: U.S. Department of Health and Human Services.

National Institute of Health. (2009). *Anxiety disorders* [Publication No. 09-3879]. Washington, DC: Author.

National Institute of Health. (2010a). *Generalized anxiety disorder* [Publication No. 10-

4677]. Washington, DC: Author.

National Institute of Health. (2010b). *Panic disorder: When fear overwhelms* [Publication No. 10-4679]. Washington, DC: Author.

National Research Council. (2001). *Educating children with autism.* Washington, DC: National Academy Press.

Neukrug, E., & Switzer, A. (2006). *Skills and tools for today's counselors and psychotherapists: From natural helping to professional helping.* Belmont, CA: Brooks/Cole.

Nichols, M. P. (2010). *Family therapy: Concepts and methods* (9th ed.). Boston, MA: Allyn & Bacon.

Nichols, M. P., & Schwartz, R. C. (2004). *Family therapy: Concepts and methods* (6th ed.). Boston, MA: Pearson.

Nock, M., Kazdin, A., Hiripi, E., & Kessler, R. (2006). Prevalence, subtypes, and correlates of DSM-IV conduct disorder in the National Comorbidity Survey Replication. *Psychological Medicine, 36,* 699-710.

Nock, M., Kazdin, A., Hiripi, E., & Kessler, R. (2007). Lifetime prevalence, correlates, and persistence of oppositional defiant disorder: Results from the National Comorbidity Survey Replication. *Journal of Child Psychology and Psychiatry, 48*(7), 703-713.

Norcross, J. C. (2002a). Empirically supported therapy relationships. In J. C. Norcross (Ed.), *Psychotherapy relationships that work: Therapist contributions and responsiveness to patients* (pp. 3-16). New York, NY: Oxford University Press.

Norcross, J. C. (Ed.). (2002b). *Psychotherapy relationships that work: Therapist contributions and responsiveness to patients.* New York, NY: Oxford University Press.

Norcross, J. C. (Ed.). (2011). *Psychotherapy relationships that work: Evidence-based responsiveness* (2nd ed.). New York, NY: Oxford University Press.

Norcross, J. C., & Beutler, L. E. (2011). Integrative psychotherapies. In R. J. Corsini & D. Wedding (Eds.), *Current psychotherapies* (9th ed., pp. 502-535). Belmont, CA: Brooks/Cole, Cengage Learning.

Norcross, J. C., & Lambert, M. J. (2011a). Evidence-based therapy relationships. In J. C. Norcross (Ed.), *Psychotherapy relationships that work: Evidence-based responsiveness* (2nd ed., pp. 3-21). New York, NY: Oxford University Press.

Norcross, J. C., & Lambert, M. J. (2011). Psychotherapy relationships that work II. *Psychotherapy, 48*(1), 4-8.

Norcross, J. C., & Wampold, B. E. (2011). Evidence-based therapy relationships: Research conclusions and clinical practices. In J. C. Norcross (Ed.), *Psychotherapy relationships that work: Evidence-based responsiveness* (2nd ed., pp. 423-430). New York, NY: Oxford University Press.

Office of National Drug Control Policy (ONDCP). (2001). *U.S. alcohol epidemiologic data reference manual: The economic costs of drug abuse in the United States 1992-1998* (Vol. 8, No. 2). Washington, DC: Government Printing Office.

Office of National Drug Control Policy (2004). *The economic costs of drug abuse in the United States: 1992-2002* (Pub. No. 207303). Washington, DC: Executive Office of the President.

O'Hanlon, W., & Weiner-Davis, M. (1989). *In search of solutions: A new direction in psychotherapy.* New York, NY: Norton.

Ohlsen, M. M. (1983). *Introduction to counseling.* Itasca, IL: F. E. Peacock.

Okun, B, & Cantrowitz, R. (2008). *Effective helping: Interviewing and counseling techniques* (7th ed.). Belmont, CA: Thompson Brooks-Cole.

Olatunji, B., Davis, M., Powers, M., & Smits, J. (2013). Cognitive-behavioral therapy for obsessive-compulsive disorder: A meta-analysis of treatment outcome and moderators. *Journal of Psychiatric Research, 47*(1), 33-41.

O'Reilly, G. A., Cook, L. L., Spruijt-Metz, D. D., & Black, D. S. (2014). Mindfulness-based interventions for obesity-related eating behaviours: A literature review. *Obesity Reviews, 15*(6), 453-461.

Orlinsky, D. E., Rønnestad, M. H., & Willutzki, U. (2004). Fifty years of process-outcomes research: Continuity and change. In M. J. Lambert (Ed.), *Bergin and Garfield's handbook of psychotherapy and behavior change* (5th ed., pp. 307-390). New York, NY: Wiley.

Ornstein, E. D., & Ganzer, C. (2005). Relational social work: A model for the future. *Families in Society, 86,* 565-572.

O'Shaughnessy, R., & Dallos, R. (2009). Attachment research and eating disorders: A review of the literature. *Clinical Child Psychology and Psychiatry, 14,* 559-574.

Owens, G. P., & Chard, K. M. (2001). Cognitive distortions among women reporting childhood sexual abuse. *Journal of Interpersonal Violence, 16,* 178-191.

Ozonoff, S. (2012). Editorial perspective: Autism spectrum disorders in DSM-5—an historical perspective and the need for change. *Journal of Child Psychology and Psychiatry, 53*(10), 1092-1094.

Pace, T. M., & Dixon, D. N. (1993). Changes in depressive self-schemata and depressive symptoms following cognitive therapy. *Journal of Counseling Psychology, 40,* 288-294.

Pampanolla, S., Bollini, P., Tibaldi, G., Kupelnick, B., & Munizza, C. (2004). Combined pharmacotherapy and psychological treatment for depression: A systematic review. *Archives of General Psychiatry, 61,* 714-719.

Parikh, S. V., Hawke, L. D., Zaretsky, A., Beaulieu, S., Patelis-Siotis, I., MacQueen, G., ⋯ Cervantes, P. (2013). Psychosocial interventions for bipolar disorder and coping style modification: Similar clinical outcomes, similar mechanisms. *Canadian Journal of Psychiatry, 58*(8), 482-486.

Paris, J. (2011). Pharmacological treatments for personality disorders. *International Review of Psychiatry, 23*(3), 303-309.

Parsons, R. D., & Zhang, N. (2014). *Becoming a skilled counselor.* Los Angeles, CA: SAGE.

Patterson, L., & Welfel, E. (2005). *The counseling process* (4th ed.). Pacific Grove, CA: Brooks/Cole.

Paul, G. L. (1967). Strategy of outcome research in psychotherapy. *Journal of Counseling Psychology, 31,* 109-118.

Paulson, B, Truscott, D., & Stuart, J. (1999). Clients' perceptions of helpful experiences in counseling. *Journal of Counseling Psychology, 46,* 317-324.

Peele, S., & Brodsky, A. (1992). *The truth about addiction and recovery.* New York, NY: Touchstone.

Pelaez, M., Field, T., Pickens, J., & Hart, S. (2008). Disengaged and authoritarian parenting behavior of depressed mothers with their toddlers. *Infant Behavior and Development, 31,* 145-148.

Perry, J. C., Banon, E., & Ianni, F. (1999). Effectiveness of psychotherapy for personality disorders. *American Journal of Psychiatry, 156,* 1312-1321.

Persons, J. (1989). *Cognitive therapy in practice: A case formulation approach.* New York, NY: W. W. Norton.

Persons, J. (2012). *The case formulation approach to cognitive-behavior therapy.* New York, NY: Guilford Press.

Peruzzolo, T. L., Tramontina, S., Rohde, L. A., & Zeni, C. P. (2013). Pharmacotherapy of bipolar disorder in children and adolescents: An update. *Revista Brasileira de Psiquiatria, 35,* 393-405.

Petry, N. (2011). *Contingency management for substance abuse treatment: A guide to implementing this evidence-based practice.* New York, NY: Routledge.

Phillips, K. A. (2004). Body dysmorphic disorder: Recognizing and treating imagined ugliness. *World Psychiatry, 3*(1), 12–17.

Phillips, K. A. (2005). *The broken mirror: Understanding and treating body dysmorphic disorder.* New York, NY: Oxford University Press.

Phillips, K. A. (2009). *Understanding body dysmorphic disorder: An essential guide.* New York, NY: Oxford University Press.

Phillips, K. A., Coles, M., Menard, W., Yen, S., Fay, C., & Weisberg, R. (2005). Suicidal ideation and suicide attempts in body dysmorphic disorder. *Journal of Clinical Psychiatry, 66,* 717–725.

Phillips, K. A., & Hollander, E. (2008). Treating body dysmorphic disorder with medication: Evidence, misconceptions, and a suggested approach. *Body Image, 5,* 13–27.

Phillips, L. J., Ladouceur, C. D., & Drevets, W. C. (2008). A neural model of voluntary and automatic emotion regulation. Implications for understanding the pathophysiology and neurodevelopment of bipolar disorder. *Molecular Psychiatry, 13,* 833–857.

Pickles, A., Starr, E., Kazak, S., Bolton, P., Papanikolaou, K., Bailey, A., ⋯ Rutter, M. (2000). Variable expression of the autism broader phenotype: Findings from extended pedigrees. *Journal of Child Psychology and Psychiatry, 41,* 491–502.

Pistole, M. C., & Roberts, A. (2002). Mental health counseling: Toward resolving identity confusions. *Journal of Mental Health Counseling, 24,* 1–19.

Pliszka, S. (2011). *Treating ADHD and comorbid disorders: Psychosocial and psychopharmacological interventions.* New York, NY: Guilford Press.

Ponniah, K., & Hollon, S. D. (2009). Empirically supported psychological treatments for adult acute stress disorder and posttraumatic stress disorder: A review. *Depression & Anxiety, 26*(12), 1086–1109.

Post, R. M., Baldassano, C. F., Perlis, R. H., & Ginsberg, D. L. (2003). Treatment of bipolar depression. *CNS Spectrums, 8*(12), 1–10.

Post, R. M., & Calabrese, J. R. (2004). Bipolar depression: The role of atypical antipsychotics. *Expert Review of Neurotherapeutics, 4*(6, Suppl. 2), S27–33.

Poulsen, S., Lunn, S., Daniel, S. I., Folke, S., Mathiesen, B. B., Katznelson, H., & Fairburn, C. G., (2014). A randomized controlled trial of psychoanalytic psychotherapy or cognitive–behavioral therapy for bulimia nervosa. *Journal of*

American Psychiatry, 171, 109-116.

Powers, M. B., Halpern, J. M., Ferenschak, M. P., Gillihan, S. J., & Foa, E. B. (2010). A meta-analytic review of prolonged exposure for posttraumatic stress disorder. *Clinical Psychology Review, 30,* 635-641.

Prasad, V., Brogan, E., Mulvaney, C., Grainge, M., Stanton, W., & Sayal, K. (2013). How effective are drug treatments for children with ADHD at improving on-task behaviour and academic achievement in the school classroom? A systematic review and meta-analysis. *European Child & Adolescent Psychiatry, 22*(4), 203-216.

Price-Evans, K., & Treasure, J. (2011). The use of motivational interviewing in anorexia nervosa. *Child and Adolescent Mental Health, 16*(2), 65-70.

Prochaska, J., & DiClemente, C. (1986). Toward a comprehensive model of change. In W. Miller & N. Heather (Eds.), *Treating addictive behaviours: Process of change.* New York, NY: Plenum Press.

Prochaska, J., DiClemente, C., & Norcorss, J. (1992). In search of how people change: Applications to addictive behaviors. *American Psychologist, 47,* 1102-1114.

Prochaska, J., & Norcross, J. C. (2010). *Systems of psychotherapy: A transtheoretical analysis* (7th ed.). Belmont, CA: Brooks/Cole, Cengage Learning.

Quello, S., Brady, K., & Sonne, S. (2005). Mood disorders and substance use disorder: A complex comorbidity. *Science & Practice Perspectives, 3*(1), 13-21.

Radnitz, C. L. (Ed.). (2000). *Cognitive-behavioral interventions for persons with disabilities.* Northvale, NJ: Jason Aronson.

Rapee, R. M., & Melville, L. F. (1997). Recall of family factors in social phobia and panic disorder: Comparison of mother and offspring reports. *Depression and Anxiety, 5*(1), 7-11.

Rea, M. M., Tompson, M., Miklowitz, D. J., Goldstein, M. J., Hwang, S., & Mintz, J. (2003). Family focused treatment vs. individual treatment for bipolar disorder: Results of a randomized clinical trial. *Journal of Consulting and Clinical Psychology, 71*(3), 482-492.

Reilly-Harrington, N. A., Alloy, L. B., Fresco, D. M., & Whitehouse, W. G. (1999). Cognitive styles and life events interact to predict bipolar and unipolar symptomatology. *Journal of Abnormal Psychology, 108,* 567-578.

Reese, R., Conoley, C., & Brossart, D. (2002). Effectiveness of telephone counseling: A filed-based investigation. *Journal of Counseling Psychology, 49,* 233-242.

Regier, D. A., Rae, D. S., Narrow, W. E., Kaebler, C. T., & Schatzberg, A. F. (1998).

Prevalence of anxiety disorders and their comorbidity with mood and addictive disorders. *British Journal of Psychiatry, 173,* 24-28.

Reisetter, M., Korcuska, J. S., Yexley, M., Bonds, D., Nikels, H., & McHeniy, W. (2004). Counselor educators and qualitative research: Affirming a research identity. *Counselor Education and Supervision, 44,* 2-16.

Remer, P. (2008). Origins and evolution of feminist therapy. In J. Frew & M. D. Spiegler (Eds.), *Contemporary psychotherapies for a diverse world* (pp. 397-441). New York, NY: Lahaska Press.

Remley, T. P., & Herlihy, B. (2005). *Ethical, legal, and professional issues in counseling* (2nd ed.). Upper Saddle River, NJ: Person-Merrill/Prentice-Hall.

Remley, T. P., & Herlihy, B. (2010). *Ethical, legal, and professional issues in counseling* (3rd ed.). Upper Saddle River, NJ: Pearson Education.

Resick, P. A., Galovski, T. A., Uhlmanisek, M. O., Scher, C. D., Clum, G. A., & Young-Xu, Y. (2008). A randomized clinical trial to dismantle components of cognitive processing therapy for posttraumatic stress disorder in female victims of interpersonal violence. *Journal of Consulting and Clinical Psychology, 76,* 243-258.

Resick, P. A., & Schnicke, M. K. (1993). *Cognitive processing therapy for rape victims: A treatment manual.* Newbury Park, CA: SAGE.

Resnick, R. J. (1997). A brief history of practice—Expanded. *American Psychologist, 52,* 463-468.

Ridley, C. R., & Lingle, D. W. (1996). Cultural empathy in multicultural counseling: A multidimensional process model. In P. B. Pedersen & J. G. Draguns (Eds.), *Cousneling across cultures* (4th ed., pp. 21-46). Thousand Oaks, CA: SAGE.

Robinson, L. A., Berman, J. S., & Neimeyer, R. A. (1990). Psychotherapy for the treatment of depression: A comprehensive review of controlled outcome research. *Psychological Bulletin, 108,* 30-49.

Roemer, L., Orsillo, S., & Salters-Pedneault, K. (2008). Efficacy of an acceptance-based behavior therapy for generalized anxiety disorder: Evaluation in a randomized controlled trial. *Journal of Consulting and Clinical Psychology, 76,* 1083-1089.

Rogers, C. (1942). *Counseling and psychotherapy.* Boston, MA: Houghton Mifflin.

Rogers, C. (1951). *Client-centered therapy.* Boston, MA: Houghton Mifflin.

Rogers, C. (1957). The necessary and sufficient conditions of therapeutic personality change. *Journal of Counseling Psychology, 21,* 95-103.

Rogers, C. (1961). *On becoming a person: A therapist's view of therapy.* Boston, MA: Houghton.

Rogers, C. (1995). *On becoming a person: A therapist's view of psycotherapy* (2nd ed.). New York, NY: Houghton Mifflin Harcourt.

Rogers, S., & Dawson, G. (2009a). *Play and engagement in early autism: The early start Denver model. Volume I: The Treatment.* New York, NY: Guilford Press.

Rogers, S., & Dawson, G. (2009a). *Play and engagement in early autism: The early start Denver model. Volume II: The curriculum.* New York, NY: Guilford Press.

Rogers, S., & Dawson, G. (2009c). *Early start Denver model for young children with autism: Promoting language, learning, and engagement.* New York, NY: Guilford Press.

Rogers, S., Dawson, G., & Vismara, L. (2012). *An early start for your child with autism.* New York, NY: Guilford Press. Shallcross, L.

Roman, M. W. (2010). Treatments for childhood ADHD Part II: Non-pharmacological and novel treatments. *Issues in Mental Health Nursing, 31*(9), 616–618.

Ronnestad, M., & Skovholt, T. (1993). Supervision of beginning and advanced graduate students of counseling and psychotherapy. *Journal of Counseling and Development, 71,* 396–405.

Rosario, M., Hunter, J., & Gwadz, M. (1997). Exploration of substance abuse among lesbian, gay and bisexual youth: Prevalence and correlates. *Journal of Adolescent Research, 12,* 454–476.

Rose, S., Bisson, J., Churchill, R., & Wessely, S. (2002). Psychological debriefing for preventing posttraumatic stress disorder (PTSD). *Cochrane Database of Systematic Reviews, 2,* CD000560.

Rotherman-Borus, M., Hunter, J., & Rosario, M. (1994). Suicidal behaviour and gay-related stress among gay and bisexual male adolescents. *Journal of Adolescent Research, 9*(4), 498–508.

Rubinow, D. R., Schmidt, P. J., & Roca, C. A. (1998). Estrogen-serotonin interactions: Implications for affective regulation. *Biological Psychiatry, 44*(9), 839–850.

Sachs, G., Chengappa, K. N., Suppes, T., Mullen, J. A., Brecher, M., Devine, N. A., & Sweitzer, D. E. (2004). Quetiapine with lithium or divalproex for the treatment of bipolar mania: A randomized, double-blind, placebo-controlled study. *Bipolar Disorder, 6*(3), 213–223.

Sachs, G., Sanchez, R., Marcus, R., Stock, E., McQuade, R., Carson, W., ··· Iwamoto, T.

(2006). Aripiprazole study group: Aripiprazole in the treatment of acute manic or mixed episodes in patients with bipolar I disorder: a 3-week placebo-controlled study. *Journal of Psychopharmacology, 20*, 536-546.

Safran, J., & Muran, J. (2006). Has the concept of the therapeutic alliance outlived its usefulness? *Psychotherapy, 43*, 286-291.

Safran, J. D, Muran, J. C., Samstang, L. W., & Winston, A. (2005). Evaluating alliance-focused intervention for potential treatment failures: A feasibility and descriptive analysis. *Psychotherapy: Theory, Research, Practice, & Training, 42*, 512-531.

Safran, J., Muran, J., Wallner Samstang, L., & Stevens, C. (2002). Repairing alliance ruptures. In J. C. Norcross (Ed.), *Psychotherapy relationships that work: Therapist contributions and responsiveness to patients* (pp. 235-254). New York, NY: Oxford University Press.

Sajatovic, M., Blow, F. C., & Ignacio, R. V. (2006). Psychiatric comorbidity in older adults with bipolar disorder. *International Journal of Geriatric Psychiatry, 21*, 582-587.

Sajatovic, M., Davies, M., & Hrouda, D. R. (2004). Enhancement of treatment adherence among patients with bipolar disorder. *Psychiatric Services, 55*(3), 264-269.

Saxena, S. (2011). Pharmacotherapy of compulsive hoarding. *Journal of Clinical Psychology, Special Issue: Hoarding Disorder, 67*(5), 477-484.

Scheel, K. R. (2000). The empirical basis of dialectical behavior therapy: Summary, critique, and implications. *Clinical Psychology-Science & Practice, 7*(1), 68-86.

Scherk, H., Pajonk, F. G., & Leucht, S. (2007). Second-generation antipsychotic agents in the treatment of acute mania: A systematic review and meta-analysis of randomized controlled trials. *Archives of General Psychiatry, 64*, 442-455.

Schnurr, P., & Friedman, M. (2008). Treatments for PTSD: Understanding the evidence. *PTSD Research Quarterly, 19*(3), 965-971.

Scott, J., & Gutierrez, M. J. (2004). The current status of psychological treatments in bipolar disorders: A systematic review of relapse prevention. *Bipolar Disorder, 6*(6), 498-503.

Scott, J., Paykel, E., Morriss, R., Bentall, R., Kinderman, P., Johnson, T., ··· Hayhurst, H. (2006). Cognitive behaviour therapy for severe and recurrent bipolar disorders: A randomised controlled trial. *The British Journal of Psychiatry, 188*, 313-320.

Seligman, L. (1993). Teaching treatment planning. *Counselor Education and Supervision, 33*, 287-297.

Seligman, L. (1996). *Diagnosis and treatment planning* (2nd ed.). New York, NY:

Plenum Press.

Seligman, L. (2004). *Diagnosis and treatment planning* (3rd ed.). New York, NY: Plenum Press.

Seligman, L., & Reichenberg, L. W. (2012). *Selecting effective treatments: A comprehensive, systematic guide to treating mental disorders* (4th ed.). San Francisco, CA: Jossey-Bass.

Seligman, M. E. P. (2002). *Authentic happiness.* New York, NY: Free Press.

Seligman, M. E. P. (2011). *Flourish: A visionary new understanding of happiness and well-being.* New York, NY: Free Press.

Shaffer, D., Gould, M. S., Fisher, P., Trautman, P., Moreau, D., Kleinman, M., & Flory, M. (1996). Psychiatric diagnosis in child and adolescent suicide. *Archives of General Psychiatry, 53*(4), 339-348.

Shalev, A. Y., Freedman, S., Perry, T., Brandes, D., Sahar, T., Orr, S. P., & Pitman, R. K. (1998). Prospective study of posttraumatic stress disorder and depression following trauma. *American Journal of Psychiatry, 155*(5), 630-637.

Shallcross, L. (2011). Seeing potential, not disability. *Counseling Today, 54*(2), 28-35.

Shallcross, L. (2013). Body language. *Counseling Today, 56*(1), 30-42.

Shapiro, F. (2001). *Eye movement desensitization and reprocessing: Basic principles, protocols, and procedures.* New York, NY: Guilford Press.

Shedler, J. (2010). The efficacy of psychodynamic psychotherapy. *American Psychologist, 65,* 98-109.

Shirk, S. R., & Karver, M. (2003). Prediction of treatment outcome from relationship variables in child and adolescent therapy: A meta-analytic review. *Journal of Consulting and Clinical Psychology, 71,* 452-464.

Sicile-Kira, C. (2014). *Autism spectrum disorder: The complete guide to understanding autism.* New York, NY: Perigee Trade Press.

Siegel, D. J. (2006). An interpersonal neurobiology approach to psychotherapy: Awareness, mirror neurons, and neural plasticity in the development of well-being. *Psychiatric Annals, 36,* 248-256.

Simoneau, T. L., Miklowitz, D. J., Richards, J. A., Saleem, R., & Geowrge, E. L. (1999). Bipolar disorder and family communication: Effects of a psychoeducational treatment program. *Journal of Abnormal Psychology, 108*(4), 588-597.

Smart, R. G., & Ogburne, A. C. (2000). Drug use and drinking among students in 36 countries. *Addictive Behaviors, 25,* 455-460.

Smith, H. L. (2012). The historical development of community and clinical mental health counseling in the United States. *Turkish Psychological Counseling and Guidance Journal, 37,* 1-10.

Smith, L. (2005). Psychotherapy, classicism, and the poor: Conspicuous by their absence. *American Psychologist, 60,* 687-696.

Smucker, M. R., & Niederee, J. (1995). Treating incest-related PTSD and pathogenic schemas through imaginal rescripting. *Cognitive and Behavioral Practice, 2,* 63-93.

Sobczak, S., Honig, A., Nicolson, N. A., & Riedel, W. J. (2002). Effects of acute tryptophan depletion on mood and cortisol release in first degree relatives of type I and type II bipolar patients and healthy matched controls. *Neuropsychopharmacology, 27,* 834-842.

Sperry, L. (2001). *Spirituality in clinical practice: Incorporating the spiritual dimension in psychotherapy and counseling.* New York, NY: Routledge.

Sperry, L. (2010). *Core competencies in counseling and psychotherapy: Becoming a highly competent and effective counselor.* New York, NY: Routledge.

Spijker, J., de Graaf, R., Bijl, R. V., Beekman, A. T., Ormel, J., & Norman, W. A. (2002). Duration of major depressive episodes in the general population: Results from the Netherlands mental health survey and incidence study (NEMESIS). *The British Journal of Psychiatry, 181,* 208-213.

Sprenkle, D., Blow, A. J. (2004). Common factors and our sacred models. *Journal of Marital and Family Therapy, 30,* 113-129.

Spurgeon, S. L. (2012). Counselor identity—a national imperative. *Journal of Professional Counseling: Practice, Theory, and Research, 39,* 3-16.

Stabb, J. P., Grieger, T. A., Fullerton, C. S., & Ursano, R. J. (1996). Acute stress disorder, subsequent posttraumatic stress disorder and depression after a series of typhoons. *Anxiety, 2,* 219-225.

Steiner-Adair, C. (1991). When the body speaks: Girls, eating disorders and psychotherapy. In C. Gilligan, A. Rogers, & D. Tolman (Eds.), *Women, Girls, and Psychotherapy: Reframing Resistance.* New York, NY: Harrington Park Press.

Steketee, G., & Frost, R. (2003). Compulsive hoarding: Current status of the research. *Clinical Psychology Review, 23,* 905-927.

Steketee, G., & Tolin, D. F. (2011). Cognitive-behavioral therapy for hoarding in the context of contamination fears. *Journal of Clinical Psychology, 67*(5), 485-496.

Stevens, M. J., & Morris, S. J. (1995). A format for case conceptualization. *Counselor Education and Supervision, 35*(1), 82-94.

Stewart, A., & Neimeyer, R. (2001). Emplotting the traumatic self: Narrative revision and the construction of coherence. *The Humanistic Psychologist, 29,* 8-39.

Stiles, W. B. (2006). The client-therapist relationship. In C. Feltham, & I. Horton (Eds.), *Sage Handbook of Counseling and Psychotherapy* (2nd ed.). Thousand Oaks, CA: SAGE.

Stiles, W. B., Barkham, M., Connell, J., & Mellor-Clark, J. (2008). Responsive regulation of treatment duration in routine practice in United Kingdom primar care settings: Replication in a larger sample. *Journal of Consulting and Clinical Psychology, 76,* 298-305.

Stripling, R. O. (1978). ACES guidelines for doctoral preparation in counselor education. *Counselor Education and Supervision, 17,* 163-166.

Strong, E. K., Jr. (1943). *Vocational interests of men and women.* Stanford, CA: Stanford University Press.

Substance Abuse and Mental Health Services Administration (SAMHSA). (2009). *National Registry of Evidence-Based Programs and Practices.* Washington, DC: Government Printing Office. Retrieved from http://www.nrepp.samhsa.gov/

Substance Abuse and Mental Health Services Administration (SAMHSA). (2011). *Results from the 2010 National Survey on Drug Use and Health: Summary of National Findings* [NSDUH Series H-41, HHS Publication No. (SMA) 11-4658]. Rockville, MD: Author.

Substance Abuse and Mental Health Services Administration (SAMHSA). (2012). *Results from the 2011 National Survey on Drug Use and Health: Summary of National Findings* [NSDUH Series H-44, HHS Publication No. (SMA) 12-4713]. Rockville, MD: Author.

Sue, D. W., Arredondo, P., & McDavis, R. J. (1992). Multicultural competencies and standards: A call to the profession. *Journal of Counseling & Development, 70,* 477-486.

Sue, D. W., Bernier, J. E., Durran, A., Feinberg, L., Pedersen, P., Smith, E. J., & Vasquez-Nuttall, E. (1982). Cross cultural counseling competencies. *The Counseling Psychologist, 10,* 45-52.

Sue, D. W., Capodilupo, C. M., Torino, G. C., Bucceri, J. M., Holder, A. M. B., Nadal, K. L., & Esquilin, M. (2007). Racial microaggressions in everyday life: Implications for clinical practice. *American Psychologist, 62*, 271-286.

Sue, D. W., & Sue, D. (2003). *Counseling the culturally diverse* (4th ed.). New York, NY: Wiley.

Sue, S., & Lam, A. G. (2002). Cultural and demographic diversity. In J. C. Norcross (Ed.), *Psychotherapy relationships that work: Therapist contributions and responsiveness to patients* (pp. 401-421). New York, NY: Oxford University PRess.

Sullivan, P. (1995). Mortality in anorexia nervosa. *American Journal of Psychiatry, 152*(7), 1073-1074.

Suveg, C., & Zeman, J. (2004). Emotion regulation in children with anxiety disorders. *Journal of Clinical Child and Adolescent Psychology, 33*, 750-759.

Swanson, S., Crow, S., Le Grange, D., Swendsen, J., & Merikangas, K. (2011). Prevalence and correlates of eating disorders in adolescents: Results from the national comorbidity survey replication adolescent supplement. *Archive of General Psychiatry, 68*(7), 714-723.

Szasz, T. (2010). *The myth of mental illness: Foundations of a theory of personal conduct.* New York, NY: Harper Perennial.

Szigethy, E., Weisz, J., & Findling, R. (2012). *Cognitive-behavior therapy for children and adolescents.* Arlington, VA: American Psychiatric.

Tasca, G. A., & Balfour, L. (2014). Eating disorders and attachment: A contemporary psychodynamic perspective. *Psychodynamic Psychiatry, 42*(2), 257-276.

Taylor, H., & Leitman, R. (Eds.). (2003). Barriers to the diagnosis and treatment of attention deficit hyperactivity disorder (ADHD) among African American and Hispanic children. *Health Care News, 3*, 7.

Taylor, S., Asmundson, G. G., & Jang, K. L. (2011). Etiology of obsessive-compulsive symptoms and obsessive-compulsive personality traits: Common genes, mostly different environments. *Depression & Anxiety, 28*(10), 863-869.

Teyber, E. (2006). *Interpersonal process in psychotherapy* (5th ed.). Belmont, CA: Thomson-Brooks/Cole.

Thiruvengadam, A. R., & Chandrasekaran, K. (2007). Evaulating the validity of blood-based membrane potential changes for the identification of bipolar disorder I. *Journal of Affective Disorders, 100*, 75-82.

Thompson-Brenner, H. (2014). Discussion of eating disorders and attachment: A contemporary psychodynamic perspective: Does the attachment model of eating disorders indicate the need for psychodynamic treatment? *Psychodynamic*

Psychiatry, 42(2), 277–284.

Thornton, C., & Russell, J. (1997). Obsessive compulsive comorbidity in the dieting disorders. *International Journal of Eating Disorders, 21*(1), 83–87.

Tohen, M., Chengappa, K. N., Suppes, T., Zarate, C. A. Jr., Calabrese, J. R., Bowden, C. L., ⋯ Breier, A. (2002). Efficacy of olanzapine in combination with valproate or lithium in the treatment of mania in patients partially nonresponsive to valproate or lithium monotherapy. *Archives of General Psychiatry, 59*, 62–69.

Tolin, D. F. (2011). Challenges and advances in treating hoarding. *Journal of Clinical Psychology, 67*(5), 451–455.

Tolin, D. F., & Foa, E. B. (2006). Sex differences in trauma and posttraumatic stress disorder: A quantitative review of 25 years of research. *Psychological Bulletin, 132*, 959–992.

Tondo, L., Vazquez, G., & Baldessarini, R. J. (2010). Mania associated with antidepressant treatment: Comprehensive meta-analytic review. *Acta Psychiatrica Scandinavica, 121*(6), 404–414.

Torrent, C., Martinez-Aran, A., del Mar, B. C. Reinares, M., Sole, C., Rosa, B., ⋯ Vieta, E. (2012). Long-term outcome of cognitive impairment in bipolar disorder. *Journal of Clinical Psychiatry, 73*(7), 899–905.

Tramontina, S., Schmitz, M., Polackzyk, G., & Rohde, L. A. (2003). Juvenile bipolar disorder in Brazil: Clinical and treatment findings. *Biological Psychiatry, 53*, 1043–1049.

Treasure, J., & Schmidt, U. (2008). Motivational interviewing in eating disorders. In H. Arkowitz, H. Westra, W. R., Miller, & S. Rollnick (Eds.), *Motivational interviewing and the promotion of mental health* (pp. 194–224). New York, NY: Guilford Press.

Treasure, J., Schmidt, U., & Macdonald, P. (2009). *The clinician's guide to collaborative caring in eating disorders: The new Maudsley method.* New York, NY: Routledge Press.

Tsuang, M. T., & Faraone, S. V. (1990). *The genetics of mood disorders.* Baltimore, MD: Johns Hopkins University Press.

Tursi, M., & Cochran, J. (2006). Cognitive-behavioral tasks accomplished in a person-centered framework. *Journal of Counseling and Development, 84*, 387–396.

van Brakel, A., Muris, P., Bogels, S., & Thomassen, C. (2006). A multifactorial model for the etiology of anxiety in non-clinical adolescents: Main and interactive effects of behavioral inhibition, attachment, and parental rearing. *Journal of Child and Family Studies, 15*, 569–579.

van Goozen, S., Snoek, H., Matthys, W., Rossum, I., & Engeland, H. (2004). Evidence of fearlessness in behaviorally disordered children: A study on startle reflex modulation. *Journal of Child Psychology and Psychiatry, 45*, 884–892.

Van Hesteren, F., & Ivey, A. E. (1990). Counseling and development: Toward a new identity for a profession in transition. *Journal of Counseling and Development, 68*, 524–528.

van Steensel, F., Bögels, S., & de Bruin, E. (2013). Psychiatric comorbidity in children with autism spectrum disorders: A comparison with children with ADHD. *Journal of Child Family Studies, 22*(3), 368–376.

Veale, D., Boocock, A., Gournay, K., Dryden, W., Shah, F., Willson, R., & Walburn, J. (1996). Body dysmorphic disorder: A survey of fifty cases. *British Journal of Psychiatry, 169*, 196–201.

Vieta, E., Martinez-De-Osaba, M. J., Colom, E. M., Martinez-Aran, A., Bernabarre, A., & Gasto, C. (1999). Enhanced corticotropin response to corticotropin-releasing hormone as a predictor of mania in euthymic bipolar patients. *Psychological Medicine, 29*, 971–978.

Vieta, E., & Valenti, M. (2013). Pharmacological management of bipolar depression: Acute treatment, maintenance, and prophylaxis. *CNS Drugs, 27*, 515–529.

Virkud, Y. V., Todd, R. D., Abbacchi, A. M., Zhang, Y., & Constantino, J. N. (2009). Familial aggregation of quantitative autistic traits in multiplex versus simplex autism. *American Journal of Medical Genetics Part B: Neuropsychiatric Genetics, 150B*, 328–334.

Vitiello, B. (2013). How effective are the current treatments for children diagnosed with manic/mixed bipolar disorder? *CNS Drugs, 27*, 331–333.

Vittengl, J. R., Clark, L. A., Dunn, T. W., & Jarrett, R. B. (2007). Reducing relapse and recurrence in unipolar depression: A comparative meta-analysis of cognitive-behavioral therapies effects. *Journal of Consulting Clinical Psychology, 75*, 475–488.

Volkmar, F., Paul, R., Rogers, S., & Pelphrey, K. (Eds.). (2014). *Handbook of autism and pervasive developmental disorders, diagnosis, development, and brain mechanisms.* Hoboken, NJ: Wiley Press.

Wade, T. D., Keski-Rahkonen, A., & Hudson, J. (2011). Epidemiology of eating disorders. In M. Tsuang & M. Tohen (Eds.), *Textbook in psychiatric epidemiology*

(3rd ed., pp. 343-360). New York, NY: Wiley.

Wagner, E. H., Austin, B. T., & Von Korff, M. (1996). Organizing care for patients with chronic illness. *Milbank Q, 74,* 511-544.

Wagner, B. (1990). Major and daily stress and psychopathology: On the adequacy of the definitions and methods. *Stress Medicine, 6*(3), 217-226.

Walker, C. E., & Roberts, M. D. (Eds.). (2001). *Handbook of clinical child psychology* (3rd ed.). New York, NY: Wiley.

Waller, G., Cordery, H., Corstorphine, E., Hinrichsen, H., Lawson, R., Mountford, V., & Russell, K. (2007). *Cognitive behavioral therapy for eating disorders: A comprehensive treatment guide.* Cambridge, UK: Cambridge University Press.

Wampold, B. E. (2001). *The great psychotherapy debate: Models, methods and findings.* Mahwah, NJ: Lawrence Erlbaum.

Wampold, B. E. (2006). What should be validated? The psychotherapist. In J. C. Norcross, L. E. Beutler, & R. P. Levant (Eds.), *Evidence-based practices in mental health: Debate and dialogue on the fundamental questions* (pp. 200-208). Washington, DC: American Psychological Association.

Wampold, B. E. (2007). Psychotherapy: The humanistic (and effective) treatment. *American Psychologist, 62,* 857-873.

Wampold, B. E. (2010). *The basics of psychotherapy: An introduction to theory and practice.* Washington, DC: American Psychological Association.

Wampold, B. E., & Brown, G. S. (2005). Estimating therapist variability: A naturalistic study of outcomes in managed care. *Journal of Consulting and Clinical Psychology, 73,* 914-923.

Wampold, B. E., Imel, Z. E., Laska, K. M., Benish, S., Miller, S. D., Fluckiger, C., ⋯ Budge, S. (2010). Determining what works in the treatment of PTSD. *Clinical Psychology Review, 30,* 923-933.

Wampold, B. E., Minami, T., Baskin, T. W., & Tierney, S. C. (2002). A meta-(re)analysis of the effects of cognitive therapy versus "other therapies" for depression. *Journal of Affective Disorders, 68,* 159-165.

Wastell, C. A. (1996). Feminist developmental theory: Implications for counseling. *Journal of Counseling and Development, 74,* 575-581.

Watson, S., Thompson, J. M., Ritchie, J. C., Ferrier, I. N., & Young, A. H. (2006). Neuropsychological impairment in bipolar disorder: The relationship with glucocorticoid receptor function. *Bipolar Disorders, 8,* 85-90.

Weems, C., Zakem, A., Costa, N., Cannon, M., & Watts, S. (2005). Physiological response and childhood anxiety; Association with symptoms of anxiety disorders and cognitive bias. *Journal of Clinical Child and Adolescent Psychology, 34*, 712–723.

Weissman, M. M., Wolk, S., Goldstein, R. B., Moreau, D., Adams, P., Greenwald, S., ⋯ Wichramaratne, P. (1999). Depressed adolescents grown up. *Journal of the American Medical Association, 281*(18), 1701–1713.

Weisz, J. R., McCarty, C. A., & Valeri, S. M. (2006). Effects of psychotherapy for depression in children and adolescents: A meta-analysis. *Psychological Bulletin, 132*, 132–149.

Welge, J. A., & DelBello, M. P. (2013). Treatment of youth with bipolar disorder: Long-term versus maintenance. *Bipolar Disorder, 15*, 150–152.

Westra, H., & Dozois, D. (2006). Preparing clients for cognitive behavioral therapy: A randomized pilot study of motivational interviewing for anxiety. *Cognitive Therapy and Research, 30*, 481–498.

Westra, H., Arkowitz, H., & Dozois, D. (2010). Adding a motivational interviewing pretreatment to cognitive behavioural therapy for generalized anxiety disorder: A preliminary randomized control trial. *Journal of Anxiety Disorders, 23*, 1106–1117.

White, M. (2007). *Maps of narrative practice.* New York, NY: W. Norton.

White, M., & Epston, D. (1990). *Narrative means to therapeutic ends.* New York, NY: W. Norton.

Wilcox-Matthew, L., Ottens, A., & Minor, C. (1997). An analysis of significant events in counseling. *Journal of Counseling & Development, 75*, 282–291.

Wildes, J. E., Emery, R. E., & Simons, A. D. (2001). The roles of ethnicity and culture in the development of eating disturbance and body dissatisfaction: A meta-analytic review. *Clinical Psychology Review, 21*, 521–551.

Wilhelm, S., Phillips, K., & Steketee, G. (2012). *Cognitive-behavioral therapy for body dysmorphic disorder: A treatment manual.* New York, NY: Guilford Press.

Williamson, E. G., & Biggs, D. A. (1979). Trait-factor theory and individual differences. In H. M. Burks, Jr., & B. Stefflre (Eds.), *Theories of counseling* (3rd ed., pp. 91–131). New York, NY: McGraw-Hill.

Wilson, B., & Smith, B. (2001). *Alcoholics Anonymous* (4th ed.). New York, NY: Alcoholics Anonymous World Services.

Wilson, G. (1997). Cognitive behavioral treatment of bulimia nervosa. *The Clinical Psychologist, 50*(2), 10–12.

Wilson, G., Grilo, C., & Vitousek, K. (2007). Psychological treatment of eating disorders. *American Psychologist, 62*(3), 199-216.

Winnicott, D. W. (1958). *The maturational processes and the facilitating environment.* New York, NY: International Universities Press.

Witmer, J. M., & Granello, P. E. (2005). Wellness in counseling education and supervisions. In J. M. Witmer & P. F. Granello (Eds.), *Counseling for wellness: Theory, research, and practice* (pp. 261-271). Alexandria, VA: American Counseling Association.

Witmer, L. (1896). Practical work in psychology. *Pediatrics, 2,* 462-471.

Wittchen, H. (2002). Generalized anxiety disorder: Prevalence, burden, and cost to society. *Depression & Anxiety, 16,* 162-171.

Wittchen, H., & Fehm, L. (2001). Epidemiology, patterns of comorbidity, and associated disabilities of social phobia. *Psychiatric Clinics of North America Journal, 2024*(4), 617-641.

Worona, S. (2003). Privacy, security and anonymity: An evolving balance. *Education Review, 38,* 62-63.

Yalom, I. D. (1980). *Existential psychotherapy.* New York, NY: Basic Books.

Yan, I. J., Hammen, C., Cohen, A. N., Daley, R. M., & Henry, R. M. (2004). Expressed emotion versus relationship quality variable in the prediction of recurrence in bipolar patients. *Journal of Affective Disorders, 83,* 199-206.

Yaryura-Tobias, J., Neziroglu, F., & Kaplan, S. (1995). Self-mutilation, anorexia and dysmenorrhea in obsessive compulsive disorder. *International Journal of Eating Disorders, 17*(1), 33-38.

Yatham, L. M., Grossman, F., Augustyns, I., Vieta, E., & Ravindran, A. (2003). Mood stabilisers plus risperidone or placebo in the treatment of acute mania. International, double-blind, randomised controlled trial. *British Journal of Psychiatry, 182,* 141-147.

Yatham, L. N., Paulsson, B., Mullen, J., & Vagero, A. M. (2004). Quetiapine versus placebo in combination with lithium or divalproex for the treatment of bipolar mania. Erratum in: Journal of Clinical Psychopharmacology. *Journal of Clinical Psychopharmacology, 25*(2), 201.

Yonkers, K., Dyck, I., Warshaw, M., & Keller, M. (2000). Factors predicting the clinical course of generalized anxiety disorder. *British Journal of Psychiatry, 176,* 544-549.

Young, M. (2005). *Learning the art of helping: Building blocks and techniques.* Upper

Saddle River, NJ: Prentice-Hall.

Young, R. C., & Klerman, G. L. (1992). Mania in late life: Focus on age at onset. *American Journal of Psychiatry, 149*, 867–876.

Zerbe, K. J. (1995). *The body betrayed*. Carlsbad, CA: Gurze Books.

Zubernis, L. S., Snyder, M., & McCoy, V. (2011). Counseling lesbian and gay college students through the lens of Cass's and Chickering's developmental models. *Journal of LGBT Issues in Counseling, 5*, 122–150.

찾아보기

Lynn Zubernis 박사는 자격증을 소지한 임상심리학자이며, 펜실베이니아주 웨스트 체스터 대학교의 부교수이다. 그녀는 대학교 상담 센터에서 부관리자로 근무했고, 학교 심리학자로 일한 것을 포함하여 다양한 장면에서 20년 넘는 상담 경험을 가지고 있다. 그녀는 또한 정신과 외래병동, 지역 정신건강 기관, 섭식장애 클리닉, 청소년 구금 시설에서 임상 업무를 수행했으며, 웨스트 체스터 대학교의 승인된 상담자 교육 프로그램을 위한 상담 및 관련 교육 프로그램 인증 위원회(CACREP)의 책임자 역할을 담당했다. 그녀는 많은 학술논문과 저서를 출판했으며, 국내 학회에서 다양한 인구집단의 상담, 동기부여 인터뷰, 심리적 이해, 긍정심리학 등을 포함하여 다양한 주제에 대해 발표했다.

Matthew Snyder 박사는 자격증을 소지한 상담전문가이며, 펜실베이니아주 웨스트 체스터 대학교의 부교수이자 상담교육 학과장이다. 그는 고등학교 및 대학교 상담사, 외래정신과 전문의, 약물 및 알코올 상담사, 대학교수, 개업의를 포함하여 매우 다양한 장면에서의 실무 경험을 가지고 있다. 그는 20년이 넘는 임상, 교직 그리고 슈퍼비전 경험을 가지고 있다. 또한 여러 학술논문을 썼으며, 미국 내 학회에서 동기부여 인터뷰, 청소년 우울 치료, 다양한 인구집단의 상담에 대해 발표했다.

역자 소개

✎ **이동훈(Lee, DongHun)**
미국 플로리다대학교(University of Florida) 박사

현 성균관대학교 사범대학 교육학과 교수(상담교육전공 주임)
　　성균관대학교 외상심리건강연구소 소장
　　전국대학상담센터 협의회 회장
　　행정안전부 중앙재난심리회복지원단 자문위원
　　법무부 법무보호위원
　　한국상담심리학회 상담심리사 1급, 한국상담학회 전문상담사
　　　수련감독급
전　성균관대학교 카운슬링센터장
　　전국대학상담센터 협의회 회장
　　한국상담학회 대학상담학회 회장
　　부산대학교 부교수
　　한국청소년상담원 상담조교수
　　GS칼텍스정유 인재개발팀

〈수상 이력〉
2022년 법무부 장관상〈범죄예방을 위한 학술적 기여 및 국가정책과
　　제도마련〉
2021년 행정안전부 장관상〈국가연구개발우수성과: 재난심리〉

DSM-5 진단기준 기반
상담 및 심리치료 사례개념화
Case Conceptualization and Effective Interventions:
Assessing and Treating Mental, Emotional, and Behavioral Disorders

2023년 2월 25일 1판 1쇄 인쇄
2023년 3월 1일 1판 1쇄 발행

지은이 • Lynn Zubernis · Matthew Snyder
옮긴이 • 이동훈
펴낸이 • 김진환
펴낸곳 • ㈜ 학지사

　　　　04031 서울특별시 마포구 양화로 15길 20 마인드월드빌딩
대표전화 • 02)330-5114　　　팩스 • 02)324-2345
등록번호 • 제313-2006-000265호

홈페이지 • http://www.hakjisa.co.kr
페이스북 • https://www.facebook.com/hakjisabook

ISBN 978-89-997-2822-8 93180

정가 24,000원

출판미디어기업 **학지사**

간호보건의학출판 **학지사메디컬** www.hakjisamd.co.kr
심리검사연구소 **인싸이트** www.inpsyt.co.kr
학술논문서비스 **뉴논문** www.newnonmun.com
교육연수원 **카운피아** www.counpia.com